● 陕西师范大学国际汉学院 ● 陕西师范大学汉学研究所／编

●主编／陈学超 ●副主编／赵学清 王晓凌

国际汉学集刊

CHINESE STUDIES IN GLOBAL VIEW

2

中国社会科学出版社

图书在版编目（CIP）数据

国际汉学集刊. 第 2 辑／陈学超主编. —北京：中国社会科学出版社，2008.7

ISBN 978 - 7 - 5004 - 6960 - 5

Ⅰ. 国…　Ⅱ. 陈…　Ⅲ. 汉学 - 研究 - 世界 - 丛刊　Ⅳ. K207. 8 - 55

中国版本图书馆 CIP 数据核字（2008）第 075597 号

策划编辑　罗　莉
责任编辑　丁玉灵
责任校对　修广平
封面设计　毛国宣
技术编辑　李　建

出版发行　中国社会科学出版社
社　　址　北京鼓楼西大街甲 158 号　　邮　编　100720
电　　话　010 - 84029450（邮购）
网　　址　http://www.csspw.cn
经　　销　新华书店
印　　刷　北京新魏印刷厂　　　　　　装　订　丰华装订厂
版　　次　2008 年 7 月第 1 版　　　　　印　次　2008 年 7 月第 1 次印刷
开　　本　710 ×980　1/16　　　　　　插　页　2
印　　张　24.25
字　　数　343 千字
定　　价　37.00 元

目　录

卷 首 语

陈学超

汉学（或者中国学 Sonology or Chinese Sdudies）研究的国际化，已经有很深的传统了。远在 20 世纪 20 年代留学法国的学人李思纯评议说："西人之治中国学，英美不如德，德不如法。"法国汉学家雷慕萨（Abel Remusat）、儒莲（Stanislas Julien）、沙畹（Edouara Chavanne）、伯希和（Paul Pelliot）等，在欧洲首先将中国学建设成为一项专门学问、一个专门学科；其后，瑞典的高本汉（Bernhard Karlgren）、美国的费正清（John King Fairbank）、苏俄的阿列克（V. M. Alexeif）都对中国的经典作了毕生的学习和研究；更有一批批海外华裔学者，为弘扬中国文化作出了艰苦的努力和卓越的贡献，终于使汉学成为国际上一门令人瞩目的学术领域。中国经典文化，是中华民族共同的精神家园，也是人类共同的精神财富，对它的研究已经而且应该是世界性的。国际汉学，作为国内中国人文学术研究的拓展和延伸，其成果充实丰富了国学研究宝库。近代以来，我们的先辈前贤在引进"西学"的同时，就开始注意引进海外的"中学"。国际汉学家从不同的文化语境、价值观念、审美取向和研究方法出发，对中国文化的研究涉及了多边文化关系，是一种具有学术边缘性的比较文化研究。它往往具有某种片面的深刻或者深刻的片面，可以给国内的中国人文研究以新鲜的启示和特别的警策。

国际汉学研究，是全球化视野下的中国文化研究，它超越了本土，具有属于全球的普世价值。世界是多元的，五彩缤纷的，没有一种文化可以自命为中心，西方中心不行，东方至尊也不可取。前些年汤因比在《历史研究》中，提到"21世纪将是中国人的世纪"时，我表示过怀疑。今天，当21世纪初的中国经济发展腾飞、文化输出迅猛的时刻，我依然认为所谓"中国人的世纪"或"中文的世纪"的口号，是不可取的。《论语》中"君子和而不同，小人同而不和"的说法，是坚持文化异同、文化互补和和谐相处的原则的。而那些狂妄的说法，不是"和而不同"，而是"同而不和"。21世纪，不可能是哪一个民族、国家或语言的世纪。《庄子·齐物论》言"非彼无我，非我无所取"，即没有对方就不能有自己，没有我的贡献对方也不能得益，大家彼此相依，互相扶助，才能构成一个全球和谐共处的世界。"泉涸，鱼相与处于陆，相呴以湿，相濡以沫，不如相忘于江湖"（《庄子》），我们期待国际汉学在人类"泉涸"之境，以沫相濡，提供美好的精神甘霖。

语言方面也一样。世界各种语言本来是不分优劣的。然而世界文明史上，希伯来语、希腊语、拉丁语以及法语，都曾经被尊为神圣、高贵的语言，英语甚至被褒为"世界上接近完美的语言"，而其他语言则被贬为野蛮的语言，并以此作为排斥"他者"语言的逻辑和理据。汉语近一百多年被冷落被贬斥的厄运，有西方人语言霸权的挤压，有我们国力贫弱的底气不足，也有中国知识分子自轻自贱自己母语的原因。"五四"新文化运动中，有些精英就曾把中国落后的原因归咎为汉语难读难写，甚至打出"汉字不灭，中国必亡"的糊涂口号。近几年国内有的学校重英语、轻汉语的现象达到了令人瞠目的地步，更不能不使世界华人感到一种潜藏的文化危机。语言是一种交流的符号，同时也是一个人文化身份的体现，它承载着一种特有的文化模式。美籍华人物理学家丁肇中，在获得诺贝尔奖发表感言时，坚持用汉语而不用英语，那种令人尊敬的母语情怀和民族文化认同，感动了华人，也感动了世界。有学者根据这个事例，提出了语言文化的距离效应问题，"越是远离了祖国，越是倍觉祖国语言文化的亲切、珍贵、可爱。他们把中文写作当作是乡思、乡恋、乡愁的一种寄托，是对故国家乡母语和母语文化的一种回归，是对孤独于异国他乡的失语和失忆的一种抗争，是寻找自己精神家园、灵魂回归的一种最后的奋斗"（公仲：《语言的回归历史的沉重》）。当前，世界范围内的学习汉语的热潮正方兴未艾，我们国人更要提高自己的母语意识，自觉地在汉语国际推广中发挥作用。

2008 年 5 月 24 日于北京日坛晶华

林语堂《朱门》的西安想象

[美国] 宋伟杰

> 他见识到这座沉静的古城，唐朝的名都，犹豫、不情
> 愿、却有迹可寻地改变着。西安位于内陆，是西北的心脏。
> 他称西安是"保守主义之锚"。这是他的故乡，他爱这里的
> 一切。西安不会温文尔雅地转变。人、风气、政治、服饰的
> 改变都是混杂紊乱的，他就爱这一片纷繁的困惑。
>
> ——林语堂《朱门》[1]

回首一下 1900 年，八国联军劫掠北京，慈禧太后、光绪皇帝仓皇离开紫禁城，逃遁西安，李伯元抑扬顿挫的《庚子国变弹词》无法舒缓那场空前的国难、国殇、国耻，而西安人赵舒翘的惨死、三原安抚堡寡妇被封赐"一品诰命夫人"之判然有别的命运遭际，为西安古城的现代故事吟唱了一篇悲欣交集的开场白；[2]或者回首一下 1934 年，张恨水在写过风靡一时的北平罗曼史《春明外史》之后，在描摹"冠盖满京华，斯人独憔悴"的萧瑟心境之后，来到真正的"春明"之地，在西安、郑州、洛阳、兰州等地，考察二十多个县市，随即写出《燕归来》、《小西天》、《西游小记》等西安叙事；或者再回首一下 1966 年，年仅 13 岁的贾平凹作为参加红卫兵串联的中学生，头戴草帽、身背麻绳捆就的铺盖卷儿，初来乍到西安城，愕然震骇于市中心高耸屹立的钟楼，蓦然听闻钟楼上惊天动地的钟声，为日后的《废都》、《秦腔》的写作打下最初的印记；[3]……那被汉镜、古乐、墓石、碑林、老街巷所装点的西安城，作为千年古都、"丝绸

之路"的起点，终于以自己的方式，走向了无可规避的现代时空。访古探今，西安书写不尽的都城记事，以及振聋发聩的秦韵秦腔，足可激发一代代人的文化想象和历史记忆。

本论文尝试解读林语堂（1895—1976）《朱门》（*The Vermillion Gate*，1953）里面的西安形象。《朱门》与《京华烟云》（*Moment in Peking*，1939）、《风声鹤唳》（*A Leaf in the Storm*，1941）合称林语堂三部曲。[4]这部1953年付梓的英文巨著力图诊断西安古城向现代都市转型之际紊乱的病理，它宏观与微观测绘兼而有之，把握了上至豪门恩怨、下至日常生活的城市律动。《朱门》主要讲述的是两位地地道道的西安人——上海《新公报》派驻西安的记者李飞，以及大家闺秀、女子师范学院学生杜柔安——跨越门第界限的爱情传奇。在笔者看来，林语堂错综复杂的叙事安排、人物谱系和空间场景，不但凸显了西安城在20世纪30年代的动荡时局、人物命运和城市风貌，而且在50年代以《朱门》遥相呼应30年代付梓的《京华烟云》、40年代出版的《风声鹤唳》，简约书写了一小出西安—北京"双城记"。

张恨水《春明外史》里的杨杏园是徘徊在传统与现代之间的一个轻度的精神分裂者，他白天的身份是穿梭于北京大街小巷、"与时俱进"的现代记者，晚上则是安居租赁而来的小四合院、"伤地闷透"（sentimental）的古典诗人。相形之下，林语堂《朱门》的男主人公李飞却是一个生于西安、长于西安，在上海历练之后，重返故乡的现代人。李飞之眼是记者之眼，但他不是普通的职业记者，因为"他向来不喜欢把任何事情写得记录化、统计化，而是在字里行间表达他个人的感触"。[5]他也"抱着超然的态度，冷眼旁观这个病态、困惑、或悲或喜的人生万花筒"。[6]李飞是西安古城一个性情流露的观察者，一个保持距离的目击者，一个入得其内、出得其外的写生画家，一个诙谐幽默、嬉笑怒骂的作者，一个在故乡现场追踪、敏锐思考的漫步者。在有"保守主义之锚"称号的西安古城，作为"土生子"的李飞并不信奉文化保守主义，实际上他对现代化、现代事物、现代经验一直秉持着长久的兴趣和开放的态度：

> 他是在古西安城长大的，以它为荣，希望看到它改善和现代

化。他觉得眼见这座城随着自己的成长而改变是件有趣的事。他记得在念书的时候，曾经为了南北大道装上街灯而兴奋不已。中央公园的设立，几条铺上柏油的道路，橡皮轮胎的黄包车和汽车都曾经令他兴奋过。他看过一些外国人——主要的是路德教会的传教士、医生和老师，还有不少穿着西裤和衬衫、长腿的欧洲游客或工程师，他们的脸像是半生不熟的牛肉。他常常在思索那牛肉肤色的起源。[7]

西安大街小巷、空间场景里的新鲜器物——从南北大街的电灯与电器设备，到平整干净的柏油马路，从更新换代的黄包车、橡皮轮胎的汽车，到新式、平民化的都市娱乐空间中央公园——都曾刺激并养成年轻李飞的城市体验与现代意识。在《朱门》的开篇段落，李飞坐在市区一家茶楼，冷眼旁观30年代街头吵吵嚷嚷的抗日游行。如果说老舍的"茶馆"仿佛一个向心式的巨大漩涡，将北京城安分守己的小人物裹挟进无法走出的乱世怪圈，那么林语堂的"茶楼"则是一个次要的、向外开放的空间场景，而重返故都的年轻记者李飞即刻走出茶楼，尾随游行的队伍，试图近距离目击这场发生在古城街头的政治抗议活动。小说的女主人公杜柔安与其他师范学院女生在这场回应"一·二八"事件、声援抗日的示威活动中被警察驱散，柔安膝盖受伤，幸得李飞帮助，二人一见钟情。

在这出街头政治情景剧中，李飞的插曲是一小段"英雄救美"的故事，而且为西安涂抹上鲜明的现实政治色彩。女主角杜柔安来历不凡：她的父亲杜忠是保皇派大学者，"身为儒家信徒，他对已逝的王朝具有莫名的忠诚，对民国毫无好感"，而且"宁愿被风暴淹没，也不愿随波逐流"，他还是西安最后剪掉辫子的人之一；柔安的叔父杜范林则是权势显赫、利欲熏心的前西安市长。杜忠因与杜范林理念不合，自我放逐离开杜家在西安的祖宅"大夫邸"，隐居甘肃南部岷山深处三岔驿别庄和丁喀尔工巴喇嘛庙，以抗议他在"大夫邸"内外亲眼目睹的种种现状。"大夫邸"是西安尽人皆知的富贵之地，位于东城，是杜柔安爷爷杜恒所建的古老宅寓，现在是杜范林的产业，而杜柔安就寄居在叔父的屋檐下。

林语堂不惜笔墨，精细描摹了"大夫邸"值得玩味的空间设置。"大夫邸"官邸格式，石狮护院，高耸的大门高约 12 尺宽约 10 尺，横架绿色匾额，上面书写烫金的"大夫邸"三字，顶端有两个小字"皇恩"。而"大夫邸"的朱门常漆常新，镀金的扣环、一尺见方的红砖、黑色的隔板和边门，宽敞的房间，处处可见朱门的气派。其中最有意味的空间是"大夫邸"的第一厅堂：中央镶板悬挂着祖父的肖像，西墙上有柔安父亲杜忠亲手临摹的"翰林"字体，东墙上则悬挂着光绪忠臣翁同龢一尺多高的对联。从中央到东、西两侧这三件"圣物"留有前朝的"遗迹"，而且直抒保守派知识分子的胸臆。在翁同龢的对联旁边，是南宋四大家之一马远的巨幅山水画，笔法雄奇简练、意境深远，可谓另一方镇宅之宝。不过，整个厅堂的古典气氛，却完全被一幅绘有三个裸体女神的廉价油画复制品《巴黎之抉择》破坏无遗。这幅舶来品是杜范林的儿子杜祖仁从国外购买回来的饰物，透露出一种"刺眼、不调和以及充满了粗俗的自信"。[8] 而作为时髦高雅玩意儿的椭圆镀金西洋镜，也让这老宅的第一厅堂多了几分洋气。

从林语堂的揶揄语调，读者不难发现他对这种"中西合璧"的嘲讽。第一厅堂的不中不西、亦中亦西的展览和摆设，可以看出西安的"金粉世家"从古典向现代转型时期文化冲撞的印记。杜家祖上的荫德与父辈的执著，完全不能协调于"子一代"的嚣张与洋气的品味。杜范林之子杜祖仁在纽约大学受过西方企业管理训练，回到西安，"对身边那股懒散、不求效率的调调儿感到很不耐烦。……全西安只有他的办事处有一组橄榄绿的铁柜，存放档案的夹子和一张会回转的椅子"。而且杜祖仁强悍的性格，驱使他发觉如果"自己不适应西安，处处格格不入，那么他要西安来适应他"。[9] 效率是杜祖仁的最高准则，干净、进步和水泥是他所构造的新中国理想。诚然，身体的洁净与道路的干净既是卫生学的考量，也是杜祖仁标榜自己西化、现代化的招牌。但祖仁身体有疾、不能生育，恰可见出林语堂刻意的叙事安排：一个不中不西的畸形儿子怎么可能延续祖宗的香火。杜祖仁的太太香华从上海移居到西安，"她来到西安就迷失了自己——奇异、陌生的西安——在这里，李白、杜甫、杨贵妃曾经住过，在这里，汉武帝建过都，远征突厥，在这里，发生过多少战役，改朝换代，宫殿连烧数月，皇帝的陵墓惨遭掠夺"。上海的风花雪月碰上西安古都厚重的历史，时尚之"轻"与历史之"重"较量的结果，即刻便见分晓。

有必要指出的是，林语堂并不排斥西方先进的科学技术所带来的生活内容与生活方式的改进，因为"思想上的排外，无论如何是不足为训的"。[10]李飞固然钟情于陵寝、宫殿、城墙、石碑、古庙，但他也决不排斥甚至喜欢现代西安城的电灯、电话、柏油马路、汽车与火车。林语堂一直警醒并嘲讽的对象是东、西方文化畸形、怪异的组合。在林语堂笔下，朱门之内不伦不类的显赫与尊贵，并不值得珍视。他对李飞在西安简陋居所的描写，恰可凸显林语堂本人一以贯之的平民主义理想。李飞的家并不富裕，是一幢古老、坚固的红砖房，坐落在寂静的巷子，有池塘、古城墙以及蔓延的沃草。那里没有石狮子守门，只有父辈留下的旧书桌、没有上漆的简朴书架和若干书籍，庭院相当窄小。但在大家闺秀杜柔安看来，李飞的陋室却其乐融融——慈祥的母亲、贤淑的嫂嫂、童心无邪的孩子们，让她倍感亲切与放松，而且可以领受到李家的天伦之乐。对照之下，"大夫邸"则更"像座坟墓，外面看起来富丽堂皇，里面却是空荡、冷清"。[11]

从政治风云变幻莫测的西安大街，走进富贵人家的高堂大院，或者走进平凡人家的日常空间，借此，林语堂提供了现代西安的空间形象及其特定的文化涵义。小说另一条叙事线索的展开，围绕北平鼓书艺人崔遏云在西安表演被满洲将军扣留，且被西安军阀拘押，后来得当地民间帮会首领范文博救护，又得杜柔安帮助逃至兰州的经过，于是《朱门》的空间叙事从西安走向更为广袤的西北。在甘肃南部三岔驿和岷山"自成局面，遗世独立"的喇嘛庙，杜柔安的父亲杜忠约见了李飞，谈古论今、吟诗讽世，并首肯了李飞的才气人品。但隐居的杜忠心怀忧思，他极为反感杜范林及其儿子对回民利益的公然侵犯，他终于决定帮助回人，然后从甘肃自我放逐之地回返西安，向杜范林申明汉、回和平共处的大义，却脑溢血身亡。李飞看望过崔遏云之后，去哈密观察西北政治局势之际被汉人军方逮捕，而杜柔安则因未婚怀上李飞之子而被叔叔一家人逼出朱门。崔遏云因杜氏父子告密而被捕，寻机投水自尽。杜柔安在新年生下一子、机智搭救出李飞之后，被李母接回西安，李飞也终于寻机逃脱囹圄，历尽曲折与杜柔安成亲。杜范林最后被愤怒的回民围攻，误入泥沼身亡。

在《朱门》篇首的作者说明处，林语堂指出，小说的人物纯属虚构，但故事背景有史实依据，譬如"首先率领汉军家眷移民新疆的大政治家左宗棠；1864—1878 年领导回变的雅库布贝格；哈密废王的首相约耳巴司汗；日后被自己的白俄军逐出新疆，在南京受审枪毙的金树仁主席；继金树仁而后成为传奇人物的满洲大将盛世才；曾想建立一个中亚回教帝国的，后来于 1934 年尾随喀什噶尔的苏俄领事康氏坦丁诺夫一同跨越苏俄边界的汉人回教名将马仲英等等"。[12]精彩纷呈、回肠荡气的现代西北传奇，促使林语堂在构造《朱门》的空间想象时极富野心，这是以西安为中心，辐射到西北大部分地区的地缘政治和空间诗学，其触及的范围固然可以从城市街巷到家居空间，从素朴的房屋到富丽堂皇的"大夫邸"，更可以从西安城的总体形象拓展到甘肃（特别是兰州）与新疆周边的城市、乡村、寺庙、鱼塘、社区，以及整个 30 年代动荡不安的政治社会局势，《朱门》跌宕起伏、大开大阖的情节安排便是明证。李飞在离开西安之前，离开杜柔安之前：

> 内心一阵绞痛。他永是西安的一部分，西安已经在他的心田里生了根。西安有时像个酗酒的老太婆，不肯丢下酒杯，却把医生踢出门外。他喜欢它的稚嫩、它的紊乱、新面孔和旧风情的混合，喜欢陵寝、废宫和半掩的石碑、荒凉的古庙，喜欢它的电话、电灯和此刻疾驶的火车。[13]

林语堂曾将北京描绘成历经沧桑的男性老者，也许为了使西安有别于北京，作者以"酗酒的老太婆"来刻画西安之一面，颇有些蹊跷。而且上段引文中李飞的城市印象也是大开大阖，不无醉意。与此同时，林语堂还借李飞离开西安，来到陌生、凶险、政治局势复杂的新疆去探险的空间之旅，将西安与西北作一对比：

　　　　他认为自己应该离开西安一阵子。西安像一位好熟好熟的老
　　友，新疆却是新交，西安像一出家庭剧，有悲有喜，但是在新疆
　　他可以见识真正的大场面，比方种族、宗教的大冲突。[14]

　　但李飞在回疆旋即陷入汉人军队的牢狱之灾，杜柔安却在沧海横流之
际，大显英雄本色。一个有趣的细节是，嗜烟如命、百戒无果的林语
堂，也让杜柔安偶尔抽烟，优哉游哉，意趣盎然，做一回潇洒不羁的
"瘾君子"和女豪杰。不过，作为新女性的杜柔安并没有放弃传统淑
女的美德："虽然饱受摩登教育，她倒有一份古老的情怀，知道女人
的本分就是看家、等候、服从和坚忍。"[15]而至关重要的是，对李飞
矢志不渝的爱情，让杜柔安的脸上放射出新的光辉与庄重感，并像
《京华烟云》中的姚木兰一样，有大智大勇的作为。

　　早些时候，杜柔安因为帮助崔遏云脱离满洲将军与西安军阀的纠
缠与拘押，就已经令李飞、范文博、蓝如水等一众男子大感钦佩，李
飞也终于意识到，柔安虽然"看起来不过是个不切实际、在公共场
合害羞、文静、又爱幻想的富家千金"，但在关键时刻居然胆气过
人，雷厉风行——她竟勇气可嘉地私自借出市长叔父的专车，把遏云
送出西安城外。[16]当李飞身陷囹圄之时，柔安更展现了机智果敢的行
动能力：一位身怀六甲的女子，被逐出朱门，只身前往兰州，以便靠
近失踪的李飞；她还想方设法多次往返机场，结识可以赶往新疆的飞
行员；亲自到三十六师办事处找到回族中校，请他发电报联系自己的
爱人；当回军方面找不到李飞，柔安又请报社帮忙，终于查到关押李
飞的监狱，想方设法救自己所爱的人脱离困境。等到李飞获得自由
身，迎来政局稳定之际，他还不知道是柔安为他生下儿子，并想方设
法挽救他于困厄。林语堂借此大发感慨：

　　　　很多学者、作家大半生与文字为伍，重复别人说过的内容，
　　在抽象的讨论中乱挥羽翼，借以掩饰自己对生命的无能，他对这
　　些人向来就不敢信任。现在他深深学到了有关男女的一课，女人
　　比男性更能面对生命的波折，而这种生活随时在他四周出现，那
　　些玩弄抽象问题的人往往忽略了渺小而真实的问题，他身为男

人，也算得上作家，在生命中却扮演着微不足道的角色。[17]

从西安到回疆，那里应该是男性驰骋的天地。如果采用宽泛的人种学类比，西安乃至西北堪称男性的区域。大卫·哈维（David Harvey）在其《巴黎：现代性之都》一书以人喻城，便指出，与巴尔扎克的男性幻想恰恰相反，巴黎常被描摹成一位女性，有丰富的人格，撩人的身体，喜怒哀乐的表情，风云变幻的头脑。[18]林语堂曾经说过，"北平是像一个宏大的老人，具有宏大而古老的人格"，可以慷慨地容纳古今。[19]西安又何尝不像一个"宏大的老人"呢？不过《朱门》一书因栩栩如生刻画杜柔安的言行举止，从而为西安这样一个历尽沧桑的男性城市，贡献了非凡的理想女性形象。

的确，在林语堂笔下，朱门内部的勾心斗角、斤斤计较并不能阻挡杜柔安冲破束缚，寻找真正的爱情。与《京华烟云》的姚木兰相比，杜柔安更是新女性的形象，她不像木兰在深闺大院之中巧妙周旋，而是直接挣脱门第的限制，走出朱门，与敢于冒险、富于正义感的平民知识分子缔结百年之好。林语堂极为叹赏的女性有李香君、《浮生六记》中的芸娘、名词人李清照等。她们的侠肝义胆以及同夫君相亲相爱、追求完美恋情的事迹，激发了作家对于自己小说中女性形象的塑造。

作为林语堂最知名的三部曲，《京华烟云》触及动荡的现代史，刻画理想女性姚木兰，同时凝练出一个不受时间与历史侵蚀的北京城形象。[20]《风声鹤唳》则将空间场景转移到江南名城，仍旧延续作者对现实局势（抗日战争）的关注，描摹个人命运与民族前途，还有理想女性梅玲（丹妮）的成长经历。《朱门》的故事场景主要在西安乃至西北，但不少人物都与北京发生关联：杜柔安曾经住过北平，她忠心耿耿的女仆唐妈是来自农家的北平人，李飞和蓝如水都曾游历过北京。杜柔安在北平时就喜欢听大鼓说书，她被逐出朱门，在兰州找到家教工作，也是因为她的北京经验———一口流利的国语。《朱门》的另一条重要情节线索，围绕着移居西安的北平鼓书艺人崔遏云展开。有趣的是，林语堂没有书写陕西古老的秦腔里面"净的嘶声吼叫与旦的幽怨绵长"，[21]而是将北平流浪而来的鼓书艺人崔遏云的京韵大鼓，写得有声有色、余音绕梁："她的歌声有如乡间的云雀般高唱，树影映在她的脸上，产生出一个完美得令人不敢相信的幻影。"[22]崔遏云"随着小鼓的节奏叙述着历史轶事"，而"观光客到了西安，观赏崔遏云的表演竟成为必看的节目之一"。[23]

我们固然耳熟能详张恨水《啼笑姻缘》、《夜深沉》里的鼓书艺人凤喜和月容，还有老舍《鼓书艺人》的说书场景，崔遏云则是另一个光彩照人的鼓书艺人形象。杜柔安初次与李飞约会，就是在西安听崔遏云演出，柔安有机会点了一出《宇宙锋》，而遏云的京韵大鼓令西安的观众如痴如醉。甚至那个愤世嫉俗的蓝如水，也情不自禁地迷上了遏云。蓝如水是一个有钱有品位的游手好闲者，他曾经"在上海和巴黎认识了不少女人——漂亮、世故、又有成就——坦白地说，他对这些已经厌烦了。他根本不喜欢政治、商业和赚钱的事，所以上流社会的矫揉造作也令他生厌。他一直在追求生命的清新和真实。遏云的纯真无邪和独立精神深深吸引他"。[24]总而言之，在林语堂的西安想象中，北京要素，譬如小说人物的北平经验，譬如京韵大鼓在西安的风行等等，不断被添加进来，从而简约书写了西安—北京两个文化古都之间的一出"对照记"。[25]

在林语堂笔下，西安仿佛是一个熙来攘往的移民城市：满洲将军、沪上闻人、北平艺人、满蒙藏回诸色人等，都在西安留下足迹，来去匆匆。这是李飞从上海失恋、历练归来，以成熟的眼光看到的西安古城：

　　虽然他生长在这里，这个城市仍然令他困惑。……整座城充满了显眼炫目的色彩，像集市场里村姑们的打扮那样，鲜红、"鸭蛋绿"和深紫色。在西安的街上你可以看到裹小脚的母亲和她们在学校念书，穿笔挺长裙，头发烫卷的女儿们同行。这座城市充满了强烈的对比，有古城墙、骡车和现代汽车，有高大、苍老的北方商人和穿着中山装的年轻忠党爱国志士，有不识字的军阀和无赖的士兵，有骗子和娼妓，有厨房临着路边而前门褪色的老饭馆和现代豪华的"中国旅行饭店"，有骆驼商旅团和堂堂的铁路局竞争，还有裹着紫袍的喇嘛僧，少数因没有马匹可骑而茫然若失的蒙古人和数以千计包着头巾的回教徒，尤其是城西北角处更易见到这些对比。[26]

如是一幅西安形象，其实与林语堂早期书写的北京形象没有根本的差别。在《迷人的北平》里面，林语堂如是状绘北平复杂的人类：

> 律师和犯人，警察和侦探，窃贼和窃贼的保护人，叫化子和叫化头脑，有圣人、罪犯、回教徒、西藏的驱鬼者、预言家、拳教师、和尚、娼妓、俄国和中国的舞女、高丽的走私者、画家、哲学家、诗人、古董收藏家，青年大学生，和影迷。还有投机政治家，退隐的旧官僚，新生活的实行者，神学家，曾为满清官太太而沦为奴仆的女佣人。[27]

北京和西安作为文化古都，同样萦绕着历史的魅力，传统的魂灵，文化的底蕴，以及现代器物、制度、文化观念的冲击与挑战。不同之处在于，北京在 1949 年以后，经历了拆迁改建、翻天覆地的巨变，西安却有幸保存下来完好的古城墙，见证古城久远的沧桑，也凸显西京意味深长的稳固结构。侯榕生在《北京归来与自我检讨》中曾经伤感写道，面对北京"城没了，城楼也没了，你认命吧"的当代宿命，她只能以老生的腔调，大喝一声"我的城楼呢"？[28]西安却免去了这场毁城的厄运，而保留了古城的风貌。正如贾平凹讲述的个人轶事所阐明的，在他收集的清末民初西安城区图上，那些小街巷道的名称一直保存到当代，于是他有感而发：

> 西安是善于保守的城市，它把上古的言辞顽强地保留在自己的日常用语里，许多土语方言书写出来就是极雅的文言词，用土话方言吟咏唐诗汉赋，音韵合辙，节奏有致。[29]

文字如此，城市依然，文化守成永远比文化破坏更艰难，也更令人敬佩。在 20 世纪上半叶，西安的现代经验，西安的人文、风气、政治、服饰的改变是犹疑、不甘心、无可奈何的，却也是有迹可循、混杂紊乱的。林语堂这"现代文学史上最不容易书写的一章"（徐讦语），则借人物李飞之口，一语道破了他有关西安从千年古都向现代城市转型时的文化想象、历史记忆和人文关怀："他就爱这一片纷繁的困惑。"

（作者单位：美国普渡大学）

注 释

[1] 林语堂，*The Vermillion Gate*, New York：The John Day Company, 1953, p. 4。中文译本参见《朱门》，谢绮霞译，陕西师范大学出版社 2003 年版，第 2 页。谢绮霞的翻译如下："他看着这座沉静的古城，唐朝的首都，犹豫、不情愿地，却又显而易见地改变。西安位于内陆，是中国西北的心脏。他称西安是'中国传统之锚'。这是他的故乡，他爱这里的一切。西安不会温文地转变。人们、风气、政治和衣着的改变都是紊乱的，他就爱这一片纷乱的困惑。"笔者的中文翻译根据英文原文略有修改。

[2] 参见贾平凹《老西安》，江苏美术出版社 1999 年版，第 13—18 页。

[3] 贾平凹：《老西安》，第 87 页。

[4] 对林语堂生平、著述之研究，参见林语堂《林语堂自传》（江苏文艺出版社 1995 年版）；林太乙《林语堂传》（台北：联经出版公司 1989 年版）；陈平原《在东西文化碰撞中》，收入《陈平原小说史论集》第一卷（河北人民出版社 1997 年版）；王兆胜《林语堂的文化情怀》（中国社会科学出版社 1998 年版）；施建伟《林语堂传》（北京十月文艺出版社 1999 年版）；《林语堂在大陆》（北京十月文艺出版社 1991 年版）；《林语堂在海外》（百花文艺出版社 1992 年版）；万平近《林语堂传》（海峡文艺出版社 1998 年版）；《林语堂论》（陕西人民出版社 1987 年版）；刘贵生《林语堂评传》（百花洲文艺出版社 1994 年版）；金惠经（Elaine Kim），*Asian American Literature：An Introduction to the Writings and Their Social Context*（Philadelphia：Temple University Press, 1982），pp. 91—121；A. Owen Aldridge, "Lin Yutang," in *American National Biography Online*, American Council of Learned Societies（Oxford University Press, 2000）。

[5] 林语堂：《朱门》，第 18 页。

[6] 同上书，第 150 页。

[7] 同上书，第 1—2 页。

［8］　林语堂:《朱门》,第 33—34 页。

［9］　林语堂:《朱门》,第 50 页。祖仁与其父杜范林为了从祖上的鱼塘获利,只顾效率和自己的利益,强修水闸,不知如何与回人和平共处,共享当地的水产资源。祖仁沾沾自喜于自己的西式教育,以为回人都是未受教育、未开化的野蛮人。却压根没想到人心有一条法则,以牙还牙,以枪还枪,当然他的银行或商业课程也没有教过这一门。他最终在回人手上死于非命。

［10］　林语堂:《论文化侵略》,收入《剪拂集 大荒集》,人民文学出版社 1988 年版,第 116 页。亦见其《机器与精神》,收入《中国与世界:林语堂文选》,国际文化出版公司 1997 年版,第 526—534 页。

［11］　林语堂:《朱门》,第 77 页。

［12］　同上书,第 1 页。

［13］　同上书,第 161 页。

［14］　同上书,第 155 页。

［15］　同上书,第 221 页。

［16］　同上书,第 364 页。

［17］　同上书,第 33—34 页。

［18］　David Harvey, *Paris, Capital of Modernity*, New York and London: Routledge, 2003, pp. 50—51.

［19］　林语堂:《迷人的北平》,收入《北京乎:现代作家笔下的北京,1919—1949》,三联书店 1992 年版,第 508 页。

［20］　参见宋伟杰《既远且近的目光:林语堂、德龄公主、谢阁兰的北京叙事》,收入陈平原、王德威主编《北京:都市想象与文化记忆》,北京大学出版社 2005 年版,第 504—532 页。

［21］　贾平凹:《老西安》,江苏美术出版社 1999 年版,第 32 页。

［22］　林语堂:《朱门》,第 91 页。

［23］　同上书,第 41 页。

［24］　同上书,第 139 页。

［25］　有关香港与上海之间更为紧密也更为明显的镜像、镜域关系,参见李欧梵 *Shanghai Modern: The Flowering of a New Urban Culture in China, 1930—1945*, Cambridge, MA.: Harvard University Press, 1999, pp. 324—341。中译本见《上海摩登:一种新都市文化在中国,1930—1945》,北京大学出版社 2001 年版,第 337—353 页。

［26］　林语堂:《朱门》,第 18 页。

［27］　林语堂:《迷人的北平》,收入《北京乎:现代作家笔下的北京,

1919—1949》，三联书店 1992 年版，第 511 页。

［28］　参见王德威《如此繁华》，上海书店出版社 2006 年版，第 47 页。

［29］　贾平凹：《老西安》，第 67 页。

细话汉唐文明　畅叙万古江河

——历史学家许倬云与西安市委宣传部长王军的对话

（2006 年 11 月 3 日于西安大唐芙蓉园）

[美国] 许倬云　王　军

关于和谐社会和中国人的核心价值体系

王军：最近中共召开的十六届六中全会系统阐述了构建和谐社会的理念，并且提出建设核心价值体系这一新的命题。对此，您怎么看？

许倬云：领导人今年提出和谐社会，这是好的口号，比以前的口号都好。和谐社会包括精神上要和谐，观念上要和谐。和谐是要"和中容异"。就像我们吃的菜，不能尽吃咸的，也不能尽吃甜的，要"五味杂陈"。

王：五味杂陈，和中容异，"君子和而不同"之谓。这对核心价值体系的构建非常重要。我觉得应该认真研究"礼、乐、雅、道"等中国哲学思想中重要的内容，把以人为本、天人合一、贵和尚中、和而不同的中国传统文化精华和现代文明完美结合，加以弘扬，重构中国人的精神生活和价值体系。

许：是的。

王：民族心理也是影响核心价值体系的一个重要因素。您今天讲了一点，就是我们这个民族由于近一百多年受压迫，心理有些扭曲，自大和自卑是交替的，就像一个东西的阴阳两个面，有时自大，有时自卑，有时有一种极端的民族主义情绪，有时又有全盘西化的意识，这对我们国家都是很危险的。

许：对。就像食品要吃进肚里，叫"爱吃先知味"。中国一定要被逼得成为大国，不是因为我们自己要转变，而是别的国家要下来。我们要上去，别人就要下来，所以我们一定会被逼成大国的位置，所以要切忌骄。

王：大国是客观事实，但要防止"暴发户"心理。

许：阔得无边会变暴发户。

王：我们这个民族心理是，一方面长期被人压迫、欺负，很不自信，心理不平衡；一方面又认为曾经阔过，所以又很自大。

许：我写《万古江河》，就有一个意思，是说我们中国是人类的一部分，每种文化都在奔向大海，我们也一样奔向大海。我们一路也吸收了很多东西，我们不只是自己独创，也不能关门。我写《万古江河》的宗旨就在于此。

王：我非常赞赏您的这个观点，中国文化的特别之处不是启发、同化别人，而是有"容纳之量"和"消化之功"。我认为这八个字是理解您著作的一把钥匙。

许：谢谢你，你真是我的知音。因为必然而至，中国要重新获得地位，世界要重新进入新的文明。对那个新的文明，我们没有准备。

王：中华民族的文明已经不是汉民族的文明，而是在征服与被征服的过程中间形成的新的文明。就像元曲中讲的："把一块泥，捻一个你，塑一个我。将咱两个再一齐打碎，用水调和，再捻一个你，再塑一个我。我泥中有你，你泥中有我。"我是这么理解您的意思的，不知对不对？

许：对，是这样子。所以，我们对西方不要迎也不要拒，我们要消化。消化就是不要伤着自己。所以我这本书不是教科书，是要提醒我们年轻一代要有心理准备。这几年来，我到各处就像作"传教士"，目的是要提醒大家，我们不仅是要复兴中国，而且是为人类共同未来的新文化尽我们的一份责任。

王：融入世界，承担一个大国的责任和义务。

许：对，是为未来开个新局面。我们的未来是个迷茫的时代。未来最麻烦的是，我们今天所有的文明和主要的道德价值、伦理价值都面临挑战。

王：而且有个重建的过程。

许：重建和重新阐释，这一点中国人责无旁贷。但是我们太多的中国同仁没有注意这一点，总以为只要超英赶美就行。

王：在 GDP 上考虑的多了点。

许：和谐社会是许多方面的和谐，所以不能排斥其他可能性。这个世界改变太快，万一有一天我们需要某一种东西，例如某一种基因，我们老早把它灭掉了，那是不行的。我们把它容纳下来，万一哪一天它就有用了，就可以为我所用。

王：对，要尊重生物多样性。20 世纪以后，人们的物质生活极大丰富，但是精神生活出现了问题。

许：越来越盲目了。在美国有三分之一的人婚姻是以离婚结束，另外有三分之一的人是不结婚。照目前的一胎化这种态势，如果再加上婚姻自由，离婚方便，那么将来的五伦只剩下母子一伦，别的没了。因为一胎化没有兄弟了，父母一离婚，父不见了，只剩母子俩了。

王：所以要注重中国传统文化的教育。就像刚才沈冬教授讲的，文化的教育要从孩子抓起，让他一年级做什么，二年级做什么，这是台湾教育值得借鉴之处。

西安是中国人的祠堂

王：我们这次研讨会的主题是"历史记忆与城市文化"，您对西安在城市建设与历史文化的关系上有什么建议呢？

许：西安是中国人的祠堂。我们在西安，也就是当年的长安，想念大唐是个好事情。我们除了拿来吸引外国游客以外，我觉得也可以拿这些景点来回忆西安的过去，提醒我们国人。除了缅怀过去的光辉以外，我们要想想，过去为什么能够如此光辉以及后来为什么不能如此光辉。我觉得做这个事情，应该可以拿出来作为榜样，就像每个家里面的祠堂，祠堂里面总是祖宗的一些可称道的事情，放到那里可以激励子孙一样。

我认为，西安市能够当作我们中国人祖宗的祠堂，专门提醒我们，汉唐两代的汉之所以为汉，唐之所以为唐这种精神的所在。我们中国的古代城市和欧洲的古代城市有不一样处，就是他们常常有石头做的原物，我们因为是土木建筑，常常没法留下，所以今天要重建。重建是无可奈何的事，但重建也给我们一个机会，让我们用重建作为一本一本活的教科书，一页一页地提醒国人：汉之所以为汉，唐之所以为唐的精神所在。我不知道未来西安的建设是什么样的，假如我有机会来建设一些景点，我会找出一个地方，拿汉朝、唐朝重要的谏臣来作为景点。举个例子，唐朝魏征、狄仁杰的事迹和汉朝朱云的事迹都放到那儿，给大家说，就是当年那么高耸、那么庞大的皇室，还有那么多人愿意冒着生命的危险，为了正义，为了人民，为了国家劝谏。所以可以建"劝谏厅"。我想起一个劝谏厅，叫"十思厅"，就是唐太宗的"十思厅"。我相信芙蓉园今天可能有若干李白的诗歌放在了那里。很多表现自由奔放思想的诗歌和文章，都可以放在那里，变成碑林或者回廊上的刻石都可以，但是要提醒，因为大多数游人是不会注意的。我们的导游同仁要给游人解说。在市政建设上，这一部分也要有若干强调。在大唐芙蓉园里面，还要有个地方来说明当时朝代的群臣来自什么地方，做些什么事情，来体现唐朝的宏大。

王："西安是中国人的祠堂"，这个提法很经典，很有意味。如果作为西安旅游的广告词，对海内外华人会有吸引力。推而广之，可以说西安是中国人的祠堂，北京是中国人的殿堂，上海是中国人的厅堂，行吗？

许：可以这么说。

关于文化精神与法治精神

王：文化精神和法治精神并存的时候，国家是良性的。中国应该是这样，纯粹的法治精神解决不了中国的所有问题。

许：美国的政客都是律师，把国家搞得乱七八糟。英国的政客都是人文学者，议会的议员们都是牛津、剑桥学人文学的。

王：所以英国有贵族气。对中国来说，完全的法治精神也不行，应该是文化精神与法治精神结合。

许：要宽猛相济、情理兼容。

王：应该是这样。应该是法治精神加上文化精神。在以个人为独立单位的城邦社会和市场经济的条件下，法治精神可能是好的。但在以家族或者以家庭为单位的宗法社会里，完全搞一人一票不一定是公平的。所以，对中国未来的走向还要再研究，不能说以一人一票为基础的民主就是唯一的。

关于历史文化与城市记忆

王：我们党的十六大提出了一个重要的命题，就是关于中华民族的伟大复兴。西方的文艺复兴，是以希腊、罗马为参照的。由于文化的复兴，促进了西方资本主义、市场经济的发展，带来政治、经济的全面复兴。欧洲的文艺复兴实质上是一种自信的恢复，恢复一个伟大民族自尊自强自信的心态。所以，我认为中华民族的伟大复兴，重点在于文化复兴；文化的复兴，重点在于民族自信心的恢复。中国的文化复兴有两个层面，一个是文化形态，一个是精神层面。精神层面就是要恢复到汉唐时期中华民族的自信心，达到那么一个境界。

许：是这样的。我个人感觉到汉唐两代，汉的厚重、唐的宏大都是值得称赞的。比如说唐朝的国际观。唐朝的国际观绝对不是关门关户，而是大开大阖。我们今天在地图上看到的唐朝的疆土，并不都是真正直属在唐人的管辖之下，可都是愿意接受唐人领导的。针对目前的世界化、全球化，我们可以这么说：当年的日本和尚在中国留学以后，可以做秘书监。走的时候，中国的士大夫跟他们恋恋不舍，送别的诗都还在。朝鲜的将军可以做西征的统帅，几十万大军交给一个友邦的将军去带领，这是很难得的。就是当年的罗马帝国，有"天下共处"的时代出现，也做不到这一点。安南（越南）的文人进中国来，可以做第一等的诗人，可以做宰相。

　　王：汉唐的精神实质就是包容的、宽容的、博大的、开放的。中国这么大的国家，有这么多人口，从过去的几千万到一、两亿，再到现在的十几亿，而且多种民族、多种语言。在古代交通、信息极不发达的情况下，中华民族为什么能延续下去？中国之所以成为中国，最大的优势就是文化力。虽然历史上也有魏晋南北朝、五代十国，但中国在绝大多数时间是统一的。中国这么大的国家为什么没有分裂？最终的黏合力是文化。

　　许：对。汉朝厚重，唐朝宏大，宏大尤其值得佩服的是自由。我们拿李白来说。李白这样来自外邦的人到了中国，发挥他的天才，形成自由的诗风。这一类的事情很多。很多的诗、书、画和文章都是自由开阔的气象。唐之所以为唐，就是因为它宏大，因为它自由，因为它开阔，因为它不拘小节，因为它对外邦是只给不拿。为什么是"万国来朝"？因为只给不拿。等到伊斯兰的势力在中亚、西亚突然冒起来的时候，那里原来的平衡局面打破了，一个个原来在那里有地方有人民的部族，连头头带人民一起奔向中国。中国把他们安置下来，给他们粮食，给他们牛羊，给他们马和骆驼，给他们地方。起先放在灵州与陕北，后来不够放，就放到了内蒙古，放在山西。还不够放，就放在河南，放在山东。外邦在穷途末路的时候，大唐容纳了他们。我觉得这些都值得表扬。中国吸收了印度的文化，玄奘之外还有无数的僧侣取经回来，非常认真地把他们得来的知识介绍给中国，翻译、解说，立寺庙，开宗派，终于使佛教完全中国化。我们今天面临的是西化的世界，我们也要拿西化变成中国化，不只是翻译，我们要阐释，要创新，要转换，要仿照当年那一大批和尚、非和尚共同做出的事业。这个事业，学术界责无旁贷，文化界也责无旁贷，政府是可以鼓励和引导的。

关于歌舞"梦回大唐"

　　王：刚才看了歌舞《梦回大唐》，您有何观感？

许：我从头说起。今天的节目，从头到尾贯穿的只是管和弦，大呼大落，这是很多听众受不了的。一个多小时连续这样，没有缓冲，似有不足；所以要有间隔，热闹的和幽静的穿插着来才有情致。

王：要穿插有致，节奏跌宕。

许：这是其一。第二，这里完全是皇家的东西，唐朝有皇家雅乐，有市井小调，有文史记载，各有其特点，我们何不借用现在流传下来的、还有影子可抓的呢？比如说，第一部是写秦王的，我们何不用《秦王破阵乐》？《秦王破阵乐》是以鼓为主，山西绛州大鼓何不可以用？这里有很多军人，可以用破阵法的鼓乐，但是要以鼓为主，其他的不用。这是一个可以用的。再比如说，我们要演奏帝王的音乐，可以借用《长生殿》，也许南管，也许京剧，也许昆曲，都可以借一些过来。比如说，霓裳羽衣是好东西，霓裳羽衣的曲子应当是以笛子、琵琶为主的，因为当时的梨园部是以琵琶手、笛师、箫师为主体的。梨园部主要有琵琶手、笛师、箫师和筚篥手。裴彻在《霓裳羽衣曲》中用了《长生殿》里教舞的那一段，再配上昆曲"九转"里怎样教舞的那一段，最后簇拥出美貌的杨玉环。再说《曲江游》。唐朝的《曲江游》表现的是士大夫们、文士们、诗人们秉烛夜游的情景，是不吵闹的，可以用雅乐，细弦细管。但是中间可以加上吟唱唐诗，就像王之涣等几个诗人的棋亭吟诗。吟诗可以以琵琶为主调，笛子为副调，两个合起来，照南馆里的说唱，拿出唐诗来吟。甚至有丽江纳西族的，还有唱李后主词的，还有唱张养浩词的，把他们唱的调子借过来，介于吟跟唱之间，这样原汁原味就多得多，可以穿插在一起。再说《万国衣冠拜冕旒》，可以拿乾陵上的 24 个酋长的衣服作底子，加上《菩萨蛮》的舞蹈，或者千手观音的舞蹈，或者婆罗门乐，一小段乐曲之后来一段梵文。织工图的衣服，可以把乾陵前面的几个大雕刻借来作背景。我刚才讲的这一大堆，有闹的，有静的，已经可以编得出一晚上的节目了。以《秦王破阵乐》作开头，以《万国衣冠拜冕旒》作结束，中间有《杨贵妃》，有《曲江游》等。除了省钱，还有雅俗要轮着来，让外国观众知道在唐朝并不流俗。

王：我们的创作人员有一个难题，就是既要照顾市场，能吸引人看，又要继承传统，在这两者之间是两难的选择。

许：我刚才讲的把这两个方面都顾全了，而且能让我们的国民知道唐诗的好处。

王：西安有很多文化资源，包括长安鼓乐我们也整理了，包括过去的乐谱、工尺谱，让一些小孩子来吟唱，非常棒。将来您有机会再来时，我们组织一台这样的节目，请您看看。

许：还有《踏歌行》也可以用。像李白的"桃花潭水深千尺，不及汪伦送我情"就可以用。在苏州有一批吴虞的乐队，他们有时出来表演。那些是唐代歌舞的后代。你可以到全国去采样，然后搬过来。今天来的沈冬是台大音乐研究所的所长，她对古乐相当清楚。大唐芙蓉园改编节目，请她帮点忙，必有贡献。

王：好的。我把您的意见给他们讲一讲。我今天看到了学者们轻松的一面。

关于于右任

许：昨天讨论会结束后，西安电台的人在路上把我拦住了，让我谈谈意见。我说，有一个人很代表关中的情结，就是于右任。于右任是三原人，少年时候意气风发，以匹夫之勇振臂一呼，万众可以跟着他投募从军，在西北居然是异军突起，变成革命的一支劲旅。但这个豪气到了后来，秦人不以为继。在政治上他没有得到他想要的东西，所以转为诗和书法。诗有五言绝句、七言绝句，长歌短歌都有，自由浪漫还是一样。草书超乎法度，风流云动。诗跟书都上承李白。他给朋友写字，最多的是李白的诗。他给我写的就是"宣城太守"。但他自己又是关学的后裔，作"监察院长"几十年，不苟颜色，弹劾权贵，整肃风纪，这都是关学教人正派的一种精神。所以，一方面自由浪漫，有唐风；一方面又有端正规矩的关学。

王：既有出世的思想，又有入世的思想。他的思想境界是出世的，但行为态度是入世的。

许：所以，于右任是陕西人的一个杰出代表。

王：您和于右任先生有过交往吗？

许：他是前辈，太早了。我认识他，也是承蒙他召我去问问话。有一次他找我去，谈了两个钟点。我不敢太吵扰他老人家。他最后去世的时候也很悲壮，他写道"葬我于高山之上兮，望故乡"。我对他很钦佩。他的小女儿和大儿子之间的年岁差了28岁，等于父子两代。他给两个小女儿起的名字很有意思，一个叫想想。孩子的母亲生了孩子，问他起什么名字，他说让我想想，就叫想想了。还有一个叫未名，就是没有名字，就叫未名。所以很潇洒。

王：现代社会中，这种生活态度已经没有了。

许：所以他能服众。他有很多部属，几十年追随他，虽然不发薪水，也自愿跟他走。

王：他有人格魅力。

许：他当年振臂一呼，一下子就编成了5000人的部队，是不容易的。

王：陕西真应该对于右任好好研究研究。

许：昨天萧先生说，他原来研究吴晗，现在倒过来研究于右任，比研究吴晗有意思。

王：于右任很有意思。

许：有声有色，有感情，有血有泪，敢说敢笑敢哭。

王：在他身上集中了中国文化人的特点，既有魏晋之风，又有入世的精神。

许：有革命的精神，又有诗人的习气。

王：还有惊世之才。这确实难得，是陕西的一个奇才。

许：他是个大胡子，张大千也是个大胡子，两个都是美髯公。有一次，他问张大千："你晚上是怎样睡觉的？"张大千说："这个胡子背过来背过去，一夜睡不着。"张大千想不出怎么办。第二天，张大千问："右老你怎么睡呢？"于右任说："管它呢。"你看，这就是境界的高低，很潇洒。于右任有大胡子，但不被大胡子所累。张大千有大胡子，是被大胡子所累了。

许：张大千是为艺术而艺术，而于右任天生就是艺术，生活就是艺术。

许：对。他一写书法就写草书，而且真好看。他归纳出草书法则，编成《标准草书》，教人怎么写草书。于右任是无所为而为，这个境界最高。

王：为艺术而艺术的境界已经很高了，于右任的境界更高。

许：但于右任不是无情之辈，他可以到了"葬我于高山之上兮"的境界，哭着写，不是没感情，而是极深极深，所以才会到死还这么哀婉。我不仅佩服他，而且喜欢他。

王：于右任既是人也是神，既有人的一面，也有神的一面。

许：他的女儿想想跟我挺熟悉的。想想的丈夫是个国学专家，一辈子坎坷，写了非常好的一本国学书，已经去世了。我跟想想初见面，就问她先生的事情，她声色黯然，说：他一辈子研究国学，临走前自费印了一千本书，倾家荡产，穷得很。

王：于右任应该有遗产啊。

许：他写字是送人的，别人卖的，他不卖。我听了后很难过。后来我说，你先生的书多少钱一本？她说，20 美金一本。我想了想说，我买 200 本。她问为什么买这么多？我说送给图书馆。从那以后就认识了。

关于陕西小吃

许：我才第一次晓得陕西吃的挺辣的，不比四川少辣。

王：许先生说的这句话，您的学生葛岩 20 年前告诉过我。他说，陕西人爱吃辣，但没有四川人、湖南人那么有名，但是陕西人吃的辣是真辣。

许：辣到了骨子里。

王：他还说，陕西人爱吃酸，但是不像山西人那么有名。所以，陕西有些好东西没有宣传，没有推出去，不善于包装自己。

许：像上次我们吃的小柿子，我觉得是天下最甜的柿子。

王：是火晶柿子。

（作者单位：王军　中国西安市委宣传部

许倬云　美国利兹堡大学荣休讲座教授）

汉唐记忆与西安文化

肖 云 儒

每座城市都有自己的名字。地处中国之中的西安是有三千多年历史的古城，被称为中华民族的根，中华民族的 DNA，中华民族的精神印章。西安，中国历史的底片，中国精神的芯片，中国文化的名片。

时光的隧道固然轻灵快捷，而历史的脚步又何等刻骨铭心。14个朝代在这里建都，盖下了一个个金印玉玺。蓝田猿人，仓颉造字，周京丰镐，秦皇陵园，大汉宫阙，盛唐塔影，明朝城郭，清代民居：每个印章都证明着这座城的荣耀和沧桑，储存着中华民族活跃的生命力和创造力。

纵横开阖的山河大地哺育了自强不息的文化人格，抑扬顿挫的历史沉浮积淀出厚德载物的城市精神。这座历史文化的首善之都，今天已成为西部科技高新之城。传统和现代耐人寻味的对话，使西安具有了独特的魅力。由这里出发的"丝绸之路"曾使中国走向世界，使世界认识中国，汉人、唐人从此成为中国人的称谓。古长安与古罗马作为东西方最早的百万人口大都会，曾经创造了世界文明的高峰；而今天，"国际化，市场化，人文化，生态化"的发展战略，则使她取得了走向世界新的通行证，揭开了重振雄风、全面复兴的帷幕。

我不是西安人，但在西安整整住了 44 年，60 多年的生命，有三分之二遗落在这座城市的大街小巷。我和这座城市撕扯不开。我在这座城市像根一样扎进黄土深处，扎进古城历史文化的血脉之中。

西安好文化、好古典。西安故事就是中国故事，西安记忆就是中国记忆。来到西安就好像回到老家翻开了老相册。一茬一茬小学中学大学听来的读来的那些历史风云、著名人物、市井习俗、诗词歌赋,在别处是印在书本上的知识,到了这里则一一让你身临其境。千百年前发生的事一下子便变成了自己正在参与着的事。历史在进入记忆的同时,也沉淀为文化,沉淀为美。你来西安,处处都和文化迎面相遇,一不留心便叫角角落落的美丽绊住了脚步。

不信你看,周幽王就在这个马背一样的骊山上乱点烽火以博褒姒一笑。周京丰镐故地,新建的高新开发区在国内名列前茅。郭杜镇的仓颉造字台边,十多万人的大学城已经初具规模。一生叱咤风云的秦始皇,尘埃落定之后便安葬在这片红云也似的石榴和柿林簇拥的土陵中。离秦代改革家商鞅的墓地不远,国家唯一的航空科技产业园蒸蒸日上。古代成功的社会改革"文景之治",就是躺在汉阳陵里那个皇帝佬儿干的,新开掘的皇陵陪葬的俭朴证明了这位改革者的清廉,它不偏不斜,正好就在去有着 25 条国际航线的全国枢纽航空港的路边。董仲舒是在这座叫未央宫的大殿上建议朝廷"罢黜百家,独尊儒术"的,现在虽只剩下废墟,当时却为中国精神找到了稳固的支柱。张骞是由这座宫门出发,踏开一条路,把中国引向世界。司马迁在这个地方受过宫刑,忍辱负重写《史记》,告诉历史中国文人有怎样的坚韧。在大雁塔和慈恩寺的暮鼓晨钟里,你又依稀看到了西天归来的唐玄奘正在译经习佛。《长恨歌》咏唱的杨贵妃、唐明皇,还在冒着热气的华清池畔绵绵无绝期地相依相爱。碑林的书案上,"张颠素狂"和"颜筋柳骨"正在笔走龙蛇。城楼的风铃还在吟唱李杜、王维的佳句。而陕西当代的翰林院——省作家协会,恰恰在"西安事变"发生地,使这个改变中国当代民族命运的事件有了一个文化的共鸣箱。唐城墙遗址的东面和南面,国家卫星测控中心和航天城的产品正在遨游太空。

"长安一片月,万户捣衣声",声声是文化的吟叹、历史的回响。

西安不仅是世界和中国屈指可数的古都,世界和中国的历史文化名城,还是国际景区城市,国际旅游目的地城市,国际服务外包基地城市(即"世界办公室"),也将会是历史文化大都会发展理念的原创地和文化产品的国际出口加工区。西安属于世界,属于全球市场,她应该建设成为全球文化和旅游业的金牌产品。西安是人类文明、东方文明、中华文明的集成芯片。

有人说北京是包容的，上海是时尚的，广州是生猛的，南京是温润的，杭州是秀美的，开封是自古就有商风的，而西安则是古朴雄大的。这些说法不论准确与否，都明快地表述了对一个城市的印象。我也总想用独特而简明的语言来表述西安，曾拟过好几个主题词之类的话，最近拟就的一个是："古调独弹，长治久安。"

"古调独弹"是鲁迅的话。1924年7月鲁迅偕陈中凡、孙伏园几位先生来西北大学讲学，连着两晚在西安易俗社看上、下本秦腔剧《双锦衣》，之后便给剧院题了这四个字，匾额现在还挂在易俗社舞台上方。几十年来，大家都把它看成是鲁迅对易俗社以古老的秦腔编演现代戏和新历史剧的褒扬，也把它看成是振兴秦腔的一个殷切期望。其实我想，就"古调独弹"四个字所含蕴的精神看，也未尝不可以作为西安城市建设、文化建设乃至整个经济社会发展的一个理念。"古"是西安的优势，古与新两极震荡所构成的西安城市张力和发展动力，是西安的特色。而这个"独"字，"独弹"，则是建设新西安的思维和方法。

城市是有生命的。城市有呼吸，有记忆。忽视一个地区的历史文化，整个城市将会伤感，市民也将丢失历史认同，丢失人生和感情的归属。西安在历史上弹奏得最高亢的是古调，西安是以根性文化而确立自己地位的。对西安来说，这个"古"字举足轻重、至关重要。西安文化建设乃至整个经济社会发展，虽不能止于"发思古之幽情"，却应该"发思古之优势"，以现代的、独有的思路和方法，使古城的古调翻成新曲，而不是轻率地、轻易地、轻浮地抛却古调，另谱新声。

我先说"古调"。

可以从中华文化的图谱（地理区位）、史谱（历史沿革）和魂谱（精神流脉）三个坐标来看西安的历史文化优势。

从图谱看，西安有很可自豪的"一、二、三、四"。

一条龙脉：西安大致位居中国之中，神秘的东经109度左近。贯通陕西南北的这条经线，堪称中华民族文化的龙脉。蓝田猿人、半坡仰韶文化、人文初祖轩辕黄帝、周、秦、汉、唐，直到延安革命圣地，大致都在这条线上。

两个中心：北出西安 50 公里，有中国大地测量坐标——泾阳的中国大地原点以及蒲城的授时中心。每天播报的北京时间，就以这里的铯原子钟为依据，中国所有的人都要和它对表。西安堪称中国的时空中心。

三大板块：西安是北部中国的河（黄河）文化、南部中国的江（长江）文化和西部中国的雪山草原文化三大板块的结合部。三种不同质地的文化在这里形成涡流和冲击波，使西安在文化上具有了极大的容受力和强韧性。

四条通道：西安自古以来就是四条经济文化通道的出发点。由此往西，有把中原文化和河西、西域文化与中亚、西亚乃至地中海文化贯通的"丝绸之路"；有把中原文化和藏传佛教文化与南亚印度次大陆文化贯通的唐蕃古道；由此西经宝鸡往南，有把中原文化和巴蜀文化、川滇黔多民族文化与南亚中南半岛的小乘佛教文化贯通的南方丝路，又有斜向的茶马古道将南方丝路与唐蕃古道相联结；由此往北，有把中原文化和蒙古草原文化与北亚西伯利亚文化贯通的秦直道和其后的骏马之路。这四条以西安为起点的古道，至今仍是辐射四方的经济文化要道，并且进行了一次又一次现代化改造，在故道基础上修建了高速公路，青藏、宝成、成昆铁路和包神、神延、西延铁路。

从史谱看，西安占了中国六大古都的三个"最"：一是建都朝代最多，14 个朝代；二是建都年代最长，是中国唯一累计超过千年的首都；三是最早达到百万人口、最早实施城市建设和管理的大都市。中唐诗人韩愈有句："长安百万家，出门无所之。"秦已有下水道，汉有了严密的排水设施、砖砌路面，有近 600 家藏书馆，13000 卷藏书，司马迁写《史记》就参考了这些书。唐长安建了世界最大的城垣（35.5 公里）。宏伟的建筑、整齐的坊里、繁华的东西两市、四通八达的道路和行道树、遍布郭城宫院的水渠池塘、繁荣的手工作坊和商业贸易，还有"飞钱"（各地可向长安汇款），都是中国城市之最。西安作为世界五大古都，汉唐时期和罗马作为两个最强大帝国的首都，并峙于地球的东西方。

从"魂谱"看，古长安可以说是中华文化元典的原创基地和民族精神的培育土壤。黄帝时代不仅创造了指南车，更创造了房屋、水井、车船、陶器、熟食、纺织、市场、祭祀、岁时婚丧风俗和分封制，使原始部落生存真正构成了社会生活，被称为"人文初祖"时代。周礼第一次用礼乐将人的等级规范化、仪式化、天命化，形成众所认可的社会秩序和原始的社会管理。以至孔子也说"郁郁乎文哉，吾从周"。秦代的政治体制奠定了几千年封建社会的基本制度，史家故称"百代皆行秦制"。汉代"罢黜百家，独尊儒术"，以儒家思想完整地建立起封建社会的上层建筑、意识形态体系。从人文初祖到周礼秦制汉儒，都是中华文化的元典性创造。而从秦代商鞅变法到汉文景之治、到李唐盛世，中华民族改革自强的进取精神和建功立业的有为主义更是发挥到极致。古长安成为我们民族优秀精神的重要渊薮。

世人实在应该消除对西安的误读，西安也应该克服传统文化的负面影响，将历史上的有为精神贯通古今，和改革开放的实践融为一体，将西安的大都风范和黄土地的实在精神熔于一炉。既有全国格局的眼界、大开大合的手笔，又能以黄土地的"生、峥、愣、倔"和"咬透铁锨"的狠劲儿，切切实实一步一个脚印地去干，不到长城非好汉，不过黄河不死心，这才是西安的精气神！孔子曾经说陕西"地虽僻，行正中"，很有点不敢小瞧的意思。可不是，西安不能小瞧，且已经不能小瞧了。

西安真好，西安也真恼。的确，西安的历史文化优势有的也会变成包袱，譬如这么三个包袱：

第一，西安在图谱中的中心区位容易产生一种中心意识，而忽视自己正在被边缘化的现实。

第二，西安在史谱中绵长的主流地位又容易产生优越感，以致由维系根脉而走向过分重视传统的静态积淀，忽视传统的现代更新。

第三，西安对民族精神的原创贡献多是农耕文明和村社文化的结晶，在农本意识、伦理中心、家国同构各方面都形成了成熟的自洽功能系统，故而在现代市场经济的进程中，可能会增加文化机制和心理转型的障碍。

我们对此得有清醒的认识，得有科学反思的勇气。这也是我主张

"古调"要"独弹",要用独特的、创新的机制和方法来弹好古城新曲的原因。

现在来说"独弹"。

第一,准确定位,开发三个量级。

从历史文化古城的量级看,西安毋庸置疑是处在世界一流的平台上。从中国特大城市经济、社会、文化综合指标来考查,西安在前三十名左右,跻身全国第一平台已经岌岌可危。从西部中心城市来综合比较,西安位居第三,勉强可进入第一平台。这三个平台分量明显不一样。如果在三个量级各自为战去奋斗 GDP,恐怕容易事倍功半。如果紧紧抓住"古调"优势不放,不是把这优势当作口头上傲人的资本,而是把"古调"当作待开发的资源和待置换的资产,当作可转换为增量的存量,不仅向传统产业和高新产业要 GDP,更向西安的历史文化要 GDP,恐怕一盘棋便活了。

第二,针对弱点,发扬三种精神。

历史上的西安积淀了三种有为向上的特色精神,正是当代西安所缺乏的,应该大力弘扬。

一是原创精神。不循旧路,不踏陈迹,总是在历史转折的道口上勇探新的路子,升华新的理性,有所创造,有所作为。周礼、秦制、汉代儒学新制的建立,都闪烁着这种精神光彩。

二是有为精神。秦皇、汉武、唐宗都是中国历史上有为向上、建功立业精神得到蓬勃发扬的时代。汉儒的入世有为主张,在这块土地上深入人心。为壮大民族强盛国家服务百姓,古往今来有多少仁人志士殚精竭虑,舍生忘死,生为人杰,死为鬼雄。

三是和合精神。轩辕黄帝综合、推广各部落的创造,使之成为全民族的文明成果,又综合各部族的图腾创造了我们民族共同的徽章——龙。唐代有东渡精神。鉴真和尚东渡扶桑,使中国文化融入日本,走向世界,成为人类的共同财富。现代又有西迁精神。20 世纪50 年代,东部的纺织工业、东北的国防工业大举西迁,交通大学和许多科研机构也西迁西安。全国各地的人来西部艰苦创业,也带来了异质文化因子,将他们的管理经验、技术文化和许多好精神融入了西部。东渡精神和西迁精神,也就是走出去和融进来的多维交汇精神,和合会通精神。它使有为主义能在更大的格局中得到张扬，这对当代城市的发展举足轻重。

发扬这三种精神，给学界提出了要求，这便是积极组织开展以长安文化为核心的秦学研究。秦地社会的政治、经济、文化，作为我国一个较为完备的地域生活形态和地域文化形态，无论其结构的完备和典型，发育的完善和成熟，积淀的完整和沉厚，或是在国家历史进程和民族文化版图中的地位，都值得下大功夫，在分门别类研究的基础上系统化、学理化，形成"秦学"的整体文化视角和理论体系。

"秦学"研究其实古已有之从未中断。像围绕"人文初祖"轩辕黄帝开展的中华文化发生学的研究；像围绕《诗经》开展的中国文学发生学的研究；像围绕周代礼教和秦代改革逐步建立起来的中国政治学研究；像围绕汉唐研究发展起来的汉学和唐学；像围绕先秦关中水利建设开展的中国水利学的开篇；像以"留得正气凌霄汉，著成信史照尘寰"的司马迁《史记》开其先河的秦地史学、中国史学；像北宋大哲学家张载的唯物主义哲学"关学"（秦地民间有"家遵东鲁百代训，世守西铭一卷书"的家训，将张载和孔子并提）；像以孙思邈为代表的民族医学和药学；以及近年来兴起的"长安学"、"秦俑学"、"法门寺学"、"延安学"研究，等等。这些研究无论学科建设是否完备，也无论在学科层面是否能得到认可，都做了大量的工作，出了许多成果，初步形成了自己的学术领域和人才群体。

由于秦地文化对整个民族文化所具有的全息性和辐射力，在一定程度上可以说"秦学"是"中国学"的一个核心成分，因而历代对我们国家和民族的研究，都为"秦学"的学科建设提供了学术基础。而秦地文化的根性特色，又会使这一研究对中华文化和"中国学"的研究起到相当大的作用。

探讨秦人文化心理的优势，有几个大背景。譬如中国古代社会鼎盛时期的社会人格中那种有为主义和奋发情绪，譬如十几个朝代建都于斯所培育的文化兼容精神和思维统摄意识，譬如几千年的文化积淀所造成的深沉厚实稳重，譬如相对贫瘠的自然条件和艰难的生存状态所锻打的刚毅强韧内忍等等，所有这些都赋予这块土地一些极为可贵的精神质地。

探讨秦人文化心理的弱势，也有几个大背景。譬如废弃的皇都意识和失落的贵胄心理，譬如村社文明的重农抑商倾向，譬如小生产者的小富即安、不思进取，譬如城墙里的静态生存、封闭自守等等，常常使这里的人在现代陷入一种文化困境和心理尴尬。我曾戏言秦人在"八大怪"之外，恐怕还有"十好"——好溯源，好为中，好称大，好静制，好不争，好自足，好自闭，好非异，好名分，好恋土……此类嗜好还可以举出许多。虽然只是局部现象，且系极而言之，也未尝不可以作为研究秦地文化的一些线索。

第三，发展古城，树立三个理念。

西安的城市建设如何处理好古今交织的关系和新旧并存的矛盾，需要树立相互关联的三个理念：一是实行新古分治，二是尝试新质古貌，三是营造新城古风。它将构成西安城市文化和社会发展的重要特色，也将给浮躁的现代社会一丝凉爽，为都市现代化提供自己的经验。

实行新古分治，在新中国成立以来西安几次城建高潮中没有很好地贯彻，大量新潮建筑涌进古城墙围内，感觉极不协调。但亡羊补牢时犹未晚。西安近几年在保存更新城市古典风格方面搞了一系列大动作，提出了复兴皇城战略。如改造钟鼓楼广场、改建民族风格的西大街、重建大雁塔唐文化水景广场、规划曲江唐代园林风景区、重建东、西两市，等等，在独弹古调方面奏出了新声。最近，西安第四次城建规划确定以周代建都以来采用的九宫格局安排西安的中心集团和外围组团，中心古色古香，外围新城崛起，在某种程度上体现了古新分治的理念。

尝试新质古貌，是指对西安城圈内的建筑街区进行全面的古貌保护和复古改造。将行政和第一、第二产业迁出老城，恢复历史街区和历史景观。老城内的单体建筑除确定为文物的要存古保护、并留足空间环境之外，其他建筑实行新质古貌的全面改造和新建，即在古风古貌之下，对内部设施作高质量的现代改建。这一方面可以解决保护老城和提升老城人居质量的矛盾，体现人文关怀；另一方面可以实行高回报的资产置换。在这个基础上，还可进一步将西安老城申报为世界古城保护区和古城文化遗产。

营造新城古风，是指全面构思营造西安古城的软环境。所有的城市都有自己的形象，却并不都形成了自己独有的情调。古风有两个含义，一是要保持古朴的风气，一是要营造古朴的情调。古城墙古建筑是古都情调的物质依托和形态容器，无疑构成了古都情调最重要的因素。但这远为不够。当古城墙下听到的都是现代音乐，看到的都是现代色彩组合，古调不复存焉。应该在古都情调总背景下，全面建设古都标识和解说体系，通过具有古都情调的图案标识、文字解说，以及音乐、诗歌、灯光、色彩组合，营造古典气氛。民俗民艺要大力发展，服务行业的着装、语汇、语态也应刻意策划。要让人感到西安城门就是一座古都博物馆的入口，进去便可在古都文化中徜徉。你在其中生活，同时也在其中作体验性旅游，亲历逝去的光阴。

长安月，秦岭雪，阅尽人间春色。中国的印章西安，用自己的发展，印证着中华民族的振兴。

"古调独弹，长治久安"，这就是西安。古都仪象，现代气息，这就是西安。

2006 年 10 月 30 日　西安

（作者单位：陕西省文联）

从"遗迹"到"文献":宋明时期的陕西方志

［新加坡］王昌伟

一 前言

清代考据名家王鸣盛（1722—1797）曾如此评价过北宋时期宋敏求（1019—1079）所编的《长安志》：

> 唐以前地志存者寥寥，宋元人作，存者不下二十余，然皆南方之书，北方惟有此志与于钦《齐乘》耳。而长安汉唐都邑所在，事迹尤夥，记载尤宜加详。宋氏此编，纲条明析，赡而不秽，可云具体。[1]

王鸣盛认为，长安为汉唐都邑所在，因此一部关于长安的志书，必然得详尽记载国都的一切，而宋敏求的《长安志》因为能够很有条理地处理这许多的事实，因此非常符合志书的体例。相比之下，南宋程大昌（1123—1195）的《雍录》则"好发新论，穿凿支离，不及宋氏远矣"。[2]

可是明末的冯从吾（1556—1627）对《长安志》的代表性却颇有保留。在冯从吾看来，由于宋敏求的《长安志》记载的都是历代国都的遗迹，因此缺乏地方的代表性：

> 长安故有志，乃宋龙图学士宋敏求氏所辑。辑成周以来历代

建都遗迹，非邑志也。[3]

　　冯王二人对《长安志》的不同评价，实蕴含了对长安作为一个"地方"的不同理解与诠释。对身为江南士人社群领袖的王鸣盛而言，长安确只是历代国都的所在地，一部关于长安的志书理所当然得以记载国都的历史，尤其是各处能够展现历代建都历程的遗迹为主，但对于身为长安人的冯从吾而言，长安还是家乡，是身份认同的依据。如果一部志书把重点放在记载"历代建都遗迹"上，就会忽略许多冯从吾认为更重要的史料。因此，当时任长安县令的李煜然请他编一部新的县志时，他就采用了和宋敏求完全不同的编纂原则。

　　关于冯从吾的编纂原则，下面将详细讨论。这里只想指出，从冯王二人的分歧可知，一部方志的撰写，不仅仅是将一个地方的历史客观地展现那么简单，其中还包含了编纂者对这个地方的主观解读。通过探讨这些不同的解读，将有助于我们理解历史人物在不同的历史环境中，如何通过撰写方志及对方志的编纂原则进行讨论，建构他们对一个地方的认知。具体而言，他们是在创造一种能让一个地方的集体记忆凝聚并长存的历史文本，在书写过程中，必然得牵涉到如何取舍的问题，哪些记忆应该保留在文本中，哪些应该删除。他们也得说服读者，为什么他们的取舍方式是最合理的。

　　从研究历史记忆的角度出发，宋代以后的长安是一个非常值得关注的地方，因为这里曾经是帝国的政治、经济及文化中心，但在宋以后，长安在帝国的版图中，逐渐从一个"中心"变成一个处于边缘的"地方"，于是长安的历史，既可以被写成一部国都史，也可以被写成一部地方史，而地方志的作者，往往就得进行这样的取舍。由于长安在历史上经常被等同于整个陕西地区，因此本文将以从宋代到明代的陕西方志为考察的对象，探讨陕西作为一个集体记忆的载体被建构的历史，并从编纂者的书写原则及所引起的讨论，一窥士人社群对帝国与地方的关系的思考。我们亦可由这些思考的重点在不同时期的转变入手，思索其中所显示的历史变迁。因此，本文的目的并不在于客观地呈现陕西的历史，而是在于追溯陕西作为一个书写对象的历史，这是一开始就需要说明的。

二 "历代建都遗迹":宋元时期的陕西志书

以陕西地区作为书写对象的历史地理类著作从汉代以来就有不少，如《三辅决录》、《三辅黄图》、《关中记》，等等。在宋代，陕西学者吕大防（1027—1097）曾做《长安图记》，据程大昌的介绍：

> 元丰三年，吕大防知永兴军，检案长安都邑、城市、宫殿故基，立为之图，凡唐世邑屋官苑，至此时已自不存。特其山水地望，悉是亲见，今故本而言之，若与古记不合，亦加订正。[4]

可见，《长安图记》主要是一部考古之作，记录的重点是长安作为古都的各处遗迹。可惜此书早已失传，今存第一部以"长安"命名的当属宋敏求的《长安志》。值得注意的是，在北宋，长安作为一个行政名词，不过是指一隶属京兆府的县，[5]可是宋敏求的这部志书，虽题为《长安志》，其记事却包括京兆、凤翔、耀州、华州等府州，涵盖范围大约相等于今天所谓的关中地区。[6]这样的记述方式显然是要强调这个区域"自周秦历汉晋西魏后周隋唐并为帝都"的特点。[7]据苏颂（1020—1101）为宋敏求所撰之神道碑记载：

> 国朝都汴，沿旧方镇、府寺、邸第、闾里、坊巷，增易数矣，人罕识其故处者。公依韦述类例，撰《东京记》三卷。雍、洛故京，汉、唐遗事，渐罹残毁，其迹熄矣。公掇方志洎碑记所载，撰《长安》、《河南志》各二十卷。[8]

此处所列宋敏求所撰三部志书，都是本朝或前朝的国都的历史。从有关的传记看，宋敏求一生似乎都没到过长安，他之所以特别重视长安，最主要的原因，就在于长安曾经是帝国的中心。《长安志》共二十卷，前两卷分别记叙分野、土产、风俗以及官制等，第三至第六卷为历代宫室，第七至第十卷为唐代京城，第十一卷以后则为各县的山川、乡镇、渠道、寺院等，特别着重于发掘古书中对相关地点的记载。宋敏求通过此书所建构的是关于都城的历史记忆，而无关国都的历史记载则不受重视。从内容看，冯从吾说此书为"历代建都遗迹"的记录是完全正确的。

宋敏求的《长安志》在后代常和元代李好文（1321 年进士）的《长安志图》合刻出版。李好文为山东东明人，此书是他于元至正初年任陕西行御史台治书侍御史时所作。全书共三卷，图文并重，卷一为太华山，以及汉至元的州县、都城、宫室诸图，卷二主要为唐皇陵图，另有一幅咸阳古迹图。卷末有"图志杂说"，以笔记的形式对一些地名及有趣的事物如汉瓦、碑刻等进行论说。卷三则专门叙述水利屯田等有关民生的事宜，尤其是对古今泾水诸渠的兴废有详细的考辨。[9] 因此，此书除了是一考古之作，还是一部以陕西地方官吏为主要读者群的经世之作。在考古的部分，李好文注重的显然也是长安作为国都的历史，以记录"历代建都遗迹"为主，这与宋敏求并无二致。

至于南宋初期程大昌所著之《雍录》，据《四库全书》的编纂者介绍：

> 《雍录》十卷，宋程大昌撰……是编考订关中古迹，以《三辅黄图》、《唐六典》、宋敏求《长安志》、吕大防《长安图记》及《绍兴秘书省图》诸书互相考证，于宫殿、山水、都邑，皆有图有说……考大昌之时，关中已为金土而隔越江表为邻国，著书殊为无谓。盖孝宗锐思恢复，有志中原，大昌所作《北边备对》一书，即隐寓经略西北之意。此书犹此志焉耳。第五卷中特捌汉唐用兵攻取守避要地一图，其图说多举由蜀入秦之迹，与李文子《蜀鉴》所谓由汉中取关陕者大旨相合，其微意固可见矣。[10]

程大昌是徽州人，著书时，关中已为金土，再加上卷五特置"汉唐用兵攻取守避要地图"一幅，并详细加以解说，"使其出入趋避之因，指掌可推而事情易白"，[11] 的确容易让人产生此书是为经略西北而作的联想。不过这到底是不是程大昌的原意，实难断言。纵观程大昌所著之书，虽然有《北边备对》这样为皇帝解说对金国所应采取的攻守之策的著作，但也有像《禹贡论》与《山川地理图》等历史地理类的著作。[12] 从性质上看，《雍录》与后者更为相似。卷一为周、秦、汉、隋、唐五代建都雍州的叙述；卷二、三、四分别记汉、唐宫室；卷六记函谷关、潼关以及诸处河流；卷七记各郡县；卷八记职官；卷九记唐太子东宫及各处院囿；卷十记秦汉所铸铜人、花树、石、马、寺院等杂项。显然，程大昌关注的不仅仅是军事而已。无论如何，和宋敏求一样，程大昌所选择记录的，主要还是雍州作为历代建都之地的历史，重点也同样放在历代遗迹上。

元代另一部长安志书是骆天骧（约 1233—1300）的《类编长安志》。作者是长安人，一生大多数的时光似乎也是在家乡度过。他在自序中交代了著书的经过：

> 仆家本长安，幼从乡先生游。兵后关中前进士、硕儒、故老，犹存百人，为士林义契者年。文会讲道之暇，远游樊川、韦、杜，近则雁塔、龙池。其周秦汉唐遗址，无不登览，或谈故事，或诵诗文。仆每从行，故得耳闻目睹，设有阙疑，再三请问。圣元皇子安西王胙土关中，至元癸酉，创建王府，选长安之胜地。王相兼营司大使赵炳以仆长安旧人，相从遍访周秦汉唐故宫、废苑、遗踪、故迹，自丰镐、阿房、未央、长乐、太极、含元、兴庆、鱼藻，靡不登历，是以长安事迹足履目见之熟。从心之际，每患旧志散漫，乃剪去繁芜，撮其枢要，自汉晋隋唐宋金迄皇元，更改府郡州县，引用诸书，检讨百家传记，门分类聚，并秦中古今碑刻，名贤诗文，长安景题及鸿儒故老传授，增添数百余事，裒为一集，析为十卷，目之目曰《类编长安志》，览之者不劳登涉，长安事迹如在目前，岂不快欤？[13]

此书的缘起，原是赵炳受委任创建安西王府，因为骆天骧是长安人，熟知各处名胜古迹，于是要他随行，而骆天骧也想借此机会，遍访长安事迹，同时在旧志的基础上，以所见所闻编成一部新的长安志。他编此书的目的，不是为了军事，也不是为了经世，而是为了使"览之者不劳登涉，长安事迹如在目前"，其作用类似现今之旅游指南。他心目中的读者，不是肩负治理这个地区的责任的各级官员，而是对长安的名胜古迹感兴趣的文人雅士。当然，骆天骧在为读者介绍长安的时候，必然要有所选择。从这篇自序中一再提及长安多"周秦汉唐遗址"，很显然，他是要告诉读者，长安之所以值得一游，是因为这里曾经是拥有辉煌历史的历朝国都所在。即使他强调记事至于本朝，但如果我们仔细翻阅这部志书，就会发现有关宋金元的记载非常的少，[14]似乎当长安不再是国都后，其引人入胜之处就只存在于那些能让人记起此处曾经是国都的"遗址"。

从以上四部志书看，在宋元时期，长安主要是作为没落的国都而存在于文人的记载之中，所以当冯从吾在晚明宣布他要作一部真正的邑志而不再是叙述"历代建都遗迹"时，他是准备和宋元以来志书的记叙传统划清界限，并确立新的典范。不过，冯从吾的新叙述角度并不是突然出现的。从明中叶开始，陕西学者已经开始重新审视地方志的书写原则，并编纂了许多为后人所称道的杰作。

三 "文献之事，邦邑所先"：明中叶以后的陕西志书

清代学者王士禛（1634—1711）曾说：

> 以予所闻，见前明郡邑之志，不啻充栋，而文简事赅，训词尔雅，无如康对山之志《武功》，其它若王渼陂志鄠，吕泾野志高陵，韩五泉志朝邑，乔三石志耀，胡可泉志秦，赵浚谷志平凉，孙立亭志富平，汪来志北地，刘九经志鄠，张光孝志华，其地率秦地，其人率秦人也，故予尝谓前明郡县之志，无愈秦者，以其犹有《黄图》、《决录》之遗焉。[15]

《四库全书》的编纂者在为《雍录》写提要时，也这样评论明代的陕西方志：

> 明代陕西诸志皆号有法，其亦以是数书者（指《三辅黄图》、《长安志》、《雍录》等——笔者按）在前欤。[16]

这种说法是把明代陕西方志当成是一个汉以来的"优良"传统的延续。实际上，明代陕西许多修方志的学者都会很自觉地要去突破由《长安志》等前代志书所建立的典范。如名列前七子之一的康海在为新刻《长安志》写序时就说：

> 夫自成周以来，关中为历代名都，其人文之盛，固不待别录而后知者。若其遗迹故址所在，田父野老之妄，既荒唐难信，而学士大夫又不能阙疑存讹，徒欲以远而莫考之事毕议，一旦若《山海经》之诞，《水经》之夸，《括地》、《舆地》之志靡曼，皆是也。孟子曰："尽信书不如无书，予于《武成》，取二三策而已矣。"孔子曰："吾犹及史之阙文也。"后之君子，得是书而读之，会其领略可也，而欲遽以言语文字之间定数千百年之疑，诬矣！[17]

康海此处虽未明言，但他显然对于《长安志》记载都城遗迹的菜单表示怀疑。在他看来，如果一部志书仅以考定古迹为目的，其价值必然有限。那方志主要应包括哪些内容？康海在修著名的《武功志》时，列出了修方志的原则：

> 夫志者记也。记其地理风俗人物之事也……凡山川城郭与风俗推移，皆地理所具，作地理第一。官署学校及诸有司所兴行，皆建置之事，作建置第二。治民人者先其神，故祠祀兴焉，作祠祀第三。有田则有赋，有身则有役，田赋之政，国所重焉，作田赋第四。疆域人民，非官不守，礼乐教化，非官不行，作官师第五。文献之事，邦邑所先，以稽古昔以启后贤，作人物第六。科

贡制行,士飙以兴,作选举第七。凡七篇。[18]

在康海以前,武功一般是作为长安的一部分出现在志书之中,缺乏作为一个"地方"的独立性,康海修《武功志》,则是要把武功从"长安"的影子中独立出来,彰显其独特性。在这篇短序中,我们看不到任何关于"帝都"的叙述。康海并不是要否认武功与"帝都"在历史上的紧密联系,实际上,因为毗邻长安的关系,武功的历史自然少不了帝王将相的事迹,但康海的编排方式,却把与武功有关的"国家级"历史人物"地方化",如在记叙后稷、唐高祖与太宗等古代圣人与帝王的事迹时,他并不另开一篇,而是把他们与其他武功的历史名人同列于"人物"篇。修于明末清初的《巩昌府志》,即注意到这个问题:

> 康太史(即康海——笔者按)志《武功》,海内推焉。后稷圣人,唐祖太宗帝王,俱收之"人物",不另标题,或疑其亵。太史曰:"太华高,群山倚重,奚亵哉?"[19]

《巩昌府志》的编纂者在凡例的部分,讨论康海把圣人帝王与一般人物平列是否合宜,说明这个问题在当时曾引起一些争议,而焦点正是一部方志是否应该特别为这类"国家级"人物另辟一章以显示其重要性。按照康海的回答,他并不认为把圣人帝王同列于"人物"篇是对他们的一种亵渎,反而能凸显出他们的高伟。《巩昌府志》在编写"人物"这一卷时,即遵循这样的原则,并郑重说明原因:

> 传人物,所以录乡贤也。夫戴圆履方,熙熙攘攘,孰非人者?元化无形,寄其形于天地以资化育;天地无心,寄其心于人以资经纬。兹三才所由列也,人易言哉。太上圣人,若羲皇继天立极,开万古之群蒙;轩帝开物成务,启百王之礼乐,此圣人也。然钟毓有自,诞降有所,即欲不谓巩之人物,不可矣。[20]

伏羲、黄帝是泽被天下的圣王,但对《巩昌府志》的编纂者而言,他们同时是乡贤,是由巩昌的钟灵毓秀之气所培养出来的。笔者以为,《武功志》与《巩昌府志》的这种突出圣人与帝王的地方性,把他们当成乡贤纪录的编纂方式,反映的其实是地方意识的抬头。陕西在明清时期早已不是帝国的中心,这是修方志的学者都共同承认的,但他们和前面所讨论到的宋元时期的编纂者的不同在于,他们并不是为了缅怀已逝去的,作为帝国中心的辉煌历史,或是凭吊没落的都城古迹。他们要读者相信,这个地方即使不再是帝都,也仍然是值得令人向往的所在。在强调这些圣人帝王同时是乡贤的过程中,他们实际上是在为地方上的人文传统创造一种延续性。在他们的诠释下,一个地方,并不一定是要作为帝国的中心才有价值;一个地方的历史厚度,除了"历代建都遗迹"之外,还可以表现在人文传统方面。

基于这样的认识,明中叶以后陕西修方志的学者,都十分注重"人物"或"文献"的编纂,而且两者经常合而为一。如前引康海自述"文献之事,邦邑所先,以稽古昔,以启后贤,作人物第六"即是一例。另外,由康海友人,陕西著名理学家马理(1474—1556)主编的《陕西通志》四十卷,其中"文献"就占了十九卷(从卷十四到卷三十二)。在这十九卷当中,除了三卷分别为"经籍"、"纶绋"、"史子集"与"艺文",[21]其他十七卷都是人物传记,包括上古至当代的圣人、帝王、名宦、乡贤、流寓等等,虽然这不是这部省级方志唯一的内容,但却毫无疑问是最重要的部分。马理虽然特别开辟了一卷记载"神圣帝王遗迹",并强调陕西作为帝都的历史"不可忘",但从篇幅上就可得知,这一部分的分量是完全无法和"文献"比拟的。

在陕西学者之外,明中叶以后,非陕西籍的学者在修陕西的方志类著作时,也呈现也与宋元时期的学者不同的取向,与康海同列前七子的何景明(1483—1521)督学关中时所修的《雍大记》即是一例。所谓《雍大记》,即"记雍之大也",[22]但"大"者为何?何景明作此志,分"考易"(沿革)、"考迹"(山川古迹)、纪运(帝王传记)、纪治(官衙)、志献(人物)、志贲(艺文)等几类,并特别强调:

物产、户口、徭役、税赋弗载。何也？曰：是书之作，要在彰往迹，宣人文而已。彼皆有地乘焉，故弗载。[23]

何景明不记录物产、户口等与政事有关的事项，因为这些有一般的地方志记载，而他作此书的目的，主要是为了"彰往迹，宣人文"。何景明并没说明"往迹"与"人文"，两者哪一个比较重要，但对一些读者而言，显然人文是最重要的。为《雍大记》作序的段炅即云：

彰往迹，宣人文，分载六类，以记雍之大，盖善于记矣。而类之"志献"，显昭人文，尤记之大者乎！[24]

可见，与修于宋元时期的方志比较，明中后期的方志，不管是出自陕西学者或是非陕西学者的手笔，都出现了"文献"、"人物"这些过去所没有的类目，而且占了显著的比重，显示学者们修志的视点，已经从帝都遗迹的记录转向如何延续陕西的人文传统。这种转变，实际上也说明编纂者对方志这样的文类具体有什么作用也有了新的认识。冯从吾正是在这样的基础上，提出宋敏求的《长安志》"非邑志"的说法，并提出制定了一套新的编纂准则。

四 "使梓里先哲泯没不传，尚友私淑之谓何？"：冯从吾论方志的编纂

冯从吾一生宦途颇多曲折，他官至御史、工部尚书，并与东林党人来往密切，与邹元标等在京师建立了首善书院，成为东林党人在京活动的一个重要所在，但由于屡遭降级削籍，他在家乡闲居的时间也很长。作为晚明陕西地方上的士林领袖，他致力于组织地方上的士人社群，推动地方学术文化，先完成了著名的《关学编》，后来又建立了关中书院。可以这么说，我们今天对关学作为一个学术学派的认知，主要是建立在冯从吾的诠释之上。

在方志的编纂方面，冯从吾在《长安县志》外，还修了万历本的《陕西通志》。可惜的是，《长安县志》今已不传，但其中的自序，仍保留在冯从吾的文集当中，是我们研究冯从吾的编纂思想的重要文献。从此序，我们可看出，冯从吾在总结前人经验的同时，也开创了新的思路。他开宗明义地说，他要修的是邑志，而不是历代建都遗迹，而在体例上：

> 分类大略准《大明一统志》，遵制也。中多增入，以邑志较郡国志例当详耳。[25]

冯从吾以《大明一统志》的体例为准，并说这是为了"遵制"，表明自己是按照官方所定的原则修志。笔者认为，冯从吾这么做实际上是要把仅记一邑之事的县志纳入以《大明一统志》为首的全国地理总书的体系中，提升县志的地位。在内容方面，冯从吾认为县志理应更为详尽。不过具体应该增加哪些方面的内容？冯从吾特别是点出了"人物"一类：

> 如山川田赋之类，终南在南而误书于北；田赋本少而误书为多，人犹得执其误而更正之。倘人物一有遗漏，则后之人将安所考乎？如孟献子有友五人。而竟逸其三；董仲舒一代大儒，而竟逸其字，真为千古遗恨。又如古今作家谱者，即子孙亦多逸其祖先之名，虽孝子慈孙，将奈之何？亦足悲矣！余故于"人物"一志特为加详，虽不敢泛，必不敢略。即如此，犹恐名世贤达，与时俱往，未尽掺录，而深山穷谷，宁无潜修静养？其人者，即里闬亦罕知之，况数世之下，百里之远，孰从而物色之哉？以彼其人虽无心于身后之名，而后生小子，竟使梓里先哲泯没不传，尚友私淑之谓何？余故每念及此，不觉掩卷而长叹也。区区之愚，尤愿与海内同志共讲求焉。[26]

在记载山川田赋的时候，即使偶有错误，也有办法参考其他的文献而加以更正，但记载人物时如果遗漏了，则将成为永远无法弥补的缺憾。冯从吾强调，方志所应该记录的，不仅是那些事迹显著，名留青史的人物，更为重要的，是要设法搜罗那些姓名事迹不彰但却值得后人效仿的人物，尽管这些人无心于身后之名，但一旦把他们遗漏了，后人将永远无法向他们学习。

问题是，篇幅有限而事迹不彰的人物那么多，要如何决定应该为哪些人作传？选择的标准是什么？关键就在于"潜修静养"四字。众所周知，冯从吾除了是在政治上有所作为的士大夫外，也是著名的理学家，而所谓"潜修静养"之士，指的主要就是地方上的一些没有功名，却不求闻达，只专注于修身养性，并贯彻与实践理学理想的道德之士。冯从吾在修方志时坚持为这些人立传，正是为了通过彰显他们的言行，让后人兴起"尚友私淑"之念，以他们为学习的榜样。

对冯从吾而言，方志绝不仅仅是一种历史记录，同时也是推广教化的工具。更重要的是，方志这种体裁，为像他这样长期在野的士大夫，提供了一个发挥具体的社会影响力的管道。冯从吾相信，教化不一定要由官府主导，他们这些没有实际行政权力的文化精英，也应该肩负这样的责任。这样的活动需要官方的支持，因此冯从吾在序中把编修《长安县志》的功劳给予了县令李煜然。[27] 但显而易见，冯从吾的个人意志主导了整个的编纂过程，此志因此是冯从吾的治世理想的具体体现。可以这么说，在修方志的这项工程中，官方是赞助者，而真正的主笔，是欲以地方士林领袖的身份从事教化工作的文化精英。冯从吾对"潜修静养"之士的重视，采取的正是一种非官方的视角，把推动教化的权力与责任，从官方转移到地方文化精英的身上。

冯从吾对方志的功能的理解，其实并不令人感到意外。台湾学者王泛森先生在研究晚明心学家的社会角色时就说：

> 明代有一部分心学家从事相当广泛的社会工作，他们虽然宣称自己的工作是辅翼王化，是在帮助官府，但是他们的实际工作却绕过了政治，直接面对大众，从事由下而上的事业。[28]

可见，冯从吾的主张并非个案，而是时代思潮的一部分。另外，美国学者包弼德先生（Peter K. Bol）在对浙江金华的研究中发现，在宋元时期，金华的知识分子已经通过族谱、方志等著作宣扬他们的教化理念。[29]冯从吾的例子表明，同样的现象也曾在陕西出现，但在时间上却迟了大约两百年。

五　结语

清乾隆年间，陕西巡抚毕沅（1716—1797）从江南延请一批精通考据的学者到陕西修方志。他在为孙星衍编撰的《三水县志》作序时说：

> 志之体例，出于《括地志》、《元和郡县志》、《太平寰宇记》、《长安志》。外此，宋元人著作，地里亦可观也。世称《武功志》及《朝邑志》，然朝邑大县，嫌其篇幅太窘；《武功志》以苏若兰文为首卷，[30]亦非方志之体。县志之善，必求诸唐宋人乎……湖阳孙明经（即孙星衍——笔者按）所学该博……览其文，实能考书传之故事，删旧文之猥冗。其以"艺文"分隶各部，及取书传，必载所出，皆宋元人方志之法，异乎流俗之为也。[31]

毕沅认为修方志应该要取法宋元，实际上是对明代方志的一种否定。姑且不论他对《武功志》与《朝邑志》的批评是否公允，他把明代方志同宋元时期的方志区分开来，是独具慧眼的。如前所述，明代陕西方志无论是在体例和内容上，都和宋元时期的同类作品大不相同。最明显的，就是明代方志的编纂者对于历代都城遗迹的重视，远远不如宋元时代的编纂者，但明代方志却新增了"文献"、"人物"等类目，把重点从对古迹的记载转向对地方上的人文传统的记载。可以这么说，明代修方志的学者重视的是如何以方志延续人文传统，改善社会风气，达到教化的目的。

同时，明中后期陕西地方精英的势力与之前比较，已有了长足的发展，对地方事业的参与也比以往积极。方志虽然受到官方的支持与赞助，但主导编纂的，是作为地方文化精英的士大夫，这也就是为什么他们在修方志的过程中，会特别强调地方文化精英在推动教化方面的功能与责任。

（作者单位：新加坡国立大学中文系）

注　释

[1]　（清）王鸣盛：《新校正长安志序》，收入（宋）宋敏求撰、（清）毕沅校正《长安志》，台北：大化书局影印经训堂丛书本1980年版，《宋元地方志丛书》第一册，第1页。

[2]　同上。

[3]　（明）冯从吾：《少墟集》卷13，载四库全书本《长安志序》，第40上页。

[4]　（宋）程大昌：《雍录》卷5，台北：大化书局影印明刊古今逸史本1980年版，载《宋元地方志丛书》第一册，第168—169页。

[5]　（元）脱脱等：《宋史》卷87，中华书局1976年版，第2144页。

[6]　《长安志》卷1，第8页。

[7]　同上书，第4页。

[8]　（宋）苏颂：《苏魏公文集》卷51，中华书局1988年版，载《龙图阁直学士修国史宋公神道碑》，第775页。

[9]　（元）李好文：《长安志图》，（清）毕沅校正，台北：大化书局影印经训堂丛书本1980年版，载《宋元地方志丛书》第一册。

[10]　（清）纪昀等撰：《四库全书总目提要》卷70，第14下—15上页。

[11]　《雍录》卷5，第221页。

[12]　（宋）周必大：《文忠集》卷62，载四库全书本《龙图阁学士宣奉大夫赠特进程公神道碑》，第17上页。

[13]　（元）骆天骧：《类编长安志》，台北：大化书局影印明抄本1990年版，载《宋元地方志丛书续编》上册，第1—2页。

[14]　根据笔者粗略的计算，除了在卷一"管治郡县"以及卷十的"石刻"的部分，书中上千条有关自然及人造景物的记录中，大约只有不到10%有提到宋以后的人与事。"管治郡县"记述的是汉至元政区的变化，"石刻"则列出周至元的石刻名目及所在，其中大约有1/3为宋以后的。但即使在这一部分，

骆天骧仍然不忘在引言中强调:"长安自周秦汉晋西魏后周,并为帝都。其古迹、法书、石刻甲天下。遭巢寇之乱,五季宋金革火踵继,其帝王陵庙,功臣将相冢墓及古之事迹,名贤法书石刻,焚毁十七八九。"(《类编长安志》卷10,第133页)这里着重的依旧是长安作为"帝都"的历史。

[15] (清)王士祯:《蚕尾集》卷7,四库全书存目丛书本,第20上—21下页。

[16] 《四库全书总目提要》卷70,第14下页。

[17] (明)康海:《对山集》卷3,四库全书本,第2下—3上页。

[18] (明)康海:《武功县志》卷首,明万历刻本,第19上下页。

[19] (明)杨恩纂修、(清)纪元补订:《巩昌府志》凡例,康熙二十七年刊本,此版本是根据明天启元年刊本补订重刊。巩昌府在明代隶属陕西布政司。

[20] 同上书,卷24,第1上页。

[21] "纶綍"为帝王诏书,与"史子集"合为一卷。见(明)马理主编《陕西通志》目录,收入邵国秀编《中国西北稀见方志续集》,北京:中华全国图书馆文献缩微复制中心影印明嘉靖刊本1997年版,第16—17页。

[22] (明)何景明:《雍大记·序例》,四库全书存目丛书本,第184册,第2页。

[23] 同上书,第3页。

[24] 同上书,段炅序,第1页。段炅于序末自称"关西逸史",生卒年不详。

[25] (明)冯从吾:《少墟集》卷13,载《长安志序》,第40上页。

[26] 同上书,第40上下页。

[27] 同上。

[28] 王汎森:《明代心学家的社会角色:以颜钧的"急救心火"为例》,收入氏著《晚明清初思想十论》,复旦大学出版社2004年版,第27页。

[29] Peter Bol, "Local History and Family in Past and Present", in Thomas H. C. Lee ed. , *The New and the Multiple*: *Sung Senses of the Past*, (Hong Kong: The Chinese University of Hong Kong Press, 2003), p. 338.

[30] 明万历本的康海《武功志》在卷首收有前秦苏蕙的璇玑图诗。相传苏蕙为武功人,康海把她的传世之作列入卷首,想来即是要彰显武功的人文传统。康海的孙子康万民为此图所写的小引,即称苏氏之所以能作此图,乃"山川灵秀所毓",非独人力所能为。可是清代重刊的《武功志》,包括孙景烈(1706—1782)的校正本和以此为底本的四库全书本,都不收此图。据《四库全

书总目提要》，此图是由康海后人康吕赐（1643—1731）从《武功志》中删除的。见《四库全书总目提要》卷68，第37上下页。

[31] 孙星衍：《三水县志》，台北：成文出版社影印清乾隆五十年抄本1970年版，第1—2页。

"载道"与"日新"

——国际中文教育的世界公民教育功能探讨

[中国香港] 叶 国 华

讲到国际中文教育，我们香港耀中国际教育机构已经有差不多二十年的经验，我们是最早将中文作为必修课的国际学校。今天我们更加明确了：我们所有耀中、耀华国际学校都有一个共同的使命，就是融合东西方文明的精华，培育具有"我们人类、我们地球"理念的世界公民；中文教育作为国际课程体系中的一门必修课，要体现出我们的教育使命，成为我们世界公民教育的重要支柱。无论是作为母语的中文，还是作为外语的中文，都担当着这样的光荣使命。这是我们进行国际中文教育持之以恒的主题。围绕着这个主题，我提出三个问题，并抛砖引玉地回答，希望引起大家的探讨。

首先问第一个问题：中文能成为国际语言吗？

从使用人口计，中文无疑是世界第一大语言，英语还在其次。然而，目前中文到成为国际语言还有一段路要走。所谓国际语言，就是要具备英语那样的影响力和国际性——据估计，世界上有 3 亿人将英语作为第二语言，1 亿人将英语作为外语（另外，英语作为母语者有 3 亿，从英语为母语的人口比例看，英语对世界的贡献的确不小），45 个国家把英语作为官方语言或并行官方语言，国际上 50% 的商业交易是用英语进行的，三分之二的科学论文是用英语发表的，70% 的邮政信件内容或地址是用英语写成的。英语是国际上科学、外交、商务、航空、计算机、旅游等领域的通用语言，互联网上的信息也是以英文为主。英语能够取得今天的地位和影响，固然与英国的殖民历史有关，也固然与美国的崛起和成为世界新霸权有关，但也是文艺复兴、工业革命、科技革命、信息革命、全球化等科技、文化、经济和政治文明发展的结果。这方面的历史，大家可以参考 BillBryson 的 *Mother Tongue* 一书（《万物简史》的作者）。

随着中国以 26 万亿人民币的国内生产总值成为世界第四大经济实体，中国政府在国际经济政治中的作用日益增强，中文的国际影响力也日益显著。中文不但早已成为联合国官方语言之一，如今也进入欧美等国家学校教育的外语课程目录，越来越多的国际学校也将中文列为外语课。特别值得注意的是，中文的国际推广已经成为中国的国家行为。国家汉办目前在世界 50 个国家和地区已经建立了 170 所孔子学院。根据孔子学院章程介绍，中国政府进行汉语国际推广的宗旨在于增进世界人民对中国语言和文化的了解，发展中国与外国的友好关系，促进世界多元文化发展，为构建和谐世界贡献力量。这当然是正确和具有历史战略眼光的举措。从历史的趋势看，中文正在朝着成为新的国际语言的方向发展。

然而，中文真正成为国际语言除了战略上正确外，还要有其他条件。目前，中文的国际推广在微观层面也存在一些困难和问题。我今年 3 月在香港接待全国人大副委员长蒋正华教授时，我们谈到了孔子学院和国际中文的问题。蒋教授指出，我们在向国际推广中文和中国文化时，对外国人的兴趣和接受习惯照顾得不够，不能做到用外国人喜闻乐见的形式进行。我们用的还是中国人教中文和中国人学中文的方式，这使得孔子学院的工作遇到了困难。我觉得蒋教授的见解切中要害。这也是我们耀中、耀华国际学校在进行中文教学和推广时必须注意的问题。

当然，任何一门语言都承担着保存世界文化多样性，传承本语言所代表的文化的责任；离开了养育这种语言的文化，语言本身的发展必然会枯竭。例如，英语在大量吸收外来语的同时，语言主体仍然继承了盎格鲁—撒克逊古英语的传统；而人造的世界语（Esperanto）很难推广使用，则主要是因为缺少语言发育成长所必需的母语文化生态土壤。然而，更重要的是，当一门语言要成为国际语言，则必须要反映世界文化的潮流，为世界人民所认同和喜爱，这就离不开国际普适价值观，不能脱离国际先进的政治、经济、法律、科技、文化、艺术的元素。这是语言的国际生命力，不具备国际生命力的语言成为不了国际语言，而只能是本土语言，只能传承本土文化；成为了国际性语言，不但参与传承和塑造国际文化，也为这种语言的母语文化带来新的气象。英语的历史就提供了鲜活的例子。相反，俄语没有在过去10多年乘着超级大国的机遇成为国际语言，或者至少在广大的社会主义阵营成为国际语言，也与它传递什么价值观，推崇什么样的政治、经济、法律、文化制度，有某种关系。而历史机遇一旦丧失，往往很难补救。

中文在语言现代化的道路上也是付出了代价的。"白话文"运动以及更激进的文字革命在强调"德先生"、"赛先生"时却过多地丢弃了传统，而新中国成立后的"简化字运动"由于政治环境的原因又过多地隔绝于世界文明和其他华人文化圈之外，错过了与国际文明接轨的历史契机。历史上这两次大的改革运动虽然顺应了历史的大趋势，但也付出了代价，先后削弱了中文的传统价值，错过采纳国际价值的机遇。所以，今天的中文国际化运动面临着双重的历史挑战，一方面是传承优秀的有现代价值的中华文明，一方面是吸收和反映国际普适价值的国际文明，这两方面要相辅相成，相得益彰；处理不好，可能还会走历史的老路。

我们耀中、耀华国际教育学校正在参与着这场历史性的中文现代化与国际化运动，我们要清楚地看到我们的挑战和使命，而且我们是国家这项工作的一分子，尽我们绵薄的一份力量，参与到促进世界文化交流与和谐世界的建设当中。作为对你们在座各位工作的肯定，在国家汉办的主页上，耀中国际汉语教材《愉快学汉语）以及耀中文化委员会编辑的《论语今译时析》已经被列入中文国际推广的"教材资源"清单，由国家汉办隆重向海外推荐。

对我第一个问题的回答，其实涉及了国际中文教育的历史任务问题。原来，大家的工作有这样重大的意义，我们正在参与着一场历史性的国际语言文化运动，让我们一齐努力使中文早日成为国际语言。

我要问的第二个问题是：国际中文教育要传达什么？

中国有句古语：文以载道。不同时代，"道"的内涵要"与时俱进"。所载之"道"不变，"文"就不能适应时代的要求。这里所说的"文"是包含了中文作为母语的教育和中文作为外语的教育。在我看来，这两种中文教育的价值和目标是一致的，都是为了培养世界公民。

在大陆或在当前的香港，中文母语教育比较强调爱国主义教育，比较强调国民教育，这无疑是对的。但是我想强调的是，不要与国际教育对立起来。我希望大家不要从太狭义的民族主义的观点看这个问题。中国人有13亿，再加上海外华人几千万，如果能够培养出几亿的世界公民，不是对世界和谐的贡献吗？不也是对中华民族和谐的贡献吗？

所以，还是要把优秀的具有现代价值的中华文化传统与现代国际普适价值结合起来。香港要保持国际都市的优势，大陆在"入世"之后也要加强国际化建设，尤其要把"中华"与"国际"结合起来。例如，我们要弘扬"老吾老以及人之老，幼吾幼以及人之幼"等中华传统美德，是否也可以"与时俱进"地将这里的"人"不但推广为邻里、社区、城市、国家，也推广到国际。当我们的中华传统具备了世界的视野和胸襟，我们就会赢得世界人民的信任和喜爱。这样的例子还有很多，除了四书五经等文化经典，民间世代流传的《弟子规》、《三字经》等蒙学经典，其实也有不少现代国际价值的元素。

中文母语教育在传承中华文化之中，不仅要体现现代国际眼光，也应该大胆吸收世界优秀文明如政治、经济、文化、科技的元素和材料，进入教材，进入课堂。达尔文的进化论、亚当·斯密的自由市场在20世纪初以"之乎者也"的形式进入中国，尚且对社会进步和语言文化的发展起到巨大推动作用，今天信息化与全球化的开放、合作与竞争时代，主动吸收世界先进文明元素进入中文母语教学更应当成为老师们的自觉选择。我抗战后读小学时看的王云五先生主编的《万有文库》，就是当时颇有世界眼光的语文系列读物，我相信我们今天更应该能够编出更多、更好的这样的教材和读物，丰富我们的课程和教学。

　　对于中文作为外语的教育，面对在国籍、文化、宗教、母语等方面多样化的国际学生，面对日新月异的世界科技与社会变革和日益严峻的全球性问题，我们教授的中文更加要有世界性，更加要教出"世界水平"。要能够承载现代国际价值观，传递现代国际资讯，表达现代国际生活方式，满足全球化信息时代国际生存和交往的需要。只有这样，中文才能首先作为教学上的"国际语言"而在国际教育界和国际学校立足。否则，中文还只能是国际学生赚取学分的工具而已，而学生真正的兴趣不大，对世界公民教育的贡献分量也有限。

　　因此，无论是作为母语还是外语，国际中文教育都应该传递世界公民教育的价值观，这就是"文以载道"的内涵。世界公民教育应该帮助学生建立"我们人类，我们地球"的视野，应该在不同国家民族的全球权利、资源与责任的分配方面取得平衡，应该尊重和欣赏文化差异，怀着共存、共享、共荣的态度，坚持全球伦理和价值。

　　我们要在中文教育中吸纳现代科学理念和方法，能够培养学生利用信息技术手段获取知识和信息，会独立辨别、分析和应用，并对科技、人文和艺术达成平衡的理解和内在转化。要引导学生掌握善的价值观，其核心是谦卑、同情和仁爱。这就是我们耀中、耀华的校训——与科技结盟、与文艺结盟、与仁爱结盟。

　　在中文教育中应该培养学生在民族文化方面自觉和多元文化理解达成平衡。认识和把握不同国族的文化，是身份认同的基础，也是理解世界多元文化的前提。而理解不同国族的文化，恰恰是对世界文化多样性的贡献。而对于其他文化，应该采取开放、尊重、欣赏、理解和共存共荣的态度。

　　在中文教育中应该培养学生正确理解民族主义和国际主义的关系，要在履行建设祖国的责任和履行全球使命间达成平衡。在建设好自己祖国的同时，也应为解决贫困、灾害、疾病等全球问题尽一己之力。每一位公民尤其应当为解决全球生态与环境问题承担起责任。我们的行为应该顾及到对本地区、全球其他地区以及后代子孙与物种的影响。可持续发展应当成为个人工作、生活和消费的伦理准则。

　　在中文教育中应该培养学生理解、崇尚并努力实践全球普适价值和伦理，包括法治、自由、人权、民主、平等、团结、包容、尊重自然、共同承担责任等。中文教材可以创造性地从《联合国宪章》、《公民权利和政治权利国际公约》、《经济、社会与文化权利的国际公约》、《世界人类义务宣言》以及《走向全球伦理宣言》等国际文献中吸收理念和启示。

我要问的第三个问题是：国际中文教育如何发挥世界公民教育的功能？

回答的核心就是"创新"。耀中出版社社长郑伟鸣先生在同事们给我的生日贺卡上送给我一句话："苟日新，日日新，又日新。"这原本是商汤王铸在青铜浴盆中自勉的一句话，后世不断被引用，其实表明了中华文化很有志气的精神，就是"人文日新"的精神，就是不断地创新，日新月异地突破自己。我想我也可以把这句话赠送给大家。国际中文教育要承担中文走向国际语言的历史任务，完成培养世界公民的光荣使命，因循守旧一定会被时代遗忘，唯有创新一条路可以走得通。

我是做教师出身的，我最有体会，就是做老师最怕照本宣科、一成不变，成年累月地一本书一直教下去。我后来从商、从政、从学，其实从来没有改变过老师的身份，一直是做人的思想工作，一直做各种演讲。最大的体会，就是每一次讲话或谈话都要有新意，即便是同样的内容，对不同的人，内容、重点、方法都要调整，这样人家才真正有收获，才会欢迎你，才会有积极反馈，才会教学相长。

我做老师几十年，创新的来源有几条。一是，我参与丰富的社会实践，就是领导学生运动、创办企业、参与香港回归、办智库参与公共政策、办学校搞教育，等等。二是，我大量读书，我文史哲、自然科学、艺术、宗教的书都读，我已经积攒了几十本读书笔记。这些书有的帮助我分析现实问题，有的帮助我发现新的问题，有的给我提供思考的材料。这也锻炼了我的综合和推理的本领，也给我生活带来乐趣。三是，我开放，中西结合，与时俱进。我从来不封闭自己，古今中外都是我学习和取法的来源，社会主义资本主义，东方西方，只要是对人民有益的，符合历史进步潮流，就都是我学习的资源。所以我形成了今天的全球主义的爱国、民主、开明的立场，我鼓励我企业的员工要有"家在世界、根在地球"的抱负，鼓励国际学校师生要有"我们人类、我们地球"的关怀。我从来不满足于今天，我今天要考虑明天、后天怎样，明年后、十年后、几十年后怎样，而且要不断有行动。所以跟我合作多年的同事告诉我，叶先生年年月月都有新的计划。回头看来，许多的成功，都是发端于大胆的创造性的想法。

对于国际中文教育实现世界公民教育功能，我有以下几个建议给老师们：

第一，关心了解中国与世界。对中国和世界都有比较全面的了解，从政治、经济、文化、科技，特别是了解现在信息化、全球化给世界带来的各种变革，了解它们对教育和学校的影响。

第二，掌握另外一种国际性语言，例如英语。中文以外，熟练掌握一种国际性语言不仅多了一项语言工具，而且可以帮助我们深刻理解国际语言的社会交往作用和语言规律，有助于我们做好中文的国际推广工作。

第三，努力按照世界公民的价值标准来生活。要培养学生成为世界公民，我们自己首先就要按照世界公民的标准和价值观来生活，我们的言谈举止和行为示范是对学生最好的教育，也有助于树立中文的国际形象。

第四，广泛阅读，提高素质，丰富教学内容。要培养自己比较扎实的中华文化修养，要学些古文，读些经典。还要有跨学科的阅读的习惯，特别是文科教师多读一些自然科学方面的读物。这样有助于提高个人素质，阅读中的一些素材也可以成为日常教学的材料。

第五，专业发展。今年新学期开始，耀中国际学校开始实行中文教师专业资格制度，将来也会在耀华实行，目的是使中文教育更加专业化、制度化，造就一支稳定成长的高水平的专业队伍。我们机构的中文教师应当努力成为学者型教师。老师们要了解国际汉语教育发展的动态，要了解一般国际语言教育的发展动态，也要了解中文母语教育的发展态势，也要"走出去"、"请进来"开展专业学术交流。总之，始终站到专业发展的前沿。在这方面，中文教研部会通过组织这类交流营等各种专业活动与对外交流来协助大家的专业发展。

总之，"文以载道"的承担和"人文日新"的愿景——着眼于以中文来承载世界公民教育的文化、价值观暨公民教育功能，不再局限于仅仅是以中文来宣扬本民族、本地区和本国家的传统与文化，不再局限于仅仅是宣扬过去的荣光和执著于眼前的利益，而是面向全人类、面向全球、面向未来的发展和福祉。

（作者单位：香港耀中国际教育机构）

从对外汉语到国际汉学

陈学超

人文学科的话语更替，是时代变迁的重要标志之一。目前，我们使用了二十多年的"对外汉语教学"学科的内涵和外延，正在悄悄地发生着变异，并越来越被"汉语国际推广"、"汉语国际教育"的新范畴所替代。春江水暖鸭先知。从事对外汉语教学的朋友们，都深切地感受到，它预示着对外汉语教学学科已经开始进入了一个跨越式发展的新时代，有很多超前的、创造性的举措和工作，等待我们去思考、去开拓。下面就以下五个问题，谈谈我的思考。

一 对外汉语学科的缘起

对外汉语教学这一事物，是以 50 年代周恩来总理倡导培养外国汉语留学生为起始的。那时的目的很清楚，就是要加强与红色友好国家的交流，支持亚非拉人民，让他们了解中国、支持中国。80年代，改革开放以后，外国留学生越来越多，留学生汉语教学和研究越来越深入，以致王力先生正式确认"对外汉语是一门学科"（1984 年王力先生为《汉语教学与研究》创刊五周年题词）。此后，对外汉语逐步成为一个专业，既是留学生汉语教学的代称，也是专门培养对外汉语教学师资的本科生、研究生专业。随着专业研究的精细，对外汉语教学越来越学院化、学究化。这个学科的一些人逐渐走向了理论语言学研究的路线，有人甚至提出将对外汉语教学专业改为以培养"对外汉语学家"为目标的"对外汉语语言学"专业。有的留学生汉语教学单位，则完全成为以赚取外汇为主要目的校办产业。这样，就不知不觉地背离了对外汉语教学最初也是最终的目的。

"汉语国际推广"概念的提出，是对这一倾向的急刹车。刹得如此之急，以致让人措手不及。今天，在世界急需了解中国、中国也急需让世界了解的时刻，再次思考当初对外汉语专业培养"知华派"的宗旨，不仅感到这一学科使命的重大，而且感到这一学科建设任务的艰巨。

二　汉语国际推广的学术个性

从对外汉语到汉语国际推广的跨越式发展，意味着从留学生汉语教学向全方位汉语国际推广转变；不仅要"请进来"教外国人汉语，而且要"走出去"教外国人汉语，国内国外共同推进。这种转变，将使几十年来的中国对外汉语教育模式发生巨大变化；对外汉语教学将空前立体化、多元化。像德国曾在 76 个国家开办"歌德学院"，法国曾在 138 个国家建立"法语联盟分部"一样，我国要在海外举办数百所"孔子学院"，要向世界派出数以万计的对外汉语教师和志愿者，是因应国际社会汉语学习的需要，是中国国际交流的需要。培养海外汉语教师和志愿者的新任务，就规定和凸显了新时代对外汉语教学的外向型、应用型、普及型的性质，以及教育方式的市场化、非学院化、现代信息技术化及教材教法的灵活多元化。这些都是对传统留学生汉语教学模式、教师素质和教学方法的冲击，是对创立新的对外汉语教学格局的提示，值得我们认真探讨。

三　对外汉语的实践性品格

对外汉语教学主要是一种语言能力培养。大规模地向海外民众推广汉语的工作，使我们更清醒地看到它的这种应用性和实践性。对照之下，以往的对外汉语教学中的以下误区，值得反省：1. 把对外汉语课当作语文课，不是以训练学生听说为主，而是以教师讲授知识为主；2. 教师讲授（lecture）过多，操练（drill）不足，老师说话多，学生说话少，互动不够，学生缺乏重复说话的机会，缺乏成功感；3. 词汇、篇章教学过重，真正影响交际的句型训练不足；4. 语法点、语言理论讲授过多，没有顾及初级听说的特点，顾及口语与书面语的区别；5. 简单领读过多，启发说话少，"以读代说"现象严重；6. 教材意识形态倾向重，趣味性不足；7. 课堂内教学多，课堂外情景教学少，等等。这些对外汉语教学中司空见惯的问题，在今天汉语国际推广的大背景下，就显得格外突出。我们不妨借这个东风，把我们对外汉语教学法的研究和培训提高一步。

四 汉语作为外语的市场价值

世界上本来就有一个活跃的"语言市场"（language market），只是我们过去没有积极参与而已。外语的市场价值（the market value of foreign language）是波动的，是由供求关系决定的。这种供求关系变化与目的语国家的经济实力、科技水平、国际政治地位以及文化交流的范围等，有着密切的关系。比如英语逐步成为世界通用语言，占领了世界语言市场的一半以上；比如美国英语（American English）的逐渐扩大和英国英语（British English）日趋缩小；比如俄语、日语从中兴到衰微。都说明了这个规律。

同样，目前汉语市场价值的提高，正是中国综合国力提高、国际地位上升和国际文化交流扩大的必然。根据联合国《2005 年世界主要语种、分布及应用力调查》，2005 年汉语已经超过了德语，排在世界十大语言的第二位。全世界已经有 3000 多万外国人在学汉语，一些国家把汉语加入到国民教育体系之中，甚至巴黎街头出现了"学汉语吧，那意味着你未来几十年内的机会和财富"这样的标语。2006 年 6 月 26 日出版的美国的《时代周刊》（TIMES）的封面上，大大地印着"学汉语"三个汉字，并写道：GET A HEAD! LEARN MANDARIN!（抢先一步学汉语!）这些都说明，汉语的市场价值和需求在不断提高，我们必须重视探讨汉语市场价值。对外汉语教学学科的建设，必须建立在对国际汉语市场价值的科学分析和预测的基础上。在此基础上，确定教学的规模、层次、方向。课程的设置、教材编写、师资培养等，也要考虑汉语市场价值的变化。外语的市场价值，是世界语言经济学界的一个前沿课题，汉语的国际推广历史任务也要求我们探索这一课题，从而通过市场运作，增强汉语国际推广的自身造血功能，不断拓展对外汉语的市场需求。

五　大学科宽口径的国际汉学

汉学，国际上叫 Chinese Studies（"中国学"，古代经典也称 Sinology），或是 Programme of Chinese Civilization（中华文明专业）。国际汉学的首务当然是汉语教学。所以，从对外汉语到国际汉学的主题，首先是从国内的对外汉语教学到国际汉语教学的主题，也就是向汉语国际推广新思路转型的主题。同时，我们也应该清醒地看到，语言只是手段，外国人学习汉语的目的是要了解中国文化，要成为"中国通"；我们的汉语国际推广，目的也是传播中国文化。何况，语言文化教学、语用教学本身离不开丰富的文化元素。所以，国际汉学所涵盖的中国文化输出的任务，也应该引起注意。

为此，新时代的对外汉语教学，特别是外国人本科专业学习中文的教学，需要突出国际汉学的特征。我们过去完全按照国内传统的中国语言文学专业的课程教授外国学生的方法，迫切需要改革。他们不需要花两年的时间主要学习中国古代文学史。根据外国学生的需要，参照外国大学中文系的课程设置，我们应该为他们准备大学科、宽口径、综合性的中国学课程，包括文、史、哲、传统中国艺术、当代中国国情等。配合这种改革的课程建设、教材建设、师资建设等，也是一项艰巨而复杂的工作。

　　总之，汉语国际推广的新时代、新任务、新机遇、新挑战，要求我们以新思路、新姿态、新部署、新工作去应对。

　　（作者单位：陕西师范大学国际汉学院）

对外汉语语法教学初探

王晓音

学习第二语言，除了语音、词汇等，语法是相当重要的一个内容。汉语作为外语的学习也是如此。然而，对于"在课堂教学中，是否有必要进行语法教学"、"若有必要，应以何种方式进行语法教学"等问题，国内外汉语教学领域一直存在着不同的看法。对于是否需要进行语法教学的问题，有人强调语法教学的必要性和重要性，也有人对这种必要性持怀疑态度或主张淡化语法教学；对于如何进行语法教学的问题，有人主张开设单独的语法课进行集中教学，也有人赞同在各种课型中对语法点分散教学。经过一段时间的教学实践，笔者对于语法教学略有思考。

一

语法教学是否有必要呢？我们知道，语法是语言本身的结构法则，是音义结合的各结构单位之间的组织规则，具有概括性、生成性、稳定性等特点，在语言中充当着"骨架"的角色，其重要性是不言而喻的。因此，我们认为，在第二语言教学中，语法教学是非常必要的，它对语言学习者掌握所学语言具有重要意义。

从语言学角度看，语言是受规则支配的符号系统，要掌握一门语言，就必须掌握其规则，即语法知识。虽然人们说话、写作造出的句子不计其数，但句型是有限的，每种句型都可以支撑无数个具体的句子，比如："我爱妈妈。"这句话的三个部分可以换成其他许多的词，"你教汉语"、"他买东西"等等，这些句子的意思完全不同，但它们的内部构造却是相同的，共同遵守"主语＋谓语（动词）＋宾语"这样一个句型的规则。各种句型所具有的极强的抽象概括能力，就构成了语法的概括性。因而，在人们的语言实践活动中，语法起着指导作用、规范作用，语法是语言表达正确与否的衡量标准，学习语法，对提高人们运用语言的能力，有着不可低估的作用。对于第二语言学习者来说更是如此。

从社会语言学角度看，掌握所学语言的语法规则，是培养语言交际能力的基础，因为语法是关系全局的，影响是系统的、持久的。语言是人类进行思维和交际最重要的工具，语言运用正确与否、恰当与否，对人们能否正确思维、良好交际，起着至关重要的作用。在教学中我们不止一次遇到这样的情况：学生说的话我们听不懂意思，要猜，还要反复核实，才能明白，有时是学生用词不当，但多数是语法问题。"我打电话他"、"我见面我的朋友"等句子是我们常能听到的，显然，这样的句子在意义表达上是有缺陷的，会在一定程度上影响交际。而且，这类偏误一旦形成，很容易固化，短时间内难以根除。可见，学习并掌握语法规则，使意义表达正确、清楚，的确是极其重要的。

从心理学角度看，成人学习第二语言和幼儿习得母语二者规律不同，语言理论知识的指导对于心智成熟、逻辑思维能力完善的成人而言，是完全必要的。我们知道，幼儿习得母语主要是依靠模仿，先听说后读写，学习的自然顺序是：语音—词—短语—句子，不用语法术语，习得语言的过程是从模仿到创造的过程，在此过程中建立概念、形成思维，语言能力和思维能力同时形成和发展起来。幼儿习得母语是一个奇妙的过程，成人学习第二语言与此有同有异，最大的不同点是学习主体本身的不同带来的差异。成人的大脑已经定型，智力健全，善于抽象思维，学习时乐于通过概括、归纳、演绎、推理、比较等方式综合处理语言材料，思考所学语言现象中的语法规则是自然而然的事情，对他们来说，搞清语法规则才能理解一种语言现象的来龙去脉，自己才知道怎么用。因此，内容与方法均恰当的语法教学对学生是大有帮助的。

从学习理论的角度看，以理解为基础的学习与记忆较之机械模仿更为有效。直接法和听说法都主张：在外语学习中要像幼儿习得母语那样，模仿并大量重复，不用语法术语。事实上，幼儿习得语言的过程中虽然使用模仿的方式获得语言，但模仿的是意义，也就是深层结构意义，而不是形式，这是一种有意义的学习。这种学习把新的知识和经验跟已有的认知结构联系起来。因此幼儿的练习和模仿都是有意义的。成年人学习第二语言同样使用有意义的模仿手段，虽然也可以做一些表层结构的模仿，但不能以此作为学习的主要手段。让学生了解语法规则，理解其深层结构意义、语用条件，这样，才符合成年人的学习规律，才能做到"明明白白地学、清清楚楚地说"。

另外，要明确的是，我们所强调的语法教学的必要性和重要性，并不是要在第二语言教学中大量介绍和讲解理论语法知识，不是像语言学一样把语言作为一种规则体系来研究，而是把语言作为一种技能、一种运用的工具来学习，要根据第二语言学习的规律和特点进行语法教学，培养语言交际能力。第二语言教学的目标就是培养学习者的语言交际能力，帮助学习者学会"使用"这门语言。我们的教学内容、教学方法等所有环节都是面向这一目标的，其中自然也包括语法教学。学生掌握语法规则是为他们的语言交际能力而服务的。因此，第二语言教学中的语法教学与语言学教学中的语法教学是有区别的。首先，二者目的不同。语言学教学中的语法教学主要是为了让学生掌握相关的语言理论知识；第二语言教学中的语法教学则是为了让学生通过学习语法规则理解目的语本身，并运用语法规则在交际中进行正确的表达。其次，二者方法不同。语言学教学中的语法教学主要是进行语法概念、规则等的讲解，目的是让学生听懂、记住，运用"教师讲、学生听"的"以教师为主体"的方法是比较适合的，也可以使用学术讲座、理论研讨等方式灵活处理；第二语言教学中的语法教学则是结合语言实际使用的一种能力的训练，在语言教学的课堂中，语法教学只是许多教学环节中的一个环节，课堂教学的大部分时间（大约三分之二）要用于进行尽可能接近于真实交际活动的言语操练，直至学生熟练地掌握所学的言语现象，在表达时不再意识到自己是在运用语法规则，因此，"教师引导、学生操练"的"以学生为主体"的教学方法更为适用。

当然，理论语法对于第二语言教学依然有其重要作用，它是教学语法的基础，对教学语法具有指导作用。理论语法对语法现象的解释可以帮助我们透过表象，理解语法现象的实质，对教学大有裨益。而且，许多理论语法研究成果，特别是对一些语法难点的研究，大多可以直接运用到教学中去，因此，吸收语言学语法研究成果并根据实际应用于教学，是第二语言教师必备的一种能力，加强语法理论的学习和研究，关注理论语法方面的研究成果，在提高自身理论素养的基础上进行教学语法的研究，进行语法教学，才能够做到深入浅出，游刃有余。第二语言教学语法研究如果在理论语法及其理论研究的基础上进行，能够消弭自身经验性大于理论性的弱点，有利于对教学经验做理论提升，从而更好地达到语法教学的目的。

二

如何进行语法教学才是最合理的呢？我们认为，分散教学、集中教学各有利弊，具有互补性，不可偏废。

将语法点进行分散教学具有明显的优越性：难点分散、易于掌握，语法点出现在具体语境中，易于理解、模仿。因此这种教学形式长期以来更多地被使用，也更受关注与提倡。第二语言教学的特殊性决定了对外汉语教学语法必须由易到难、由浅入深地展开，繁杂的语法项目必须按照这一原则进行排序，这一排序不仅要遵照语法的内部结构规律，还要符合学生习得第二语言的规律，因此较为科学、合理，易于教、易于学。通常，总是先教最常用、最简单的"是"字句、"有"字句；动词谓语句学完后，教各种类型的补语；教完各类补语和无标记被动句后，教"把"字句才更容易掌握；学过"了"

以后再学"是……的"结构会比较容易……分散语法教学就是把这些排序的语法项目分散到精读、口语、听力等课程中，根据难易程度安排每课解决一至三个语法点，通过相关内容的学习、通过不同课型不同侧重点的操练，理解、掌握，直至使用这些语法点。这种语法教学形式的最大好处是微观切入，教师容易驾驭、学生容易掌握。从知识接受的角度看，每次学习的新知识点数量适中，学生心理压力较小，更有利于接受，也容易获得成就感。但这种形式缺点也很明显，学生的汉语水平提高到一定阶段后需要知识的系统化，对语言规则需要有一个宏观的体会和把握，而分散的语法教学使得学生学到的语法知识就像一堆散乱的珍珠，无法串成一根美丽的项链，在学生记忆里是零零散散的，很难进行总结。由此看来，分散的语法教学在初级阶段是很有效，也很必要的，甚至可以说是最佳选择，中高级阶段就不太适合采用了。

集中的语法教学主要形式是开设"语法课"，相对集中、系统地教授汉语语法规则，也可以专门开设如"虚词课"等涉及范围更小的课程，更集中地讲解语法。由于这种教学形式表面上看起来似乎会陷入纯粹语法理论学习的误区，因此受到的非议比较多，特别是一些主张淡化语法教学的同行，比较反对这种教法，认为这样做违背了对外汉语教学"培养交际能力"的初衷。事实上，在学生积累了一定的汉语知识，并有了一定的汉语语感以后，需要更加系统地掌握语法规则时，有必要开设这种能够综合理解运用的、相对系统的汉语语法课。实践证明，在中、高级阶段开设这样集中的语法教学课，学生十分欢迎和喜爱，课程的收效、学生水平的提高也是相当明显的。

集中的语法教学可以帮助学生对语法知识进行整理、总结，使学生对学过的语法现象从微观认识过渡到宏观把握。那么，如何最大可能地有效利用这种教学形式达到理想的教学效果，而不至于陷入"讲授语法条框"的误区呢？根据笔者在教学实践中的感受，这很大程度上取决于教学内容以及教学方法。集中语法教学的内容较之分散语法教学，量大、较为系统、略显单调，因此合理选择、科学安排很重要。开设集中语法教学课是在中高级阶段，因此可依据以下几个

原则:

第一,选材要以学生的需求为出发点。尽量在常用语法项目中选择出学生误用、错用频率较高的语法点。这需要在平时教学中积累资料,凭借经验判断、取舍,并确定详述、略说的部分,学生易掌握的少讲、略讲,比如实词的一般用法、陈述句之类较易掌握的句式等,学生感到困难的多讲、细讲,比如虚词的用法、动词的态、各种补语、形容词谓语句之类具有汉语特点的内容等。不必追求全面阐释汉语语法,只求努力解决学生的语法疑难问题。我们的学生是具备完善逻辑思维的成人,在学习过程中会产生很多复杂的问题,比如对目的语和母语进行比较而产生的各种迁移现象,对目的语中相近语法项目的混淆、不当类推等产生的偏误现象等等。在教学过程中注意观察、思考、分析,并找到解决的途径和理论依据,为学生解答并掌握回馈情况之后再记录下来,就成为编写语法教材极具价值的第一手资料。

第二,对所选之材的排序要以学生接受的难易程度为标准。根据第二语言习得规律对所选语法项目排序,由易到难、由简到繁,有别于理论语法从词法到句法的传统讲授顺序。这一排序也要注重科学性,考虑到语法系统自身的规律性。另外排序是相对稳定的,有时也要根据学生的要求将一些内容提到前面讲,另一些推到后面讲。因为学生已经在其他课型中接触了一部分语法点,并已经过思考产生了一些问题,比如,讲"是",刚讲"是"作谓语的判断句、存现句,学生就提问如何使用"是……的"句,虽然这个句型最好是讲了"了"以后再讲,在比较中学得更清楚,但学生提问就说明已经对此有所思考,这时就可以把"是……的"句提前,作为"是"的一个用法讲。这样做,虽然不太合乎语法的自身规律,但只要学生明白了、用的时候不会再错,就达到了我们的教学目的。

第三,对语法内容的处理力求"词中有句,句中有词,以词带句,以句带篇"。不孤立地讲解词、句,而是融会在一起,就好像实际使用语言时一样,并力求从学习词、词组、句子的语用特点最终发展到能够组织语法表达正确的篇章。语言教学的目的是交际,语法教学是帮助学生进行口头、书面交际的,因此,能够正确使用语法把词、句等组织在一起，将词、句的用法融会贯通是非常重要的。平时在教学中较容易忽略的是词、句与篇的关系，要训练学生这方面的能力，除了课堂上教师在处理相应语法点时多使用对话片段、文章片段等语料进行分析外，还要让学生运用一定的词语、词组、句子，做说话练习或写作练习。这样，可以使学生从"熟悉词语"过渡到"熟悉篇章"，对语言的印象是相对完整而不是零零散散的。

第四，强化语法点使用的语义及语用条件的说明。语法教学不是教词句的语法而是教词句的意义和用法。一个词或一个句型，学生学完后常常说："我懂了，可是我不知道什么时候用！"比如"才"、"就"、"把"字句等等，老师费了好大劲，终于讲明白了，可是学生并不能有效地运用。有时候我们发现学生用一个词，看起来是符合语法规则的，可是听起来显然不正确或不符合语言习惯。比如有一次，一个学生用"坏蛋"这个词，批评另一个学生嘲笑自己的行为，这时第三个学生突然说"混蛋"，他认为这两个词一样，老师立即从二者的使用情景、感情色彩等方面进行比较分析，说明二者的不同，要求学生不可混淆。还有一次，学习"欣赏"这个词，老师说可以用于"人"，学生就造了个句子："我们很欣赏我们的老师。"从字面看没什么问题，可是听起来却很别扭，原因是句义与中华民族的传统美德"尊师"略有冲突，学生跟老师的关系是"尊重与被尊重"，而不是"欣赏与被欣赏"，所以别扭。还有这样的句子："我看上了一个女孩。""我觉得她配（得上）我。"显然，学生必须弄清"看上"、"配（得上）"用于"人"时的语用条件。以上例子都跟掌握语义、语用知识不确切有关系，不仅使得说出来的汉语不地道，甚至会闹出笑话。在教学实践中，这类问题绝不在少数，因此，帮助学生掌握语法点的语义及语用条件，是语法教学中一个需要格外重视的方面。

第五，尽量用直观的方法展示语法规则，简化语言学概念、条规的说明。对于比较稳固的句型，我们可以使用缩写英文字母构成公式，学生容易理解、记忆。比如，动词谓语句表示为"ＳＶＯ"，否定式为"Ｓ不/没ＶＯ"；一些词语的用法也可以用公式表示，比如，

"连"字的基本用法是"S + 连 + N/V + 都/也 + V";"的、地、得"的用法可简略为"adj. + 的 + n."、"adj. + 地 + v."、"v. + 得 + adj."等等。在近义词比较时还可视具体情况用图形或图表说明,比如,比较"之间"和"中间",画一个简单的线性图,用标记的方法解释,就一目了然了。当语言难以解释清楚的时候,图形是非常有力的工具。

第六,以尽可能多的比较、对比取代理论分析。对外汉语教学对象的特性决定了在教学中我们常常遇到学生关于近义词、近义表达形式的提问,母语以及已掌握的有限甚至理解偏差的汉语,都不断影响着学习者,使他们的思维具有发散性和跳跃性。比如学习"表达"这个词,马上联想到"表示"、"表现",这时就需要老师对这几个词进行比较、讲解使用条件、给出例句;另外像"全"和"整"、"一点儿"和"有点儿"、"和"和"与"、"无论……都"和"不管……都"等等,不胜枚举。切中要害而又准确的比较、对比,能够让学生的疑惑迎刃而解,达到事半功倍的效果。

第七,大量练习。为了达到在课堂上大量操练的目的,教师必须准备足够的练习内容,以便学生巩固、提高所学语法知识。练习要形式多样,例如:针对某一项语法点的专项练习,面向一个单元或几个单元的综合练习等。一部分题型可以借鉴汉语水平考试的"语法结构"部分,有助于学生熟悉汉语水平考试的形式;另外部分尽量设计为开放式问题,帮助学生延展思维。完成练习也需要巧妙安排,避免把语法课上成"做题课"。专项练习适合"边讲边练 + 讲完再练",效果较好;综合练习可以在课堂上规定时间内完成,作为自测,也可以作为课后作业,不限时完成。检查完成情况的方法也有多种:教师批阅后讲解错误;学生自行寻找答案,提出疑问,教师解答;学生逐人逐题报出答案,其余学生判断正误,教师讲评;学生分组讨论,教师给出答案,学生自行纠错,教师点评;请几位学生在黑板上做题,下面的同学判断正误,教师评判等等。集中语法课的练习有别于分散语法课,交际性操练较少,主要是书面的练习,因此需要尽量安排学生活动,最大限度、最大范围调动学生的眼、耳、口、手、脑,包括学生之间的讨论、沟通等。

实践证明，集中语法教学对学生帮助很大，值得尝试。

综上所述，在第二语言教学中，"语法教学不但不能减弱，而且还要加强"。重视语法教学，这是一个原则问题。

（作者单位：陕西师范大学国际汉学院）

参考文献

［1］盛炎：《语言教学原理》，重庆出版社 1990 年版。

［2］卢福波：《对外汉语教学语法研究》，北京语言大学出版社 2004 年版。

［3］卢福波：《对外汉语教学实用语法》，北京语言文化大学出版社 1996 年版。

［4］程棠：《对外汉语教学目的原则方法》，华语教学出版社 2000 年版。

论汉字之文化特征在对外汉语教学中的作用

邵　英

　　汉字文化越来越受到人们的关注，这是汉字的性质所决定的。汉字是一种表意性文字，在汉字的构件字符里有大量意符，其中象形、会意、指事字形中的表意功能更加明显，有些形声字中的声旁也兼有表义功能。由于汉字的独特性能，文字学家和历史学家从中发现了中国人远古的记忆。同样由于汉文字形体结构依然保留着图画式的书写形式，看似简单的点和线组合出成千上万个方块字，使得以汉语为目的语的学习者梦魂萦绕、惊叹不已！因此，我们想在本文中探讨有关汉字的文化特征在对外汉语教学中的作用。

　　当前，全球"汉语热"一个重要因素是文化的力量在起作用。中国是一个文明古国，有悠久的历史和灿烂文化。在欧美的一些大学开始成立中国研究中心，对中国的历史、文化、政治、经济、哲学、文学艺术、语言进行专门的研究，汉语学习是一个必然的阶段，而汉字学习则是一座绕不过去的"山"。如此说，是有原因的。有一部分人以为学会拼音，会说汉语即可，不必去一笔一画学写汉字。如果只是来中国游山玩水，这种学习汉语的态度尚可。但要真正走进中国、融入中华文明，就必须认认真真识读汉字。因为汉字是汉语言、汉文化的载体，学习一种语言，就必须学习与之不可分割的文字。

一 汉字教学

汉字教学在中国属于本体教学的范畴。从严格意义上来说，是指汉民族学习母语的一个最基础的环节。早在西周时期，贵族子弟学习汉字就已经是一项必不可少的内容。《周礼·地官·保氏》云："保氏掌谏王恶。而养国子以道，乃教之六艺。一曰五礼，二曰六乐，三曰五射，四曰五驭，五曰六书，六曰九数。"《汉书》卷三十曰："古者八岁入小学，故《周官》保氏掌养国子，教之六书。"颜师古曰："小学，谓文字之学也。《周礼》'八岁入小学，保氏教国子以六书'，故因名云。"（《汉书》卷八五）故本体的汉字教学有着悠久的历史。本体教学以外的汉语教学就是"对外汉语教学"，而汉字教学是不可回避的一项重要内容。

在对外汉语教学的汉字教学实践中，有两种现实情况是要首先明确的：一是教学对象完全是来自西语的学生，汉字对他们来说简直是一幅幅多变的图画，神奇而又难以掌握；一是教学对象来自亚洲汉语文化圈的学生，尤其是诸如日本、韩国、越南等已经有一定的汉字书写基础的学生。针对不同的教学对象，自然应该"因材施教"。对于从未接触过汉字的学生来说，模仿是一种行之有效的手段。老师运用汉字的基本构件，把汉字中的点、横、竖、撇、捺的间架结构，书写顺序准确地演示给学生。这一个教学环节无需很长时间，因为更多的功夫需要学习者的反复练习。而对于来自汉字文化圈的学生则不需要这样一个学习环节。因此，对外汉语教学中的汉字教学并不是教授学习者如何书写汉字，而是通过识读汉字，从汉字形体结构的角度去进一步了解、领悟汉语及其使用这种语言的汉民族的思维特点。也就是说更好的体会汉语文化。

二 汉字文化

1. 汉字的特点

汉字是世界上仅存的、从未间断过的由自身发展成熟的一种文字，有着悠久的历史，从目前能见到的、为世人所公认的最早的甲骨文算起，汉字已有四五千年的历史。在漫长的发展过程中，汉字不断地为适应被它记录的汉语言进行着系统内部的调整。汉字在造字之初，先民们以所见到的事象、所思之事或画其形，或提取其义，使所造的文字要么像其形，要么形意兼备，形成象形、会意等为手段的构字方法，后来，随着汉语词汇的扩大，逐渐发展出取已经认识的熟字为声符添加在那个新词语的旁边，使之成为形声字。形声造字法，一部分构件表示词语义类，一部分构件表示词语读音，有时表读音的构件也表示原始词义，简捷方便，成为汉字主要的造字方法。随着社会的发展，汉字也在不断地发展，同时汉字书写工具也在不断改善，这样为汉字形体的变化提供了物质条件，汉字形体先后经历了甲骨文、金文、小篆、隶书、楷书等字体的变化。

就汉字的表意方式来说，主要是通过一定的形体结构来表示。世界上许多古老的文字，例如非洲的古埃及文字、西亚的美索不达米亚的楔形文字等，都经历过由图画文字向表意文字发展的过程，但是这些表意文字早就失去了使用价值，变得不可释读了。唯有汉字在数千年的历史发展中，一直没有中断，形成一个完整的链条，其表意特点至今仍有保留，成为世界上最古老、最有严密系统的表意文字。现今世界上的文字分为两个大类：表意文字与表音文字。这种分类是从文字形体直接显示的信息是语义还是语音来确定的。例如，"人"这个词，汉语是通过一个侧立的"人"字形体显示其意义而成为这个词的载体。英语是通过"man"直接拼出了意义为"人"的这个词的声音而成为这个词的载体。

就汉字记录汉语的单位而言，一般情况下，一个汉字记录一个音节，即一字一音，字往往就是词。节奏感强，具有一种独特的韵律。

例如"一"这个字记录了"yī"这个音节，而这个音节也就代表"一"这个词。"一本书"由三个音节组成，也是由三个词组成。比较而言，英语的情况则迥然不同，英文字母代表的是音位。例如 one book，由 o、n、e 和 b、oo、k 组成，它们分别代表〔w〕、〔ʌ〕、〔n〕、〔b〕、〔u〕、〔k〕六个音位，one 和 book 分别是三个音位拼合的词。

就汉字形体的特点而言，不同的构件可以组合成不同的汉字。如"日"、"月"、"明"是依据单体与合体的不同分别创制了三个字形。"木"、"林"、"森"是通过构件多少的差别创造而成的，除此以外，相同的构件因其位置的改变也可以构成不同的汉字，如"叶"与"古"、"呆"与"杏"是构件的位置不同创制的。

因此，汉民族根据汉字以上的特点，不但可以延续不断地传承远古的历史文化，而且在后世创造出特有的律诗、字谜游戏、对联和姓氏避讳等新的文化样式。

2. 汉字文化

语言是促进人类相互交往和交流思想的最基本的工具，文字的发明使得语言有了声化的形体。但是"文字虽用以代表语言，但她有她自己的形体。因为文字的形体，跟着时代而变迁，又因为语言的变迁，常常是影响到文字，使它们的意义和形体隔离"。[1]汉语言文字是世界上最古老、最优美、最丰富的语言文字之一，其起源距今已有数千年的历史了。经过不断地演变和发展，汉语言文字渐渐成熟完善，形成了完整而科学的体系。它是我们祖先智慧的结晶，是中华文明赖以存在的基础。依靠汉语言文字，中华文化才得以流传和发扬光大。汉字本身就有十分丰富的文化积淀，它与英、法、俄、西班牙等拼音文字不同，是一种形体与意义紧密结合的表意文字。它起初就是一个个象形图画，由这些字形就可知其所代的事物。我们以表示"成年男子"的"夫"字为例。古时童子蓄发，成人后则改披发为束发戴簪，在表示"大人"之"大"字形上添加"一"。"一"是"簪"的象形，创制出"丈夫"之"夫"。这样形象地表示出"成年男子"之意。随着语言的发展，"大丈夫"又具有了英雄的意义。又如"众"字的甲骨文形体是三个人在日下。是三个人一起在太阳下劳作的意思，表达出了人多的含义。而在"宀"（表示房屋）下有一个"女"字，则表示房子有女子就安定，传达出"安定"的意义。

汉字就其构形特点而言，经前人的研究判断划分为古文字和今文字两个阶段。在划分古文字时段范围问题上，学术界基本上是按照唐兰先生划分的殷商系、两周系、六国系[2] 的意见。所以我们在讨论汉字的形、音、义所携带的文化信息时应以古文字为主。如"取"字，从耳从又（古文字表示手），这一左右结构的楷书形体已看不出有怎样的文化意义了。而"取"字的甲骨文结构是由一只左耳和人的一只手两个象形文字组合构成的。为什么先民要选取这两个字符组合成"取得"的"取"字呢？原来在早期社会，部族中以获取猎物或俘获敌人的多寡记功，猎物的耳朵或敌人的耳朵是其凭证。又如"保"字，现在使用的"保"字形体由亻、口、木三个字符组合而成。它的义项有护养、育；保佑、保护；保全、保证；担保；依靠等。这些义项与"保"字形体有什么关联？很难联系起来。但是如果我们看到它的初始形体就会恍然大悟。"保"字的甲金文形体结构是一个大人两臂向后弯曲，在臂弯与脊背之间是一个孩童的象形文。即像一个大人背着孩子的形象，以示保护孩子。其表示的语言意义也正是这一个意思。所以"保"字以上的各种义项就是由这一个初始意义演化出来的。

我们说文字也是重要的文化事类，语言文字既是重要的文化事项，又是文化的载体。这一文化载体，服务于文化，同时又促进文化的发展。语言是文化的代码，文字对语言的记录，突破了语言在时间、空间方面的局限。因而离开了文字，许多文化事项不可能传播和传承。所以要理解汉语言的文化功能，领悟汉语言的文化精神，就无法抛开对具有"活化石"性质的汉字本身的理解。

三　汉字文化在对外汉语教学中的作用

汉字文化，是中国特有的一种文化现象。汉字文化即汉字的结构所反映的文化现象和汉字按照一定规律组合在一起表示某种内容所反映的文化现象的总和。[3]也就是说汉字本身具有文化意义，所以在教学中应该充分利用汉字的这一特点，有意识地从文化的角度讲解汉字。例如，中国人喜欢说"老天保佑"。如果简单地说"老天保佑"的意思相当于"上帝保佑"，也未尝不可。但这只是一种皮毛的理解。因为虽然在人类社会不乏其共性，但每一个民族的语言都有它独特的内涵。"老天保佑"与"上帝保佑"是不同文化形态下发生的语言，究其产生的文化背景必然存在很大的差异。"天"字，甲骨文写作上从口或〇，在其符号下是一个正面站立的人形。这样两个字符合在一起表示人的头顶。这样的意义在甲骨文中是有的："疾朕天"（《甲骨文合集》20975）。意思是"病了我的头顶"。可见，在使用甲骨文字的商代，人们还没有赋予天一种特别的意义。到了西周，虽然"天"字的形体与甲骨文字相同，但不再见到表示头顶的意义，却有了表示上天之义的用法。如西周大盂鼎铭文有"文王受天有大命"一语。这是一种与商代不同的一种文化现象。[4]说明中国人是在西周之后才有了敬畏天的神威的思想。一方面，由于西周从一个更加重视、依赖农业的部族发展壮大而来，农作物的丰收与否全仰仗自然的风雨，即被动的靠天吃饭；另一方面，强大的殷商竟然被落后于她的周人打败。周人以为是天命使然。又如，现在使用的汉字中有社、福、祝、神、礼、祐、祀等一组从"示"字旁的字。在甲骨文字时期，它们的形体并没有相同之处。社字本来是一个独体象形字，《说文·示部》社下曰："社，地主也。"是一种对土地的崇拜。福字的甲骨文形体与酉近似，酉是盛酒的器皿，上古社会人们祭祀时是少不了酒的。祭祀的目的是祈求神灵先祖降福给自己，所以这是"福"字初始意义。祝字，甲骨文形体就像一个人虔诚地跪在那里，向神灵先祖祷告。礼字，甲骨文形体结构从玉从豆。豆是一种盛物的器皿，玉在豆内，会意以豆盛玉献祭于神灵前所进行的祭祀礼仪。神字，甲骨文形体是闪电的象形文字。因为先民无法理解自然现象，以为那种令人毛骨悚然的电闪雷鸣的天象是由天神掌控，所以也用这个字形表示，后来添加"示"这一形符，成为形声字"神"。直到科学异常发达的现代社会，中国人在发毒誓时，仍然要说如不遵守诺言则一定

"遭雷劈"、"天打五雷轰"之类的话语。这是先民思想意识的遗存。

由以上所列例字和相应的词语来看，如果仅仅停留在识读汉字外壳的层面上，那么学习者在实际语言、思想交流中势必遭遇新的障碍，即文化障碍。出现课堂学习的知识与实际所需知识的脱节现象。所以，在对外汉语教学中，汉字所蕴藏的文化信息是不可以忽视的。要做到这一点，当然要求教授者首先要具备一定的汉字学知识，尤其是古文字学和历史学知识。这属于对外汉语教师应具备的文化素质问题，不在本文的讨论范围。

四　余论

学习汉字似乎是一件很痛苦的事情，对于这个问题要看如何学习，如何教授。如果每日只是从点划竖撇捺横提等构字要素出发，枯燥机械的反复训练，那的确是一件非常痛苦的事情。但是，如果从汉字结构特点出发，把每个汉字的形体结构进行有意义的分解，在分析中学习它本来的意义，一边了解其形体结构，一边了解它所承载的文化含义。这样在一种发现、探索中的学习，不但有趣，而且所获得的信息量很丰富，不可能产生厌烦的情绪。同时，这样学习汉字的书写，也为进一步学习汉语文化、汉民族的思维特点、哲学思想、历史等打下了必要的基础。

（作者单位：陕西师范大学国际汉学院）

注　释

［1］　唐兰：《古文字学导论》（增订本），齐鲁书社 1981 年版，第 55 页。

［2］　唐兰：《中国文字学》，上海古籍出版社 2001 年版，第 129—132 页。

［3］　赵诚：《甲骨文与商代文化·前言》，辽宁人民出版社 2000 年版。

［4］　同上。

简论方言、共同语及其与对外
汉语教学的关系

周利芳

现代语言学的缔造者索绪尔在他的《普通语言学教程》中，严格区分了语言和言语，共时语言学和历时语言学，内部语言学和外部语言学，组合关系和联想关系。这一系列论断，为现代语言学奠定了科学的基础，引发了结构主义语言学以及后来转换生成语言学的蓬勃发展。但是，索绪尔把语言当作一个同质系统，也导致结构主义语言学在进行语音、词汇、语法、语义的描写时，往往有意地排除了许多复杂的情况。如由人的社会地位、文化层次等的不同导致的语言变异，由语言的地域分化造成的地域方言，以及共同语和方言之间的复杂关系等等。受结构主义和转换生成语言学理论的影响，国内对外汉语教学界对汉语作为目的语的内部复杂性——尤其是方言与普通话关系的复杂性关注不够。本文认为，就从事对外汉语教学的教师来说，认识汉语社团的社会分层与语言变异之间的相关性，认识方言与共同语之间的复杂关系，对提高教材编写质量和课堂教学质量具有重要作用。本文就方言和共同语以及认识二者之间的辩证关系对于对外汉语教学的影响，谈谈自己的看法。

一 方言与共同语的辩证关系

方言是语言的地域分支，是语言的地方变体。换句话说，方言是语言的具体存在形式。语言是由不同的方言组成的，语言是一般，方言是个别。比如，现代汉语就是由官话、吴语、湘语、粤语、闽语、赣语、客家话、晋语、徽语、平话等十大方言组成的（《中国语言地图集》）。离开这些方言，就不存在所谓的现代汉语了。

对于共同语在语言中的地位及其与方言之间的关系，我们认为，共同语是超乎各个方言之上的民族共同语，它是以某一方言为基础的语言高级形式，共同语也是语言的变体之一。不过，共同语是"高变体"，方言是"低变体"。共同语有经过加工的文学语言——书面语，方言则大多没有书面语形式。在现代汉语中，粤语和吴语具有一定程度的书面语形式，其他方言则基本上没有书面语。拿汉语普通话的口语系统来说，普通话音系"以北京语音为标准音"，剔除了土语成分的北京语音就是普通话音系。词汇"以北方方言为基础"，即北方方言中普遍使用的词语就属于普通话词汇的范畴。而它的语法系统，则是"以典范的现代白话文著作为语法规范"，这是一个包括口语和书面语的语法系统，其基础当然也是北方方言。事实上，不少研究现代汉语语法的论著就是以北京话为对象的。就书面语系统而言，绝大多数书面语词汇是在汉语的各个时期产生的，并通过汉语书面语积累下来，其基础仍然是以北方方言为基础的汉语通语。普通话语法系统中有不少只在书面语中使用的成分，这些成分是以各个时期的汉语书面语作品为载体，才得以留传至今，它的基础和书面语词汇一样，主要是北方方言。因此，我们可以把普通话看成一个"高级"的方言，一个需要在全民族推行的方言。普通话语法有相当的灵活性，普通话的词汇也是丰富多样的，它们是具体的，鲜活的，生动的。从历时的角度看，它们处在不断的发展变化中。

因此，现代汉语就是一个以普通话为标准语，包括了许多地域变体（方言）的交际工具和思维工具。由于汉语的方言异常复杂，所以，在方言和普通话之间，就存在着异常复杂的互动关系。一方面，随着人口流动的加速和普通话的日益推广，共同语的使用范围迅速扩大，使用人口不断增加；另一方面，随着普通话使用范围的扩大和使用人口的增加，方言对普通话也会产生积极的影响，从不同方言进入普通话的"异质"成分也会迅速增加，在丰富普通话表现力的同时，也给普通话的规范使用带来了很大的挑战，同时给对外汉语教学的研究带来了新的课题。

二 方言对普通话的影响

1. 说普通话以北方方言为基础，并不是否认普通话也要从其他方言中吸收有用的成分。作为全民族共同语，要为全民族各个方言区的人群使用，在操不同方言的人群的使用过程中，必然会有原来只在某些方言中使用的成分逐渐为更大范围的人群所接受，也就是逐渐为普通话所接受。普通话是宪法规定的国家通用语，要为各民族的人民服务，在不同民族的人民用来交际的过程中，也会有其他民族语言中有益的成分被吸收进来，尽管它受到各民族语言的影响比起它给予其他民族语言的影响要小得多，但影响小并不等于没有影响。

下面以吴语和粤语为例，看看方言对普通话的影响。比如，"VV看"的语法格式是吴语中表尝试貌的常用手段。现在已经进入普通话，成为一种常用格式，如"试试看、听听看、做做看、念念看"，甚至有"瞅瞅看"的说法。再如：

（1）这玩意儿不好学，我学学看。
（2）这种病以前没见过，咱治治看。

吴语有一种表现力很强的感叹句式"不要太 + 形容词 + 语气词"也进入了普通话，年轻人非常喜欢使用。如："不要太潇洒噢！"同时，普通话还从吴语借入了不少词语，如"尴尬"、"垃圾"、"煞有介事"、"写字台"、"台球"等。吴语词进入普通话时，有的采用了北京话的读法，如"写字台"、"煞有介事"、"垃圾"，其中"圾"在吴语中应该读 s 声母，而普通话按照声旁"及"的读音，读为 lā jī。有的则采用直接借音加折合的方法，如

"尴尬"的声母，按照北京话的语音规律，应当读 j 母，但借入后保留了吴语的特点，折合成 gān gà。这类词语的借入甚至局部改变了普通话的语音结构。比如，北京话本来不用 g、k 母拼 a 韵，但随着"尴尬"的借入，ga 音节进入了普通话。同时，通过音译外来词"卡片（card）"、"卡车（car）"、"咖啡（coffee）"等，ka 音节也进入了普通话。由此可见，方言对普通话的影响体现在词汇、语法、语音各个层面。

改革开放以来，粤语地区开放最早，经济发展迅速，成为财富、人才的凑集之地，粤语对普通话的影响也超过了吴语。香港、澳门回归更是使粤语"如虎添翼"，广东人、港澳人的文化、语言对普通话产生了巨大的影响，表现十分突出。"搞定"、"买单"、"老公"、"雪糕"、"发烧友"、"大排档"、"电饭煲"、"煲汤"、"靓"、"酷"、"大哥大"、"巴士"、"大巴"、"中巴"、"的士"、"的哥"、"的姐"、"富婆"等一大批词语进入普通话，其中有些是外来词，通过粤语区进入普通话和其他方言。有些构词成分也取得了普通话成员的资格，如"屋"、"城"，意思均为"店"：

食屋　精品屋　咖啡屋　鲜花屋
鞋城　商城　服装城　购物城　家具城　玩具城

个别粤语语法的常用表达方式也进入了普通话口语，如"有没有搞错"，现在大江南北都在说，使用频率极高。

由此看来，普通话应当是以一个方言为基础、吸收其他方言的成分组成的语言系统，它具有一定的抽象性，但同时又是内涵极其丰富的全民族的交际工具。作为民族共同语，它必须具有稳定性，但由于受到方言、外语等的影响，由于社会的不断发展，人们经济、政治、文化生活的不断进步，语言观念的不断变化，普通话又处在不断的变化之中。正是这种变化，使语言能够保持自己的活力，帮助人们顺利完成交际任务。

2. 在方言对普通话的影响中，"地方普通话"的存在是特别值得重视的现象。

随着学校教育、电视广播的普及，人口流动的加剧，普通话的使用者在日益增加，导致使用普通话的社会群体发生了很大的变化。过去，使用普通话的人群以知识分子、青年学生为主。现在，这个群体的结构比例在悄悄地改变，文化水平较高与较低的人群之间的比例在不断变化，文化水平较低人群的比重在逐步增加。使用者成分的变化带来的结果之一是，普通话说得"不纯"的人越来越多。事实正是如此，今天，不管走到哪里，在大街上随时可能听到带有各种方言色彩的普通话。同时，在各地人所讲的普通话中，也存在这样那样的方言的"底层"，表现在语音、词汇、语法各个层面。语音上的差别最为明显，不必举例。词汇上，有些成分就可能不太明显了。比如关中人把孩子叫"娃"，于是，西安普通话中，"我娃今天请假"、"男娃比女娃调皮"、"现在的娃们懂事迟"等句子，不绝于耳。

语法上，方言的"底层"作用隐藏得更深。陕西方言中，方位名词"上"与"里"的分工和普通话不完全相同，比如，表示某一级政府时，普通话用"里"，方言则用"上"，而在陕西、西安的各类新闻媒体中，只用"省上、市上、区上、县上"，很少用"省里、市里、区里、县里"，甚至在"省、市、区、县"作定语时，也要加"上"，如"省上领导"、"市上干部"、"县上五套班子"等，对于陕西人来说，这种用法早已习焉不察，外地人一听就是方言。西安人的普通话中有一个使用频率很高的语气词"嘞［lai］"，语义和运用环境跟普通话的"呢"对应。例如：

（3）这件衣服好着嘞。
（4）明年才考嘞，早着嘞。
（5）我也想跟你一块儿去嘞。

这个语气词并不是普通话的固有成分。西安话有一个常用的语气词"呢［ni］"，对应成普通话应该是"呢［ne］"，（兰宾汉：《西安方言中非疑问用法的"呢"》）但在周围其他方言中，这个词又多数读成"哩／咧／嘞"，于是当地人误以为"［ni］"应当对应成"嘞

[lai]"，因此就有了这个语气词。除了其他方言成分以外，这个语气词典型地反映了"西安普通话"的特点。

再如，西安话中，"把 N—V"结构的使用频率很高，其中在祈使句中单独出现，在非祈使句中可以充当连动式后段。（兰宾汉：《西安方言中的"把 N—V"结构》）例如：

（6）把票一买。
（7）你给咱把肉一切。
（8）咱把饭一吃再走。

在西安人的普通话中，我们也可随时听到此类句子。再如：表状态程度很高的动补短语"V 得不像啥"（把个家害得不像啥）、"A 得不像啥"（潇洒得不像啥），祈使句"你不管（你别管）"等等，构成了明显的"西安普通话"的句法特点。还有一些隐藏得更深的方言语法特点，对于当地人的普通话存在着深层次的影响，比如，关中方言很少用表程度的状语，而多用"扎、很、美、太"等程度补语，如"累扎了"、"乏得很"、"吃得美"、"热得太太"等，反映在当地人的普通话中，尽管"扎、太"等方言补语一般不会出现，但在句式使用上，仍然倾向于多用程度补语，少用程度状语。这可以叫做"隐性的"方言普通话成分。

上面所举是普通话水平很高的省会城市的带有方言色彩的普通话，在市、县级的城市和广大农村，在数量巨大的各种外出人员中，普通话水平更是参差不齐，各种夹杂着方言语音、词汇、语法成分的南腔北调的"普通话"发挥着日常交际的任务。到底承认不承认这些人讲的是普通话呢？这是一个理论上十分尖锐、实践中十分现实的问题。有鉴于此，有人借鉴外语教学的经验，提出学习普通话过程中存在"中介语"，以此来指称"不纯"的普通话。也有人用"地方普通话"来概括各地通行的带有方言成分的普通话。赵日新（2003）把从方言到普通话的过渡状态分为下面五级：

方言
↓
很不标准的普通话——属于方言
↓
不很标准的普通话——属于普通话
↓
比较标准的普通话
↓
标准的普通话

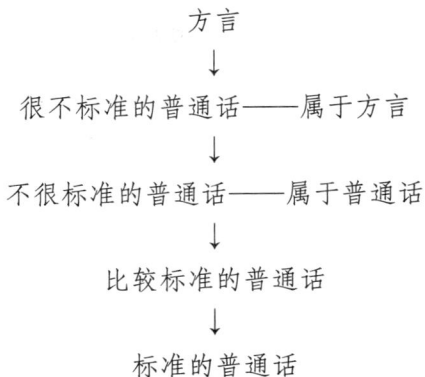

这种划分明确地摈弃了普通话是铁板一块的观念，将方言区的人掌握普通话的程度表述为一个连续体，是符合实际的，对我们认识相关的问题具有重要的启示作用。

三 在对外汉语教学中如何
对待方言成分

方言和普通话的互动关系，地方普通话的存在，必然会给普通话带来一些新的成分，新的变化。在对外汉语教学中如何对待和处理这些方言成分，就成为一个很有现实意义的课题。一位泰国留学生告诉笔者，他选择学校时，首先要选择北方，因为在南方的普通话里，存在较多的方言成分，他们怕来中国学到的是一口南方普通话。这种担心不是没有道理的。留学生在我国学习汉语，是浸入式的学习。除了在学校按部就班地学习规定的课程以外，还会找辅导的学生，还要与当地人密切地接触，这就不可避免地会接触到上面所说的"不很标准的普通话"甚至"很不标准的普通话"，这些带有方言色彩的普通话当然会对他们的汉语学习产生一定的干扰作用，这种干扰可以叫做"目的语的方言干扰"。这种现象在南方方言区存在的普遍性更大。如何帮助学生正确地识别并抵制这些干扰呢？这里提出自己的几点看法。

1. 对于已经为广大人群所使用的来自方言的词汇、语法成分，应当承认它们是进入普通话的成分，在对外汉语教学中采取积极的态度，让留学生学到鲜活的现代汉语，否则就会使他们习得的汉语与实际的语言状况相脱节，在跟中国人交际时使用"哪里、哪里"式的老学究式的汉语。因此我们主张，遇到这类成分时，教师应在交代清楚它们的意义和用法之后，适当地指明其来源和特定的语言环境，帮助留学生恰当地运用。在教材编写中，也应当给这类成分以一席之地，而不应该采取一概排斥的态度。比如，"买单"一词来自粤语，尽管普通话原有的词汇中有同义词"结账"，但留学生在与中国人的日常接触中已经接受了，教材和教师就应当顺其自然，但要讲清楚它的运用环境：只在饭馆、歌厅、洗浴场所等使用。再如"煲汤"的说法，北方话过去说"做汤"，但广东人煲汤的炊具和方法是十分独特的，用"做"显得太普通，不如"煲汤"来得准确、地道，大多数北方人——尤其是城市人口已经在普遍地使用这个词，留学生学习之后也是有益的。有的方言成分借入普通话以后，和原有的成分之间形成表达风格上的差异，如"老公"从南方方言借入，主要在知识阶层和城市居民中使用，与"丈夫"、"爱人"、"男人"等形成同义关系，与"老婆"形成结构对称、意思对立的对义关系，在普通话词汇系统中有其存在的"价值"。语法上，口语中"VV看"、"有没有＋V＋过＋（O）"、大量的"V＋掉"结构，已经进入了普通话语法系统，（刘晓梅、李如龙，2004）在对外汉语教学中应当作为普通话语法的一部分进行教学。

2. 对于方言色彩浓厚，尚未被大多数地区、大多数人群接受的方言成分，则应采取慎重的态度。这一点在方言地区的对外汉语教学中，尤其应当强调。如上所述，各地的"普通话"中，都有一些不标准的方言成分，这些成分不漏痕迹地混杂在当地人的口语中，非专业工作者并不清楚。如果是以汉语为母语的人，那么，尽管他们不能从理论上和知识上区分方言成分与普通话成分，但在日常使用中，凭借自己的对母语的语感和学校的教育，仍然能够使自己的表达方式逐渐向普通话靠拢，修正自己的方言成分。但留学生却不具备这样的先天条件，更没有分辨方言成分与普通话成分的能力。这个任务就义不容辞地落到了对外汉语教师身上。比如，晋语地区、西北地区，在表示将要干什么的时候，不用"要、将要"等助动词，而用句尾的助词"呀"〔iaº〕（也），这在上述地区的地方普通话中也有反映。如呼和浩特普通话：

（9）我去北京呀。

（10）我们明天接待外宾呀。

（11）你要是不听老师的话，迟早倒霉呀。

在北京话里，这三句话末尾都不能带"呀"，不了解方言的人会以为这里的"呀"是语气词"啊"的音变形式，其实不是。外国人对此更是难以分辨。再如，西安普通话中的"把肉一买"、"你不管"、"我们正吃饭嘞"之类结构或句末助词，留学生难免会在与当地人的日常接触中习得。对于这类成分，教师应像对待学生表达中出现的其他偏误一样，及时发现，及时纠正。纠正方言干扰造成的偏误，可以结合正常教学中安排的语言点进行，如采取对比的方法，指出标准普通话怎么说，方言普通话怎么说，再辅之以一定的练习。对于隐藏更深的方言语法特点，则只有在相关的语法点下面进行纠正。

3. 对外汉语教师的语言问题。教师的语言对学生的影响，可以从两方面来看：一是教师的普通话的标准程度，二是教师在不同语域（register）中的言语风格问题。

第一，教师的语言对学生的影响是巨大的。尽管对外汉语教师要经过普通话测试才能上岗，但事实上，并不是所有教师的普通话都达到了标准的程度。因此，教师应当有意识地纠正母方言或所在地方言的语音、词汇、语法对自己语言的干扰。比如，南方方言区、东北方言区的教师可能存在"z-zh、c-ch、s-sh"不分的现象，南方方言、江淮官话、西南官话、部分中原官话区的人存在"n-l"不分的现象，这些现象都毫无疑问地应当努力克服。还有母方言、所在地方言词汇、语法对于自己所说的普通话，也会有一定程度的干扰，如内蒙古晋语区语言学教师的普通话中，随时可以听到"不待要、呀、来"

等方言成分。自觉抵制和消除母方言、所在地方言的干扰，是摆在对外汉语教师面前的首要任务。

第二，同一位教师的语言本身也存在风格、语体的差异。比如在讲课时和在聊天中，使用的言语就有很大的不同，这就是"语域"的不同。在课堂上面对学生时，教师语言的语体比较正式，是书面语化的口语语体，这样的语域大大抑制了方言成分的出现。而在平时的谈话语体中，因为说话比较随意，内容比较宽泛，所以方言成分也比较容易带入谈话中。那么，在与外国学生的日常交流中，就存在这样的问题：如果使用的语体比较随意，就容易不自觉地将方言成分也带入谈话中，从而对学生习得普通话产生干扰。学生长时间在这样的环境中生活，可能在习得的汉语中掺入某方言的成分，这种掺入的方言成分尽管可能不多，但今后想要克服是比较困难的。所以，对外汉语教师应时刻留心自己的语言运用，注意在与留学生的日常交流中克服方言成分的干扰。

四　结语

现代汉语方言和共同语之间的关系是十分复杂的，它们是现代汉语的不同变体，共处于同一个语言社会。许多人同时掌握方言和普通话，在不同的语言环境中选择不同的变体。因此，二者必然会互相影响，形成一种互动关系。在越来越多的人将共同语作为自己的主要交际工具的同时，方言对共同语的影响不是减弱了，而是加强了，共同语会不断地吸收异质成分。在语言规范化领域，不少专家提出应该用动态的、有弹性的标准来看待普通话的规范问题，这无疑是正确的。而在对外汉语教学中，如何对待进入普通话的方言成分，在留学生习得汉语的过程中如何避免"目的语的方言干扰"，似乎还没有引起学界的注意。对于这个问题，我们的基本观点是，留学生习得的汉语，应当是较为纯粹的同时又是鲜活的现代汉语。那种对方言的干扰熟视无睹或对进入普通话的方言成分一概排斥的态度，都是不足取的。对外汉语教师应当对母方言和所在地的方言多一些了解和研究。

（作者单位：陕西师范大学国际汉学院）

参考文献

［1］　［瑞士］德·索绪尔：《普通语言学教程》（中译本），商务印书馆1982年版。

［2］　高名凯：《语言论》，商务印书馆1964年版。

［3］　桂诗春：《应用语言学》，湖南教育出版社1988年版。

［4］　郭伏良：《建国以来汉语词汇演变研究》，河北大学出版社2002年版。

［5］　兰宾汉：《西安方言中非疑问用法的"呢"》，载《庆祝〈中国语文〉创刊50周年学术论文集》，商务印书馆2004年版。

［6］　兰宾汉：《西安方言中的"把 N－V"结构》，载邢向东主编《西北方言与民俗研究论丛》，中国社会科学出版社2004年版。

［7］　刘晓梅、李如龙：《东南方言语法对普通话的影响四种》，载《语言研究》2004年第4期。

［8］　邢向东：《神木方言研究》，中华书局2002年版。

［9］　邢向东、张永胜：《内蒙古西部方言语法研究》，内蒙古人民出版社1997年版。

［10］　徐大明、陶红印、谢天蔚：《当代社会语言学》，中国社会科学出版社1997年版。

［11］　赵日新：《汉语规范化问题的几点思考》，载《中国社会语言学》2003年第1期（创刊号）。

［12］　周利芳：《对外汉语精读课教学中的语体观和语境观》，载《天津外国语学院学报》2002年第3期。

谈词汇教学的幽默语境创设

李　锦

　　语境是任何一种自然语言的语言表达方式所依赖的语言知识及蕴含的非语言知识的总和。在汉语词汇教学中运用语境来开展教学活动是极其常用的方法。因其常用，总被人认为是简单易行的。然而在实际的教学过程中，想要为学生创造一个恰当的、适合他们水平并且能够被他们快速理解的语境却并不容易。我们认为把握好语境的设置是对外汉语词汇教学中的一个基本要求，同时也是一个高要求。它不仅要求我们了解学生已掌握的汉语语言知识和已有的抽象知识结构，而且还要熟悉学生的文化背景知识。在此基础上创设语境才能贴近他们的生活，激发他们的兴趣，提高其语言理解和表达能力，真正获得令人满意的教学效果。笔者以为幽默语境的创设可以起到这样的作用。幽默是人类智慧火花艺术的闪现，它能够愉悦身心，启迪心智。教师如果能够把幽默带进课堂，融于教学之中，就能起到良好的教学效果。把幽默引进课堂已经成为中外教育家的共识，而幽默会给学生带来轻松愉快和活泼的气氛，这是毫无疑问的。我们的汉语教材需要趣味性，我们的课堂也应当是充满风趣和幽默的。词汇教学作为对外汉语教学的基础更应加强这一点。调查表明，"学生对在教材中使用的幽默故事和笑话，是认可的"。[1]因此教师在教学中恰当地为学生创设幽默语境也一定能够受到学生的欢迎。词汇教学中为学生创设出幽默的语境不仅可以活跃课堂气氛，使教师和学生的关系和谐融洽，也可以激发学生的学习兴趣，从而达到优化教学效果的目的。

　　笔者在教学实践中创设幽默语境常常采用三种方式：语言幽默、

即景幽默和体态幽默。

语言幽默指的是以语言符号为载体而产生幽默，这种方法对中高级的学生比较适用，因为他们已经具备了一定的汉语基础，对一些笑话和玩笑能够较快、较准确地理解和把握。我们在词汇教学中给学生解释词语时，如果能够利用一些笑话和有趣的故事来创造设计一个幽默的语境，那么不仅会吸引学生的注意力，也会帮助他们更容易地理解词语、运用词语。比如《走进中国》（高级本）的课文中有这样一段话：

> 他叹着气："难怪古人说英雄难过美人关。"这下我可乐了，追问他："这么说你是英雄，我就是美人啦？"

学生就问老师这里的"追问"是不是"不停地问很多问题"的意思。其实这里的"追问"是抓住别人话中出现的问题来提问，有时是用来开玩笑的。为了解释这样的用法，我就给学生讲了这样一个笑话：

> 小明的爸爸为了鼓励他好好学习，就对他说："如果这次考试你得了 90 分，我就给你买 90 块钱的礼物；如果你考了 80 分，我就给你买 80 块钱的礼物；如果考了 70 分，就只能买 70 块钱的礼物了。"小明马上追问他爸爸："爸爸，如果我考了 50 分，你是不是给我买 50 块钱的礼物？"

大家听了这个笑话都开心地笑了。当然，他们笑过之后也明白了"追问"在课文中的意思。甚至有学生马上说："早上有人对我说你今天真漂亮。我现在很想追问他：'我昨天漂亮不漂亮？'"这就说明学生对这个词语的含义理解是非常准确的。

幽默的语言生动形象，轻松自然，以此创作出来的幽默语境对学生的影响是很大的。学生在这样轻松愉快的氛围中不仅不会产生紧张和疲劳的感觉，相反还会兴趣盎然，积极活跃。由于幽默具有良好的情绪感染力，因此在轻松愉快的课堂氛围中，学生也常常表现出积极踊跃的态度，也时常能够妙语解颐。例如一次进行自编故事的练习中，我让学生用"究竟、不用说、再说、换句话说、简直、毕竟"来说一段话。有一个学生讲了这样一个故事：

> 我和我的朋友去非洲，遇到了一只狮子。突然那只狮子开始追我的朋友。我实在不明白这究竟是为什么。因为我的朋友简直太瘦了，一点儿肉也没有。可是狮子不停地追他。我的朋友跑得很慢，连我都跑不过，更不用说狮子了。换句话说，他这回死定了。但他毕竟是我的朋友，我应该帮助他。再说，我也不害怕狮子。所以我就让狮子追我。狮子快要追上我的时候，我突然醒了。原来是一个梦。

虽然这个故事荒诞不经，但最后以做梦结束，又让人感到入情入理。不仅如此，最难能可贵的是这个学生对词语的运用非常准确，整个叙述也很流畅自然。因此得到大家的一致好评，课堂气氛也随之更加轻松愉快。

有时我们所创设的语境单独来看并不具备幽默的特质，然而由于和实际情况紧密相关，有时也能起到非常特别的效果，这就是一种即景幽默。我们在创设一个幽默的语境时，可以充分利用身边的资源，如果能够和学生的实际情况结合起来，能够让他们的记忆更加深刻。例如在学习"吃亏"这个词时，班里正好有一个练习跆拳道多年的韩国学生，于是我就说："一定不要和他打架，因为和他打架会吃亏。"他在听懂之后也故意举起胳膊、露出肌肉，说："当然。"大家看到之后都笑了起来，同时也明白了"吃亏"的含义。有时还可以利用现场发生的事件来创设语境。比如学习"再"和"又"这两个词的时候，正好有一个经常迟到的学生迟到了几分钟进入教室。我就微笑着和他开玩笑说："你昨天迟到了，今天又迟到了。如果你明天再迟到，我就让你请大家吃饭。"说的时候我还故意加重拖长了"又"和"再"，听了这话，包括那位迟到的学生在内，大家都笑了起来，同时他们也都很清楚地知道了这两个词的区别。在后面的练习中他们还和我开玩笑说："老师，你昨天让我们做作业，今天又让我们做作业，明天别再让我们做作业了。"

很多对外汉语教师都很善于采用即景幽默的方式来制造幽默的语境，而这种即景幽默并不都是来自于学生，有时教师们也会利用当时的场景勇敢地拿自己开玩笑。例如笔者的一位同事在讲解"身材"这个词时，正好自己有孕在身，于是她就说："你们看我现在的身材怎么样？"学生们都笑了。她接着说："我的身材不好，因为我的肚子太大了。"相信学生听了老师的解释都会明白"身材"这一词语的准确含义。而笔者在讲解"以前"时，也同样采用了自嘲的方式来解释词语。笔者准备了一张自己六年前的照片，一边请学生看一边告诉学生："这是老师 2000 年的照片。"学生的注意力马上就被吸引过来，都非常好奇也很专注地看照片。因为笔者几年来变化很大，学生们在看过之后都很惊讶，同时产生了很强的说话欲望。这时我马上板书"以前"两个字，同时说："以前我很苗条，现在我很胖。"有一个学生立刻跟着学说："老师以前很漂亮，现在……"他的话还没有说完，立刻又有一个学生说："现在也漂亮。"大家听了之后都愉快地笑了。之后的练习中不需要老师引导，他们很快就掌握了这一词语并且能够灵活地加以运用，达到了非常好的教学效果。

除了在解释词语时可以创设出幽默的语境，让学生练习运用词语时也可以用幽默的语境来引导他们说出恰当的语句。例如在学习了"并"这个副词之后，我请学生进行造句练习。虽然他们已经了解了这个词的含义，但是一时还想不出什么句子。这时体态偏胖的我就说："我很瘦。"一个调皮的学生马上接了一句："老师并不瘦。"紧接着其他的同学都响应起来，纷纷说出了很多正确并生动有趣的句子。又如一次给学生讲解完"东×西×"这个结构的词语后，学生们都了解了含义，但是却发现这类词语没有"用武之地"，正在这时上节课上课的老师把笔落在了教室，她找了很多地方之后在这里找到了。听到我在诱导学生说"东×西×"，她就开玩笑说："我刚才就是东奔西跑。"学生们听到之后都笑了，之后他们也说出了不少恰当准确的句子。如在讲解完"套近乎"这个词后，我对一名姓张的韩国学生说："如果有一个中国的小伙子对你说，你姓张，我也姓张，我们中国人说同一个姓的人五百年前是一家人。那么他是在做什

么?"大家都微笑着异口同声回答:"他在套近乎。"之后他们就说:
"去商店买东西的时候我要和老板套近乎,让他给我便宜一点儿。"
"老师我想和你套近乎"等。

有的人认为在初级班的教学中,学生掌握的词汇少,听力差,根
本听不懂老师的玩笑和笑话,因此追求幽默的语境创设是不可能的。
然而笔者以为,只要开动脑筋,从学生的角度出发,创设出符合他们
水平的幽默语境是可以做到的。这时比较常用的方式是体态幽默,也
就是通过教师的眼神、表情、手势和姿态等身体语言来产生幽默的效
果。在初级班的教学中,幽默语境的创设常来自于夸张的表情动作和
语气语调。语言学家吕叔湘曾经说过:"外语教师在课堂上要是个演
员,要能表演,要手舞足蹈,用手势、动作、表情、语调传神,不要
温文尔雅,死板板地站在讲台上,也不下来走走,这样的教师是不会
成功的。"当然不可能要求每个教师都具备表演才能,但适度的夸张
却能成为语言环境的调味品。当学生看到原来一本正经的老师做出诙
谐幽默带有表演性质的表情动作时,他们不仅会感到生动有趣,同时
也会对所学词语留下深刻的印象。

例如"太"这个程度副词,既可以表示程度过头,又可以表示
程度极高,而且使用它时常带有感叹的语气。只是用语言作一介绍,
学生是不可能记住的。这时就可以先表现出非常疲惫的样子趴在桌子
上,很没有力气、声音也不太大,皱着眉头说:"我今天太累了。"
此时不仅表情要夸张,肢体语言要夸张,同时还要故意加重"太"
的读音,故意拖长句子,放慢语速。然后又拿出事先准备好的饮料喝
上一口,再马上表现出精神百倍的样子,非常愉快和惊叹地说:"太
好喝了。太舒服了。我太喜欢了。"学生听了看了之后都非常的开
心,并且觉得这个词很有用、很有意思。他们马上也会说出很多有趣
的句子:"老师,我太饿了,我们下课吧。""老师,你的衣服太漂亮
了。""她太胖了,应该减肥。"等等。

还有一次是给学生讲解"完"作为结果补语的用法,正好当时
我有满满一杯水没有喝,我立刻举起杯子把水喝完了,然后问学
生:"我喝完了没有?"学生们马上说:"老师喝完了。"又有一个
学生还调皮地加上一句:"老师很厉害。"大家听了都笑了起来。

很快他们也一边做动作一边说："我吃完了。""我写完了。""我看完了。"

其实夸张的表情动作和夸张的语气语调常常是结合在一起使用的。比如笔者在讲解"难怪"这个词时，班里正好有一个个子非常高的学生。于是我就问他："你的父母个子高吗？"他回答说："他们个子都很高。"于是我的脸上马上现出已然明白、不觉得奇怪的神情，同时一边点头一边说："难怪你的个子这么高"，并且故意把"这么"读得比较重。学生听的时候，就会注意到使用"难怪"的句子中，形容词前面要加上"这么（或者那么）"。他们在随后的自由造句中，如果用到了形容词，也会故意加重"这么"或"那么"的读音，同时脸上出现比较夸张的表情。这时往往会惹得全班同学大笑起来。

利用体态幽默来创设语境常用于初级班的教学，这并不是说其他幽默形式不适用于初级水平的学生。例如陈满华曾经在《小议初级班教学的幽默语言策略》中为我们介绍了多种语言策略来进行幽默的课堂教学，如可以根据课堂上出现的情况开个小玩笑，借题发挥，用幽默的方式纠正学生的错误，或者结合教学内容讲个有趣的小故事等等。[2]这些都是语言幽默，虽然不是用于给学生创设幽默语境，但同样说明，对初级水平的学生我们也可以为他们创造合适的幽默语境，帮助他们掌握语言技能。当然这时使用的词语都得是学生们已经掌握的，能够听懂的，绝对不能给他们增加额外的负担。另外在课堂教学中即景幽默是教师们最为常用的方法，只要运用得当，无论对哪个层次的学生都能起到良好的效果。可以说语言幽默、即景幽默和体态幽默是紧密结合在一起的，在我们的课堂教学中，创设词汇语境时三者都能发挥自己独特的功效，对我们的词汇教学大有裨益。

不过在实际的操作中我们还需要注意一些问题。杨俊萱说："幽默要运用得恰当，且不可滥用，也不可脱离教材内容，无边无际去'幽默'，最好是源于教材，结合具体语用条件，更要考虑学生接受能力，巧妙地运用幽默事例或幽默语言，以达到强化学生记忆的目的。"[3]这段话其实为我们指明了两点：一是我们的幽默是为了教学的幽默，是"寓教于乐"，因此决不可脱离教学。二是运用幽默必须从实际出发，考虑到学生的可接受性，要有利于教学质量和教学效益的提高。我们在词汇教学中创设幽默的语境也是为了让学生在轻松愉快的课堂气氛中学习语言知识，为了把课堂教学搞得有声有色，使教与学变得轻松而有效，因此绝对不可以背离教学目的和教学内容，一定要和具体的词汇教学结合起来，不能仅仅是为了让学生发笑，而随心所欲地通过制造一些和教学无关的笑料和趣闻来制造幽默语境，而那些低级庸俗的故事更应从我们课堂中摈除。幽默语境的创设应紧密围绕着教学活动而展开。刘颂浩提出："根据现有的调查，可以增加中国社会文化、留学生日常生活、个人信息等方面的内容，幽默、笑话也是很好的题材。"[4]这里谈的是教材的内容，我们创设幽默语境时其实也常用到这些相关的题材，不过这时需要注意选材的适当性，要恰到好处，既要考虑学生的实际水平，也要尊重他们的风俗习惯和文化差异。刘珣说："由于文化的差异及语言水平的限制，中国的笑话或幽默有时未必能为外国学生所理解和欣赏。"[5]因此我们制造为词汇教学服务的幽默语境一定要充分考虑学生的语言水平和文化差异，要结合教学内容，照顾到学生的学习态度，不可以离"教"万里，漫无边际，幽默的取材也要结合学生的思想文化和语言实际水平，使学生感到亲切有趣。

在实际的词汇教学中，不管采用哪一种方式来制造幽默语境，只要能够在平时的生活中广泛阅读，积累丰富幽默的语言材料，能够根据课堂内所发生的事情灵活的即兴发挥，随机应变，那就一定能使学生在真实的语言情景中体验语言，学习语言，使他们常学常新，始终保持对语言学习的兴趣，最终提高他们的汉语水平。

（作者单位：陕西师范大学国际汉学院）

注 释

[1] 刘颂浩：《我们的汉语教材为什么缺乏趣味性》，载《暨南大学华文学院学报》2005 年第 2 期，第 27 页。

〔2〕 陈满华：《小议初级班教学的幽默语言策略》，载《世界汉语教学》1995 年第 2 期，第 105—106 页。

〔3〕 杨俊萱：《幽默在对外汉语教学中的应用》，载《语言教学与研究》1988 年第 3 期，第 155 页。

〔4〕 刘颂浩：《我们的汉语教材为什么缺乏趣味性》，载《暨南大学华文学院学报》2005 年第 2 期，第 27 页。

〔5〕 刘珣：《新一代对外汉语教材的展望——再谈汉语教材的编写原则》，载《世界汉语教学》1994 年第 1 期，第 66 页。

论中级汉语听力教学中的课堂测试

刘　琨

一　听力课堂测试的必要性

　　目前，听力教学的主要内容就是依照听力教材设定的内容让学生听录音，做练习。教师根据学生做练习的情况了解学生对听力材料的理解程度，据此对听力内容做进一步的讲解。那么，教师以什么方式来掌握学生做听力练习的情况呢？以往，我们采用询问的方式，但效果并不好。根据教学实践，笔者认为，应该将一部分听力练习以课堂测试的方式让学生完成，以此了解学生做练习的情况。这样做的好处有：

　　第一，使学生做练习和听课时的注意力更加集中。上听力课时，由于"听"基本上是一种被动的行为，学生在听的过程中非常容易受到自身（情绪、兴趣、精力等）和外界（环境、听力材料的难易程度等）因素的干扰，注意力非常容易分散，以致影响到做练习题的效果。在听力考试中，学生迫于压力能够自觉地强迫自己集中注意力，将试题一一认真做完。我们将听力练习转化为听力测试，就是要在课堂上给学生适当的压力，让学生能够调动起自身的积极性，努力地去理解听力材料，这样做出的练习就能反映出学生真实的水平。练习答案具备了有效性，对教师来说才有参考价值。不仅如此，学生用心做了测试后，也肯定想知道自己做的题是否正确，如果错了，错在哪儿。这样，学生就会自觉地听教师的讲解，找出自己出错的原因。可见，听力课需要适度紧张。

第二，使教师能够准确地掌握学生做练习的情况，了解学生的难点、疑点，这样教师在讲解练习时就更有针对性。以往我们通过询问的方式来了解学生做听力练习的情况，可是效果并不理想。首先，学生的反应并不积极，大部分学生不愿意公然表明自己的答案，往往教师问了几遍，而回答的声音寥寥无几。其次，就算是教师点名提问，学生回答了，也只能代表个别情况，在课堂上又不能一个一个接着问下去。况且有时教师问得急了，学生很可能应付着回答，或是人云亦云，教师还是无法了解真实情况。再有，询问无法使教师全面地掌握学生对听力材料的理解程度。如果学生的练习做错了，教师往往要根据学生的答案来找出致使学生出错的原因，解决学生的难点。以选择题这种题型为例，如果一道题的正确答案是 A，教师不仅要了解班上的同学有多少选择了 A，也要分别了解选择 B、C、D 的人数，只有这样才能了解学生为什么会出问题、出了怎样的问题。然而这些情况通过询问是无法完成的。如果我们将练习改为课堂测试，让学生将自己的练习答案以答卷的形式交给教师，教师就能够准确地掌握学生做练习的情况了。

第三，使学生上听力课的积极性提高。很多学生不喜欢上听力课，有一种原因就是听力水平提高的速度比较缓慢，学生看不到立竿见影的效果。对大部分语言生来说，都有通过国家汉语水平考试的压力，尽管他们不喜欢听力课，课下他们还是会主动地找一些听力模拟考试题来做，因为觉得做模拟题更加有效。如果我们将听力练习改为课堂测试，学生参与的积极性就会提高。

由此可见，课堂测试能使教师准确地了解学生做练习的情况，提高学生的积极主动性，加强听力课的教学质量。进行听力课堂测试是十分必要的。

二　听力课堂测试的具体实施步骤

（一）选择测试内容

我们并不是将全部听力练习变成课堂测试，因为这样无疑会使学生太过疲劳。在现行的中级汉语听力教材中，每课的教学内容基本上都由两个部分组成：1. 听短文（1 篇或多篇）并作练习，练习有判断正误、选择正确答案、填空、回答问题等形式；2. 听单句或对话并做练习，练习以选择正确答案为主要形式。笔者一般将第二部分的内容作为课堂测试的内容，原因是：这部分内容是听单句或对话，测试时节奏比较紧凑，如果听短文，学生容易感到疲劳。另外这部分的练习都是选择题，易于教师收集答案。

（二）制作答案纸

教师要制作统一的答案纸发给学生，由于教师要当堂察看答案而不是课后批改，所以答案纸要小巧并方便摆放在一起进行比较。例如：测试题有 20 道，10 道听单句，10 道听对话。答案纸可以做成小纸条：

1	2	3	4	5	6	7	8	9	10

1	2	3	4	5	6	7	8	9	10

（三）放听力录音，学生填写答案

教师在放听力录音时要注意试题与试题之间的时间间隔要固定，最好与汉语水平考试的听力考试相一致。教师应一次将试题录音播完，中间不要停顿或添加说明。

（四）教师收集答案

因为答案纸是小纸条，教师将答案收集上来以后，可以将答案纵向摆放在一起，以便观察学生做题的情况。

（五）根据学生做题的情况，对题目进行讲解

由于课堂的时间有限，教师只能对答案进行初步观察。根据经验，笔者认为可以将学生做题的情况粗略地分为四种类型，以此决定题目讲解的方式。

1. 集中错误型。这是指大部分学生的答案是错误的，并且错误的选择集中在一个选项上。如某题的正确答案是 A，而大部分学生都选择的是 B。这说明学生对听力材料的理解发生了集体性的偏差。教师可以根据 B 选项了解学生出现偏差的原因，针对 A、B 选项的主要区分来进行讲解。例如[1]：

引起身体不舒服的原因，有时并非是疾病。（10 人）
问：这句话是什么意思？
A、只有疾病才造成身体不舒服　　　　　　0 人
B、身体不舒服一定是生病了　　　　　　　6 人
C、身体不舒服不一定是生病了　　　　　　2 人
D、没有疾病，身体不会不舒服　　　　　　2 人
（第 5 课，一、7）

这道题正确的选项是 C，可是大部分学生选择了 B。根据 B 选项的内容教师可以推断，学生出错的原因是并没有听清楚"并非"一词或对该词的词义不够明确，故教师可以在回放听力录音前提醒学生注意该词，待学生再听一遍后，教师讲解"并非"的词义及用法，告诉学生正确的答案。再如：

我给你的钱是少了点儿，可并不是不够花呀。（12 人）
问：钱够花吗？
A、够花　　　　　2 人　　　　B、不够花　　　　　8 人
C、可能够花　　　1 人　　　　D、离够花差远了　　1 人
（第 36 课，一、10）

这道题正确的选项是 A，可是大部分学生选择了 B。根据 B 选项的内容教师可以推断，学生出错的原因可能有两种：一是对"并不是不"的双重否定没有听清楚；二是只听清了前半句"我给你的钱是少了点儿"，就着急地选择了答案。因为后半句的语句词汇都比较简单，教师在回放录音之前，可以要求学生听写后半句，学生一写出

来，就会明白自己为什么出错了。

2. 分散错误型。这是指大部分学生的答案是错误的，并且错误的选择分散在各个选项上。如某题的正确答案是 A，而选择 A、B、C、D 的人数比较平均。这说明该题目不仅难度大，而且四个选项的干扰性都很强。教师需要详细说明听力材料，必要时板书，让学生完全理解题目，然后再讲解每个选项，说明其正确或错误的原因。例如：

真奇怪！按照常规，他违反了交通规则，警察应该罚他款。(12 人)

问：这句话是什么意思？

A、他没违反交通规则，可警察要罚款　　　　4 人

B、我奇怪他为什么违反交通规则　　　　　2 人

C、他违反了交通规则，但警察没罚款　　　　3 人

D、即使违反了交通规则，警察也不能罚款　　3 人

(第 6 课，一、6)

这道题正确的选项是 C，而选择 A、B、C、D 的人数比较平均。教师回放录音材料，要求学生尽量复述听到的句子，学生复述的同时，教师将这句话写在黑板上。然后教师可以提问："常规是什么意思？""他是不是违反了交通规则？""警察有没有罚他的款？"……通过提问加深学生对该句话的理解程度，让学生自己排除错误答案。再如：

男：小李善于交际，还是让她去销售部工作吧。

女：已经安排她到公关部报到了，让你管理销售部也是领导对你的信任。(12 人)

问：从对话可以知道什么？

A、男的不善于交际　　　2 人

B、小李愿意去公关部　　　4 人

C、男的要去销售部当负责人　　　3 人

D、小李不愿意去销售部　　　3 人

(第 47 课，二、9)

这道题正确的选项是 C，而选择四个选项的人数比较平均。教师在回放录音前可以先让学生通读四个选项，让学生通过分析选项来确定听的重点。选项 A 可提问为"男的是不是善于交际？"学生仔细观察就会发现选项 B、D 的意思是相近的，可以归纳为一个问题"小李愿意去什么部门？"选项 C 可提问为"男的要去什么部门？"针对这几个问题，学生再听第二遍时目的性就很强，有利于选出正确答案。

3. 对立型。这是指学生的答案集中在一正一误两个选项上。如某题的正确答案是 A，而一半左右的人选择 A，另外的人都选择了 B。这一类型的题目与集中错误型的讲解方式基本是一样的，教师主要是针对听力材料中导致学生出错的语言点进行解释，不同的是解释力度的轻重。集中错误型题目中致使学生出错的语言点多属于未知语言点（学生们还没有学习或掌握的语言点），教师需要详细讲解。对立型题目中致使学生出错的语言点多属于已知语言点（已经学习过而部分学生还没有掌握的语言点），教师进一步强调即可。例如：

经理来的时候，我差不多已经把工作做完了。（14 人）
问：这句话是什么意思？
A、经理来的时候我已经做完工作了　　　　　　　　7 人
B、我把工作做完了经理还没来　　　　　　　　　　1 人
C、经理来的时候，我马上就要做完工作了　　　　　6 人
D、我的工作还有很多没做完　　　　　　　　　　　0 人

（第 2 课，一、8）

这道题正确的选项是 C，而一部分学生选择了 A。这说明选择 A 的学生或是没听清楚"差不多"一词，或是对"差不多"一词的理解还不准确，教师只需讲清楚该词的词义、用法即可。

4. 集中正确型。这是指大部分学生的答案是正确的。这种类型的题目教师可以少讲解甚至不讲解。例子略。

以上四种类型，只是一个大略的分类，并不能代表学生做题的所

有情况。之所以要做这样的分类，是方便教师对学生的答案做出一个快速的反映。听力课需要学生多听，教师精讲。我们进行课堂测试也是为了让教师准确掌握学生听的情况，讲解问题时能够精准到位、确实起效。课堂上时间有限，不可能对学生的答案仔细地一一分析，有一个大体的类型标准，教师就能在短时间内对讲解的方式和内容进行有效的选择了。

三 进一步分析测试结果对听力 教学的积极作用

学生课堂测试的结果除了在课堂教学上发挥作用以外，对整体的听力教学还有着有效的反馈作用。如上文所说，课堂上时间有限，教师不可能完全察觉出课堂测试结果所反映出来的所有问题，这就需要教师在课后进一步分析学生答案。总的说来，全面分析学生测试答案，对听力教学有着积极的促进作用：

第一，使教师了解测试题的难度相对于学生的水平是否适宜。

"试题的难易程度一般分为五级，大致比例如下：最容易的题目占 10%；容易的题目占 15%；中等的题目占 45%；偏难的题目占 20%；最难的题目占 10%。"[2] 根据学生的答案纸，教师可以统计出每一道题目的出错人数，考察试题的难易跨度是否合适。例如，在一次 16 人参加的测试中，教师将测试结果统计如下：

题号	1	2	3	4	5	6	7	8	9	10
出错人数	6	11	0	14	9	5	10	8	3	3
难易程度	容易	偏难	最易	最难	中等	容易	中等	中等	最易	最易
题号	11	12	13	14	15	16	17	18	19	20
出错人数	8	11	6	11	5	14	10	8	8	8
难易程度	中等	偏难	容易	偏难	容易	最难	中等	中等	中等	中等

这套题最易的题目有 3 道；容易的题目有 4 道；中等的题目有 8 道；偏难的题目有 3 道；最难的题目有 2 道，与标准对比说明该套试题的难易程度适宜。试题过难或过易，教师都应该告知学生，使学生能有正确的心态去面对测试结果。

第二，使教师对学生的知识掌握情况更加了解。

听力测试中学生出错往往是因为对语言知识（词汇、语法等）掌握不足，而无法正确理解听力材料。可有时学生出错也有别的原因。请看下面两道题：

例 1

男：中药和西药别同时吃，药吃完了，再来看看。

女：我这是老毛病了，没停过吃药。（12 人）

问：他们在什么地方谈话？

A、药店	8 人	B、医院	4 人
C、家里	0 人	D、单位	0 人

（第 44 课，二、8）

例 2

小王，你要是有个头疼脑热什么的，就给我的门诊部打电话，我服务到家，保你满意。（12 人）

问：说话人可能做什么工作？

A、药店售货员	6 人	B、修电话的	2 人
C、服务员	1 人	D、医生	3 人

（第 45 课，一、3）

这两道题恰好出现在连续的两节课上，例 1 学生出错率高并没有引起笔者的重视，笔者仅认为学生听到许多和药有关的词，所以就选择了药店。例 2 学生出错率还是很高，课后笔者统计试题难度时才发现例 2 与例 1 的相似性。当笔者将两道题放在一起再次展示给学生看时，学生道出了原因，原来这两题出错的大部分是韩国学生，在韩国，药店也有门诊，人们常常在药店看病、买药，这和中国的情况不太一样，正是这种生活差异造成了理解的误差。由此可见，教师需要认真了解学生出错的深层原因，以便从根本上解决学生的问题。

目前对外汉语听力教学研究中对学生听力难点的了解依然非常有限，多是经验性的论述，缺少有效数据的支持。前面我们提到，教师分析测试结果，就能了解测试题的难度分布。教师如果能够对听力测试的结果做科学的量化研究，对学生听力难点的了解就肯定会逐步加深。当然这种研究是需要一个较长的周期的。

第三，使教师发现教材中练习题设计存在的问题，为完善教材提供参考意见。

听力练习考查学生对听力材料的理解程度，听力材料、问题及选项的设计如果有一项不合适，就会影响学生做题的效果。例如：

大家都忙着杀计算机病毒，你却在玩儿游戏，真是太不像话了。（16人）

问：这句话是什么意思？

A、玩儿游戏会使计算机染上病毒　　　　　　4人
B、你玩儿游戏耽误了杀病毒　　　　　　　　5人
C、杀完病毒后不应该再玩儿游戏　　　　　　4人
D、你应该和大家一起杀病毒　　　　　　　　3人

（第40课，一、4）

这道题正确的选项是D，而选择四个选项的人数比较平均。因为出错人数较多，笔者在课堂上详细解释了此题，可是效果并不好。课后笔者逐一询问学生发现，学生普遍认为"计算机病毒"和"玩儿游戏"有直接的关系：选A的人认为玩儿电脑游戏就是可以让计算机染上病毒；选B的人认为玩儿游戏占用电脑影响了杀病毒；选C的人也认为玩儿电脑游戏就是可以让计算机染上病毒，所以杀完病毒后不应该再玩儿游戏。学生们其实都基本听懂了听力材料，导致学生出错的原因并不是该听力材料中有较难的词汇或者语法点，而是学生对句义的理解发生了偏差。这就说明该题目的设计并不是很科学。类

似的例子还有：

上午我打电话让人送来了一套新家具。（12 人）

问：这句话是什么意思？

A、上午说话人买了一套新家具   2 人

B、别人送给说话人一套新家具   2 人

C、送家具的人上午给说话人打了一个电话   3 人

D、说话人送给别人一套新家具   5 人

（第 4 课，一、5）

这道题缺少相应的语言背景，语义模糊。虽然教材确定的标准答案是 A，可是选择 D 也不能说是错呀？再如：

你看看，好好的一本书让你弄成这样，多可惜呀。（12 人）

问：说话人是什么语气？

A、不高兴   4 人   B、气愤   5 人

C、称赞   1 人   D、惊奇   2 人

（第 38 课，一、2）

这道题的 A、B 选项差异太小，学生不易区分。

通过上面的例子我们可以发现，有些听力题目的设计还是存在一些问题的，教师可以将问题及时反映给教材的编著者，使教材更加完善，在教学中发挥更大的作用。

（作者单位：陕西师范大学国际汉学院）

注　释

[1]　文中例题均选自《发展汉语——中级汉语听力》（上、下），北京语言大学出版社 2005 年版。

[2]　《发展汉语——中级汉语听力》（上、下），北京语言大学出版社

2005 年版，第 188 页。

参考文献

［1］　杨惠元：《汉语听力说话教学法》，北京语言文化大学出版社 1996 年版。

试论对外汉语课堂教学中的教师语言

冯雪俊

一

教师语言是指教师在育人过程中使用的语言的总称。对外汉语领域的教师语言是指："第二语言教师为了达到交际的目的，对该语言的非母语学习者在课堂教学和课外交往中有意识使用的目的语系统的变体。"[1]本文在这里主要论述的是对外汉语教师在课堂教学过程中使用的语言，它包括"课堂用语、教学内容语言、教学内容解释语言这三大要素"。[2]

教师语言关系到能否成功地执行教学计划，也直接影响学生的目的语习得。但是，笔者认为在对外汉语课堂教学中如何正确运用教师语存在以下的问题：

第一，对不同文化之间的差异性认识不够。

跨文化交际中的文化因素对于交际的影响已经受到越来越多的关注，很多论者都谈及因对目的语文化观念缺乏了解而导致用语失误和交际失败的情形。其实在对外汉语教学中，教师因为对不同文化差异性的认识不够或者不到位，也往往使自身教学出现问题。一般来讲，中国文化强调教师"传道、授业、解惑"的责任，教师是信仰的化身、知识的化身，也是权力的化身。[3]所以，当中国老师说："打开书，我们现在上课。课堂上不要说话。"老师就开始不自觉地使用了一个祈使句，带有命令的色彩。对中国学生来说，他们觉得这是很正常的话语,丝毫不觉有什么问题,可是对外国学生来说,就会觉得老师的话很生硬,会使他觉得老师没有礼貌,或者是不高兴甚至讨厌给他们上课。从而导致师生之间关系的紧张,不利于良好课堂气氛的培养。

第二,忽略了教师语对学生潜移默化的影响。

"汉语教学不是一般的知识传授,也不是一般的结构技巧操练,而是实际运用汉语的能力。"[4]课堂教学是第二语言学习的主要形式,教师在课堂上的语言对学生有着最直接的影响,对培养学生良好的语言习惯和语言运用能力至关重要。不正确的教师语言很容易把一些不正确或者不得体的语言传授给学生,影响学生的学习。

第三,教师本身的语言能力问题。

对外汉语教学中的教师语言"总的来说有三大特点:一是慢,放慢语素,增加停顿;二是简化,使用简单的词汇、句子;三是详细化,输入更多信息包括多余信息,采用重复、释义、迂回的办法,目的是为了学习者理解,成为可理解的输入"。[5]但是,由于教师对以上特点的认识不够,在进行教学的过程中往往不能很好把握,常常出现啰嗦、长篇大论,加重学生的负担。

第四,对正确应用教师语的重要性没有给以应有的重视和研究。教师语的正确使用可以使教学过程轻松、愉快,教学效果显著。反之,不当的语言只会使学生的学习吃力、痛苦。

第五,没有一套行之有效的对教师语言质量进行检测和指导的办法与体系。虽然已经有文章论述教师语言的使用以及如何检测,但是,由于教师语言在教学中有着很大的灵活性,对具体教学过程的把握,具体语言的运用放在了教师个人身上,教师的自身素质、对教学过程的预测等因素,便深刻地影响了教师语言的正确运用。

二

如何把握有限的课堂,提高教学质量。笔者认为,对外汉语教师的语言应注意以下几个方面:

第一，教师的课堂语言必须是真实、得体的。

外国学生学习汉语的目的，就是要在一定范围内、在一定程度上，跟中国人进行真实的交际。根据克拉申的输入假说（input hypothesis），学习者学习外语必须大量接触目的语，接受足够的可理解的语言输入。课堂本身是师生交际的真实环境，真实的目的语的应用能使教师带领学生进入运用目的语进行交际的情景之中，有利于学生提高语用能力和交际技巧。教师在使用目的语进行教学时，不断地对学生进行目的语的渗透、熏陶，这种潜移默化、重复升华的语言交际过程，也是学生形成目的语使用习惯及语感的过程。

教师的语言还应该是得体的。不同的民族有不同的文化背景，同样的事物也许在不同的文化中有截然相反的含义。所以，在教学过程中，教师的语言一定要注意所使用的语言是否会给来自不同文化背景的学生带来伤害。

第二，教师在课堂中的语言难易要适度。

由于学生还没有或没有完全掌握其学习的目的语，所以教师在课堂中所使用的语言应尽量控制在学生所能接受的范围内。这要求教师必须清楚地了解学生的汉语水平，在这个基础之上，教师进行课堂中的讲解、提问、答疑以及组织教学。尤其是在初级班的教学中，由于学生此时掌握的词汇还很有限，所以更要求教师注意自己的语言是否超过了学生可以接受的范围。

第三，教师的语言必须是规范的。

教师为人师表。在学生看来，教师是知识和智慧的化身。教师的一言一行都是可以模仿的。因此，教师的语言必须是科学的、规范的，是准确、无误、完整、周密的。教师不能向学生传播无用信息，更不能是错误的信息。有一位教师向学生解释"天花板"这个词。

老师："大家说，你们的头上有什么？"

学生摸摸头发，回答："有头发。"

老师："头发上面有什么？"

学生面面相觑，看着空中，不知道怎么回答。

至此，老师的教学不但没有引出"天花板"这个词，学生也对老师的问题莫名其妙，影响了教学的进行。另外，学生的模仿能力是很强的，如果教师语言规范，在潜移默化下学生的语言也会日趋规范。反之，教师语言不规范，则会产生消极的示范效应。使学生学了不规范的语言而不自知。同时，只有规范的语言才能把意思表达清楚、明白，体现出语言的魅力。

第四，教师语速的快慢要相宜。

教师讲课的语速要根据教学内容的难易和学生水平的高低来确定。虽然语速越慢越清楚，但离自然语言也就相差越远，不利于提高学生的听力水平。当然，教初级班的语速要比高级班慢得多，但这不等于教初级班就要一味地用慢速，也应有所变化。如教师在领读生词或课文的时候，第一遍要慢，让学生把每个字的音听清楚、发准确；第二遍应该稍快一点儿；第三遍应该用自然语速。较长、较难的句子应以慢速或中速多读几遍，再过渡到快速。就一句话，教师的语言也要有抑扬顿挫的变化。这样，可以使学生体会到汉语语音、语调的独特魅力，同时产生一种新鲜感、刺激感，在一定程度上激发学生的学习兴趣。此外，学生易懂的内容，语速应该快一些；学生难以理解的内容，语速应该慢一点。

第五，教师的语言应该是生动的、幽默的、充满热情的。

语言教学既是一门科学，又是一门艺术。对外汉语教学的对象大多是成人，他们跟幼儿不同，更在意他人对自身的评价，所以，更易产生表述焦虑和领会焦虑等情感障碍。教师应想方设法减轻或消除学生的情感障碍。课堂氛围是直接影响学生情感和教学效果的重要因素。因此，教师应不失时机地去营造良好的教学氛围。教师的语言生动、幽默、充满热情，就会大大提高学生的学习热情与兴趣，也就营造出了一个欢声笑语的课堂。课文中刚学完"谈论天气"，教师可以在快下课时拿出手里的遮阳伞，问学生："这是什么?"再问学生："你们有没有带遮阳伞?"这时一定会有学生回答："带了。"然后，教师说："天气真热，没有带伞的同学可以跟老师一起走，老师可不希望把你们晒死了。"这样，学生既复习巩固了当堂所学的知识，又认识了教师的幽默，使学生在感受到教师对他们的爱护与友好的同时，对所学内容的印象也能加深。

第六，教师语言中体态语（亦为"手势语"或"身势语"）的合理应用可以协助语言完成交际，使教师语言表达更简洁、明确。

教师的语言应该是简单的，以免加重学生的负担。对外汉语教师的语言不能过于复杂，对于外国学生来说，汉语是他们的外语，所以他们的词汇和语法甚至听力理解能力都是有限的。如果老师的语言过于复杂，信息含量过多，学生在学习新知识和接受新知识的时候就要一边学新知识，一边努力了解教师的语言，这对学生来说，是双重的负担。时间一长，会使学生感到疲倦、厌烦，从而影响了教师教学内容的开展，教学效果自然也不会有多好。

第七，有控制地使用学生的母语或媒介语。

汉语教学的目的是培养学生运用汉语的能力。这种能力只有在大量接触汉语、沉浸在使用当中去，才能较快地培养起来。课堂上进行学习的时间是有限的，如果再让学生的母语或者媒介语占去一部分有限的时间，就很不利于汉语的学习了。教师语言自然也必须遵循这样的原则，给学生提供一个完全真实的语言环境。

三

笔者认为以下几个方面的努力可以提高进一步对外汉语教师的语言水平。

第一，努力提高教师自身的业务素质，加强对相关专业知识的了解。

"对外汉语教学研究，无论是基础研究还是应用研究，研究难度都越来越大，要求研究人员汉语扎实、外语精通，能跨多学科，有熔自然科学与语言学于一炉的学识。"[6]这要求教师必须具备多方面的专业知识才能成为一名优秀的对外汉语教师，因此，唯有进行不断的学习，努力提高自身业务素质，才能使教师的语言达到以上要求。

第二，始终牢记以学生为中心的观念。

学生是教学的直接对象，在整个教学活动中处于主体地位。从本质上说，课堂教学活动是一种使学生从无知到有知，由无能到有能的转化过程，而这种转化主要依靠学生自觉的思维矛盾的发展变化，其他因素是促进这种矛盾发展变化的外部条件，外因只有通过内因才能起作用。因此，在课堂教学活动中，教师使学生积极主动地、有创造性地学习是必要的。例如，在教学中突出语言教学的交际性，把课堂组织成交际场所，选择话题时尽量使每个学生都感到有话可说。要经常提出一些能促使学生思考的问题，对学生的良好表现及时鼓励。另外，对学习程度不同的学生要区别对待，使每个学生都感到自己在课堂上能发挥自己的潜力。总之，教师的心里必须时刻装着学生，无论在备课时、还是教课时，都充分考虑学生的心理和需要，分析学生掌握的情况，安排和调整自己的教学语言、教学方法，用学生的学习效果来检查自己教学的成败。

第三，运用多种教学手段开展教学活动。

要想培养学生熟练的汉语交际能力，对外汉语教师除了需要具备合理的知识结构和良好的理论素养以外，还必须具备很强的教学能力，其中很重要的一点就是使用多种手段提高教学质量。对外汉语教学中有很多的教学手段可以帮助教师进行教学，这些手段可以是借助一些工具比如图片、实物、幻灯等，也可以是现代社会中最新科学技术的充分利用，在这些教学手段的运用下，既可以节约教师语言的数量，又可以直接、清楚甚至科学的进行教学活动。同时，也可以充分利用它们使学生在轻松而愉快的环境下进行学习。

第四，取得最佳教学效果是最终目标。

课堂教学是第二语言教学总体设计中的中心环节，是第二语言教学的基本方式，是语言教师的根本任务。提高教学质量，从根本上来说，就是提高课堂教学质量。要搞好课堂教学，牵扯到许多因素和问题，其中很重要的一点就是教师语言的正确使用。

第五，良好职业道德的具备。

教师是阳光下最神圣的职业，是培养人才的灵魂工程师。教师的职业道德既包括高度的教学责任心、对学生深沉的爱心，也包括高度的工作热情、敬业精神、吃苦耐劳的优良品德，以及良好的团队合作精神。教师要在心理品质方面，能够成为学生的表率，用自己的心理品质和模范行为去教育、感染学生，使学生受到潜移默化的影响。

爱是教育的前提和基础，教师要全身心地爱每一个学生，要尊重他们的人格，让每一个学生都能在充满爱的集体中愉快地学习，让每一个学生的潜能都能充分发挥出来。教师要在爱中有严，严中有爱。

四

在对外汉语的教学中，课堂教师语的正确运用具有重要意义。

第一，正确使用教师语有利于为学生创造良好的学习目的语和应用目的语进行交际的环境。

我们可以借鉴克拉申的输入假想（input hypothesis）（Krashen & Terrell，1983）。学生学习汉语必须有目的语语言环境，才能不断地大量接触目的语。通过人脑"语言习得机制"（language acquisition device）（Chomsky，1965）吸收目的语，掌握目的语的词语、句子结构、语义和语用技巧。在对外汉语课堂上，除课本等书面材料外，学生接触的主要是教师的语言和语言内容。教师语言仍是课堂的主导语言。所以说，教师语是学生学习汉语的语源，是构成语言环境不可缺少的语料。

第二，有助于培养学生良好的语言习惯和语言运用能力。

Nunan（1991）说，在外语和第二语言习得过程中，教师话语对课堂教学的组织及学生语言习得两者都至为关键。这不仅因为教学内容只有通过完善的教师话语的组织与传授才能达到理想的教学效果，而且因为它本身还起着对目的语（target language）使用的示范作用，是学生语言输入的一个重要途径。所以，正确的教师语有助于巩固学生已接触到的目的语语言知识和进一步获取新的汉语知识，能强化学生的语言能力和运用语言的意识。

第三，课堂本身是师生交际的真实环境，而汉语目的语的应用能使教师带领学生进入运用目的语进行交际的情景之中，有利于学生认识目的语的交际价值，获取交际知识，提高语用能力和交际能力及技巧。教师运用汉语目的语对学生进行渗透、熏陶，可以帮助学生汉语目的语语言习惯的形成，为学生在获取汉语目的语的由量变到质变的过程中不断地添加砝码，做好铺垫。

第四，课堂教师语体现了教师水平、教师态度及教学思想，是内在情感与认知的外化，是课堂教学效果的一个重要衡量标准。

第五，对教师语言的研究可以促进新教师的培训工作。

教师在课堂教学中的语言问题的研究有很大的现实意义，它可以帮助进行教师的培训，使得更多的年轻教师迅速成为在语言上过关的好教师，同时，也可以提高课堂教学效果，从而达到教学的目标。

总之，我们应该关注、珍惜与研究课堂教师语言，为不断提高课堂教师语言的质量而努力。

（作者单位：陕西师范大学国际汉学院）

注　释

[1]　刘珣：《对外汉语教育学引论》，北京语言大学出版社 2000 年版，第 350 页。

[2]　彭利贞：《试论对外汉语教学语言》，载《北京大学学报（社会科学版）》1999 年第 6 期，第 125 页。

[3]　周健：《对外汉语语感教学探索》，载《论对外汉语文化教学及教师的双文化意识》，浙江大学出版社 2005 年版，第 109 页。

[4]　盛言：《语言教学原理》（内部资料），1989 年，第 258—259 页。

[5]　赵金铭：《对外汉语教学概论》，商务印书馆 2004 年版。

[6]　同上。

简论韩国的汉字教学

［韩国］洪映熙

由于地理接近的原因，韩国和中国自古就有文化接触。韩文中使用的大量汉字就集中体现了这种接触。汉字从什么时候传入韩国，并影响到韩国人的生活，由于缺乏可靠的资料，这一问题还没有确切答案。根据文献资料推测，三国时代汉字已经传播到韩国并且得到广泛使用。从此，汉字在韩国人生活中占有了重要地位。即使在世宗大王创造韩文后，汉字仍然在使用。而且在文化层次较高的知识阶层中，汉字的使用更为普遍。

虽然韩国使用汉字的历史很长，可是在汉字教学与研究方法上还有很多问题。本文主要考察韩国的汉字教学现状以及汉字教学问题，在此基础上提出汉字教学应遵循的方向。

一 韩国的汉字教学现状以及政策

汉字传到韩国以后，韩国出现了同时使用两种文字的情况，现在韩国使用汉字非常普遍。虽然汉字比韩文难写，有些读音也有好几个，但是在许多方面我们都应该考虑到汉字的使用价值。如果只用韩文不用汉字的话，就会产生很多不便。因为韩国使用汉字的时间很长，所以有些词汇用汉字表达比韩文更容易理解，而且有些韩文语源来自于汉字，用汉字书写比韩文书写能更好地传达意义。所以对韩国人来说，理解汉字的意思非常重要。汉字虽然难学，可是我们的祖先可以用异读方式来拼读。

在使用汉字和韩文的问题上，韩国学者争论了很长时间。学者们在汉字使用上持有三种不同看法：第一种主张是只用韩文的韩文专用论；第二种主张认为韩文来源于汉字，所以必须用汉字教学；第三种主张是汉字和韩文一起使用的汉字混用论。

其实韩国光复以后直到现在，这三个理论一直对峙。随之而来的是汉字的使用越来越少。韩文和汉字都有优缺点。汉字是表意文字系统，有利于理解和应用。韩文字母很少，容易学习和书写。可是韩文很难分别同音别义的字。从最近的舆论调查结果来看，大多数韩国人都赞成汉字教学。

我们认为根据韩国人的实际情况来看，应该利用韩文和汉字的优点保持韩文汉字并用的立场，摸索有效的汉字教学方法。

二 韩国汉字教学政策的历史回顾

下面是 1948 年到 2000 年韩国政府关于汉字教学的政策。

韩国的汉字政策变化

年份	韩国汉字政策
1948	韩文专用法发表
1949	汉字并用混用
1950	汉字混用决定
1954	强调韩文专用（制定常用汉字 1300 字，允许小学高年级汉字混用）
1955	文教部（现在改成教育人际资源部）发表韩文专用法
1957	韩文专用积极推进案和韩文专用法改定案公布

续表

年份	韩国汉字政策
1958	韩文专用实践纲要实施
1959	以文教部为主，由内务部协助，清理街头上使用汉字的招牌等
1961	国家再建最高会议，改定韩文专用法案
1962	韩文专用原则发表
1963	在教科书中开始出现汉字
1965	关于韩文专用法的法律案公布（小学、初中教科书上临时出现汉字 1300 字）
1968	总统韩文专用宣言（韩文专用五周年计划）
1969	废弃所有的教科书上的汉字
1970	韩文专用断行（小学、初中学校教科书上汉字完全消除）
1971	教育课程改编，把"汉文"指定为初中学校必修课本
1972	制定教育用汉字 1800 字（初中 900 字，高中 900 字）
1973	新建各大学"汉文教育系"
1975	在初中教科书里允许使用部分汉字
1995	小学三、四、五、六年级校长有权利决定是否教汉文
1998	政府所有的公文汉字并用
1999	政府发表韩文和汉字的并用方案，政府公文和道路标志牌汉字并用
2000	汉文教学中教授基础汉字
2000	地铁路线图使用英文汉字标记

资料来源：［韩］宋载邵：《韩国的汉字教育》，载《新国语生活》，国立国语研究院 1999 年 9 月。

从政府发布的文字政策看，虽然多数情况下坚持韩文专用化原则，但在实际执行上却经常变化，前后缺乏一贯性。由于政府的文字政策并没有强制约束力，一般人实际上是按照自己的方式来用汉字或者韩文的，所以报纸和杂志仍然混用汉字。但是受影响最大的是学校教育，每次政府改变政策的时候，学生的教科书就会有所体现，一会儿出现汉字，一会儿废止汉字，学生深受其害。

汉字和韩文使用问题争论一直持续到现在。不过从实际情况看，目前是以韩文为主，混用汉字。我们希望韩国政府能收集专家和民众的意见，制定一贯性汉字教育的政策来指导公文和学校教育。

三 韩国的汉字教学内容

1. 小学的汉字教学内容

最近小学教学对汉语和汉字的关心比以前多了。1995 年按照学校的情况，对三、四、五、六年级的学生教 600 个基础汉字及有关的词汇和文章。不过，具体是哪 600 字现在还没有确定下来。一般是在教育用 1800 字当中挑选，有的学校让学生学习“韩文语文会”规定的参加资格考试需要的汉字。

2. 初中的汉字教学内容

1972 年汉文课独立成为一门课以后，韩国经过了三次教育课程改革。在学校的汉文教学实行正常的教学方法，在第 5 次教育课程改革（1987—1991）中，学习目标设置得高一些，所以 1996 年第 6 次教授汉语课程成为一门选修课。

初中三年级汉文课的时数安排是一个星期上 45 分钟的一个课时。学生也可以在这个时间不选择汉文课，而选择学习电脑和韩文。现在的趋势是大部分学生选择电脑课。这时的汉文课内容是基础汉字 900 字。基本的单音节、双音节、三四音节的词汇、成语、俗语和格言等等。具体内容有韩国祖先的汉诗或中国古典文章中的名句等。

3. 高中的汉字教学内容

高中的汉字教学在韩国第 7 次教育课程改革中把汉文由必修课转为选修课。许多学生没有机会学习汉字。教学时数只有一个星期 50 分钟的一节课。这种情况下对没有汉字基础的学生讲韩国祖先的汉诗和中国古典《论语》和《孟子》里面的名句，作用不大。

下面详细地看看韩国现行汉文教科书的内容。

高中的汉字教材的种类一共 10 种，可以分为两大类，一般选择科目是汉文，更深点的是选择汉文古典。由教师来决定使用哪一种教材。这些教材的内容大多是韩国和中国的古代典籍。下面是其中 9 种教材的分析结果。

汉文古典	（1）出版社：金星
韩国	东国李相国集，热河日记，卫庵文稿，与犹堂全书，栗谷集，李滉退溪集，大东诗选，嘉林世稿，国朝删，谨斋集，豹菴集，新增东国舆地胜览，栗谷全书，西浦漫笔，东医宝鉴，秋斋纪异，破闲集，湛轩书，击蒙要诀，耳谈续纂，于与野谈，燃藜室记述，三国遗事，东国岁时记，乐学轨范，仰釜日咎
中国	出师表，李太白集，白氏长庆集，童蒙先习，小学（入教），菜根谭，大学，中庸，论语，孟子，庄子，春夜宴桃李园序，古文真宝，楚辞，渔父词，三国志

汉文	（2）出版社：青色
韩国	国朝人物考，东文选，三国史记，三国遗事，宋江集，旬五志，新增东国舆地胜览，燕岩集，洌上方言，尤庵集，栗谷全书，芝峰集，芝峰类说，青邱野谈，推句，太平闲话，滑稽传，学语集
中国	管子，老子，大学，东坡全集，孟子，明心宝鉴，蒙求，文选，史记，宋史，诗经，阳明全书，吕氏春秋，周易，礼记，李太白集，仪礼，长江集，张司业诗集，庄子，战国策，贞观政要，韩非子，韩昌黎集，后汉书，淮南子

汉文	（3）出版社：天才教育（六书，汉字语와　汉文）
韩国	警民编，霍忧录，国朝诗删，兰雪轩集，南冥集，湛轩书，大东诗选，东文选，东言解，蘷叶志协，牧隐集，朴殷植全书，樊岩集，北学议，士小节，三国史记，三国遗事，象村集，星湖疾书，旬五志，与犹堂全书，燃藜室记述，燕岩集，热河日记，阮堂集，栗谷全书，耳溪集，耳谈续纂，里乡见闻录，青求风雅，青庄馆全书，秋斋集，太平闲话，滑稽传，择里志，退溪集，鹤峰集，韩龙云全集，壶山外记
中国	古文真宝，欧阳文忠公集，老子，论语，唐诗全书，杜工部集，孟子，明心宝鉴，墨子，文选，法言，史记，书经，小学，荀子，资治通鉴，昌黎先生集，孝经

教学社	（4）出版社：教学社（汉文的基础）
韩国	东言解，耳谈续纂，东言考略，旬五志，青庄馆全书，燕庵集，芝峰集，桂苑笔耕，新增东国舆地胜览，国朝人物考，东文选，圃隐集，李参奉集，三国遗事，旬五志，金鳌新话，九云梦，医山问答，芝峰类说，三国史记，东国李相国集
中国	唐宋八家文，荀子，文选，小学，孔子家语，礼记，老子，大学，十八史略，韩非子，战国策，古今谈概，九章算术，庄子

汉文	（5）出版社：中央教育进兴研究所（汉字的构造）
韩国	击蒙要诀，警民篇，桂苑笔耕集，高丽史，大东奇闻，大东诗选，东国李相国集，武陵杂考，北学议，三国史记，三国遗事，新增东国舆地胜览，与犹堂全书，燃藜室记述，李忠武公全书，里乡见闻录，逸士遗事，霁亭先生集，芝峰类说，太平闲话，滑稽传，择里志，圃隐集，海东续小学，训民正音
中国	古文真宝，老子，论语，唐诗选，孟子，明心宝鉴，书经，吕氏春秋，蒙求，四字小学，旬五志，列子，战国策，中庸，韩非子，孝经，后汉书

汉文古典	（6）出版社：正进（汉字的必要性，汉字的构造）
韩国	东国李相国集，燕岩集，三国史记，乐书孤存，自警文，世宗实录，渤海考，三国遗事，豹庵集，东国岁时记，择里志，梅月堂集，东文选，王右丞集，太平闲话，滑稽传，新增东国舆地胜览，古今笑丛，圃隐集，苏谷集，耳谈续纂，洌上方言，公私见闻录
中国	赤壁赋，古文真宝，墨子，老子，庄子，论语，诸子百家，东莱左氏博议，三国志魏志东夷传，列女传，战国策，孟子，文选，史记，明心宝鉴

汉文	（7）出版社：大韩教科书（汉字的起源和发展）
韩国	明心宝鉴，东言考略，旬五志，洌上方言，东言解，学语集，三国史记，四体便览，东国岁时记，燃藜室记述，太平闲话，滑稽传，於于野谈，小华诗评，大东诗选，竹书诗集，大东奇闻，闵忠正公遗稿，里乡见闻录，训民正音解例本，新增东国舆地胜览，三国遗事
中国	荀子，魏书，十八史略，论语，古文真宝，三国志，唐诗选，宋史，说苑

汉文古典	（8）出版社：知学社（生活当中的汉字）
韩国	击蒙要诀，高丽史，大东奇闻，大东韵韵府群玉，东言解，樊岩集，北学议，思斋摭言，石洲集，松南杂识 旬五志，与犹堂全书，轹翁稗说，燕岩集，洌上方言，栗谷全书，林下笔记，芝峰类说，芝峰集，惩毖录，秋斋纪异，太祖实录，退溪集，风谣续选，壶山外记，花潭集
中国	古文真宝，论语，大学，孟子，蒙求，文选，史记，小学，列女传，吴越春秋，魏志，耳谈续纂，李白诗选，周易，中庸，晋书，韩非子，后汉书，淮南子

汉文	(9) 出版社：大学书林
韩国	磻溪随录，朝鲜王朝实录，芝峰类说，星湖僿说，热河日记，湛轩书，无垢净光大陀罗尼经，易学图解，文章百科大辞典，三国史记
中国	说文解字，书记，松窝杂说，史记，项羽本纪
外国	이솝이야기,나폴레옹,키케로,알베르토까뮈,헷세,건축서,볼테르,디오게네스라에르티오스

上面的教材用表格来总结如下：

书	出版社	韩国作品	中国作品	外国作品
汉文	金星	27	15	
汉文	青色	17	26	
汉文	天才教育	38	18	
汉文	教学社	21	14	
汉文	中央教育进兴研究所	24	17	
汉文	正进	22	15	
汉文	大韩教科书	21	9	
汉文	知学社	25	19	
汉文	大学书林	10	5	8

在高中阶段，汉文教学的内容以基础汉字 900 字为中心，学习汉字、汉字词汇、汉字文章。教科书的基本内容主要是韩国的古典作品以及中国的古典作品。这些教材的汉字包括在中学用 1800 个常用汉字里。

通过对这些汉字的理解，培养解读汉文的能力，了解韩国的传统文化，形成正确的价值观。同时还可以提高汉字文化圈内相互理解的能力。

10 部教材当中有 6 部教材的汉字知识部分都有关于汉字的形成

原因和六书的内容。

四　韩国的汉字教育方法论

汉字教育不但有政策方面的问题，而且还有教学方法的问题。因为汉字的构造特别复杂，汉字数量多、难记、难用，教师难教好，学生难学好。在这样的情况下，必须深入分析，采用启发式教学，调动学生学习的积极性，让他们牢记汉字，同时能使用汉字。为了提高教学效率，应该使用多种多样的方法。汉字教育方法的顺序是从汉字到词汇和文章。汉字学习的顺序应该是学习笔画、部件、整字，从独体字到简单的合体字，再到复杂的合体字。

现在韩国的汉字教学方法有不少，有以部首为主学习的部首中心指导法，有以六书理论为指导的汉字构造分析法，有结合汉字而扩大意义的汉字造词分析法，有适用于实际语言生活或者学习内容的语言活用法，有反复学习法，有用同义的或者反义的汉字比较的学习法等。也有用讨论的形式来教学的，教成语、格言、俗谈、名言、名句等。随着科技的发展，利用电脑通信或者多媒体设备来学习汉字的方法也出现了。

虽然有这么多的教学方法，可是中学生的基础汉字能力和水平还是相当低。最近的一个调查也显示出同样的结果。可见已有的教学方法并没有取得令人满意的结果。

那么系统而合理的汉字教学方法是什么？

目前韩国的汉字教学方法研究表明，汉字字形结构的分析是提高教学效果最有效的方法之一。这种方法能让学习者更好地记忆和理解汉字。

韩国现在用的汉字字形分析法主要是部首中心分析法。部首分析法的问题是，有些部首字就是合体字，所以还得再分析。所以如果字形分析只局限于六书和部首的话，还是很不足的。利用字形和部首组合进行集中识字对中文系学生教学的结果也不错。在字形分析法中，最近在中国研究的汉字构形学理论对现代汉字教学很有帮助。通过构形学理论来分析汉字的形体，能帮助学生记忆汉字并理解它们的意义。

目前韩国的大部分教材中，一直用六书方法来分析汉字构造，甚至许多教材和参考书里的字形解释来自于《说文解字》误解的字形分析。我们知道，传统的六书理论在分析甲骨文等古文字时是有局限性的。而韩国的汉字教学如果能利用构形学理论，则可以取得更好的效果。其实韩国教汉文的大部分老师，都认识到了六书的局限性，认为需要新的分析汉字构造的方法，也有些教师已经了解到汉字构形学的理论方法，他们也都希望用这些理论来教学生，提高教学效率。

五　韩国的汉字教学的问题以及建议

汉字的构造很复杂，字数也多。要了解一个一个汉字的意义和声音并且长期记忆，还要研究具体而有效的方法。韩国目前的汉字教学方法不少，但是也仍然存在问题。

韩国政府在汉字教学政策上缺乏一贯性导致了汉字教学的很多问题。从学校的重视程度到教材的内容和教学方法都有很多值得反思的地方。为了改进目前韩国的汉字教学，为了能解决目前汉字教学存在的问题，我们有下面的一些看法和建议。

第一，把现在使用的教育用常用汉字1800字按照客观的资料加以调整和修改。韩国的常用汉字1800字制定于1972年。应该根据汉字使用的实际情况，并参考使用汉字的其他国家比如说中国、日本等的情况来确定新的常用汉字表。

第二，考虑按照阶段、等级、难易度来教小学汉字以及制定小学常用汉字600字。制定小学生应该学习的汉字以后，按照他们的水平等级，按照难易度来教汉字。

第三，摸索多样的汉字教学方法。在汉字教学方法方面，有些汉字不适合用六书进行分析，我们应该摸索更适合于目前状况的汉字教学方法。

第四，中学汉字教学当中，增加汉文课的时间，把汉文课定为必修课。

我们从几年前就开始强调世界化，特别强调英语教学，所以从小学三年级就开始教英语课。但是我们也应该看到，最近随着经济的快速发展，我们与属于汉字文化圈的中国、日本等国家的交流比以前更多，与汉字文化圈国家交流上用汉字更容易。可是韩国到现在还忽视汉字教学。韩国的教育以大学入学考试为中心，所以如果把初中、高中一节课的选修汉文列入到入学考试科目的话，就会对汉字教学产生更大的促进作用。

六　结论

以上考察了韩国的汉字教学政策、现状以及教学内容和方法。从上面的分析可以看出，政府应该明确关于汉字的语文政策，在制度上保证汉字教学在国家语文教育中的地位，让汉字教育者可以达到汉字教育的理想目标。

所以，我们应该对汉字教学坚持一贯性的政策，采取多样的教学方法，并探索最有效的方法。特别是通过与汉字文化圈的其他国家比较，借鉴它们在汉字教学上的成功之处，以便更好地指导韩国的汉字教学。

（作者单位：[韩国] 江陵大学中文系）

谈对外汉语"语素教学法"

侯　宇

一　字本位与语素教学法理念

语素是语言中最小的音义结合体，是语法的最小单位；汉字是形音义结合的记录汉语的书写符号系统。汉语中绝大多数语素的语音形式是音节。由于大多数汉字在语音形式上与音节相等，一个音节用一个汉字表示，因此在大多数情况下，一个汉字记录了一个语素。由于现行汉字一般是记录汉语的单音节语素，所以有人称它为语素文字。本文就是在"语素"和"字"具有的一致性基础上展开语素法教学讨论的。

贾颖在《字本位与对外汉语词汇教学》中谈到 60 年代曾出现外国留学生去副食品店买"鸡蛋的妈妈"的笑话。学生学"鸡蛋"一词，是通过外语注释 hen egg 获得的，不知道"鸡"和"蛋"分别是什么意思，以致学生误以为"鸡"就是"母鸡"。几十年来，受西方语言学词本位理论的影响，词本位教学一直占主导地位。教材只讲词义，不讲字义、构词因素和构词法。[1]总结经验教训，我们要从汉语词汇特点出发走中国特色的词汇教学之路。

李彤在《近十年对外汉语词汇教学研究中的三大流派》中说：最早提出"字本位"教学的是法国汉学家白乐桑《汉语语言文字启蒙》；1997 年徐通锵在《语言论》中明确提出"字本位"理论；紧接着 2001 年贾颖，2004 年刘晓梅、郦青和王飞华分别就"字本位"

教学进行了研究。最早提出"语素教学法"的是盛炎（1990）；肖贤彬（2002）给"语素法"下了定义；王又民是最早的语素教学法的实践者之一，他统计了 3000 个常用字，认为在初级阶段应进行单音节词（汉字）—语法（构词法）—复合词一体化方法的词汇教学；李开（2002）对《汉语水平词汇等级大纲》中 1033 个甲级词汇进行了语素分析；王周炎、卿薛华（2004）谈到讲解构词能力强的语素、构词法以及结合音义进行词汇教学。[2]郭胜春在《汉语语素义在留学生词义获得中的作用》中指出受汉语语法理论研究中"字本位"思想的影响，对外汉语教学界近年来也频频出现字本位（或语素本位）的提法，主张以字为基本教学单元，认为汉语中字和字可以层层构词，且字义的加合即为词义，学习者应能通过分析构词的字的意义来获知词义。[3]可见，我们正在摸索一条适合汉语词汇教学的路子，而不是照搬西方的词汇教学法。

李彤在《近十年对外汉语词汇教学研究中的三大流派》[4]中指出：语素教学是针对词本位教学法零散、速度慢、效率低等问题而产生的一种教学方法。主要特点是强调语素拆分，强调分析复音词几个语素的组合规律，以此确定词汇教学顺序，力求帮助学生巩固已学词语，扩大词汇量。肖贤彬在《对外汉语词汇教学中"语素法"的几个问题》[5]中说：语素法实际上是"语素扩展法"。在词汇教学中，除了讲练目标词语的词义（这常常可以依赖外语注释或翻译）和用法外，还要将词语中的语素（字）加以离析，然后以一定的义项为单位与其他已学或未学的词素再行组合，从而巩固所学词语（包括目标词语和已学词语）和扩大新词的学习范围。李如龙在《对外汉语教学应以词汇教学为中心》[6]中指出：语素教学有人称为"字本位"教学法，这就是按照语素类推法和语素分析法来教复音词。所谓类推造词法，就是按照合成词的结构方式，保留其中一个语素，以同类表义的语素替换另一语素，类推出其他未经教学的词。如学了"影星"，可推出"歌星"、"球星"等词。语素分析法主要是用语素义解释合成词词义的教学方法。如教双音词"好看"，可以先解释构词语素"好"和"看"，然后再解释"好看"的词义。学到"好听"和"好吃"时，只需解释"听"和"吃"，学生就知道"好听"和

"好吃"的意义了。

我们认为所谓的"语素法"一旦作为一种教学法就不应仅仅局限在"语素"、"词"的范围内，而应作为一种理念贯穿渗透到生词、语法、汉字等语言课的多种内容中去。将语素法的优势充分发挥出来，既可以由"语素"带动"词"；由"词"带动"语素"，如由"请假"可以引出"请事假"、"请病假"等，带动学生学习新的成词语素；也可以由"语素"带动"语素"，如发音相近的"问"和"吻"；还可以由"语素"带动"短语"，如由语素"量"引出"量血压"、"量身高"等；"句式"带动"语素"，如由"VV看"带出一串相关动词"吃、喝、试"等，从而实现学生词汇量的大幅度提高。

二　语素教学法研究现状

李彤在《近十年对外汉语词汇教学研究中的三大流派》中说：语素教学法忽视了语素的多义性，缺乏对语素义项的深入研究，极易造成学生理解上的混乱，建议吸收词汇语义学等语言理论的研究成果进行科学的词汇教学。[7]我们认为恰恰因为采纳了语素教学法才将丰富多彩的语素义尽可能全面地展示给学生，而这种条分缕析、分类归纳正是对囫囵吞枣式词义理解的细化，对于由此带来的不可避免的语素义词义辨析将更能满足成年留学生的认知需要。如我在讲生词"进出口"时，先拆开讲"进口"和"出口"，而后利用"口"的多义给学生造出幽默的句子如："进口的东西（不）可以出口。"（口：港口）"进口1的东西（不）可以进口2。"（口1：嘴，口2：港口）"出口的东西（不）可以进口。"（口：港口）"出口1的东西（不）可以出口2。（口1：嘴，口2：港口）"等句子。这样让学生在笑声中对"口"这一成词语素的意义把握更深刻。语素法不仅仅可以快速扩大留学生的词汇量，更重要的是对构成词的语素本身有了更为深刻的认识，为今后进一步学习打下了坚实基础。

郭胜春在《汉语语素义在留学生词义获得中的作用》中通过考

察学习汉语已满一年的非日韩学生在缺乏语境条件下推词能力，指出应把握语素分析的"度"，强调"合"的词汇教学。提倡整体理解词义，注意词义的外延、句法功能、搭配关系、感情色彩、语体风格等等。其根据是语素在构词时一般保持明确的意义，但它会产生种种变异。心理实验发现：汉语母语者具有中文词缀意识，心理词典中同一字形的词根意义与词缀意义是分别存储的，但中级汉语水平词缀意识薄弱，中介语心理词典中同一字形的词根意义与词缀意义是共同存储的（冯丽萍，2002）。对于词义与构词语素义存在一定关联的复合词，整体的词义往往在语素义之外添加了新的内容，增加的这些内容同样是词义的重要组成部分。汉语复合词在其表义方式上的一个特点，就是复合词的词义比构词语素的意义要狭窄，使得词义内涵更明确、固定、单纯（苏新春，1992）。词汇具有结构上的凝固性、意义上的独立性、完整性。此外，在语言的发展中，词义也是社会成员约定俗成的产物，有它自身演变的轨迹。从运用角度看，在保持原有意义不变的情况下，它可以独立运用，不能再做切分。语素只有作为复合词的组成成分才能出现在实际语言活动中。[8]

我们认为以上所讲虽有一定道理，而且实验也令人信服，但是语素教学法有着坚实的理论基础。大家从汉语本体出发作出解释：李如龙在《对外汉语教学应以词汇教学为中心》[9]中指出：汉语词汇是以单音节语素为基础构建起来的，每一个语素都有独立的意义，同别的语素结合后便可以产生多样的意义，绝大多数的词是由语素合成的。据周荐在1999年对《现代汉语词典》的统计，双字组合占《现代汉语词典》收录条目总数的67.625%，双语素合成词占双字组合的98.625%。汉语的合成词的意义都与构词语素有一定的联系。用语素义解释合成词的词义可以更有效地帮助学生理解词义。贾颖的《字本位与对外汉语词汇教学》[10]中有清华大学2000年公布的《基于语素数据库的汉语语素及构词研究》的报告，指出"语素构词时意义绝大多数保持不变，少数变化情况也是有规律可循的。语素基本上是一个封闭集，具有长时间的稳定性"。王丽在《初级阶段词汇教学刍议》[11]中说有人研究过，现代汉语3500个常用字可以组成现代汉语所使用的7万个词，平均每个汉字可以参构合成词20个（张凯，

1997）。合成词内部的语素及其意义也往往与词义有着直接或间接的关系。因此，以字（语素）带词，可以通过认识一个汉字，带动学习其他相关联的词，从而收到举一反三、事半功倍的效果。

而且郭胜春在 2006 年的文章《常用合成词语素显义类型统计分析及其对教学的启示》中非常详细地指出语素教学所运用的对象、阶段、课型等方面。我们以为郭胜春的《汉语语素义在留学生词义获得中的作用》和《常用合成词语素显义类型统计分析及其对教学的启示》两篇文章虽一脉相承，都是对语素法的认真探究，而且显示出作者重实验、重统计分析的科学精神，但是我们似乎可以感到作者思想的微妙变化：首先是研究视角的转变，从留学生学词汇的效果角度看语素法，到从汉语本体词汇的特点角度看语素法；其次是客观性和科学性的进一步提升，前者虽用实验的方法，但是会牵涉到考察的对象是否具有普遍性、代表性，相关题目的科学性和代表性等问题，毕竟非日韩的已学满一年汉语的留学生和一张调查试卷还不足以在很大程度上否定语素法，而《现代汉语频率词典》（1986）则是客观的，对它进行科学系统地分析，然后用于指导对外汉语词汇教学，可以起到"以静制动"的功效；最后是论述的侧重点和态度不同，前者重在指出语素法的不足而提倡"合"的词汇教学，后者则是在支持语素教学法的基础上有步骤、有计划地指出具体实施的方案。由此可见，语素法不是一两次就能研究透彻、全面的，必须长时间地结合实践加以探讨。

三　语素教学法的应用

1. 教材中的语素法理念

肖贤彬在《对外汉语词汇教学中"语素法"的几个问题》[12] 中指出语素法和现行教材的矛盾。如吕文华（1999）指出"迄今为止对外汉语教材的语法体系仍只讲词、词组和句子"。语素尚未作为一个层级的语法单位纳入对外汉语语法教学体系之中，至少在中国大陆的各种教材是这样的。当然也有少量的语素理解方面的训练设计，如李德津、李更新主编的《现代汉语教程读写课本》等，但真正意义上的"循汉语本来之面目来进行教学"的、实践"语素法"理念的教材亟须问世。我带的"一对一"的美国学生已经有一年的汉语基础，使用的教材是《实用速成汉语》第4册（田皓皓、［英］石明理著，陕西师范大学出版社2002年8月）。由于该教材的主编是英国人，因而更多的是以他学习汉语的体会来编，教材特点是重听说，适合母语是英语或懂英语的学习者使用。但是编者还是注意到了汉语词汇的特点，能够较为充分地利用汉语的构词规律来编排生词，比如：得奖、奖品；色拉、色拉酱、色拉油等；设计汉字图表；还有课后注释也体现了汉语的构词规律。语素法是汉语自身特点的要求，相信会有越来越多的积极体现语素法理念的教材问世。

2. 生词讲解中的运用

（1）"语素"—"语素"

47课的"小提琴"注释中的搭配动词"拉"引出"play"，而后教师引出对应的动词"踢、打、弹、拉、下"等。这是由语素到语素的学习，但经由学生母语引出。生词"江"可以引出"将、姜、蒋、奖、降、酱"等成词语素，这是从语音出发的语素法。声调是留学生学习的一个难点，将声韵一样但声调不同的成词语素放在一起讲解比较好。学生曾给我讲一个笑话：一个留学生发音不准，对他的老师说"我想问你一个问题"，结果把"问"发成了"吻"的音，以致闹出笑话。可见，学生对汉语声调既发憷又有意识练习。语音的细小变化可能导致意思的差之千里！所以将其放在一起讲解受学生欢迎。王丽在《初级阶段词汇教学刍议》[13]中也说，在聚合关系中，可以利用单词之间的同义关系、反义关系、上下义关系、同音词关系等来帮助学生掌握和记忆单词的意义关系。48课成词语素"苦"可以引出五味"酸"、"甜"、"辣"、"咸"等，这是充分利用语义场的语素法。周健、廖暑业在《汉语词义系统性与对外汉语词汇教学》[14]中指出，生词的出现往往存在于一定的语境中，结合语境进行词汇分析同时运用多种策略如联系近义词、反义词、相关词，对比词义，替换与扩展等，对生词的理解成功率就能大大提高。

（2）"语素"—"词语"

41课的生词"约、约时间、约会"是由"语素"—"词语"的例子。由此可以引出"约朋友、约老师"等"约某人"的结构。每课生词的安排顺序是按照课文中出现的先后来排，由于学生一般课前都做较为充分的预习，所以讲解时不必担心顺序的调整会影响学习效果。如45课的"节日、过节、清明节、中秋节、元宵节"可以放在一起讲解。实践证明这样系统地教学有助于学生理解和记忆。46课的生词"当"可以引出"当老师、当医生、当律师"等和职业相关的词语。而且"律师"一词本来就紧随"当"后。用语素法将课文中的生词前后串联讲解给学生效果较好。47课生词"底"，学生由"月底、年底"错误类推出了"天底"（at the end of the day），而后不敢类推"生底"（at the end of the life），但迫切想知道应怎么表达at the end of the life。当然这引出了更新的词"临终"，学生可能觉得有点复杂，但是这让学生明白了汉语构词虽有规律，可以举一反三，却也不是万能的，类推不可过度。这样一方面他们觉得有规律可循，可以更自觉地学习，另一方面又不会感到汉语简直"小菜一碟"。学习语言绝没有什么万能的钥匙和一劳永逸的办法、公式，这样他们就不会安于现状，裹足不前。

48课的生词"税"，引出"交税"再引出"纳税"，这样相对的讲解有助于学习和记忆。曹成龙在《略谈对外汉语教学中词语辨析问题》[15]中说，语素在等义词、反义词、同音词、同形词等词语辨析中有着突出的优势；同时指出学生若从理性高度把握了汉语词汇的本质、构成规律，将有助于类推和新词的学习。50课"种"、"种菜"、"种田"、"田"的顺序正好体现了语素1—词—语素2的语素法，由语素"种"可以引出"种西红柿、种草、种田"等词语。由"种田"提取出"田"进而引出"稻田、麦田、玉米田（地）、菜田（地）"等新词，"稻田"本就是这课出现的词。55课生词"血"、"血压"引出"高血压、低血压、量血压"等词语，这是由语素—词语—短语的语素法。语素教学法的理念就是在意义相互联系的前提下，在学生充分理解构词规律的基础上学习词汇由少到多，由简单到复杂，让学生在轻松愉悦自信的状态下不断扩大词汇量。冯传强在

《现代汉语词汇构造特点与对外汉语词汇教学》[16]中指出词汇教学方法为：各个击破、适时总结，即这是一个由词（单个词）到面（具有同样构造特点的大量的词）的掌握扩展的过程。

（3）"词"—"语素"—"词"—"语素"—"词"

46课"保龄球"先提取出语素"球"再引出"足球、篮球、排球、羽毛球、乒乓球"等球类词语。而且也可以引出"踢"、"打"等与之搭配的成词语素。生词"请假"可以引出"请事假、请病假"等新短语。由于像"请假"这样的词是离合词，因而可以从结构入手引出其他的离合词如"洗澡——洗热水澡、洗冷水澡"等。恰巧本课中还有一个离合词"交费"，而且书中直接将"交电费、交学费"同时列出，这样可以一并讲解。询问学生还可以交什么费，他们说出了"交水费、交物业费"等。这种语素法较为特殊，不是从原有词中提取语素而是在原有词中加入了新的语素或词从而扩大了词汇量。47课的生词"下国际象棋"、"下象棋"、"下棋"的顺序由繁到简，"下棋"也是离合词，因而可以将46课的离合词"请假"拿过来复习记忆，进一步深化学生对离合词结构的把握。48课"意大利"、"意大利面"可以提取出成词语素"面"，进而引出"油泼面、臊子面"等，而这些多是西安特色的面食，学生可能已经吃过而且特别喜欢，只是苦于叫不上名字。对于"哨子"不会"写、认"没关系，可以用拼音代替，关键是先让学生会说会用，然后再学习该字。王丽在《初级阶段词汇教学刍议》中提到利用词族系统这一工具进行词汇教学，一要考虑字词等级的问题，即构词汉字的等级是否与构成词的等级相同，关键看这些词是不是学生急需掌握的；二是新词的习得问题，以字带词引出的问题是新词的学习，如学习"长"可以带动学习"长度"一词，意思可能不难理解，但是"度"这个字学生一时不易掌握，此时可以通过只出拼音不出汉字的方式学习新词，只要会说，能听懂就行。[17]

50课生词"农民、农村、农家、农场"的顺序正是以语素"农"带出的一连串的相关词语。学生有时候会过度类推，如学了"农家"推出了"城家"（city family），教师要及时纠正。"阴天"、"阴"先提取出语素"天"引出"晴天、雪天"，学生受母语影响推出了"下雨天",但没有类推出"风天"这样的偏误词。可见学生对自己的类推也有约束。"自动化"、"自动"、"化"的同时列出体现了汉语也有部分词语像英语一样有构词标志。由"化"可以引出"电脑化、美化、绿化、机械化"等新词。而前两个在课后注解中有所交代。可见,该教材在生词、注解中都能体现语素教学法的理念。

53 课的"高级"先提取语素"级"再引出"初级"、"中级",进而引出"初级中学"、"高级中学",同时告诉学生没有"中级中学",但是有"初级汉语"、"中级汉语"、"高级汉语"的说法。所以这又牵涉到一个固定搭配和习惯问题。语素法就是积极利用语言是个层级系统的弹性装置,让学生在有意义的基础上扩大词汇量,当然要兼顾搭配和习惯用法等问题。

54 课的课文中学生不明白"东南亚"一词,我一个一个拆开来讲。先讲语素"东、南、西、北",然后讲解"东北、东南、西北、西南",由于学生母语是英语,于是进一步强调这四个方位合成词正好和英语相反。最后讲出"亚洲的东南部"即"东南亚"。钱润池在《简论对外汉语词汇教学中的语素义教学》[18]中指出,语素义教学有助于简称词的学习,如对"民警"、"三个代表"等的理解,就要用语素义把简称中的语素还原为词或短语。

(4)"词"—"词"

55 课由"开药"先提取出语素"药"再引出"吃药",进而引出医生"开药",病人"吃药",利用结构的相似性进一步引出新词"点菜、吃菜","做饭、吃饭"等。虽然这三组词语没有共同的语素,但由于结构相似,因而可以放在一起讲解。况且,每组的两个离合词都有共同的语素,可以让学生进一步理解汉语构词规律。随着学生学习的深入,对汉语的认识也逐步由感性层面上升到理性层面,加之本来他们多是成年学习者,一开始就有强烈的理性学习意识,只是无奈生词量太少无法进行深刻的理解和认识,但当其有了一定的汉语基础和感悟力,就会慢慢抓住规律加速自己的学习。实践证明在初级阶段合理地注入语素法是必须的,这也是成年留学生的需要。肖贤彬在《对外汉语词汇教学中"语素法"的几个问题》[19]中指出,语素法可以培养学生的汉语语感;培养他们学习的积极主动性;学词的同时学习了语法，避免语法错误；巩固旧词；最重要的是让他们感悟到中国文化、汉民族心理特征。冯传强在《现代汉语词汇构造特点与对外汉语词汇教学》[20]中说："一种民族语言的构造形式，归根结底是跟该民族的思想意识、思维活动、模式及法则一致的。"因此，语素教学可以使学生感悟到汉语复合词的文化思维特色，这种有意识地感悟对留学生将大有裨益。周健、廖暑业在《汉语词义系统性与对外汉语词汇教学》[21]中也指出，语素教学法可以让学生感悟到汉语归类的思维方式、理据归类的认知特点，进而养成用汉语思维的习惯。

3. 汉字讲解中的运用

该教材汉字图表也体现出了语素法，比如 44 课的汉字"春、节、放、假"

春	Chūn Spring（season）	节	Jié Festival，season
放	Fàng To put，to place； To let go of，free； To play（music）	假	Jiǎ \ jià Vacation，holiday； False，not real； Supposing if

教师可以将"春节"、"节假"、"放假"、"春假"、"放春假"一起讲，充分利用图表，"上下左右对角"将"字"扩展为"词"，"词"扩展到"短语"。学生由于长期在语素法的熏陶下，也会养成连字组词的学习习惯，这样汉字在他们眼里就不再是一个个孤立的毫无关联的符号，从而逐步领悟汉字和汉语的天然联系，提高学习效率。贾颖在《字本位与对外汉语词汇教学》[22]中指出，以字带词，学会用"有限"驾驭"无限"，培养学生用汉语思维的自学能力，从而可以减轻大量"新词"、"新语"的学习负担。

57 课的汉字：

进	Jìn To go ahead, Advance, proceed To improve	步	Bù A pace or step; To walk; on foot
窗	Chuāng window	口	Kǒu Mouth; oral; Opening; (Measure for 人)
录	Lù To record (sound); To take down (notes)	音	Yīn Sound, voice; A musical note News \ information
跑	Pǎo To run; To flee	乐	Yuè \ lè Music; Happy, glad, joyful

可以将"进步"、"进口"、"窗口"、"口音"、"录音"、"音乐"、"跑步"一起讲解,有的如"进口"学生已经学过,因而就起到归纳复习的作用。实践证明,教师及时地将相关联的新旧知识归纳整理一起讲受学生欢迎。周健、廖暑业在《汉语词义系统性与对外汉语词汇教学》[23]中指出,认知心理学认为:人的大脑对语言词汇的记忆犹如一张网络,网络的一个个结节代表学过的词语概念或事件,网络上的一条条线表示有意义的联系。认知心理学家认为应将所学东西与现有认知结构联系起来形成有意义的整体。心理学家 D. Ausebel(1968)强调"有意义学习理论",重视认知结构、与现有认知联系、有意识联系等方面。徐通锵(1997)指出汉语社团思维方式集中表现为"比类取象"、"援物比类",应培养学生形成汉语语感、构建词义网络。贾颖《字本位与对外汉语词汇教学》也指出,学汉语应重

视类属联系、注意共性和分析记忆。王丽在《初级阶段词汇教学刍议》中指出，词汇往往是根据其意义而组成的网络系统存储于人的大脑中，意义相关的词语之间的激活扩散远远比意义无关词语之间的激活扩散要容易和迅速。

4. 语法讲解中的运用

（1）固定句式

41 课语法注解"越 SV 越好"，在练习该句式时自然要不断变换 SV，如"多、少、早、晚、快、慢"等成词语素的不断变换，让学生在学习语法的同时能学到更多的词，学生喜欢这种成系统的学习方式，因为这样便于记忆。44 课的语法"Verb 来 Verb 去"，学生在学习这个句式的同时必须不断变换 Verb 进行大量的造句，因而自然可以学到许多新的相关的成词语素，如"推、跑、走、看"等，教师可以用身势语解释动词。学生在学习该句式时是在一种乐感极强的节奏中学习的，重要的是在快乐中学到了大量新词。词汇教学贯穿于对外汉语教学的所有课程和各个阶段，我们应让学生轻松地学习新词新语。学生最害怕也最讨厌老师讲大量的课本之外的词，学生曾说："I do not want to add new vocabulary that is not in the book right now. The book adds enough for my tiny brain. "所以，对于初中级的学生绝不可强行大量灌溉生词，尤其是"一对一"的教学模式，教师更要以学生为中心，想其所想，教其所想，说其所需。46 课的语法"够 SV"的练习中，在学习"够"的同时引出大量的新词语如"够瘦、够咸、够干净、够清楚"，教材对于引出来的新词新语的处理办法是标注拼音，即以会说、能听懂为原则，体现了该教材重听说的理念。这样的好处是既掌握了重点"够"又不影响扩大学习词汇量。

（2）量词的学习

45 课的量词讲解也可用语素法：如"杯"，一杯 N，N 可以是"水、茶、酒、咖啡、雪碧、可乐、果汁"等，本来是学习量词"杯"，结果不但学习了这一个词，而且学习了许多新词。由于这些新词都和学生的"吃喝玩乐"有关，所以他们愿意学，自然记得牢。

（3）RVE 的学习

48 课的语法"RVE 起来"让学生系统地一次性学到大量的成词语素，比如"站起来、坐起来、拿起来、锁起来、挂起来、关起来"等，当然"起来"的意义前三个和后三个不一样，但这不影响系统记忆。实践证明，越是把有细微差别的词语、句子放在一起比较讲解，效果越好。实践证明，在语法教学中引入语素法效果很好。同样的结构，都有"起来"一词，实际上是由"词"带动"成词语素"的学习。语素法不仅仅可以是语素带动新词的学习，还可以是词带动成词语素的学习，只要同样的结构中含有相同的"成分"即可。可以说用语素法教学既突出重点，又不会给学生造成压力，学生不会因为没有掌握汉字（可以先标注拼音）而阻碍词汇量的扩展。

综上所述，只要教师心中有语素法的教学理念，就会充分利用有限的教材和资料发挥语素法的优势，不管是讲生词、课文、语法还是汉字时都会自觉地利用语素法，尽可能多快好省地扩大学生的词汇量。

（作者单位：陕西师范大学文学院）

注　释

［1］　《汉语学习》2001 年第 4 期，第 78 页。

［2］　《语言文字应用》2005 年第 3 期，第 10 页。

［3］　《语言教学与研究》2004 年第 6 期，第 27 页。

［4］　《语言文字应用》2005 年第 3 期，第 11 页。

［5］　《汉语学习》2002 年第 6 期，第 68 页。

［6］　李如龙：《汉语应用研究》，中国传媒大学出版社2004 年版，第 125、126 页。

［7］　《语言文字应用》2005 年第 3 期，第 11 页。

［8］　《语言教学与研究》2004 年第 6 期，第 32、33 页。

［9］　李如龙：《汉语应用研究》，中国传媒大学出版社 2004 年版，第 126 页。

［10］　《汉语学习》2001 年第 4 期，第 79 页。

［11］　竟成：《对外汉语论丛》第二集，上海外语教育出版社 2002 年版，第 251 页。

［12］　《汉语学习》2002 年第 6 期，第 70 页。

．　［13］　竟成：《对外汉语论丛》第二集，上海外语教育出版社 2002 年版，第 250 页。

［14］　《语言文字应用》2006 年第 3 期，第 116 页。

［15］　《高教研究与评估》，载《黑龙江教育》2006 年第 7、8 期，第 132 页。

［16］　《胜利油田师范专科学校学报》第 19 卷，2005 年第 4 期，第 82 页。

［17］　竟成：《对外汉语论丛》第二集，上海外语教育出版社 2002 年版，第 251、252 页。

［18］　《暨南大学华文学院学报》2004 年第 2 期，第 34 页。

［19］　《汉语学习》2002 年第 6 期，第 69 页。

［20］　《胜利油田师范专科学校学报》第 19 卷，2005 年第 4 期，第 12 页。

［21］　《语言文字应用》2006 年第 3 期，第 116、117 页。

［22］　《汉语学习》2001 年第 4 期，第 80 页。

［23］　《语言文字应用》2006 年第 3 期，第 113 页。

论春秋战国时期"士"阶层生存环境的变化

辛　田

　　中国古代知识阶层最大的特点就是与现实政治的紧密结合。无论是上古时期作为公卿士大夫之"士"，还是春秋战国以后作为士农工商之"士"，他们的活动总是现实政治的一个组成部分。现实政治需要知识阶层为社会提供精神的指导，需要社会舆论为现实政治的维持提供支持；而知识阶层也会因此获得存在的价值，可以运用自己的知识引导社会的精神走向，使得自己的知识转化为现实力量，从而获得个人价值的实现。就这个意义上而言，知识阶层与现实政治的结合乃是个双赢的结局。孔子的言论就非常明白地道出了这种知识阶层急于和现实政治结合的欲望。

　　子曰："学而时习之，不亦说乎？有朋自远方来，不亦乐乎？人不知而不愠，不亦君子乎？"[1]作为《论语》的首篇，孔子的这段语录不仅为整部书定出基调，而且在某种意义上，也为中国文化定出基调。即以儒学为主干的中国文化的特征是"乐感文化"，它以实用理性为指导，要求人们只在此岸世界寻求现实的快乐，而不考虑彼岸世界的形而上。于是，孔子提出了追求现实世界快乐的具体内容，第一条就是不断学习，并且能够使自己的学识实践于社会、应用于社会，这岂不是非常令人快乐吗？

　　当然，这只是极为乐观的看法。事实上，在现实政治与知识阶层结合的这场游戏中，知识阶层永远是处于被动迎合的地位。他们经常为自己的理想不为社会接受而苦恼，因此，不断调整自己的思路，以适应新时代和现实政治的要求，就成为知识阶层永远的努力方向。可惜的是，知识阶层的苦心，往往得不到现实政治的优容，于是，二者便会长期处于既相互斗争、又相互利用的状态，以期最终获得平衡共处。

因此，一方面，由于现实社会的巨大变化，迫使知识阶层从贵族的象牙塔走向民间，面对新的生存环境，知识阶层不得不重新考虑现实社会的生存价值，从而引起了思想观念的变化；另一方面，由于社会结构的重新调整，现实政治发生了巨大的转变，它也需要一些新的理论来为自己提供存在的理由和可能性，必然也要求知识阶层提出适合新时代的道德观念和精神产品。于是，春秋战国时代知识阶层观念转型就成为顺理成章。而知识阶层观念的转化乃是在自身生存环境发生剧变的前提下完成的。

一 传统礼乐制度与知识阶层的社会地位分析

就社会观念而言，建立于周公时代的西周血缘宗法观念既有对前人的继承，同时又有自己的创造。上三代社会的基本结构表现为血缘宗法结构，因此，举凡当时社会的所有设置和举措，无不与血缘观念紧密相连。孔子盛赞的西周礼乐制度就是血缘宗法关系在制度层面的体现。

"礼"作为礼俗是很早就存在的，但作为礼俗形式而存在的"礼"，与周人的礼制之"礼"有很大的区别。周代的礼乐制度并不是简单地将传统礼俗制度化，而是将血缘宗法等级制度化，并使之贯彻于一切社会生活之中。

这种变化实际上是一个关系周王朝长治久安的大问题。史籍记载周公制礼作乐是在西周建立初期。其时周武王去世、周成王初立，周公摄政，而西周贵族管叔、蔡叔便联合殷商遗民发动武装叛乱，即所谓"管蔡启商，慹间王室"[2]，周公在统兵平叛后，便着手规划以

"礼"治国的大政方针。

关于周公摄政以及制礼作乐,历史上有不同的记载。《尚书大传》说:"周公摄政,一年救乱,二年克殷,三年践奄,四年建卫侯,五年营成周,六年制礼作乐。"《汉书·郊祀志上》曰:"周公相成王,王道大洽,制礼作乐。"而《礼记·明堂位》却有不同见解:"昔殷纣乱天下,脯鬼侯以飨诸侯。是以周公相武王以伐纣,武王崩,成王幼弱,周公践天子之位,以治天下。六年,朝诸侯于明堂,制礼作乐,颁度量而天下大服。七年,致政于成王。"由于史料记载的区别,以至长期以来历代治史者对此议论纷纷、莫衷一是。

事实上,当年周公是否践天子之位无关大局,重要的是,由上述史料表现出来的"制礼作乐"的现实性和紧迫性。很明白,这里所谓"礼乐",并不单纯是玉帛钟鼓之类的礼仪形式,而是由确立嫡长子继承制所引发的一系列问题,需要建立相应的礼制来解决,王国维指出:"欲观周之所以定天下,必自其制度始矣。周人制度之大异于商者,一曰立子立嫡之制,由是而生宗法及丧服之制,并由是而有封建子弟之制、君天子臣诸侯之制;二曰庙数之制;三曰同姓不婚之制。此数者,皆周之所以纲纪天下,其旨则在纳上下于道德,而合天子诸侯卿大夫士庶民以成一道德之团体。周公制作之本意,实在于此。"[3]这是礼制的大端,它要落实和体现在方方面面的社会生活之中,而繁缛的礼仪则是保证实现这些礼制的具体形式。

随着血缘分封方式的制度化,以及与之相应出现的封建贵族的等级化,自然需要在贵族间建立起森严的秩序和整饬的礼仪。《逸周书·明堂解》记载:周公于成王六年建明堂,令方国诸侯朝会宗周,严格排定位次,以明诸侯之尊卑。礼制的特点是"亲亲"与"尊尊"的统一,即血缘关系与政治关系的统一。血缘关系有亲疏远近,政治关系有尊卑贵贱。由于西周时期以自然的人伦血缘关系来确定尊卑上下的名分,使得宗法等级制度罩上一层温情脉脉的面纱,表现出为后世所称羡的特点:既有森严等级,所谓"贵贱有等",又有敬让和睦,所谓"礼让为国"。这也是孔子所极力称赞的。子云:"夫礼者,所以章疑别微,以为民坊者也。故贵贱有等,衣服有别,朝廷有位,则民有所让。"[4]子曰:"能以礼让为国乎?何有?不能以礼让为国,如礼何？"[5]

实践证明，礼治对于维系西周贵族间的秩序是卓有成效的。然而随着时间的推移，当西周的政治统治稳定以后，原来属于不同宗族的各个集团逐渐在新的社会中找到适合于自己的位置，各个具有不同血缘的宗族也随之逐渐融合而组成新的政治实体。这时代表各自利益的贵族与贵族之间的矛盾便格外突出起来。在调节这一矛盾过程中，"礼治"显得苍白无力而逐渐走向衰落。

西周宗法分封制是建立在血缘宗法关系基础上的，而宗法制度的核心就是大宗、小宗的区分以及嫡长子继承制度，这是宗法制度得以存在的基础，同时也是宗法制度最终崩溃的原因。

"别子为祖，继别为宗，继祢者为小宗。有百世不迁之宗，有五世则迁之宗。百世不迁者，别子之后也，宗其继别子之所自出者，百世不迁者也。宗其继高祖者，五世则迁者也，尊祖故敬宗，敬宗尊祖之义也。"[6] 周人为了减少内部的纷争，制定了严格的宗法等级制度。规定只有嫡长子，即宗子有继承一切爵位、财产，乃至祭祀祖先的权力。这虽说有顺乎自然、天定的成分，但也是一种人为的规定。

《礼记·丧服小记》有云："别子为祖，继别为宗，继祢者为小宗，有五世而迁之宗，其继高祖者也。是故祖迁于上，宗易于下，尊祖故敬宗，敬宗所以尊祖祢也，庶子不祭祖者，明其宗也。"若从亲情而论，众子本自平等，何以嫡长子独有此特权？此在余子及其族党那里仍难免不平，而明争暗斗。更何况亲族关系，每下一代，即疏远一层，数传之后即形同路人。若保持一族共尊大宗子之正嫡，虽百世而团结不散，就未免过于理想化了。吕思勉先生《中国制度史》第八章《宗族》注中说："行封建之制者虽强，有自亡之道焉。盖既知宗族，即有亲疏，此无可如何之事也。亲亲以三为五，以五为九，至矣，无可复加矣。而立宗法者，必欲以百世不迁之大宗抟结之，使虽远而不散。其所抟结者，亦其名焉而已，其实则为路人矣，路人安能无相攻？"[7] 这一点正是宗法制度崩溃的内在根本原因。

而宗法制度的崩溃，必然引起依靠宗法制度成长起来的士阶层生存环境的变化。

中国早期士人的社会功能乃是维护礼乐制度，将礼乐制度内化为社会成员、主要是上层社会成员的内在观念，并以此来约束人们的思想行为。而这种规范社会观念，约束社会成员思想的任务，基本是依靠对贵族子弟的教育来实现的。

对于纯粹依靠血缘宗法观念组织起来的早期社会，最大的隐患就是由于血缘关系不可避免地疏远，从而引起宗法体制的松散，甚至崩溃。因此教育每一个贵族成员尊祖敬宗、恪守礼乐制度乃是极为必要的，故曰"学在官府"。

据《汉书·艺文志》所言，后世所谓九流十家，本来都是王官之学：

> 儒家者流，盖出于司徒之官，助人君顺阴阳明教化者也。游文于六经之中，留意于仁义之际，祖述尧舜，宪章文武，宗师仲尼，以重其言，于道最为高。道家者流，盖出于史官，历记成败存亡祸福古今之道，然后知秉要执本，清虚以自守，卑弱以自持，此君人南面之术也。阴阳家者流，盖出于羲和之官，敬顺昊天，历象日月星辰，敬授民时，此其所长也。及拘者为之，则牵于禁忌，泥于小数，舍人事而任鬼神。法家者流，盖出于理官，信赏必罚，以辅礼制。名家者流，盖出于礼官。古者名位不同，礼亦异数。墨家者流，盖出于清庙之守。茅屋采椽，是以贵俭；养三老五更，是以兼爱；选士大射，是以上贤；宗祀严父，是以右鬼；顺四时而行，是以非命；以孝视天下，是以上同：此其所长也。及蔽者为之，见俭之利，因以非礼，推兼爱之意，而不知别亲疏。从横家者流，盖出于行人之官。孔子曰："诵《诗》三百，使于四方，不能颛对，虽多亦奚以为？"又曰："使乎，使乎！"言其当权事制宜，受命而不受辞，此其所长也。及邪人为之，则上诈谖而弃其信。杂家者流，盖出于议官。兼儒、墨，合名、法，知国体之有此见王治之无不贯，此其所长也。及荡者为之，则漫羡而无所归心。农家者流，盖出于农稷之官。播百谷，劝耕桑，以足衣食，故八政一曰食，二曰货。孔子曰"所重民食"，此其所长也。及鄙者为之，以为无所事圣王，欲使君臣并耕，悖上下之序。小说家者流，盖出于稗官街谈巷语，道听涂说

者之所造也。

正如《汉书》所言，九流十家本来皆出于庙堂，血统高贵。儒家出于司徒之官，道家出于史官，阴阳家出于羲和之官，法家出于理官，名家出于礼官，墨家出于清庙之守，纵横家出于行人之官，杂家出于议官，农家出于农稷之官，小说家出于稗官。他们本来就和政治有着密切的关系，以儒家为例，儒家的最初职责是"助人君顺阴阳明教化者也"，因而出于"司徒之官"。而根据古代官制，司徒、司马、司空为三公，司徒也就相当于太师、太保而言，因此可见其地位之高，即使在春秋时代，孔门弟子也是非同寻常，"自孔子卒后，七十子之徒散游诸侯，大者为师傅卿相，小者友教士大夫，或隐而不见。故子路居卫，子张居陈，澹台子羽居楚，子夏居西河，子贡终于齐。如田子方、段干木、吴起、禽滑厘之属，皆受业于子夏之伦，为王者师"。索隐曰：案：子夏为魏文侯师。子贡为齐、鲁聘吴、越，盖亦卿也。而宰予亦仕齐为卿。余则未闻也。[8]

因此，所谓师者，首先是帝王之师。《说文解字》认为师者，"二千五百人为师，众意也"。"众"可指民众，所以古代军事编制称"师"，由此引申，帅众掌众之官也称为"师"，故"师"又训长，即官长，或称官师。西周金文所见之"师"，既是军政官员之名，又是教育官员之名，这显然是"师"作为帅众之官，其职责在早期尚未充分分化的遗迹。因此"师"又进而成为有以教育人者之称。

有师则有教。《说文解字》："教，上所施下所效也。"最初表示上级对下级的教导训诫。《尚书·酒诰》曰："庶士有正，越庶伯君子，其尔典听朕教。"《左传·僖公二十七年》对这种上级对下级的教导训诫有很好的例证："晋侯始入，而教其民，二年，欲用之。子犯曰：'民未知义，未安其居。'于是乎出定襄王，入务利民，民怀生矣。将用之。子犯曰：'民未知信，未宣其用。'于是乎伐原以示之信。民易资者，不求丰焉，明征其辞。公曰：'可矣乎？'子犯曰：'民未知礼，未生其共。'于是乎大蒐以示之礼，作执秩以正其官。民听不惑，而后用之。出谷戍，释宋围，一战而霸，文之教也。"

晋文公在 19 年流亡之后，回国并没有轻举妄动，而是教育百姓，使其明义、明信、明礼，然后才用兵中原，一战而霸，可见教育的重要性。同样的例子屡见于古籍。"楚自克庸以来，其君无日不讨国人而训之"，[9] "我有子弟，子产诲之"。[10]

不仅是诸侯国君重视"教"的作用，"教"其实乃是一项古代的政治传统。《周礼》云大司徒之职乃是"掌建邦之土地之图与其人民之数，以佐王安扰邦国"，而具体内容则包括：

> 因此五物者民之常，而施十有二教焉：一曰以祀礼教敬，则民不苟。二曰以阳礼教让，则民不争。三曰以阴礼教亲，则民不怨。四曰以乐礼教和，则民不乖。五曰以仪辨等，则民不越。六曰以俗教安，则民不愉。七曰以刑教中，则民不暴。八曰以誓教恤，则民不怠。九曰以度教节，则民知足。十曰以世事教能，则民不失职。十有一曰以贤制爵，则民慎德。十有二曰以庸制禄，则民兴功。
>
> 以乡三物教万民而宾兴之：一曰六德，知、仁、圣、义、忠、和；二曰六行，孝、友、睦、姻、任、恤；三曰六艺，礼、乐、射、御、书、数。[11]

事实上，以上内容仅仅是大司徒职责内极少的一部分，从国家方针大计到世俗生活到农田水利，无不在大司徒所"教"之范围。这种国家对百姓的教化功能，一直延续到后世。因此，从这个意义上说，"士"阶层在早期社会的礼乐制度体系中，占据着极为重要的地位。

二 春秋战国时期"士"生存环境的变化

春秋战国以后，血缘宗法制度开始解体，由此引起社会的各个领域都发生了极大的变化。对于依靠血缘宗法制度生存的早期的知识阶层来说，这种变化首先表现为士人政治地位的平民化。

《论语》曰："大师挚适齐，亚饭干适楚，三饭缭适蔡，四饭缺适秦，鼓方叔入于河，播鼗武入于汉，少师阳、击磬襄入于海。"[12]

根据史料推断，这些大师的流落民间当发生在鲁哀公时期前后，已经是春秋战国之交了。但是，礼崩乐坏、学术下移的趋势，应当早就显露端倪。司马迁对此有极为出色的描写：

> 周衰，礼废乐坏，大小相逾，管仲之家，兼备三归。循法守正者见侮于世，奢溢僭差者谓之显荣。自子夏，门人之高弟也，犹云"出见纷华盛丽而说，入闻夫子之道而乐，二者心战，未能自决"，而况中庸以下，渐渍于失教，被服于成俗乎？孔子曰"必也正名"，于卫所居不合。仲尼没后，受业之徒沉湮而不举，或适齐、楚，或入河海，岂不痛哉！[13]

如此感情真挚的文字，典型显示出司马迁作为文学家、而非史学家的特征。当然，难怪老先生伤感，这种变化关系到知识阶层切身的利益。政治地位的沦丧，迫使曾经虽然谈不上钟鸣鼎食，但却衣食无忧的知识阶层开始自谋职业，为衣食奔波，其心理落差之大自然是可想而知的。

问题不仅如此。传统中西周学官所教习之"六艺"——礼、乐、射、御、书、数，都是贵族官员实施统治的基本知识技能。射、御具有军事训练性质；礼、乐是维系贵族社会秩序的主要支柱与纽带，被孔子认为具有"以承天之道，以治人之情，故失之者死，得之者生"[14]等重要功能的重大意义，故礼乐修养，也就成了学士必修之主课。因此，此时的"士"，经常和"大夫"相连，而被称为"士大夫"。

《周礼·冬官·考工记》："作而行之，谓之士大夫。"《仪礼·丧服》："公士大夫之众臣，为其君布带绳屦。"《礼记·大传》："为其士大夫之庶者，宗其士大夫之适者，公子之宗道也。"《大戴礼记·礼三本》："郊止天子，社止诸侯，道及士大夫，所以别尊卑。尊者事尊，卑者事卑，宜钜者钜，宜小者小也。"等等。

当然，"士"与"大夫"的确不属于同一阶层，因此，上述引文中的"士大夫"也可以分开，但是，"士"在此毕竟与"大夫"相连，由此成为统治阶级中的一员，《周礼·冬官·考工记》有云：

"国有六职，百工与居一焉。或坐而论道，或作而行之。……坐而论道，谓之王公；作而行之，谓之士大夫。"由此可见，此"士"乃是"公卿士大夫"之"士"。

春秋以后，"士"地位沦落，流入民间。贵族宗法制度的衰败，使原来等级森严的社会秩序发生了很大变化。许多贵族地位下降，落泊街头，沦为庶人；而许多庶民，甚至有些奴婢的地位都在各种机遇、尤其是私学的有限发展中上升，如以勇敢赢得军功，用智慧换取官职，或在工商业经济中大显身手等。在这个社会的分化改组过程中，形成一个数量庞大、人等复杂的士阶层，"由于士阶层适处于贵族与庶人之间，是上下流动的汇合之所，士的人数遂不免随之大增"。[15]于是社会进入被许倬云称道的"社会升降的变动，极为活泼，蔚为中国历史上最有活力的时期"。[16]

可是，世事有利有弊，福祸相连。士人数目的众多，难免鱼目混珠、鱼龙混杂，无形中也促进了士人的平民化。《谷梁传·成公元年》有言："古者有士民，有商民，有农民，有工民。"这里所谓"古者"，当是古人行文的习惯用语，所谓士、农、工、商之"四民社会"的说法应该是春秋以后的事情。

> 桓公曰："成民之事若何？"管子对曰："四民者，勿使杂处，杂处则其言哤，其事易。"公曰："处士、农、工、商若何？"管子对曰："昔圣王之处士也，使就闲燕；处工，就官府；处商，就市井；处农，就田野。"[17]

众所周知，管仲的改革，虽然没有像战国时代的改革一样完全与旧体制决裂，但已经开始了对血缘宗法制度的背叛。比如"三其国而五其鄙"就是对血缘族居的改变，而"四民分居"更是不仅体现了对宗法制度的否定，而且在法律上重新规定了士人的社会地位。由此，士人从"公卿士大夫"之"士"降为"士农工商"之"士"了。

其次春秋战国时期士人生存环境的变化表现为经济状况的恶化。学术下移、学在官府的局面的被打破，士人政治地位沦落，流落民间的直接结果就是士人经济状况的恶化。

在《荀子·非十二子》中，荀子以批判和惋惜的心情比较了古今士人的差异：

> 古之所谓仕士者，厚敦者也，合群者也，乐富贵者也，乐分施者也，远罪过者也，务事理者也，羞独富者。今之所谓仕士者，污漫者也，贼乱者也，恣孳者也，贪利者也；触抵者也，无礼义而唯权埶之嗜者也。古之所谓处士者，德盛者也，能静者也，修正者也，知命者也，箸是者也。今之所谓处士者，无能而云能者也，无知而云知者也，利心无足，而佯无欲者也，行伪险秽，而强高言谨悫者也，以不俗为俗，离纵而跂訾者也。[18]

即使是千载之后的今天，我们也无法否认荀子在发出这段议论时善意的出发点。以他三次出任齐国最高学府祭酒的经历，以他在学术界泰山北斗的地位，作出这番议论是恰如其分、适得其所的，但是他似乎不应该想不到士风衰败的原因。

春秋时期，血缘宗法制度的破坏导致社会结构的剧烈变动，士人纷纷从贵族阶层衰落到平民阶层，用《诗经·小雅·十月之交》所谓"烨烨震电，不宁不令。百川沸腾，山冢崒崩。高岸为谷，深谷为陵"来形容这个变化是极为恰当的。而这种巨大的变化最先给予士人的震惊，就是困顿的经济状况。

子曰："贤哉，回也！一箪食，一瓢饮，在陋巷。人不堪其忧，回也不改其乐。贤哉，回也！"[19]作为老师对学生的评价，孔子对颜回的这段表扬可谓无以复加，但却无法掩盖颜回一生贫困潦倒的尴尬。即使是孔子本人，经济状况也是非常之差，"吾少也贱，故多能鄙事"。[20]须知孔子本人非常厌恶体力劳动，甚至有点不近情理：

> 樊迟请学稼，子曰："吾不如老农。"请学为圃。曰："吾不如老圃。"樊迟出。子曰："小人哉，樊须也！上好礼，则民莫敢不敬；上好义，则民莫敢不服；上好信，则民莫敢不用情。夫如是，则四方之民襁负其子而至矣，焉用稼？"[21]

那么，对照孔子对樊迟的态度，"多能鄙事"只能解释为生活所迫了。

其实，不仅少年孔子生活窘迫，成年孔子也不富裕。子曰："自行束修以上，吾未尝无诲焉。"[22]如此低廉的劳动回报，恐怕不能完全解释为热爱教育事业，自觉自愿地为贫困学生尽义务。

事实上，孔子并不反对富裕，相反，他还积极追求富裕，相信知识会给他带来财富。子曰："耕也，馁在其中矣；学也，禄在其中矣。"[23]这简直就是"书中自有黄金屋"的原版，在政治上孔子意图通过"庶之"、"富之"、"教之"[24]的方法，建立一个能使"近者悦远者来"[25]的理想王国。"子贡问政。子曰：'足食，足兵，民信之矣。'子贡曰：'必不得已而去，于斯三者何先?'曰：'去兵。'子贡曰：'必不得已而去，于斯二者何先?'曰：'去食。自古皆有死，民无信不立。'"[26]可见，孔子只是没有机会得到财富而已。

在春秋战国时期，如孔子一样的贫士屈指难数、俯拾皆是。学友景红艳、蔡静波大作《试析战国晚期士的禄利思想》中列举了春秋战国时期的大量贫士：

> 孔门弟子颜回的远祖邾武公为鲁附庸，改称颜氏以后，十四世皆任鲁为卿大夫，他本人却在春秋晚期成了"一箪食、一瓢饮、在陋巷"的著名贫士；《世本》载曾晳是鄫国太子巫的子孙，到曾子时只能"衣敝衣以耕"；孔子本人虽出身于贵族，但不得不从事"儒"以维持生计；商鞅、韩非皆公室之子，世禄制度废除后，他们也以技艺奔波于诸侯之国以干禄。出身高贵者的处境如此，身世贫贱者的生活自不待言。《韩诗外传》载"原宪居鲁、环堵之室，茨以蒿莱，蓬户瓮牖，桷桑而无枢，上漏下湿"，当他去迎接衣轻裘，乘肥马的子贡时，"正冠则缨绝，振襟则肘见，纳履则踵决"；为文侯师事的卜子夏，家境贫寒，"衣若悬鹑"；声名远扬的苏秦曾是"特穷巷掘穴，桑户棬枢之士"，"无洛阳负郭田二顷"；和苏秦齐名的张仪"贫无行"，人疑其盗璧；范雎"家贫无以自资"；虞卿"蹑蹻担簦"游说赵孝成王；冯驩"贫乏不能自存"，寄食在孟尝君门下；稷下先生淳

于髡贫而为人赘婿；魏惠王第一次接见名躁江湖的庄周时情不自禁的发问："何先生之惫邪？"庄子曰："贫也，非惫也。士有道德不能行，惫也；衣弊履穿，贫也，非惫也；此所谓非遭时也。"[27]

有理由相信，以上所列贫士仅仅是现实社会中极少的一部分。今天后人盛赞不已的战国养士之风，表面上是战国时期尊重人才的表现，其实却潜藏着大量贫困游士衣食无靠、不得不托庇权门的尴尬，饿死不食嗟来之食毕竟只是个别，生存乃是人的第一需要。

李斯在辞别老师荀子西行入秦的时候，曾经非常感慨地对老师说了一段话，也许可以能够使得荀子原谅那些所谓"败德无行"的士人："斯闻得时无怠，今万乘方争时，游者主事。今秦王欲吞天下，称帝而治，此布衣驰骛之时而游说者之秋也。处卑贱之位而计不为者，此禽鹿视肉，人面而能强行者耳。故诟莫大于卑贱，而悲莫甚于穷困。久处卑贱之位、困苦之地，非世而恶利，自托于无为，此非士之情也。"[28]

的确，所谓"诟莫大于卑贱，而悲莫甚于穷困"，真实道出落魄士人的痛定思痛。联想到李斯所谓"人之贤不肖譬如鼠矣，在所自处耳"[29]的宏论，就可以理解战国时代百家争鸣出现的经济原因。

（作者单位：榆林学院）

注　释

　[1]　《论语注疏》，见李学勤主编、整理委员会整理《十三经注疏》，北京大学出版社1999年版，第1—2页。

　[2]　《春秋左传正义》，见李学勤主编、整理委员会整理《十三经注疏》，北京大学出版社1999年版，第1550页。

　[3]　王国维：《观堂集林》第二册，中华书局1959年版，第453—454页。

　[4]　《礼记正义》，见李学勤主编、整理委员会整理《十三经注疏》，北京大学出版社1999年版，第1403页。

[5]　《论语注疏》，见李学勤主编、整理委员会整理《十三经注疏》，北京大学出版社 1999 年版，第 51 页。

[6]　《礼记正义》，见李学勤主编、整理委员会整理《十三经注疏》，北京大学出版社 1999 年版，第 1403 页。

[7]　吕思勉:《中国制度史》，上海教育出版社 1985 年版，第 374 页。

[8]　《史记》，中华书局 1959 年版，第 3116 页。

[9]　《春秋左传正义》，见李学勤主编、整理委员会整理《十三经注疏》，北京大学出版社 1999 年版，第 643 页。

[10]　同上书，第 1123 页。

[11]　《周礼注疏》，见李学勤主编、整理委员会整理《十三经注疏》，北京大学出版社 1999 年版，第 241—266 页。

[12]　《论语注疏》，见李学勤主编、整理委员会整理《十三经注疏》，北京大学出版社 1999 年版，第 253 页。

[13]　《史记》，中华书局 1959 年版，第 1159 页。

[14]　《礼记正义》，见李学勤主编、整理委员会整理《十三经注疏》，北京大学出版社 1999 年版，第 662 页。

[15]　余英时:《士与中国文化》，上海人民出版社 1987 年版，第 12 页。

[16]　许倬云:《东周到秦汉:国家形态的发展》，载《中国史研究》1986 年第 4 期。

[17]　《国语》，上海古籍出版社 1978 年版，第 226 页。

[18]　《荀子》，广州出版社 2001 年版，第 25—26 页。

[19]　《论语注疏》，见李学勤主编、整理委员会整理《十三经注疏》，北京大学出版社 1999 年版，第 75 页。

[20]　同上书，第 114 页。

[21]　同上书，第 172 页。

[22]　同上书，第 86 页。

[23]　同上书，第 216 页。

[24]　同上书，第 174 页。

[25]　同上书，第 177 页。

[26]　同上书，第 160 页。

[27]　景红艳、蔡静波:《试析战国晚期士的禄利思想》，载《晋阳学刊》2005 年第 1 期。

[28]　《史记》，中华书局 1959 年版，第 2539—2540 页。

[29]　同上书，第 2539 页。

秦楚之际"进用人才方案"的嬗变

[中国香港] 冯 树 勋[1]

一　导言

《吴越春秋》引《传》曰："失士者亡，得士者昌"，[2]《史记·商君列传》引《诗》曰："得人者兴，失人者崩"，[3]秦所以亡正如贾谊《过秦论》指出："仁义不施，而攻守之势异也"，[4]其具体情况是"有功亦诛，无功亦诛"，[5]而"自君卿以下至于众庶，人怀自危之心"，[6]"是则秦实亡于不得人"，而秦、楚之际，群雄逐鹿，其进用人才方案的得失，实为决定政治成败的关键所在。当然，现代政治史已非纯为关心"刘成项败的原故，藉资鉴戒而已。更应留心，在秦楚之际"的政治时空下，有无政治范式的转移问题。在"乱世"中，由于人才的渴求，使"进用人才方案"的考虑，成为非常突出的政治考虑点。在有巨大需求的张力下，秦楚之际的"进用人才方案"，亦有了急剧的嬗变。

纯粹对"人才"有需求，并不足以构成"进用人才方案"。进用人才方案的讨论，最少应包括以下各个环节：首先，政治实体对需要搜罗的人才、目标范围是否清晰；其次，有无建立相应的信息渠道，把政权对人才的要求，清晰而确切地传达于欲搜罗的人才；接着，有否适当的奖惩机制，以保留适当的人才；最后，有否随着客观形势的转变，对进用人才方案作适当的调整。然而，上述的讨论仍属于技术性层面，更深层的问题在于政治方向与角色定位。统治者本人的政治理念，尤其自身角色的定位与人才的相对关系，及能否为人才提供持续发展的远景，对人才吸纳有着决定性的影响。

秦、楚之际是继春秋战国以后，中国的一个乱世。我们不能确定乱世是否一定"出人才"，但却可以确定在不同政治集团的竞争中，必然较承平时期，更为渴求人才，而相关观念的嬗变，也应较承平时代为急激。然而，在相关领域的研究方面，几乎是空白的。例如朱耀廷的《中国古代人才观》，于秦楚之际的人才问题，全未齿及。[7] 至于专篇论文的数量亦不多，大多极尽简要，往往不满千言。[8] 由于篇幅简短，未能有效证立观点，遑论有所发挥。仅赵列韩《观楚汉战争谈用人之道》一篇，于本题有较清晰的看法，并提出刘成项败的原因：乃刘邦能"善于发现并重用人才"及沛公能"忍人之短，用人之长"的优点，而项王则反之。学者对这个甚关重要的课题，未能给予足够关注，史料缺乏实有甚大影响。

查秦楚之际最直接的相关材料，为陆贾之《楚汉春秋》，然此书已佚，今残本为辑校自《新语》，下讫《太平御览》诸书。然所能辑录者，不过零散片断，难以概观当时大局。[9] 至于，班固《汉书》的相关叙述，多沿自司马迁的《史记》。由于缘起单一史料，自然对新视点的提出，有一定的妨碍。是故，近贤申论均统治者个人优劣的对比，似仍未脱离"资治"的政治史窠臼，未尝与史料缺乏无关。惟"进用人才方案"往往是一个"共时"文化观的转变或对抗的过程，并非君主个人条件，即足道尽其中关窍。因之，本文除探讨楚、汉两个当时的权力中心以外，亦考察有其他代表性的群雄，如"首事"的陈胜与号称"能得士"的田氏政权。选取不同典型政权的方式，当有助我们较全面的了解秦、楚之际进用人才方案的面貌和嬗变。

二　陈胜的进用人才方案

陈胜的败亡，源于他错误的进用人才方案。陈胜揭竿而起，"乃诈称公子扶苏、项燕，从民欲也"[10]，陈胜、吴广的政治宣称是只以秦公子扶苏及楚将项燕为号召，在克陈地以后，即专以"张楚"为号召。张楚诸将,不单为楚人,而且全属陈、吴二人之乡党。在取得政权初期,内部制度并未稳固,主要任用统治者熟悉的乡人,并无不当之处。惟质诸史实,"乡情"与"旧谊",似未能为陈涉确保其所派遣诸将,对之忠贞不二。陈胜为王只及六月,根本没有时间建立成熟的进用人才方案。从史实看来,陈胜所任之将,基本上符合三项准则:其一,与其"故相善"者;其二,"素闻其贤"者;其三,情势所迫,力不能禁,只好顺其自然,并加以承认者。第一类人物,如阳夏人吴广、汝阴人邓宗等,[11]因乡谊任命为陈军的主力。这种唯亲而任的态度,未能有效分配权力与统治集团的持份者,是陈胜政权分裂的主要原因。张耳、陈余"怨陈王不用其莢不以为将而以为校尉"[12],于是游说武臣自立为赵王,即属一例。

倘陈王坚持任用乡谊的方案,虽然限制了用贤的范围,但至少能保证在"故旧"中有一定程度的支持。然而,陈王因为个人的自矜,并不能贯彻其方案。在陈胜称王之初,尚能因乡谊而厚待"故人"。然而,乡人屡至言陈王故情,为免个人威信受到打击,陈王乃一改厚待态度,斩杀泄密者。结果是"诸陈王故人皆自引去,由是无亲陈王者"[13]

陈涉的第二项选才标准是"任贤"。这本来是一项理性的准则,但在事业草创时期,陈涉所任的"贤者",皆图采虚名,少见实效。以周文为例,周文被誉为"陈之贤人",但他的以往经历是作为"日者"及春申君门客,只是"自言习兵",从无实绩可稽,陈王即"与之将军印,西击秦",将兵数十万,与吴广并为破秦之主力。轻信"贤人"的结果,自然是以失败告终。[14]

一方面徒采虚声,另一方面则如叶公好龙,阳为"好贤",而阴实"不用",也是陈涉的失败原因之一。据史载,"张耳、陈余上谒陈涉。涉及左右生平数闻张耳、陈余贤,未尝见,见即大喜"。[15]陈涉阳为"大喜",但并不代表听用两人之计策。陈中豪杰父老愿立陈涉为"楚王",陈涉问张、陈二人。他们主张"缓称王",以免"示天下私"。[16]这显然有助减低秦军的压力,使一己不为军事攻击的焦点,但陈涉不听,自立为王。见贤而不能用,陈、张两人即以此归怨陈王,一个月以后两人即策动武臣自立为赵王。

至于第三项标准，是陈涉力不能禁，只有承认客观事实。《史记》记载了秦二世元年九月，即陈胜称王后两月，项梁、田儋、沛公、韩广并起，非陈氏所能禁止。这时从权承认已成事实，亦无损其个人威信。陈胜在承认政策上的摇摆不定，才是他的致命伤。以赵王武臣自立的事件为例。陈胜的处置先是"捕系武臣等家室，欲诛之"，后怕秦国渔翁得利，遂决定立之。[17]承认客观事实，容或是政争中的权宜之计，但这便向诸将发出一项错误信息，以为能以武力挟制，则思仿自立。到了秦二世元年十月，发生田臧矫诏杀吴广之事，更足以强化拥兵即可自重的信息。[18]吴广为陈胜起事的谋主，受封为"假王"，位号在诸将之上。而"田臧矫王令以诛吴叔"，陈涉竟不执行军纪，反"赐田臧楚令尹印，使为上将"。则陈王的号令从此不行，亦自不待言了。反之，葛婴受陈王之命"徇九江"，并权立"襄强为楚王"，其时尚未知陈胜已自立为楚王，及葛氏知陈王已立，即杀襄强而引兵归陈。从以上的事实看来，葛婴并无谋反之意，而陈王诛之。[19]这只会进一步强化张楚诸将，唯有拥兵自重，才能保障一己安全，甚至可以如武臣、韩广及田臧辈坐致富贵，则诸将焉有不竞相徇地自王之理！

在众叛亲离的情况下，陈涉乃更进一步以严刑苛法自保。陈氏的进用人才方案，至此可谓完全破产。"以苛察为忠"，已足以使人才裹足，[20]执行之人罔顾法纪，"其所不善者，弗下吏，辄自治之"，则与秦亡于赵高之"有功亦诛，无功亦诛"，何等相似。其速亡的结果，亦几相当。究竟陈胜是反秦群雄的"首义"者。因此，他得到一定的"贤士"自愿参与。据《史记·儒林列传》记："陈涉之王也，而鲁诸儒持孔氏之礼器往归陈王。于是孔甲为陈涉博士，卒与涉俱死。"[21]正面来说，孔甲等鲁地儒生"徒负孔子礼器往委质为臣"，是因为陈王首义的声名足以号召，而反过来说是儒生因为"以秦焚其业，积怨而发愤于陈王"。然而，不论其属正面或反面的原因，孔甲"卒与涉俱死"，对陈王的忠诚，至死不移。秦之末世，逐鹿中原，武略人才之重要一陆，过于文学之臣，但儒士总有其道德原则的规范，不致"以苛察为忠"。向使陈胜亲用之，则朱房、胡武之流，或不致横行，而陈涉也不一定"不满半岁竟灭亡"。是故，陈氏之为

"瓦合"者，岂单指当时起事之成卒，亦其无政治理想与对应之进用人才方案有以致也。

三 田氏的进用人才方案

齐国田氏政权，虽于秦、楚之际，对天下主权更迭的影响，可谓无足轻重。但自秦二世元年（公元前 209 年）田儋自立为齐王，至汉高祖六年（公元前 201 年）田横自刭，汉高祖也承认："（田氏）起自布衣，兄弟三人更王，岂不贤乎哉！"[22] 而历史所以贤田氏兄弟者，在其"得士之心"。[23]

田氏之"能得人"，是由于其宗族地望之故，能得到地方人士拥戴。[24] 项羽的残暴，造成了齐人的团结，亦是田氏得兴之因。[25] 另一方面，田横确能考虑门下士之利害，优先于一己之生死荣辱，以此而得士之以死相报，理固宜然。据《史记》载，田横本因惧祸而避居荒岛，高祖使人召还而田横不愿，"请为庶人，守海岛中"，直至汉高祖挟以"不来，且举兵加诛焉"，田横始就道。但由他后来自刭的行为看来，则横之不畏死，其事显然。是则，田横所以奉汉高诏入朝，非为一己生死，特以不牵累下属为本怀而已。而汉高祖固已下诏，郦商"人马从者敢动摇者致族夷"，以确保田横不因私怨而身危。是知其自刭于汉土，乃守义不辱之举。田氏于部下生死以之之情，得五百壮士以死节报，不亦宜乎！[26]

诚如《史记》赞云："田横之高节，宾客慕义而从横死，岂非至贤！余因而列焉。不无善画者，莫能图，何哉？"[27] 此中之"画"与"图"，《索隐》误为："言天下非无善画之人，而不知图画田横及其党慕义死节之事，何故哉？叹画人不知画此也"[28]，而顾炎武《日知录》云："无不善画者，莫能图谓以横兄弟之贤，而不能存齐"[29]。是则，田氏的进用人才方案仅能达到保留人才的目标，但由于没有政治宏图与策略加以配合，[30] 亦缺乏需要搜罗"图画"之才的目标，所以虽一齐地亦不能保存也！

四 进用人才方案作为衡量政治
天才的一项指标

　　牟宗三指楚汉相持之时期属"天才的时代",他进一步指出刘邦
为"综和的尽气之精神"的人物。[31]在政治上言"天才",似乎应以
其人对"权力变化的临界度"的掌握与否,来作为评断的标准,这
往往亦是"进用人才"观念嬗变之所由。事实上,能否自觉地建立
政治政策,并能因应时势的变化,迅速而准确地更变政策,即是能把
握"权力变化的临界度"的具体表现。秦、楚之际,正是这样的一
个历史机运。此所以《史记》之十《表》,除了因为三代文献不足,
使用"世表"以外,其他皆为"年表",独于秦楚之际出以"月
表",则此时变化之迅速,亦可思过半了。

　　进用人才方案仅是其中一项政治政策,但现时的学术研究,均认
同涉及"人"的因素是最为复杂,最难以准确预测的。因此,如何
选择适当的人才,也是难以完全量化的。另一方面,由于时间资源的
限制,任何政治人物都不能自行运作整个政府,必须选择适当的人才
共同参与(分享权力),才能达到成功管治的目标。因此,对一个统
治者来说,进用人才方案既是必要又难有确切准则可依的,以此作为
考虑他们处理"权力变化的临界度"的指标,是十分适合的。

五 楚、汉的"目标人才"

　　总体来说,由于楚汉相争时期,军事成败足以影响存亡,因此,
军事人才的渴求,远过于其他类型人才的需要。楚、汉双方对有能力
的战将,都不惜以裂土封王作为酬庸。

　　从项羽的角度而言,值得封王、得善地者,只有立功诸将始足以
当之。[32]这正是项王的"任贤"方案,高出陈王一头之处。我们可
以从下面的反例,进一步确定以上的观点。在诸侯分封的同时,"韩

王成无军功,项王不使之国,与俱至彭城,废以为侯,已又杀之"。[33]杀韩王成之事件,当然可以有更复杂的原因,但"无军功",即不得就国,甚至"废以为侯",已反映项羽个人对人才的标准是以军事表现作为鹄的者。

然而,军事操作可以区分为战术与战略两个不同的层面。前者,是以少数战役的成败,来判定胜负;但后者关心的是整个战争的总体成效,能否以军事力量稳固某一政权。项羽的"军功",基本上只局限于比较狭窄的战术层面。项羽早年已强调兵法为"万人敌",但他并未"竟学"。[34]基本上,项羽对在战阵对决上的成败,较之总体战略上的得失,有更强烈的感受。他在垓下兵败自刎之前,仍以"愿为诸君快战,必三胜之,为诸君溃围,斩将,刈旗",来证明"天亡我,非战之罪也"。[35]项羽显然并没有弄清楚,战争胜负的关键,在于战略而非战术。

与之相反,刘邦的战略思想表明了他需求的虽同是"军事人才",但人才的范围却包括了智略为主的武将。汉高祖与诸将论刘成项败的关键之时,自言不及韩信、萧何、张良,却能依据他们的专长而善用。[36]蒙高祖此时之用人标准,亦可得而知之矣。韩信固然是:"连百万之军,战必胜,攻必取",但也是能受胯下之辱的"智将"。萧何以为:"诸将易得耳。至如信者,国士无双",[37]韩信与诸将异而"无双"者,则在其智略也。张良是"运筹策帷帐之中,决胜于千里之外"的军师,乃是世所习知者;能补给无缺,"镇国家,抚百姓,给馈饷,不绝粮道"之萧何,亦是长期战争不可或缺的后勤总指挥。汉高祖在定萧何功勋第一时,指出:

> 功臣皆曰:"臣等身被坚执锐,多者百余战,少者数十合,攻城略地,大小各有差。今萧何未尝有汗马之劳,徒持文墨议论,不战,顾反居臣等上,何也?"高帝曰:"诸君知猎乎?"曰:"知之。""知猎狗乎?"曰:"知之。"高帝曰:"夫猎,追杀兽兔者,狗也;而发踪指示兽处者,人也。今诸君徒能得走兽耳,功狗也。至如萧何,发踪指示,功人也。"

在此，刘邦清楚指出，萧何虽"未尝有汗马之劳"，但"发踪指示"为胜负关键所在。由是观之，汉高祖在搜罗军事人才的范围方面，较之项氏是远为全面而符合战略要求的。至于对进用人才思想的弹性，则项羽更非刘邦之比。刘邦早岁，如其左右言于郦生："沛公不好儒，诸客冠儒冠来者，沛公辄解其冠，溲溺其中。与人言，常大骂。未可以儒生说也。"[38]后来与陆贾的谈话，一句"居马上得之，宁可以马上治之乎?"，使刘邦的反儒思想有所改变，亦因此渐渐接受儒者人才。[39]见汉高祖使陆生"试为我著秦所以失天下，吾所以得之者何，及古成败之国"，[40]使叔孙通定朝仪、[41]欲罗致"商山四皓"[42]等例证，不难想象刘氏的进用人才思想能更因应时势，而不断弹性转变的事实。

六 刘、项的"求才通报"

对于求才若渴的统治者而言，他们不能纯满足于自己有进用人才方案，还必须使这个方案通过具体事件，把欲吸引人才的信息，广为传播，以便目标人才能参与政府。项羽虽然不能书翰，但究竟是楚国世家出身，于在礼仪以至行事方面，都较平民出身的刘邦高。从田氏政权的例子看来，拥有宗族地望的支持，对团结人才有巨大的帮助。由是观之，则作为楚国贵族的项氏，当较出身平民的汉高祖，更处于"能得士"的优势。汉高祖与功臣论汉所以胜楚者，高起、王陵皆以为"陛下慢而侮人，项羽仁而爱人"；[43]韩信于还定三秦以前，于汉中言于高祖："项王见人恭敬慈爱，言语呕呕，人有疾病，涕泣分食饮"；[44]陈平在离间楚国君臣以前，亦指出："项王为人，恭敬爱人，士之廉节好礼者多归之"。[45]从以上多位汉初功臣贤者的眼中，项王自有吸引人才之处。这是承继其世家贵族之素养及其个人魅力，足以吸引军功以外的智谋以至"廉节好礼"之士，这实足以支持楚国早期的兴盛。所以，"项王已死，楚地皆降汉，独鲁不下。汉乃引天下兵欲屠之，为其守礼义，为主死节，乃持项王头视鲁，鲁父兄乃降"，[46]鲁所以"最后下"，除了因为项羽始王于鲁以外，更因为他们"守礼义",与项王的求才原则相合故。然而,"廉节之士"人数一定不多,诚如陈平所论:"彼项王骨鲠之臣亚父、锺离眛、龙且、周殷之属,不过数人耳。"[47]

话虽如此,项羽的政治行为却对他"廉节好礼"的形象构成了巨大的打击。这是因为项羽以反"暴秦"为己任,但其行事风格,则颇有类于秦灭六国之时的用兵策略。我们单从《史记》的《项羽本纪》及《高祖本纪》,更有不少记录可以看到项羽用兵残暴的一面。[48]这对"廉节之士"实在是一项打击。义帝与诸侯相议,不派项羽入关,而代之以刘邦亦是基于这个理由,[49]这是因为刘邦是个"不杀人"的"长者"。而刘邦日后能"还定三秦",主因正如韩信指出:

> 三秦王为秦将,将秦子弟彰岁矣,所杀亡不可胜计,又欺其降诸侯,至新安,项王诈坑秦降卒二十余万,唯独邯、欣、翳得脱,秦父兄怨此三人,痛入骨髓。今楚强以咸王此三人,秦民莫爱也。

项羽很难使关中人民,支持他建立的三王,纵使章邯等是杰出的军事人才,也无补于长期政治失策下,时常思变的人心。

项羽认为:"天下初发难时,假立诸侯后以伐秦。然身被坚执锐首事,暴露于野三年,灭秦定天下者,皆将相诸君与籍之力也。义帝虽无功,故当分其地而王之。"因"无功"于天下,分封义帝,并无不当。其后谋杀义帝,[50]加上对汉王的背约及废杀韩王成等。这些做法动摇了原本已被迫迁于"丑地"的诸侯对项羽保存盟约的信心,终于造成了齐、赵及汉的起事反楚。对于因军功而得立的诸侯,"臧荼之国,因逐韩广之辽东,广弗听,荼击杀广无终,并王其地",[51]而项羽并没有任何惩处行动,这无疑向列国诸侯表示,力强者胜,于是楚国诸将之有力者,如彭越、英布之类,皆伺机而动,以武力谋自保,再进而图自立也。

刘邦的一贯形象,实不及项羽的知礼。故陈平谓高祖:"今大王慢而少礼,士廉节者不来;……然大王态侮人,不能得廉节之士。"[52]反之,刘邦"宽大长者"之名声,[53]加上他听从张良的计策,却能补其先天不足。史载:"高祖初入关,约法三章曰:'杀人者死,伤人及盗抵罪。'蠲削烦苛,兆民大说。"[54]关中豪长,亦因而心悦诚服。[55]

刘邦"大度"的风格,对争取人才是决定性的,他封其仇雍齿为侯,对招聚人才有极大的影响,史云:

> 留侯曰:"……今军吏计功,以天下不足徧封,此属畏陛下不能尽封,恐又见疑平生过失及诛,故即相众谋反耳。"上乃忧曰:"为之奈何?"留侯曰:"上平生所憎,群臣所共知,谁最甚者?"上曰:"雍齿与我故,数尝窘辱我。我欲杀之,为其功多,故不忍。"留侯曰:"今急先封雍齿以示群臣,群臣见雍齿封,则人人自坚矣。"……群臣罢酒,皆喜曰:"雍齿尚为侯,我属无患矣。"[56]

由封雍齿而直接得到的人才是王陵。王陵之从高祖,正足以反显项王进用人才方案的失误。王陵固因侯雍齿,而考虑投诚汉王,项籍欲胁陵母以招贤,但竟因陵母自到不从而烹之。[57]这种残暴的行为使天下人才为之寒心,更遑论能与之共定天下。加上高祖为义帝发丧,而不急于称皇帝的政策,完全配合他"大度"之形象。从上述行为对比而论,汉王的确能予当时人才一个鲜明的印象,即高祖是先"大业",而后"私仇"之人,对比项王的"意气",于"人才"而言,从汉的确是对事业前途有较明确保障的。

赏功以招贤之有力者,莫如能展示具体利益所在,尤其在关键时刻——垓下之围前夕,刘、项两家同时收买韩信,项羽使蒯通说韩信曰:

> 当今二王之事,权在足下,足下右投则汉王胜,足下左投则项王胜。项王今日亡,则次取足下,足下与项王有故,何不反汉与楚连和,参分天下王之。[58]

而彭越的情况也相类,"当是之时,彭王一顾,与楚则汉破,与汉而楚破"。[59]正因为韩信、彭越为关键性人物,此时"求才"之策略成功与否,即足以判定成败。

从表面看来,项羽开出的条件,不但不比刘邦差,而且对韩信的要求亦比刘邦低。首先,项羽许韩信以三分天下,这等于可以完全脱离楚、汉自立,并可进而争天下矣。而且,韩信背汉所冒的风险,并不比击楚为大,因为楚有能力抵御汉军的追击,并败之于固陵,表明了楚军的实力不可轻侮。而楚国要求韩信的不是击汉,只是独立并与楚联合而已。这项提议,远比参与战争所冒的风险要来得小。韩信拒绝蒯通的提议,起初确可能出于早年作为项羽下属,不受重用而引起的反感所致。但韩信是有名的"智将",左右他决定的主要原因,恐是战略利益的考虑为多。

蒯通说韩信者再,从后果上指出:"夫以足下之贤圣,有甲兵之众,据强齐从燕、赵出空虚之地,而制其后,因民之欲西乡,为百姓请命,则天下风走而响应矣。"[60]又以:"今足下戴震主之威,挟不赏之功。归楚,楚人不信;归汉,汉人震恐。足下欲持是安归乎。"[61]韩信考虑了数日,而"犹豫不忍背汉",其理由表面上是"自以为功大,汉终不夺我齐"。[62]事实上,从项羽开出的条件来看,项羽所谓"求才",根本上是徒托空言的,韩信自知:"(项王)使人有功当封爵者,印刓敝,忍不能予。"[63]我们再以《史记·魏豹彭越列传》比观,更以发现,当时张良建议高祖开出的条件是:一、从陈以东傅海;二、齐王信家在楚,此其意欲复得故邑。[64]这项分地的方案,较之项羽的条件:不肯割一地以与,显然实在得多。反过来说,对韩信而言,楚王的所提条件,不外"徒托空言"的"虚好看"而已。而张良建议之以楚地饵韩信,更是高明的一着,如不破楚,何来楚地?足见高祖以实际封地的奖赏政策,是完全把握了当世功名之士之所求。

更重要的是,韩信用兵屡胜,皆因有萧何之补给,与刘邦吸住楚人的部分兵力。是故,韩信深知,在楚汉相持的后期,他与彭越的向背,是楚汉双方决胜的充足条件。但这却不等于他同样有自立为王,以争天下的充足条件。从高祖许韩信的条件看来,韩信手中的齐地,未及于海。齐以鱼盐为富,则韩信的补给是否足够实在颇成问题。而且,彭越等人,其心亦不知何向,苟为高祖所用以摄信后,则信必腹背受敌矣。加上,韩信之为人,喜见目前之利,背楚归汉,以拜大将为条件;破齐即自欲为王,今高祖用张良之计,饵以上地,诚深知信也。

七　奖惩制度与人才保留

奖惩制度是人才能否保留的一项主要环节,项王在这方面的表现,时常受到批评。韩信指其"至使人有功当封爵者,印刓敝,忍不能予",而高起、王陵也认为"项羽妒贤嫉能,有功者害之,贤者疑之,战胜而不予人功,得地而不予人利,此所以失天下也"。[65]项羽其中一项重大错误,是不能因应时势,作因应的封赠策略,他分封十八王的政策,时常受到诟病。从下表可以略见项羽的分封安排:

姓名	封号	国都	封赠原因
刘邦	汉王	南郑	巴蜀亦关中地
章邯	雍王	废丘	以距塞汉王
司马欣	塞王	栎阳	有德与项梁
董翳	翟王	高奴	劝章邯降楚
魏王豹	西魏王	平阳	
申阳	河南王	洛阳	先下河南,迎楚河上
韩王成	韩王	阳翟	
司马卬	殷王	朝歌	定河内,数有功
赵王歇	代王		
张耳	常山王	襄国	素贤,又从入关
黥布	九江王	六	常冠军

续表

姓名	封号	国都	封赠原因
吴芮	衡山王	邾	率百越佐诸侯,又从入关
共敖	临江王	江陵	将兵击南郡,功多
燕王韩广	辽东王		
臧荼	燕王	蓟	从楚救赵,因从入关
齐王田市	胶东王		
田都	齐王	临淄	共救赵,因从入关
田安	济北王	博阳	下济北数城,引其兵降项羽
田荣			数负项梁,又不肯将兵从楚击秦,以故不封
陈余	三县		不从入关,然素闻其贤,有功于赵
梅铜	十万户侯		功多
项羽	西楚霸王	彭城	身披坚执锐首事

从上表可见,项羽基本是根据诸王的功绩分封的。但他对"假立"的六国诸侯,其不彻底的处置,却立即引起了诸侯叛楚。项羽因为五国故王无功,而把他们徙封,例如:迁魏王豹为西魏王、赵王歇为代王、燕王韩广为辽东王及齐王田市为胶东王等。如力能禁止,则五国诸侯,可以不立为王。例如:韩王成因"无军功,项王不使之国,与俱至彭城,废以为侯,已又杀之",而燕王韩广为属下臧荼所杀,足以说明韩、燕、魏三国,实欲不必复立为王。汉高也曾犯上述类似的错误,幸得张良及时劝谏而止。[66]由是观之,因才量功,与因背景而立王的观念争衡,正是"共时"的"进用人才方案"嬗变的明显线索。

项王分封的做法,实与其能保留人才之意愿相违。项王对力不能禁的齐、赵两国,却并没有"释私怨",而安抚田荣与陈余,终于"(田)荣因自立为齐王,而西杀击济北王田安,并王三齐"。[67]"陈余悉发三县兵,与齐并力击常山,大破之。张耳走归汉。陈余迎故赵王歇于代,反之赵。赵王因立陈余为代王。"[68] 既然田荣能"并王三齐",而陈余能"反赵王之赵",项王以封赏安抚诸侯的人才策略,显然未达到安定天下的目标。

相反来说,刘邦的基本赏罚原则是:"使人攻城略地,所降下者因以予之,与天下同利也。"[69] 由于"大王能饶人以爵邑,士之顽钝嗜利无耻者亦多归汉"。[70] 这是汉初十分明确的用人准则,我们可以从汉初因功封王侯之130人,看他们的出身,便可知道刘邦未得天下以前,封赠功臣的大概准则了。总计《史记》《汉兴以来诸侯王年表》及《高祖功臣侯者年表》,参与楚汉相争有功而得侯者,共123人,而异姓诸侯王8人(韩信为重出),则共130人。兹表列其分类如下:

类别	亲属	旧臣	楚降将	诸侯降将
人数	5	84	9	32
比率（%）	4	65	7	25

从上表可见,汉王亲属而封侯之比率,只有百分之四。汉王之旧属封侯者则达三分之二弱,但降将得封的亦几近三分之一。虽然,汉"高祖末年,非刘氏而王者,若无功上所不置而侯者,天下共诛之。高祖子弟同姓为王者九国,虽独长沙异姓,而功臣侯者百有余人",[71] 但高祖称皇帝时,"诸侯非刘氏而王者七人",[72] 更应清楚指出者,则汉高祖五年称皇帝时,只有"异姓"的诸侯王,同姓未尝得王封,其中长沙王吴芮、楚王韩信与赵王张耳为故六国王臣;楚王韩信、淮南王英布、梁王彭越均为楚降将,独燕王卢绾为高祖好友。是知,汉王以裂地封王为饵诱,是真正能达到保留人才的目标的。完全摆脱以先世名位而定王封的立场,正足以表明汉初"进用人才方案",是完全向"任功"而倾斜的。

汉王对韩信欲王齐之事,足可见其腑肺。高祖之能因张良、陈平之言,即悟"汉方不利,宁能禁信之王乎?不如因而立,善遇之,使自为守。不然，变生"之道理，对权力临界度的掌握，真正是炉火纯青，而能不着痕迹地骂曰："大丈夫定诸侯，即为真王耳，何以假为"，[73]则简直是不可企及的政治"天才"。诚如韩非曰："明主之所导制其臣者，二柄而已矣。二柄者，刑、德也。何谓刑德？曰：杀戮之谓刑，庆赏之谓德。"[74]赏而不罚，则人才亦"饥即为用，饱则扬去"，[75]难以安定。刘邦之刑杀，亦甚有特色。"沛公左司马曹无伤使人言于项羽曰：'沛公欲王关中，使子婴为相，珍宝尽有之'。"[76]因而，引发鸿门事件，其后"沛公至军，立诛杀曹无伤"。[77]其后汉高祖以为臣不忠为由，诛丁公，以"使后世为人臣者无效丁公"。[78]反过来，汉高祖却尊重能持守其职者，蒯通说韩信反汉，韩信被诛以后却释其罪。[79]这是因为汉高祖深知"各为其主用"，各有所职的道理，故诛丁公，赦蒯通：则人才知其必须对人主有一定的忠诚，始获赏报。此前，朱家说滕公言于高祖，赦季布之罪亦属相类。[80]高祖"乃赦季布"，至于彭越被诛，而乐布"奏事彭越头下"，犯高祖"有敢视者，辄捕之"的禁令，汉高祖欲烹之，而乐布辩称："反形未见，以苛小案诛灭之，臣恐功臣人人自危也"，[81]高祖以此"乃释布罪，拜为都尉"，则知高祖之"大度"，对其得士，确有极重要的影响。相反，项羽烧杀假扮刘邦，救汉王出险的纪信，[82]又烹力守荥阳而不降的周苛，并杀枞公，[83]树立了"私仇"为重的形象。

高祖固非军事之材，故数败于项王，及废韩信为淮阴侯，汉高祖问及自己的军事能力。韩信即言高祖"善将将"。[84]两军对阵固非刘氏所长，但对指挥权的控制，汉高祖未必不如韩信。因为在楚汉相持中，刘邦曾两度夺韩信之兵权。[85]是则，汉王威信不可拒，固能轻取信军而徙信！则高祖及其谋臣之军事谋策能力，最少与韩信等，而韩信身旁固无一真正的谋臣也。高祖不自矜其能，而以"善将将"为能，岂非正是其最成功的进用人才方案乎？

八　政治理念与进用人才方案

楚汉相持之时期，自义帝元年（公元前 207 年）至汉高祖五年

（公元前202年）称皇帝，历时不过六载。表面上，楚汉相方，都无甚政治理念。两人的首要政治目标，当然都是宰制天下。项羽在分封十八王时，展示出的政治构想是："封王侯，政由羽出"，[86]但他从未想到除了"霸王之业，欲以力征经营天下"[87]以外，还有何种应建立的政治方向或制度。"背关怀楚"[88]是项王失败的一项重要原因。项羽"背关怀楚"的理由是"秦宫皆以烧残破"，更重要的是"富贵不归故乡，如衣绣夜行"。[89]这真正表现出项羽并无人君之度，天子富有四海，岂能以富家翁自居。刘邦入关时，樊哙谏曰："沛公欲有天下邪？将欲为富家翁邪？"沛公曰："吾欲有天下"，[90]其政治意图之不同若此。况且，刘邦也曾欲都洛阳，但受娄敬张良之劝而止。[91]至于项王"烹说者"，与汉高"拜娄敬为奉春君，赐姓刘氏"，为人君之大度，相去不可以道里计。纵使项王武力统一天下的策略可行，他也没有与之相配应的进用人才方案，最后也会全面失败。

项王从来没有确定自己作为统治者应负担的角色，他对属下极难有充分的授权。他"不能信人，其所任爱，非诸项即妻之昆弟，虽有奇士不能用"。[92]项羽所以不能信任功臣，可能因为项梁兵败以后，"怀王恐，从盱台之彭城，并项羽、吕臣军自将之"，[93]项羽失去兵权，怀王"因置（宋义）以为上将军，项羽为鲁公，为次将，范增为末将，救赵。诸别将皆属宋义"，[94]是故项羽非亲故不能信用，陈平亦能针对这种情况，施行离间之计。[95]项王以狐疑之心，待其心腹之臣，又焉得不以声散而亡？事实上，每次楚汉战争中，项王都是一身当之。分封以后，齐、赵、汉三国皆反，展开了楚、汉相争的序幕。项王引兵破齐，竟被汉军攻入其国都彭城。[96]项王反击，大败汉军，掳刘太公与吕后，但同时田横亦乘机收复齐地。[97]项王破荥阳，围汉王于成皋，而彭越破楚东阿。[98]项王"乃自东击彭越"，[99]韩信破"齐、赵，且欲击楚"，[100]鸿沟之约以前，楚以屡胜而下外黄，只因楚曹咎不能忍受汉军的挑战，终于被汉军于汜水半渡击之，[101]而改变了整场战事的结果。从以上各场战役看来，项羽的军事能力，确实高出汉军甚多，但他作为统治者的角色，对人才培养的能力，却使人极度失望。他并没有与属下"分工"的策略，他的属下根本没有独立的作战能力，这便形成了失败的潜在可能。

反过来看，留侯建议汉王分地予韩信、彭越，"使各自为战，则楚易败也"。[102]项羽的真正弱点，并非纯如苏轼所云："百战百胜而轻用其锋"[103]而已，更关键的是"谓霸王之业，欲以力征经营天下"，姑不论其武力统一的思想可行与否，但构成武力统一的基本要求是：项王部下，可以"各自为战"，具备独立的指挥与统驭能力。这一点显然是项羽的进用人才方案不可能具备的。因此，司马迁才会以"自矜功伐，奋其私智而不师古"来总结项王的失误。以此，尚称"天亡我也，非战之罪"，实不知"战胜"之基本因素为何，宜乎为史迁深讥曰："尚不觉悟而不自责"，乃属"岂不谬哉"[104]！

高祖实亦无甚政治理念，但以其"大度"，故实能以其臣下的共同智慧，逐步建立汉帝国的规模。[105]汉初"进用人才方案"嬗变的真正关键因素，正是"人才"对决策参与程度的全面提高，并得以其个人能力，决定能独立负责的领域。郦食其因陈王"好苛礼自用，不能听大度之言"，而"深自藏匿"，后因"视沛公大度"，乃"求见沛公"，则士心之向背可略窥而见矣！[106]用胯下之辱的韩信，犹可谓荐之于亲信萧何，至于用两事魏、楚的陈平，[107]真如《管子》所云："明大数者得人，审小计者失人。"[108]刘邦"大度"的真正政治意涵，不止是"不拘小节"，只有能对政治价值作了大、小的判断，才能选择性地不拘"小节"。具体而言，刘邦不拘的"小节"，是指个人的行事，对国家的远景不构成巨大影响的，他都不予关注。但他对吕后谈及丞相的继任人，却是对每一个候选人的优劣，甚至其应继任的先后次序，均了若指掌，这不正是高祖念念在兹者乎？一位统治者在时间与精力的限制下，仅能选择主要的项目工作。刘邦不但对属下的进用人才方案是以"无为而无不为"，他对自己作为皇帝的职守，也是把握得异常准确。

至于汉高由于其"大度"，从龙旧臣虽非"廉节之士"，但大多皆知轻重，分公私。吕后尝问汉高与萧何可任丞相者：

> 吕后问："陛下百岁后，萧相国即死，令谁代之？"上曰："曹参可。"问其次，上曰："王陵可。然陵少慧，陈平可以助之。陈平智有余，然难以独任。周勃重厚少文，然安刘氏者必勃

也，可令为太尉。"[109]

萧何固然是"位冠群臣，声施后世"，[110]及其病笃而一秉大公地力荐"素不相能"之曹参继相。[111]至于曹参，亦报以"萧规曹随"。[112]高祖之识人，由是亦可知矣！统治者搜罗人才的主要目标是保有长远发展的可能性，而人才之愿意留下，往往是因为有着长远发展可能的远景。汉高表面上没有长远的政治策略，甚至极少表现自己的才能，但他以此发展群臣之能为己有，《秦誓》中"断断猗，无他伎"之臣，未必即不能超越"人之有技"之臣，而为"邦之荣怀"者，以其能使国家保有持续发展的可能性也。至于凡高祖列为可继相之士，如王陵、陈平、周勃等，即在吕后专权时，仍能善尽大臣之职。[113]王陵固为谏臣，但如高祖言："少戆。"终"全社稷，定刘氏之后"者，即为陈平与周勃。《尚书·秦誓》云：为人臣者"其心休休焉，其如有容。人之有技，若已有之，人之彦圣，其心好之，不啻若自其口出"，则能"保我子孙黎民"；反之，则不然。[114]臣道如是，于进用人才方案而论，人君更不当如是乎？孟子曰："君子之泽，五世而斩"，[115]自汉高祖至孝文凡五帝，而以陈平、周勃计，始复汉家天下，能储才而泽及五世者，始为开宗之祖，刘邦即其人与？

（作者单位：香港教育学院中文系）

注　释

[1]　冯树勋，男，汉族。香港教育学院中文系副教授。

[2]　《吴越春秋·勾践阴谋外传》，载《二十五别史》第6册，齐鲁书社2000年版，第81页。

[3]　司马迁：《史记·商君列传》，中华书局1959年版，第2235页。

[4]　贾谊：《新书》，上海古籍出版社1989年版，第7页。

[5]　参阅司马迁《史记·秦始皇本纪》，中华书局1959年版，第273页。

[6]　同上书，第284页。

[7]　参阅朱耀廷《中国古代人才观》，新华出版社1993年版。

[8]　参阅冯树鉴《楚汉战争的人才学》，载《前进论坛》1994年Z3期，

第 32 页；李沈《从楚汉相争看刘邦的用人之道》，载《吏治通鉴》1998 年 12 月，第 42 页；刘东汶《楚汉相争谋臣为重》，载《中国行政管理》1998 年 3 期，第 33 页。

[9]　参阅陆贾《楚汉春秋》（辑佚），载《二十五别史》第 6 册，齐鲁书社 2000 年版，第 1—9 页。

[10]　参阅司马迁《史记·陈涉世家》，中华书局 1959 年版，第 1952 页。

[11]　"陈胜者，阳城人也，字涉。吴广者，阳夏人也，字叔"，《索隐》云："阳城旧属汝南，今为汝阴。"

[12]　参阅司马迁《史记·张耳陈余列传》，中华书局 1959 年版，第 2575 页。

[13]　参阅司马迁《史记·陈涉世家》，中华书局 1959 年版，第 1960 页。

[14]　同上书，第 1954 页。

[15]　参阅司马迁《史记·张耳陈余列传》，中华书局 1959 年版，第 2572 页。

[16]　"夫秦为无道，破人国家，灭人社稷，绝人后世，罢百姓之力，尽百姓之财。将军瞋目张胆，出万死不顾一生之计，为天下除残也。今始至陈而王之，示天下私。愿将军毋王，急引兵而西……如此野无交兵，县无守城，诛暴秦，据咸阳以令诸侯。诸侯亡而得立，以德服之，如此则帝业成矣。今独王陈，恐天下解也。"参阅司马迁《史记·张耳陈余列传》，中华书局 1959 年版，第 2573 页。

[17]　参阅司马迁《史记·陈涉世家》，中华书局 1959 年版，第 1955 页。

[18]　同上书，第 1956—1957 页。

[19]　参阅司马迁《史记·秦楚之际月表》，中华书局 1959 年版，第 763—765 页。

[20]　陈王以朱房为中正，胡武为司过，主司群臣。诸将徇地，至，令之不是者，系而罪之，以苛察为忠。其所不善者，弗下吏，辄自治之。陈王信用之。诸将以其故不亲附，此其所以败也。参阅司马迁《史记·陈涉世家》，中华书局 1959 年版，第 1960—1961 页。

[21]　参阅司马迁《史记·儒林列传》，中华书局 1959 年版，第 3116—3117 页。

[22]　参阅司马迁《史记·田儋列传》，中华书局 1959 年版，第 2648 页。

[23]　（田横）既葬，二客穿其冢旁孔，皆自刭，下从之。高帝闻之，乃大惊，以田横之客皆贤。吾闻其余尚五百人在海中，使使召之。至则闻田横死，亦皆自杀。於足乃知田横兄弟能得士也。参阅司马迁《史记·田儋列传》，中华

书局 1959 年版，第 2648—2649 页。

[24]　参阅司马迁《史记·田儋列传》，中华书局 1959 年版，第 2643 页。

[25]　（田荣兵败后，项羽）北烧夷齐城郭室屋，皆阬田荣降卒，系虏其老弱妇女。徇齐至北海，多所残灭。齐人相聚而叛之。於是田荣弟田横收齐亡卒得数万人，反城阳。参阅司马迁《史记·项羽本纪》，中华书局 1959 年版，第 321 页。

[26]　参阅司马迁《史记·田儋列传》，中华书局 1959 年版，第 2647—2648 页。

[27]　同上书，第 2649 页。

[28]　同上。

[29]　参阅顾炎武《日知录集释》，卷 27，上海古籍出版社 1985 年版，第 2013 页；泷川龟太郎则以为"《索隐》愦愦"，见氏著《史记会注考证》，台北：中新书局有限公司 1982 年版，第 1083 页；钱锺书《管锥篇》第 1 册，香港：中华书局 1979 年版，第 342 页，讥之曰："按《索隐》误以'画'策、'图'谋为绘画图像……遂凭空添一上古画师。"

[30]　然而，由于田氏本无真正的政治理想与宏图，在秦、楚相持之际，"项梁既追章邯，章邯兵益盛，项梁使使告赵、齐，发兵共击章邯。田荣曰：'使楚杀田假，赵杀田角、田闲，乃肯出兵。'楚怀王曰：'田假与国之王，穷而归我，杀之不义。'赵亦不杀田角、田闲以市於齐。……楚、赵不听，齐亦怒，终不肯出兵。章邯果败杀项梁，破楚兵，楚兵东走，而章邯渡河围赵於钜鹿。项羽往救赵，由此怨田荣"。自上文观之，初期反秦诸侯的政治行动，简直形同儿戏，齐田荣既已自立为齐王，追杀田假、田角与田闲，乃不过一种坚持己为"正统"的政治姿态而已。楚、赵既已承认其政治地位相当，以共谋破秦，则坚持追杀"自立"之诸田氏，则易使人觉得不外重一己"私仇"，而轻反秦之"大业"。终至楚军为秦所破，而田氏亦株守齐地而仅免。参阅司马迁《史记·田儋列传》，中华书局 1959 年版，第 2644 页。

[31]　牟宗三：《历史哲学》，台北书生书局 1982 年版，第 194—195 页。

[32]　陈余阴使张同、夏说说齐王田荣曰："项羽为天下宰，不平。今尽王故王於丑地，而王其群臣诸将善地。"参阅司马迁《史记·项羽本纪》，中华书局 1959 年版，第 320—321 页。

[33]　参阅司马迁《史记·项羽本纪》，中华书局 1959 年版，第 320 页。

[34]　同上书，第 295—296 页。

[35]　同上书，第 334 页。

[36]　夫运筹策帷帐之中，决胜于千里之外，吾不如子房。镇国家，抚百

姓,给馈饷,不绝粮道,吾不如萧何。连百万之军,战必胜,攻必取,吾不如韩信。此三者,皆人杰也,吾能用之,此吾所以取天下也。参阅司马迁《史记·项羽本纪》,中华书局1959年版,第381页。

[37] 参阅司马迁《史记·淮阴侯列传》,中华书局1959年版,第2611页。

[38] 参阅司马迁《史记·郦生陆贾列传》,中华书局1959年版,第2691页。

[39] 陆生时时前说称诗书。高帝骂之曰:"乃公居马上而得之,安事诗书!"陆生曰:"居马上得之,宁可以马上治之乎"……高帝不怿而有惭色。参阅司马迁《史记·郦生陆贾列传》,中华书局1959年版,第2699页。

[40] 参阅司马迁《史记·郦生陆贾列传》,中华书局1959年版,第2699页。

[41] 参阅司马迁《史记·刘敬叔孙通列传》,中华书局1959年版,第2722页。

[42] 司马迁《史记·留侯世家》,中华书局1959年版,第2046—2047页,记:"汉十二年,上从击破布军归,疾益甚,愈欲易太子。留侯谏,不听,因疾不视事。叔孙太傅称说引古今,以死争太子。上详许之,犹欲易之。及燕,置酒,太子侍。四人从太子,年皆八十有余,须眉皓白,衣冠甚伟。上怪之,问曰:'彼何为者?'四人前对,各言名姓,曰东园公,角里先生,绮里季,夏黄公。上乃大惊,曰:'吾求公数岁,公辟逃我,今公何自从吾儿游乎?'四人皆曰:'陛下轻士善骂,臣等义不受辱,故恐而亡匿。窃闻太子为人仁孝,恭敬爱士,天下莫不延颈欲为太子死者,故臣等来耳。'上曰:'烦公幸卒调护太子'。"从"吾求公数岁"一语,可知汉高心目中人才标准的改变。

[43] 参阅司马迁《史记·高祖本纪》,中华书局1959年版,第381页。

[44] 参阅司马迁《史记·淮阴侯列传》,中华书局1959年版,第2612页。

[45] 参阅司马迁《史记·陈丞相世家》,中华书局1959年版,第2055页。

[46] 参阅司马迁《史记·项羽本纪》,中华书局1959年版,第337页。

[47] 参阅司马迁《史记·陈丞相世家》,中华书局1959年版,第2055页。

[48] 如"项梁前使项羽别攻襄城,襄城坚守不下。已拔,皆阬之"、"项梁使沛公及项羽别攻城阳,屠之"、"於是楚军夜击阬秦卒二十余万人新安城南"、"居数日,项羽引兵西屠咸阳,杀秦降王子婴,烧秦宫室,火三月不灭;收其货宝妇女而东"、"项羽怨秦破项梁军,奋,愿与沛公西入关。怀王诸老将皆曰:'项羽为人僄悍猾贼。项羽尝攻襄城,襄城无遗类,皆阬之,诸所过无不残灭。且楚数进取,前陈王、项梁皆败。不如更遗长者扶义而西告谕秦父兄。

秦父兄苦其主久矣，今诚得长者往，毋侵暴，宜可下。今今项羽僄悍，今不可
遣。独沛公素宽大长者，可遣。'卒不许项羽，而遣沛公西略地，收陈王、项梁
散卒"。参阅司马迁《史记·项羽本纪》，中华书局 1959 年版，第 299—301、
310、315、321 页。

[49]　（项羽）北烧夷齐城郭室屋，皆阬田荣降卒，系虏其老弱妇女。徇
齐至北海，多所残灭。齐人相聚而叛之。参阅司马迁《史记·高祖本纪》，中华
书局 1959 年版，第 356—357 页。

[50]　项王出之国，使人徙义帝，曰："古之帝者地方千里，必居上游。"
乃使使徙义帝长沙郴县。趣义帝行，其群臣稍稍背叛之，乃阴令衡山、临江王
击杀之江中。参阅司马迁《史记·项羽本纪》，中华书局 1959 年版，第 320 页。

[51]　同上。

[52]　参阅司马迁《史记·陈丞相世家》，中华书局 1959 年版，第
2055 页。

[53]　见《高祖本记》："秦父兄苦其主久矣，今诚得长者往，毋侵暴，
宜可下。……独沛公素宽大长者，可遣。""郦食其为监门，曰：'诸将过此者
多，吾视沛公大人长者。'""（王）陵母既私送使者，泣曰：'为老妾语陵，谨
事汉王。汉王，长者也。'"参阅司马迁《史记·高祖本纪》，中华书局 1959 年
版，第 357—358 页，《史记·陈丞相世家》，第 2059—2060 页。

[54]　班固：《汉书·刑法志》，中华书局 1962 年版，第 1096 页。

[55]　参阅司马迁《史记·淮阴侯列传》，中华书局 1959 年版，第
2612 页。

[56]　参阅司马迁《史记·留侯世家》，中华书局 1959 年版，第 2042—
2043 页。

[57]　参阅司马迁《史记·陈丞相世家》，中华书局 1959 年版，第 2059—
2060 页。

[58]　参阅司马迁《史记·淮阴侯列传》，中华书局 1959 年版，第
2622 页。

[59]　参阅司马迁《史记·季布栾布列传》，中华书局 1959 年版，第 2734
页。

[60]　参阅司马迁《史记·淮阴侯列传》，中华书局 1959 年版，第 2623—
2624 页。

[61]　参阅司马迁《史记·淮阴侯列传》，中华书局 1959 年版，第
2624 页。

[62]　班固：《汉书·韩彭英卢吴传》，中华书局 1962 年版，第 1874 页。

[63]　参阅司马迁《史记·淮阴侯列传》，中华书局 1959 年版，第 2612 页。

[64]　司马迁《史记·魏豹彭越列传》，中华书局 1959 年版，第 2593 页，载："汉王败，使使召彭越并力击楚。越曰：'魏地初定，尚畏楚，未可去。'汉王追楚，为项籍所败固陵。乃谓留侯曰：'诸侯兵不从，为之奈何？'留侯曰：'齐王信之立，非君王之意，信亦不自坚。彭越本定梁地，功多，始君王以魏豹故，拜彭越为魏相国。今豹死毋后，且越亦欲王，而君王不蚤定。与此两国约：即胜楚，唯阳以北至谷城，皆以王彭相国；从陈以东傅海，与齐王信。齐王信家在楚，此其意欲复得故邑。君王能出捐此地许二人，二人今可致；即不能，事未可知也。'于是汉王乃发使使彭越，如留侯策。"

[65]　参阅司马迁《史记·高祖本纪》，中华书局 1959 年版，第 381 页。

[66]　"天下游士离其亲戚，弃坟墓，去故旧，从陛下游者，徒欲日夜望咫尺之地，今复六国，立韩、魏、燕、赵、齐、楚之后，天下游士各归事其主，从其亲戚，反其故旧坟墓，陛下与谁取天下乎？"参阅司马迁《史记·留侯世家》，中华书局 1959 年版，第 2041 页。

[67]　参阅司马迁《史记·项羽本纪》，中华书局 1959 年版，第 320 页。

[68]　同上书，第 321 页。

[69]　参阅司马迁《史记·高祖本纪》，中华书局 1959 年版，第 381 页。

[70]　参阅司马迁《史记·陈丞相世家》，中华书局 1959 年版，第 2055 页。

[71]　参阅司马迁《史记·汉兴以来诸侯王年表》，中华书局 1959 年版，第 801—802 页。

[72]　参阅司马迁《史记·韩信卢绾列传》，中华书局 1959 年版，第 2637 页。

[73]　参阅司马迁《史记·淮阴侯列传》，中华书局 1959 年版，第 2621 页。

[74]　参阅王先慎《韩非子集解》《二柄》篇，《诸子集成》（五），中华书局 1986 年版，第 26 页。

[75]　范晔：《后汉书·刘焉袁术吕布列传》，中华书局 1965 年版，第 2449 页，记陈登转述曹操对吕布的批评："譬如养鹰，饥即为用，饱则扬去"页。

[76]　参阅司马迁《史记·项羽本纪》，中华书局 1959 年版，第 311 页。

[77]　参阅司马迁《史记·项羽本纪》，中华书局 1959 年版，第 315 页。

[78]　"季布母弟丁公，为楚将。丁公为项羽逐窘高祖彭城西，短兵接，

高祖急，顾丁公曰：'两贤岂相厄哉！'于是丁公引兵而还，汉王遂解去。及项王灭，丁公谒见高祖。高祖以丁公徇军中，曰：'丁公为项王臣不忠，使项王失天下者，乃丁公也。'遂斩丁公，曰：'使后世为人臣者无效丁公！'"参阅司马迁《史记·季布栾布列传》，中华书局1959年版，第2733页。

[79]　"（汉高）乃诏齐捕蒯通。蒯通至，上曰：'若教淮阴侯反乎？'……（蒯通）对曰：'秦之纲绝而维弛，山东大扰，异姓并起，英俊乌集。秦失其鹿，天下共逐之，于是高材疾足者先得焉。蹠之狗吠尧，尧非不仁，狗因吠非其主。当是时，臣唯独知韩信，非知陛下也。且天下锐精持锋欲为陛下所为者甚，顾力不能耳。又可尽亨之邪？'高帝曰：'置之。'乃释通之罪。"参阅司马迁《史记·淮阴侯列传》，中华书局1959年版，第2629页。

[80]　"臣各为其主用，季布为项籍用，职耳。项氏臣可尽诛邪？今上始得天下，独以己之私怨求一人，何示天下之不广也！且以季布之贤而汉求之急如此，此不北走胡即南走越耳。夫忌壮士以资敌国，此伍子胥所以鞭荆平王之墓也。"参阅司马迁《史记·季布栾布列传》，中华书局1959年版，第2729页。

[81]　参阅司马迁《史记·季布栾布列传》，中华书局1959年版，第2734页。

[82]　司马迁《史记·项羽本纪》，中华书局1959年版，第326页，载："汉将纪信说汉王曰：'事已急矣，请为王诳楚为王，王可以闲出。'……项王见纪信，问：'汉王安在？'曰：'汉王已出矣。'项王烧杀纪信。"

[83]　司马迁《史记·项羽本纪》，中华书局1959年版，第326页，载："汉王使御史大夫周苛、枞公、魏豹守荥阳。……楚下荥阳城，生得周苛。项王谓周苛曰：'为我将，我以公为上将军，封三万户。'周苛骂曰：'若不趣降汉，汉今虏若，若非汉敌也。'项王怒，烹周苛，并杀枞公。"

[84]　上问曰："如我能将几何？"信曰："陛下不过能将十万。"上曰："于君何如？"曰："臣多多而益善耳。"上笑曰："多多益善，何为为我擒？"信曰："陛下不能将兵，而善将将，此乃信之所以为陛下擒也。"

[85]　"晨（刘邦）自称汉使，驰入赵壁。张耳、韩信未起，即其卧内上夺其印符，以麾召诸将，易置之。信、耳起，乃知汉王来，大惊。汉王夺两人军，即令张耳备守赵地。拜韩信为相国，收赵兵未发者击齐。"参阅司马迁《史记·淮阴侯列传》，中华书局1959年版，第2619、2626页。

[86]　参阅司马迁《史记·项羽本纪》，中华书局1959年版，第338页。

[87]　参阅司马迁《史记·项羽本纪》，中华书局1959年版，第339页。

[88]　参阅司马迁《史记·项羽本纪》，中华书局1959年版，第339页，颜师古注云："背关，背约不王高祖於关中。怀楚。谓思东归而都彭城"；但顾

炎武《日知录集释》，卷27，上海古籍出版社1985年版，第1999页，指："背关怀楚谓：舍关中形胜之地，而都彭城。如师古之解，乃背约，非背关。"顾说较颜说合于文义。

[89]　人或说项王曰："关中阻山河四塞，地肥饶，可都以霸。"项王见秦宫皆以烧残破，又心怀思欲东归，曰："富贵不归故乡，如衣绣夜行，谁知之者！"说者曰："人言楚人沐猴而冠耳，果然。"项王闻之，烹说者。参阅司马迁《史记·项羽本纪》，中华书局1959年版，第315页。

[90]　司马迁：《史记·留侯世家》，中华书局1959年版，第2037—2038页，载："沛公人秦宫，宫室帷帐狗马重宝妇女以千数，意欲留居之。樊哙谏沛公出舍，沛公不听。良曰：'夫秦为无道，故沛公得至此。夫为天下除残贼，宜缟素为资。今始人秦，即安其乐，此所谓'助桀为虐'。且'忠言逆耳利於行，毒药苦口利於病，愿沛公听樊哙言。'沛公乃还军霸上。"而《集解》徐广曰："一本'哙谏曰："沛公欲有天下邪？将欲为富家翁邪？"沛公曰："吾欲有天下。"哙曰："今臣从入秦宫，所观宫室帷帐珠玉重宝钟鼓之饰，奇物不可胜极，入其后官，美人妇女以千数，此皆秦所以亡天下也。愿沛公急还霸上，无留宫中。"沛公不听'。"

[91]　戌卒娄敬求见，说上曰："陛下取天下与周异，而都雒阳，不便，不如人关，据秦之固。"上以问张良，良因劝上。是日，车驾西都长安。拜娄敬为奉春君，赐姓刘氏。班固：《汉书·高帝纪》，中华书局1962年版，第58页。

[92]　参阅司马迁《史记·陈丞相世家》，中华书局1959年版，第2054页。

[93]　参阅司马迁《史记·项羽本纪》，中华书局1959年版，第304页。

[94]　同上。

[95]　陈平既多以金纵反间于楚军，宣言诸将钟离昧等为项王将，功多矣，然而终不得裂地而王，欲与汉为一，以灭项氏而分王其地。项羽果意不信钟离昧等。……项王果大疑亚父。亚父欲急攻下荥阳城，项王不信，不肯听。亚父闻项王疑之，乃怒曰："天下事大定矣，君王自为之！愿请骸骨归！"归未至彭城，疽发背而死。参阅司马迁《史记·陈丞相世家》，中华书局1959年版，第2055页。

[96]　事见司马迁《史记·项羽本纪》，中华书局1959年版，第321页。

[97]　同上书，第322—325页。

[98]　事见司马迁《史记·项羽本纪》，中华书局1959年版，第326—327页。

[99]　同上书，第327页。

[100]　同上书，第 329 页。

[101]　同上书，第 329—330 页。

[102]　同上书，第 332 页。

[103]　参阅苏轼《留侯论》，载《苏轼文集》，中华书局 1986 年版，第 104 页。

[104]　参阅司马迁《史记·项羽本纪》，中华书局 1959 年版，第 338 页。

[105]　"及陈胜、项梁等起，诸将徇地过高阳者数十人，郦生闻其将皆握齱好苛礼自用，不能听大度之言，郦生乃深自藏匿。后闻沛公将兵略地陈留郊，沛公麾下骑士适郦生里中子也，沛公时时问邑中贤士豪俊。骑士归，郦生见谓之曰：'吾闻沛公慢而易人，多大略，此真吾所愿从游，莫为我先。'"参阅司马迁《史记·郦生陆贾列传》，中华书局 1959 年版，第 2691—2692 页。

[106]　班固：《汉书·高帝纪》，中华书局 1962 年版，第 18 页。

[107]　汉王召让平王："先生事魏不中，遂事楚而去，今又从吾游，信者固多心乎？"平曰："臣事魏王，魏王不能用臣说，故去事项王。项王不能信人，其所任爱，非诸项即妻之昆弟，虽有奇士不能用，平乃去楚。闻汉王之能用人，故归大王。臣裸身来，不受金无以为资。诚臣计画有可采者，愿大王用之；使无可用者，金具在，请封输官，得请骸骨。"汉王乃谢，厚赐，拜为护军中尉，尽护诸将。诸将乃不敢复言。参阅司马迁《史记·陈丞相世家》，中华书局 1959 年版，第 2054 页。

[108]　参阅戴望《管子校正》《霸言》篇，《诸子集成》（五），中华书局 1986 年版，第 142 页。

[109]　参阅司马迁《史记·高祖本纪》，中华书局 1959 年版，第 391—392 页。

[110]　参阅司马迁《史记·萧相国世家》，中华书局 1959 年版，第 2020 页。

[111]　司马迁《史记·萧相国世家》，中华书局 1959 年版，第 2019 页，载："（萧）何素不与曹参相能，及何病，孝惠自临视相国病，因问曰：'君即百岁后，谁可代君者？'对曰：'知臣莫如主。'孝惠曰：'曹参何如？'何顿首曰：'帝得之矣！臣死不恨矣！'"

[112]　"（曹）参免冠谢曰：'陛下自察圣武孰与高帝？'上曰：'朕乃安敢望先帝乎！'曰：'陛下观臣能孰与萧何贤？'上曰：'君似不及也。'参曰：'陛下言之是也。且高帝与萧何定天下，法令既明，今陛下垂拱，参等守职，遵而勿失，不亦可乎？'惠帝曰：'善。君休矣！'"司马迁《史记·曹相国世家》，中华书局 1959 年版，第 2030 页；亦见（曹）参为相国三年……百姓歌之曰：

"萧何为法,讲若画一;曹参代之,守而勿失。载其清靖,民以宁壹。"参阅司马迁《史记·曹相国世家》,中华书局1959年版,第2021页。

　　[113]　　太后称制,议欲立诸吕为王,问右丞相王陵。王陵曰:"高帝刑白马盟曰'非刘氏而王,天下共击之'。今王吕氏,非约也。"太后不说。问左丞相陈平、绛侯周勃。勃等对曰:"高帝定天下,王子弟,今太后称制,王昆弟诸吕,无所不可。"太后喜,罢朝。王陵让陈平、绛侯曰:"始与高帝睦血盟,诸君不在邪?今高帝崩,太后女主,欲王吕氏,诸君从欲阿意背约,何面目见高帝地下?"陈平、绛侯曰:"于今面折廷争,臣不如君;夫全社稷,定刘氏之后,君亦不如臣。"王陵无以应之。参阅司马迁《史记·吕后本纪》,中华书局1959年版,第400页。

　　[114]　　"如有一介臣,断断猗,无他伎,其心休休焉,其如有容。人之有技,若己有之,人之彦圣,其心好之,不啻若自其口出,是能容之,以保我子孙黎民,亦职有利哉。人之有技,冒疾以恶之,人之彦圣而违之,俾不达,是不能容,以不能保我子孙黎民,亦曰殆哉。邦之杌陧,曰由一人。邦之荣怀,亦尚一人之庆。"台湾编译馆编:《十三经注疏》,载《尚书正义》,台北:新文丰出版公司2001年版,第833页。

　　[115]　　《孟子·离娄》篇,载朱熹《四书集注》,香港:太平书局1968年版,第117页。

秦始皇的城市建设计划及其理念基础

[日本] 平势隆郎

一 序

我讨论过秦始皇城市建设与天方位之间有着特别的关系。[1]秦始皇建设极庙而以之为天的中心，将天方位表现在大地上。其象征建筑是始皇帝陵（生前称呼为骊山宫）、阿房宫、南山（其祭祀场）、咸阳宫。亥是咸阳宫，卯是骊山宫，午是南山，申是阿房宫。将这些配置讨论的极庙就不外乎为长乐宫。

西汉王朝将极庙之称改为长乐宫，还基本继承秦始皇的制度。将之大大修改的是武帝，他重新建设未央宫为城市的中心，使咸阳宫为中心点的正北，破坏了秦始皇所决定的建筑配置。

本文重新介绍上述观点，在中国古代秩序观之中再讨论其理论背景的十二方位问题。

二 曾侯乙编钟铭文所提示的理念 "方位圆"的先驱

1986 年，我参加在湖北省武汉市举行的国际编钟会议。我当时关注编钟的制作技法与其过程，利用石膏泥做成模型，实验怎么调整钟的形状而取得什么音高。此结果发现开口部形状与其部分厚度决定音高。[2]从前我们讨论编钟结构关系的问题，也有编钟是以铜钹那样的东西变形而来，铜钹径的大小决定音高同一，编钟铣长决定音高那样的意见。但是实验的结果带来了与此不一样的结论。

我参加的其他国际会议，听过更有兴趣的研究，就是美国学者程贞一教授的实验结果。

程贞一先生首先再确认三分损益法的作音方法。用这个方法在八度内作成十二个音。这十二个音可以放在十二方位。三分损意味着右转移动到第八方位，三分益意味着左转移动到第六方位。

通常十二方位上重置几何方位观。第一种是地上方位。以子方位为正北，以午方位为正南。第二种是季节调配。以冬至为子，以夏至为午。第三种是天方位。从辰方位开始以二十八宿左转排列。左转的理由在于从外看天盖的视点。从角宿开始排列二十八宿，故天方位的冬至点在丑方位。季节调配的冬至点在子方位，互相容易混乱，这是事实罢了。

对曾侯乙编钟铭文说，上述的地方位、季节方位、天方位都没有确认过。只不过用与十二方位同样的圆来说明，取得了很有兴趣的结果罢了。

这与当时还没有式盘的知识有关。

程贞一先生所示的圆，在方位圆中放曾侯乙编钟铭文所见的音名。[3]严密说来，什么音在什么方位是程贞一先生决定的。但是相对的关系与怎样排列也没有关系，不要说赘言而进行讨论。

看这个圆就明白，十二方位中可以划成四个正三角形。看每个正三角形的顶点，就了解放在每个方位的音名互相有关系，共有同一个汉字。这是程贞一先生发表的内容。共有同一个汉字的事实，说明那样的音名体系。曾国人们讨论音的时候划了方位圆那样的圆而均等分割其圆周，将之作为圆形上的标准。

使用这个圆周上的十二点，可以划成四个正三角形。圆周上排列十二支，每个正三角形的顶点造成后代所谓"三合"的关系。假如使用从子方位开始的十二支来说明，子、辰、申的关系，丑、巳、酉的关系，寅、午、戌的关系，卯、未、亥的关系都是三合。

已经说过对于曾侯乙编钟铭文内容划出的是音之间的关系，不是圆周上的十二支排列。但是圆周上均等排列十二个点而放置十二个音，造成正三角形那样的方法，已经开始。不久开始圆周上排列十二支的方法，用以十二支说明上述的圆形关系而作成了"三合"议论。[4]

三 三合的应用

已经说明过什么是三合，还要说明更具体的内容。

有三合关系的十二支，即是子、辰、申，丑、巳、酉，寅、午、戌，卯、未、亥，方位圆调配上与季节、五行结合起来。子（北·冬·水）、辰（东·春·木）、申（西·秋·金）的三合与"南·夏·火"对立。丑（北·冬·水）、巳（南·夏·火）、酉（西·秋·金）的三合与"东·春·木"对立。寅（东·春·木）、午（南·夏·火）、戌（西·秋·金）的三合与"北·冬·水"对立。卯（东·春·木）、未（南·夏·火）、亥（北·冬·水）的三合与"西·秋·金"对立。

那提示下面是占卜的结果。云梦睡虎地十一号秦墓出土《日书》是占卜的书。《日书甲种》五九正壹一六二正写如下：[5]

①正月［寅月］五月［午月］九月［戌月］，北徙大吉，东北少吉，……

②二月［卯月］六月［未月］十月［亥月］，东徙大吉，东南少吉，……

③三月［辰月］七月［申月］十一月［子月］，南徙大吉，西南少吉，……

④四月［巳月］八月［酉月］十二月［丑月］，西徙大吉，西北少吉，……

在此提示的关系是讨论与三合对立的方位的场合［①③］，和讨论与其对立方位相反方位的场合［②④］。这样的关系出现的理由应在太阳一天中的道程，东、西都要讨论地平，南要讨论天上，北要讨论地下。①③讨论南、北与三合的关系。②④讨论东、西与三合的关系。

四 三合与对立方位及音的生成

云梦睡虎地十一号墓出土秦始皇统一时期的材料。从现在的出土资料状况看来，《日书》本身可以追溯到公元前四世纪左右。

我们暂且放下这一点。下面研讨西汉武帝时期的董仲舒、西汉末期王莽智囊的刘歆两者的讨论，这些都与上述三合及其对立方位有关系。

首先再确认十二方位与三分损益法所产生的音生成的关系。将之加以三合与对立方位的关系，就说明了董仲舒王朝交替说。[6]

董仲舒的王朝交替说，在他著的《春秋繁露》二十三《春秋改制质文》中可见。这里写的如下［（ ）中的说明是我个人加的］：
"王者必改正朔，易服色，制礼乐，一统于天下，所以明易姓、非继、仁通，以己受之于天也。王者受命，而王制。此月以应变，故作科以奉天地。故谓之王正月也。王者改制作科，奈何曰当十二色。历各法而正色。""以十二方位为标准，特别是寅（夏正正月之方位）为第一，从这个寅方位开始"逆数三"向左延转进行三方位而取得子方位"。而复，绌三之前，曰五帝。帝迭首一色"没有讨论五德终始与三正历法"。顺数五"向道延转进行五方位而取得未方位。未是丑的对面方位"。帝相复礼乐，各以其法象其宜。顺数四"向右延转进行而取得亥。如上，取得十二方位生成上要讨论的子→未→寅及亥的四方位"。而相复。

以上说明中有"子→未→寅及亥"。"子→未→寅"解说从子方位开始的十二方位生成。季节调配上的冬至都在子。所谓周正以冬至月为一月，这个冬至月放在子，故冬至月为子月。殷正为丑月，夏正为寅月。丑与未相反。亥月是夏正十月，也是颛顼历的年头月。颛顼历年头是十月（就是楚正一月），年末是九月。这里提示十二方位的生成，夏正、殷正、周正的生成，及颛顼历的存在。

这部分的最后记述的"相复"，意味着将十二方位的生成连续四次，就三合的关系回复的事情。这个四次的生成，说明夏正、殷正、周正及颛顼历。从寅方位开始生成十二方位，重置三合，各个三合作成的正三角形顶点之一，或者与三合对立方位，作寅→丑→子→亥那样代替，再度复归于寅（亥→寅）。

关于《春秋繁露》进一步的说明，限于篇幅，不再赘言。

我们讨论过的董仲舒见解中只暗示的是木德夏王朝及其前代的土德黄帝。上述文章中有了包含黄帝时期为一色的说明。这一色就是以土德黄帝为代表的黄色。先于黄帝的时期，介绍赤（赤帝神农）→黄（黄帝轩辕）的事情而暗示色的交替，在一色的时期，当然不是说明色的交替本身，应该认为有了色彩交替的"端"。水德的时期是过渡期，从本来的色彩交替看，火德时期修了以后到来的是土德时期。这是光荣的武帝时期。

因而武帝时期的历法改正，讨论"甲子朔旦冬至"。[7]这是与木星位置有关的讨论。据此也可知武帝时期是特别的时期。在此废止颛顼历而延复夏正。五德延复黄帝的土德，但是与黄帝时期制度不同，已经是经过三代改制以后的制度。

五　导入三合的意义

如上说明五德终始说，即是对帝王与五德交替的看法，具体检讨董仲舒议论的结果，了解了描出十二方位圆以后，将三合（正三角形）与十二方位生成重置在一起的事情。方位圆与正三角形的圆形因素，作秩序观形成上的基干机能。

在此除了方位圆以外，讨论结构三合的正三角形，因为必需这些圆形合在一起才能凌驾战国诸国产成的三正交替论，即是夏正（夏王朝的历）→殷正（殷王朝的历）→周正（周王朝的历）→夏正（战国时代新兴王朝的历）的中原战国王朝议论，夏正（夏王朝的历）→殷正（殷王朝的历）→周正（周王朝的历）→楚正（战国时代楚王朝的历）的战国楚王朝议论，夏正（夏王朝的历）→殷正（殷王朝的历）→周正（周王朝的历）→颛顼历（战国时代秦王朝的历。折衷统合夏正与楚正）的战国秦王朝的议论等。[8]

战国诸王朝的称谓本身或没有习惯。我们将汉王朝的历史观不知不觉的继承讨论而错误认为这里有正确的历史事实。故没有疑问来讨论战国时期王朝仅只僭称王号而已，当时正统王朝还是周王朝。汉王朝讨论到自己的正统王朝的交替。那讨论的结果，在战国时期称王的国家不是正统了。人们继承这种正统观。[9]

在战国时期称王的人们也认为周王朝是正统。但是他们又说明其正统的地位在战国时期转移到自己这里。其正统的证据是王的制度，各个国家有了各个正统的制度。其制度之一是历。其结果，正统的历应该要共同讨论天下的正统制度，故有了共同的部分，也应该要讨论天下唯一的正统，故有了证明唯一的微小差异。讨论共同的部分，都是战国时期四分历（与东汉时期四分历不同，有了大小月排列、置闰法等的差异）。讨论其微小的差异（大小月排列的起点，置闰法，夏正、殷正、周正、楚正、颛顼历的哪一个），每个国家都不一样。[10]

共同的因素、相异的因素互相混交的情况下，中原战国王朝的三正交替论、战国楚王朝的三正交替论、战国秦王朝的三正交替论，都不一样了。

共同讨论的是使用方位圆的事情（还不使用三合），将之讨论王朝交替与三正、楚正、颛顼历之间的关系。这种说明方法被继承为董仲舒的讨论，在他的影响下，与三合合在一起讨论三正交替论与五德终始说。

六　战国王朝的三正交替论

仅只使用方位圆而说明三正交替论而已。重新考虑来，这也是使用圆形而讨论正统的。这个使用圆形的方法本身与董仲舒相同。战国时期的部分议论被董仲舒所继承，换言之，这种与董仲舒研究部分一致的讨论内容可以追溯到战国时期。

战国时期人创造木星纪年法，不久将之加以太岁纪年法。这些方法在讨论历法上成为很重要的因素。[11]

九、六、八的秩序观在讨论将 76 年为一周期的历法上成为巩固的基础。战国时期人取得了 76 年为 27759 日、940 个月的知识，将据此得知的一个月的日数为标准，然后将大月（三十日）、小月（二十九日）排列时，将九、六、八的倍数反映在排列秩序中而最大优先排列之美。[12]

在战国时期在占卜的分野中，人们将三合作讨论上的枢要。他们还没有使用之在利用圆形而讨论正统交替。需要到汉武帝时期人们才能活用圆形而讨论正统交替。

上溯到战国时期，讨论战国中原王朝的三正交替论，新王朝使用正统历的夏正。据此说明，在方位圆上，寅（夏正正月）→丑（殷正正月）→子（周正正月）的交替后，活用方位圆上的子→未（与丑相反方位）→寅的方位生成（据三分损益法的音的生成）。根据这个方位生成，说明从子的周正延复到寅的夏正的事情。在此经由未的中间方位。在此讨论的中间方位就暗示将新兴出现的王加以判断有没有王德的贤人。据战国诸王朝开始的说明，新兴王首先作诸侯即位，在一定的诸侯位以后，被贤人推举而即王位。其新兴王在诸侯时期使用的是观象受时历，被贤人确认王德具有之后开始使用的是夏正。现实的情况来说，当时周王朝所用的是观象受时历，不是周正。这样的事情不得不说明"世之衰微与制度混乱的结果"。诸国王的周边人们讨论本来的历是周正，说明从其周正延复到夏正之世。

如上说过，上述的说明中一般陷于混乱的是，季节方位与天方位有差异的事情。据季节方位，子方位象征冬至，以子月为冬至月而右转排列十二个月的结果，丑月就是冬至月的翌月。据天方位，将星宿第一排列的角宿放在辰方位而左转排列二十八宿的结果，冬至点（冬至太阳的天盖上的场所）在丑方位。关于冬至有了这样说不齐的事情。

有了这样说不齐的事情，因为辰方位成为天方位与地方位的接点。方位圆上，从子方位作了宫（do）、商（re）、角（mi）、徵（so）、羽（la）的基本五音的生成，经过子（宫）→未（徵）→寅（商）→酉（羽）→辰（角）的生成，"角"音居在辰方位了。到战国时期以前已经有了星宿解释，据此角宿为星宿排列之首。冬至未明的辰方位的天空，看得见"角"宿。这些"角"音与"角"宿的两"角"合在一起在辰方位的结果，天方位与地方位的接点定在辰方位了。这里有了上述说不齐的事情。若有注视那样的"必要恶"事情，这种讨论内容是不可以了解的。

星宿之名本身，已有甲骨文的例子。汉字出现以前的远古时代，人们已经看过星宿而应该作成梦的世界。但是这些星宿作为二十八宿而被整理的是战国早期。这里取得了二十八的数据，因为月亮移动天空需要二十八日，即是月亮的公转周期为二十八日的缘故。人们注意到月亮的公转周期以后，想起来"二十八宿"的"二十八"。因而月亮作了一公转之间，地球在太阳的周围已经移动。故月的盈亏研复还需要一些日期。这里有所谓朔望月，即是所谓一个月的日数。战国时期人已经知道 940 个月是 27759 日（一个月大约为 29.53 日）的数据。

甲骨文的时期，人们已经知道朔望月，文字出现以前的远古时期，人们已经知道朔望月，从农业的需要上知道之。但是将认识公转周期的"二十八"取得需要严密的天文上的讨论。这种严密的讨论开始的是战国早期，这是我个人的意见。

因而已经说明过三合的设想在战国时期已经存在。二十八宿图、有反映三合知识铭文的编钟，都从曾侯乙墓出土。

七　武帝以前时期的贤人时期化

将话题延到战国王朝的三正交替论，新兴出现的王元年以夏正正月开始，这是在其前年预先告知。逾年而称呼王元年，我们以逾年称元法的称呼而讨论。第二代以后的王，在先代王死去之后迅速即王位，在即位时还没有称元年，逾年开始王的元年。等待新王元年之时，贤人判断新王有没有王德。[13]

对此种想法反驳而强调的是先代王死去之后迅速即位、迅速称呼王元年的方法。这种方法本身，实际上在战国时期开始逾年称元法以前是普遍使用的。[14]

贤人的判断根据革命思想。下克上上升的人更升为称王，不得不使用这个革命思想。故没有经过下克上而称王的人，却不用这种革命思想。比如楚王从春秋时期称王，不要革命思想。

故楚王历制度的楚正，以亥月为正月。这是因为在方位圆上，有了说明寅（夏正正月）→丑（殷正正月）→子（周正正月）→亥（楚正正月）的交替的结果。

颛顼历是称楚正与夏正合在一起的历。月序与夏正相同，年头与楚正合在一起的结果，以亥月称为十月而作为年头。将围绕夏正的革命议论、围绕楚正的非革命议论，都作为自己的理论来讨论历的性质。秦国君主是春秋以来的诸侯，不是据下克上上升地位的。故不需要革命思想。但是也有称王时期是战国时期的事情，需要从诸侯上升称王的议论。这些事情使秦国使用颛顼历。

董仲舒已知这样的先行议论（可能是那个一部分，因为有了焚书等），将颛顼历作为中间的存在，更记述将来的夏正时期。故巧妙使用的是结构三合关系的正三角形。在战国时期，颛顼历是将夏正的革命思想、楚正的非革命思想结合在一起的历。但是董仲舒导入三合以后，颛顼历变为从周正（周王朝的历）之世到夏正（汉王朝武帝时期奠定的新历的夏正）之世的中间的存在。

介绍董仲舒的议论之中，记述《春秋繁露》三代改制质文的一部分。其中有了记述《春秋》意义而使用的"正鲁"的表现。众所周知，鲁是圣人孔子出生的地方，又是在西周之初支持周王朝、后来成为圣人之一的周公旦的孩子被封建的地方。周公在战国时期革命思想中变为理想的贤人。他作为贤人教育幼儿的成王，确认其具有王德而使他即王位。已经有了这样的战国时期说明，将鲁作为话题，就是等于将周公的制度、即是贤人的制度作为话题的。作为说明贤人制度的书介绍《春秋》，使孔子表演预言者的角色，记述经过秦之世而到来了汉武帝之世。汉高祖以来的时期作为贤人之世而赋予中间的意义。

秦始皇一方面看着从战国时期逐渐发展的方位圆议论，要将独自的见解表现在地上。就是将式盘的天方位表现在地上的。方位生成从

辰方位开始，与已经介绍的一般讨论不同。就是辰→亥→午→丑→申
→卯的生成，辰是天方位开始的，亥是颛顼历年头十月所在的方位，
午是地上方位的南，丑是天方位上的冬至点所在的方位，申是大辰参
宿所在的方位，卯是大辰心宿所在的方位。[15]

（作者单位：东京大学东洋文化研究所）

注　释

［1］　平势隆郎：《〈史记〉二二○○年的虚实》，讲谈社 2000 年版，第
149 页。

［2］　平势隆郎：《编钟的设计与尺寸及三分损益法》，湖北省博物馆、美
国加州大学圣地亚哥校、湖北省对外文化交流协会编《曾侯乙编钟研究》，
1992 年。

［3］　程贞一：《曾侯乙编钟在声学史中的意义》，《曾侯乙编钟研究》，
1992 年。

［4］　平势隆郎：《中国古代纪年的研究》，东京大学东洋文化研究所、汲
古书院 1996 年版，2003 年再版，第二章第二节。平势隆郎：《左传的史料批判
性研究》，东京大学东洋文化研究所、汲古书院 1998 年版，第一章第一节。

［5］　睡虎地秦墓竹简整理小组：《睡虎地秦墓竹简》，文物出版社 1990 年
版，第 189 页。

［6］　平势隆郎：《中国古代纪年的研究》，第 167 页。

［7］　同上书，第二章第三节。

［8］　同上。

［9］　平势隆郎：《中国古代的预言书》，讲谈社 2000 年版。

［10］　平势隆郎：《中国古代纪年的研究》，第二章第三节等。平势隆郎
《〈春秋〉与〈左传〉》，中央公论新社 2003 年版；《从战国时代到汉武帝时代的
历》，《史料批判研究》第三号，1999 年；《从战国中期溯上历与〈春秋〉三
传》，《史料批判研究》第四号，2000 年。

［11］　平势隆郎：《中国古代纪年的研究》，第 129 页；平势隆郎：《王莽
时期、与木星位置有关的刘歆说的复元及其关连问题》，《日本秦汉史学会报》
2004 年。

［12］　平势隆郎：《中国古代纪年的研究》，第二章第三节等；平势隆郎：

《〈春秋〉与〈左传〉》，中央公论新社 2003 年版；《从战国时代到汉武帝时代的历》，《史料批判研究》第三号，1999 年；《从战国中期溯上历与〈春秋〉三传》，《史料批判研究》第四号，2000 年。

[13]　《春秋庄公三十二年》有"冬十月乙未子般卒"的记事。《公羊传》将之加以解释曰："子卒云。子卒，此其称子般卒何。君存称世子，君薨称子某，既葬称子，逾年称公。子般卒何以不书葬。未逾年之君也，有子则庙，庙则书葬，无子不庙，不庙则不书葬。"据此《公羊传》的解释，前君主死去之后，逾年之前不称公，逾年之后称公。不称公时期，还没有称公的立场。这时期在战国理论上应有贤人判断的存在。《公羊传》对《春秋僖公九年》"冬晋里克弑其君之子奚齐"的记事曰："此未逾年之君，其言弑其君之子奚齐何。杀未逾年君之号也。"这里也有一样的看法。未逾年时期的君主还没有君主的地位，故被称为君之子而已。据我去削庞大年代矛盾的工作，得知春秋当时还没有开始逾年称元法。《公羊传》的记事仅只是解释罢了。参看平势隆郎《新编史记东周年表——中国古代纪年的研究序章》，东京大学东洋文化研究所，东京大学出版会 1995 年版。

[14]　《新编史记东周年表》。

[15]　对三国时期以后与佛教建筑有关的图形因素，参考平势隆郎《冈益石堂的设计、建筑基准单位——为了石灯笼的基准尺而作过的单位图形》，《鸟取大学教育学部研究报告、人文社会科学》第 36 卷第 2 号，1985 年等。

论唐诗中李广形象的文化意义

曾 小 梦

　　《李将军列传》是《史记》中的名篇，它以具体生动的事例，描述了西汉名将李广骁勇善射、处变不惊的英雄本色，以及廉洁轻财、爱护士卒、忠实诚信、口讷少言、负能使性等品性，塑造出一个血肉丰满的"飞将军"形象。同时，作者也通过李广长期遭受压抑、最终被迫自杀的悲剧结局，揭露了朝廷赏罚不公、刻薄寡恩的黑暗现实。这篇人物传记，以其强烈的艺术感染力，对后世产生了深远的影响，在历代的诗、词、文创作中，李广成了被反复歌咏、怀念的对象，人们对他的高超技艺、英雄行为表示了由衷的赞美，对他的不幸遭遇寄寓了深切的同情。王维的"卫青不败由天幸，李广无功缘数奇"（《老将行》），高适的"君不见沙场征战苦，至今犹忆李将军"（《燕歌行》）；还有辛弃疾的"故将军饮罢夜归来，长亭解雕鞍。恨霸陵醉尉，匆匆未识，桃李无言。射虎山横一骑，裂石响惊弦。落魄封侯事，岁晚田园"（《八声甘州》）、"若将玉骨冰姿比，李蔡为人在下中"（《鹧鸪天》"桃李漫山"），陆游的"生拟入山随李广，死当穿冢近要离"（《月下醉题》），刘克庄的"使李将军，遇高皇帝，万户侯何足道哉"（《沁园春》"何处相逢"）等等，这些脍炙人口的诗句词句，充分说明了《李将军列传》对后世文学创作的影响。这一现象在唐诗创作中尤为显著。据笔者初步统计，约有百首之多的唐诗作品与《李将军列传》有着难以割裂的关联，通过这些唐诗，又可以解读出李广形象自身所蕴含的文化意义。

一

《史记》对唐代传奇、散文、诗歌等文学体裁作品的影响是广泛而多样的，唐传奇的作者多采用史传文学的手法，使传奇小说的体制更为阔大，人物性格更加鲜明。散文作者则把《史记》看作为文的典范，中唐古文运动的领袖韩愈、柳宗元的许多传奇文、墓志、碑文等都是向《史记》的人物传记学习的结果，韩愈认为柳文"雄深雅健，似司马子长"（刘禹锡《唐故柳州刺史柳君集》），林纾评价韩愈"文近史记"（《韩柳文研究法·韩文研究法》），二说均独具慧眼，颇为中肯。唐传奇和唐散文的作者们主要是从形式和风格上接受《史记》，而唐诗则主要是从精神上，即"意"的方面接受《史记》，《史记》中所歌颂的许多英雄人物对唐代士人有一种精神上的鼓舞和激励，《李将军列传》就是一个比较明显的例子。《李将军列传》对唐诗创作的影响史，同时就是它本身被唐诗作者所接受的历史。唐代约71位诗人创作了100多首与《李将军列传》相关的诗歌作品，这说明了《李将军列传》被唐人接受的普遍程度。从接受的表现形式来看，唐人采用诗歌的形式对《李将军列传》中的诸多内容进行了演绎、歌咏。清人吴乔在《围炉诗话》中曾形象地以米喻"意"，说文则炊米而为饭，诗则酿米而为酒，此言甚妙。因为诗诉诸读者的情绪，一般比散文形象更集中，语言更凝练，更注重意境的创造，从而像酒一样更令人陶醉。

唐诗作者对《李将军列传》的接受是多方面的，但通过统计可以发现，在与《李将军列传》有关的这些唐诗中，出现频率最多的是"飞将（军）"、"射石（虎）"、"猿臂"、"霸陵（尉）"、"数奇"、"不（封）侯"、"桃李不言，下自成蹊"等典故，如下表所示。

引用次数越多，说明被接受、认可的程度越深。《李将军列传》中的这些典故在唐诗中反复出现，证明李广这个人物已深入人心，被广泛认可和接受。李广已不仅仅是一个历史人物，而是成为一个文学

典　故	次　数
飞将（军）	20
射石（虎），猿臂	11
霸陵尉	9
数奇	10
不（封）侯	7
桃李不言，下自成蹊	14

典型，代表了与他相似的一类人。文学史上历久弥新的文学形象，除了与接受主体自身所处的时代、经历、审美经验等因素有关外，一般还具备以下几个标准，即这一文学形象具有某些特定的文化意义，凝聚着某种激励人、鼓舞人的精神力量，或其自身已成为道德伦理的典范人物。李广这一形象正是符合了这几个标准，所以才流传千古、经久不衰。下面试从唐诗中引用的与《李将军列传》有关的典故入手来分析李广形象的文化含义，探讨他被唐人接受的深层原因。

二

　　"飞将（军）"、"射石（虎）"、"猿臂"这类典故突出的是李广不凡的一面。"飞将（军）"是匈奴对李广的称号，既表明了他的身份——将军，又暗示出他在匈奴人心中的威慑力。作者司马迁选择了上郡遭遇战、燕门出击战、右北平之战和最后一次出击匈奴等战役，来凸显李广机智勇敢、胆识过人的大将风度，塑造了一个力战沙场、威震匈奴的猛将形象。"射石（虎）"、"猿臂"则描写的是李广的超人武艺，如"广以良家子从军击胡，用善骑射杀首虏多"，"匈奴捕者，骑数百追之，广行取胡儿弓，射杀追骑，以故得脱"，"广所居郡闻有虎，尝自射之，及居右北平，射虎，虎腾伤广，广亦竟射杀之"等，出神入化地表现了李广的神勇，让人不得不感叹"李广才气，天下无双"！李广不仅是一位杰出的将领，而且是一个身怀绝技的英雄，他"冲陷折关，及格猛兽"、"非在数十步之内，度不中不发"，以及在敌我力量悬殊时的从容镇定、临危不惧，都显示出他的英雄气概，"英雄"正是凝聚在李广身上的第一层文化含义。英雄原型最早出现于远古神话，如精卫填海、夸父逐日、刑天舞干戚等，他们所具有的坚强不屈、百折不挠、勇于探索的精神，已经渗透于中华民族的心灵深处，使人们形成了一种英雄崇拜的心理。唐朝是封建社会历史时期最为强盛的时代，文化经济的繁荣和社会政治的相对太平孕育了积极向上、爽朗大度、自由开放的时代精神，这种精神作为一种普遍的共同兴趣，成了支配士人们生活和创作的重要精神源泉。而以军功入仕的美好前景促使他们挟带着强烈的民族意识和奔涌的爱国热情投身军旅、奔赴边疆，一种为国立功的荣誉感和英雄主义弥漫在社会氛围中。在亲历大漠苦寒、兵刀弓马的边塞生活时，他们心中充满了英雄豪气，体现在诗歌中，那就是热衷于歌咏英雄。李广这样一位英雄将领的形象恰好迎合了他们崇拜英雄、渴望英雄的心理，他们除了在诗中呼唤李广、赞颂李广，更重要的还是借李广来歌颂本朝的英雄将领、戍边统帅。从统计结果来看，这类诗歌大都是边塞诗，而此时的李广形象也已被注入了新的时代气息，其灵魂在唐诗中、在唐代的边将身上复活了。如王昌龄《出塞二首·其一》："但使龙城飞将在，不教胡马度阴山"；杜甫《秦州杂诗二十首》："故老思飞将，何时议筑坛"；王维《老将行》："射杀山中白额虎，肯数邺下黄须儿"；卢纶《塞下曲六首》（其二）："林暗草惊风，将军夜引弓。平明寻白羽，没在石棱中"等。

"霸陵（尉）"、"数奇"、"不（封）侯"主要表现了李广"不偶"的一面。李广凭借着天下无双的才气，与匈奴血战四十余年，名闻天下，但终生未得封侯，却落得一个被迫自杀的可悲下场。"霸陵"是李广"虎落平原被犬欺"的伤心地，《李将军列传》载："（广）尝夜从一骑出，从人田间饮。还至霸陵旁，霸陵尉醉，呵止广。广骑曰：'故将军。'尉曰：'今将军尚不得夜行，何乃故也！'止广宿亭下。"后来李广公报私仇，杀了霸陵尉，这种做法虽不可取，但霸陵尉小人得志的嚣张气焰确实也令人愤恨不已。司马迁在《李将军列传》中将李广与其堂弟李蔡作了鲜明的对比："蔡为人在下中，名声出广甚远；然广不得爵邑，官不过九卿，而蔡为列侯，位至三公。"这段话既突出了李广所受的不平待遇，又道明了正是由于官位不显，李广才会受到霸陵尉的羞辱和刁难。而"惜乎，子不遇时！""祸莫大于杀已降，此乃将军所以不得侯者也。""大将军亦阴受上诫，以为李广老，数奇，毋令当单于，恐不得所欲"，这些都只是冠冕堂皇的借口，李广真正不得封侯的深层根源是封建帝王的刻薄寡恩、赏罚不公。他戎马征战驰骋疆场，没有死于匈奴的刀下，却死于统治集团的倾轧和排挤，可以说，他的一生是悲剧的一生，"悲剧"意义便是凝聚在李广身上的第二层文化含义。神话传说中的英雄往往都是死于非命的，如：夸父逐日，尸膏化为邓林；炎帝之女女娃游于东海，溺而不返，化为精卫；刑天头断，依旧挥舞干戚……在这些"死"中，每一件都包孕着巨大的悲剧。再如历史上的一些著名人物，屈原、吴起、项羽、韩信等等，哪个又不是以悲剧结尾呢？鲁迅先生曾说"悲剧是将人生有价值的东西毁灭给人看"，悲剧的内容绝不仅仅是苦难、悲哀与不幸，更重要的是，它往往是一种深刻体现出来的崇高。正如上述这些人物，虽身遭厄难，却留下了伟大的功业、人格和精神，给人一种崇高的美感，而悲剧的结局更易引起人们的同情、哀怜，产生情感上的共鸣。中国文化历来有以悲为美的传统，李广这样一位英雄将领的悲剧，在唐代士人的心目中具有强烈的震撼力，当他们仕途受挫、人生不得意的时候，就容易联想到那些命运坎坷、屡遭不幸的历史人物，李广便是其中一位。李广的悲剧不仅是个人悲剧，更主要的还是社会悲剧。从文帝、景帝直至武帝三代，李广并非没有立功封侯的机会，但黑暗的社会制度和封建帝王对功臣的不公正态度造成了他的悲剧命运。作者司马迁通过李广这一形象，对当时的社会和专制帝王提出了批评。正是由于李广悲剧的双重性，唐诗作者们在诗中对他表示同情，并由此生发开去，借李广之事浇自己胸中块垒，同时对不公的社会进行批判。如虞世南的"独有西山将，年年属数奇"（《从军行二首·其一》），王维的"卫青不败由天幸，李广无功缘数奇"（《老将行》），皎然的"如何弃置功不录，通籍无名置江曲。霸亭不重李将军，汉爵犹轻苏属国"（《武源行赠丘卿岑》），李商隐的"日暮霸陵原上猎，李将军是故将军"（《旧将军》），吴融的"临事成奇策，全身仗至忠。解鞍欺李广，煮弩笑臧洪"（《赴阙次留献荆南成相公三十韵》），陈陶的"只为坑降罪，轻车未转勋"（《塞下曲》）等。

在《李将军列传》结尾，司马迁写李广："悛悛如鄙人，口不能道辞。及死之日，天下知与不知，皆为尽哀。彼其忠实心诚信于士大夫也。"并引谚语"桃李不言，下自成蹊"来称赞他虽不善辞令，却以自己的实际行动博得了人们的尊敬。这说明，李广是一个具有传统伦理道德的典范人物，他身上的诚信品德和务实精神，正是儒家所谓的"敏于事而慎于言"（《论语·学而篇》）[1]、"君子欲讷于言而敏于行"（《论语·里仁篇》）[2]。这一伦理道德传统在中华文化史上是历来已久而形成的："华夏——汉人崇尚中庸，少走极端，是安居一处，企求稳定平和的农业型自然经济造成的人群心态趋势，集中到政治家和思想家那里，中庸之道就成为一种调节社会矛盾使之达到中和状态的高级哲理，所谓'极高明而道中庸'，'禹执其两端而用其中于民'。"[3]与中庸之道密切相关的理想人格，不是强烈的自我表现而是执两用中、温顺谦和的君子风，这就导致人们普遍推崇诚信，鄙弃口辩。李广"讷口少言"却具有实干精神，以诚信赢人，"诚信"便成为他身上所蕴含的第三层文化意义。唐诗作者们对李广的接受，实际也是对传统诚信美德的接受，他们在诗中多化用"桃李不言，下自成蹊"这一典故，或勉励友朋，或赞颂那些像李广一样以诚信受到尊敬的人，如李白的《送薛九被谗去鲁》："尔去且勿喧，桃李竟何言"，《揽镜书怀》："桃李竟何言，终成南山皓"；李贺的《奉和二兄罢使遣马归延州》："还吴已渺渺，入郢莫凄凄。自是桃李树，何畏不成蹊"；贯休的《古意九首》："唯寻桃李蹊，去去长者门"等。

由典故追根溯源，可以看出，唐诗作者对《李将军列传》的接受，实际上是对李广这一形象的肯定，而李广形象自身所蕴含的文化意义又是他被人们所接受的最根本的原因。李广这样一位具有传统诚信美德的悲剧英雄，引起了广泛的同情和关注，所以才不断地在唐诗中被提及，成为诗人们进行再创造的原型。

如果说，《李将军列传》像一首苍凉悲壮的长歌，那么，这百余首唐诗就如同一曲曲婉转悠扬的小调，二者前呼后应。两相唱和，共同谱写了一曲令人味之不尽的英雄悲歌。而这曲悲歌的主人公李广因其所蕴含的文化意义，即使在今天，也值得我们继续追颂。

（作者单位：陕西师范大学国际汉学院）

注　释

[1]　杨伯峻：《论语译注》，中华书局 1958 年版。

[2]　同上。

[3]　冯天瑜：《中华文化史》，上海人民出版社 1990 年版，第 174 页。

南宋词人赵以夫及其词考论

王作良

引　论

　　南宋后期江湖诗案的发生，使南宋王朝的统治进入了历史上最为黑暗的时期，极大地冲击了当时的士大夫阶层，使他们的心灵受到极大的震颤。其间南宋王朝虽然有着史称"端平更化"的短暂中兴，但因权臣宦官的专权，国势日衰一日，也使士大夫对于中兴普遍丧失了信心。江湖诗祸对当时文人的打击是沉重的，一些早年具有政治热情和报国之志的作家，大多噤口不言，避祸全身，终日隐遁江湖，不再关心时事。反映在诗歌创作上，出现了"永嘉四灵"和江湖诗派等文学流派。表现在词创作方面，就是众多作家纷纷效法姜夔，注重对词艺方面的追求，创作中出现以辞采取胜的倾向。但是，此时是处在一个大动荡的时代，社会现实对于作家不可能没有触动，因此，大多数词人，哪怕是那些对词艺颇为讲究的词人，也创作过颇具时代感的作品，南宋后期词人赵以夫亦是如此。赵以夫词，受到姜夔词风的影响，多为咏物之作，但他积极用世的理想使他不得不面对严酷的现实，因此也写出了一些表现"故国黍离"之悲的作品，也正因为如此，他受到了以推尊姜夔、张炎为高标的著名词评家的陈廷焯的关注。他的词论虽然历来鲜有提及，但是其中提到的政治与词的创作关系以及对于词的态度，在文学史以及文学批评史都应受到关注。本文即从以下三个方面展开论述：一、赵以夫生平及作品流传；二、赵以夫词论；三、赵以夫词考论。

一 赵以夫生平及作品流传

赵以夫（1189—1256），字用甫（"甫"亦作"父"），号虚斋，秦王廷美子郓国公德钧七世孙，彦括之子。郓（今山东东平县一带）人，居长乐（今福建长乐县）。嘉定十年（1217）进士。以父荫得官，知监利县（今湖北监利县）。后知邵武军。理宗绍定六年知漳州，[1]颇有政声。时任漳州通判的王迈在《南剑倅赵用甫权郡有小集以祈晴不用妓移晚筵于潘司户》一诗中称赞赵以夫道："君侯风谊薄云高，轸念征夫跋涉劳。雅宴朝陪青玉案，馀欢晚属念珠曹。向来惊下曾参杼，此去谁分范叔袍。斋阁祈晴行有应，免教雪虐更风饕。"嘉熙（1237—1240）初为枢密院都承旨，诏与刘克庄同修国史，兼任国史院编修官。二年（1238）知庆元府兼沿海制置副使。四年，复除枢密院都承旨，淳祐初罢。淳祐元年（1241），除刑部侍郎。淳祐五年六月，除沿江制置使、知建安府。七年四月，移知平江府。寻加资正殿学士、进吏部尚书、兼侍读，宝祐三年（1255），进资正殿学士致仕。明年卒，年六十八。生平见《后村先生大全集》卷142《虚斋资政赵公神道碑》、《民国福建通志·列传·宋十一》"赵以夫传"。《宋史·艺文志补》集部著录赵以夫《虚斋乐府》二卷，[2]《全宋词》则自陶湘影印本录入，一卷，并略有校订，二卷本较常见者有士礼居藏钱尊王述古堂旧藏抄影宋本。另著有《易通》。

《虚斋乐府》流传甚广，根据《虚斋乐府·自序》的记载，赵以夫生前已有刊刻。除了士礼居影宋本外，重要版本尚有清丁丙善本书室藏清光绪三十四年（1908）刊本、近人莫伯骥1947年铅印明毛氏汲古阁影宋钞本、1929年排印黄丕烈《冷雪盦丛书》本、涵芬楼影黄丕烈顾广圻校影宋钞本、王氏学礼斋刊本、王远孙振绮堂仿钞宋刊本。通行本有江标灵鹣阁《宋元名家词》本、陶氏涉园《景刊宋金元明百家词》本、四部丛刊三编影宋钞本。黄丕烈顾广圻校影宋钞本为较好版本，内有朱笔校改的痕迹，后附录黄丕烈、顾广圻所作二跋，简略叙述了该本的成书过程以及校改的有关情况，对于《虚斋乐府》的版本研究具有重要的价值。今特列于后，顾跋曰：

> 右依汲古阁毛氏钞本改正，此亦影写者，但每有不审耳。如上卷《夜飞鹊》云"竹枕"。玉篇"糸"部已收"练"字，《集韵》曰："练，绤属。后汉祢衡著练巾，类篇同于六书。"假借亦用疎字，此作"练"字，误矣。他皆准是。其下卷《摸鱼儿》当于"长堤路"句换头，又《荔支香近》当云"凉馆薰风遰"以押韵，毛本讹与此无异。则似宋椠已如是也。嘉庆丁巳七月十九日顾广圻为。[3]

黄跋曰：

> 此钱尊王述古堂藏书。余得诸碧凤坊。顾氏是影宋写本，近有书友携一本来，亦系影宋本而出于汲古阁毛氏，恐二本或有异同。爰倩塾师顾涧蘋校此。赖正讹字。"竹枕练衾"之"练"字，其最精者也。毛本索直甚昂，因还之。既而思所藏，尚有精钞《宋元人词》，亦出于汲古阁，遂取以覆校此本，"练"固不误，而《摸鱼儿》"长堤路"句换头，已校毛氏影写本，为是。《荔支香近》"凉馆薰风透"，仍不能为"遰"以押韵，则传讹已久矣。至下卷"白白红红多体态"，此据毛本改"体"为"多"，然重一多字，与文意不合。检精钞本亦作多，体字仍当以体字为是。涧蘋嘱予自记，复书此数语于后。[4]

二　赵以夫词论

赵以夫没有系统的论词著作，他的词学观也不成体系，但他的观点在宋人论词中具有一定的代表性。他的论词主张见于其《虚斋乐府·自序》：

唐以诗鸣者千馀家，词自《花间集》外不多见，而慢词尤不多。我朝太平盛时，柳耆卿、周美成羡为新谱，诸家又增益之，腔调备矣。后之倚其声者，语工则音未必谐，音谐则语未必工，斯其难也。余平时不敢强辑，友朋间相勉属和，随辄弃去。奚子偶于故书中得断稿，又于黄玉泉处传录数十阕，共为一编。余咲曰，文章小技耳，况长短句哉，今老矣，不能为也。因书其后，以志吾过。淳祐己酉中秋，芝山老人。

序中赵以夫自称芝山老人，或是其别号，然仅见于此。从《自序》可以看出，赵以夫似乎对词的创作持一种极为矛盾的态度。一方面，充分肯定了柳永、周邦彦对慢词创作的创革之功。另一方面，"文章小技耳，况长短句哉"，反映出的则是对词的一种轻视。如若联系"后之倚声者，语工则音未必谐，音谐则语未必工，斯亦难矣"的表述，再加上作者"余咲（'咲'为'笑'的古体字）曰"的具体语境，则未必是作者的由衷之言。强调词的音律，反映出著名词人姜夔词学观点及创作的巨大影响力。但作者对词作的语言并没有偏废，而是主张"语"与"音"的和谐统一。至于其中说到的"今老矣，不能为哉。因书其后，以志吾过"，是一种自嘲之语。前人也有晚年在为自己词集作序时产生引咎自责心理，如陆游在《长短句序》中就曾表示："予少时汩于世俗，颇有所为，晚而悔之，然渔歌菱唱，犹不能止。今绝笔已数年，年旧作终不可掩，因书其首以识吾过。"[5]陆游提到"渔歌菱唱，犹不能止"，正是看到了词的创作的必要性，赵以夫所言，虽是自嘲，但绝非率性而发，是有其针对性的。

"文章小技耳，况长短句哉"，这种视词为小道的观点在两宋文评者中不乏其例。论中"我朝太平盛时"云云，也应另有含义，强调政治清平与词的繁荣之间的互动关系。大致宋代士大夫将"修身齐家治国平天下"作为人生追求的目标，而其中的"治国平天下"更是人生追求的终极目标。人生应尽力于建功立业，做文章则成为政事之馀的活动，文章之馀暇可以作诗，至于作词，则等而下之，被排在末位，成为作诗之馀的一种补充。南宋淳熙年间，强焕为周邦彦词集所作的《片玉词序》即持这种观点：

> 文章政事，初非两途。学之优者，发而为政，必有可观；政有其暇，则游艺于歌咏者。必其才有馀辨者也。溧水为负山之邑，官赋浩穰，民讼纷沓，似不可以弦歌为政。而待制周公，元祐癸酉春中为邑长于斯，其政敬简，民到于今称之者，固有馀爱。而其尤可称者，于拨烦治剧之中，不妨舒啸，一觞一咏，句中有眼，脍炙人口者，又有馀声，洋洋乎在耳侧，其政有不亡者存，……（余）暇日从容式燕宾客，歌声在上，果以公之词为首唱，夫然后知邑人之爱词，乃所以不忘其政也。[6]

强焕论《片玉词》，强调"政其有暇，则游艺于歌咏"，在"拨烦治剧之中"，则"舒啸、觞咏、馀声"之事可以并行不废。因"政精简"，邑人"不忘其政"，而后方爱其词。同时代的王灼，因反对"浅近卑俗"的词风而成为大力弘扬苏词的代表性人物，他概括苏轼词作说："以文章馀事作诗，溢而作词曲。"[7] 王灼同时代人关注也认为："以经世文章，为世宗儒，翰墨之馀，作为歌词。"[8] 诸人论词，多将词视为政事之馀人生活动的补充，故而词又被称作"小词"，惟其小，所以被轻视。赵以夫的视词为"小技"的观点，也正是对前人有关论述的继承和发展。

以夫论词，似乎以北宋为正宗。视词为小道，历代都不乏其人。但能将作词之难与词为小道联系起来，故尔"平时不敢强辑"，此种观点，在文学发展史上并不多见，加上作者并未展开论述，而且又未形成自己完整系统的理论，所以未曾受到重视。三百多年后，云间三子之一的陈子龙有过类似的论述：

> 诗馀始于唐末，而婉畅秾逸，极于北宋。然斯时也，并律诗亦亡。是则诗馀者，非独庄士之所当疾，抑亦风人之所宜戒也。然亦有不可废者。夫风骚之旨，皆本言情。言情之作，必托于闺襜之际，代有新声，而想穷拟议，于是以温厚之篇，含蓄之旨，未足以写哀而宣志也。思极于追琢，而纤刻之辞来。情深于柔

靡，而婉娈之趣合。志溺于燕婧，而妍绮之境出。态趋于荡逸，而流畅之调生。是以镂裁至巧，而若出自然。警露已深，而含义未尽。虽曰小道，工之实难。不然，何以世之才人，每濡首而不辞也。[9]

盖以沈至之思，而出之必浅近。使读之者，驟遇如在耳目之表，久诵而得沈永之趣，则用意难也。以嬛利之词而制之实工鍊，使篇无累句，句无累字，圆润明密，言如贯珠，则铸调难也。其为体也纤弱，所谓明珠翠羽，尚嫌其重，何况龙鸾。必有鲜妍之姿，而不藉粉泽，则设色难也。其为境也婉媚，虽以警露取妍，实贵含蓄，有馀不尽，时在低徊唱叹之际。则命篇难也。惟宋人专力事之，篇什既多，触景皆会，天机所启，若出自然。虽高谈大雅，而亦觉其不可废。何则，物有独至，小道可观也。[10]

赵以夫与陈子龙，所处时代不同，论词角度差异较大。前文已经提及，以夫词论别有怀抱，不独轻视词的创作，对于"文章"的创作皆视为小道。陈子龙"平生文学，属李王一派，故深鄙宋诗"，[11]因鄙薄宋诗而取宋词，自然而然就有了"虽曰小道，工之实难"和"物有独至，小道可观"的看法。仔细比较，陈氏之说更为明确通达，但赵以夫的创见也不能轻易忽略。

赵以夫另有评戴复古诗的专论，强调思致风骨，载入《石屏诗集序》，可作参考：

戴石屏诗备众体，采本朝前辈理致而守唐人格律，其用功深矣。是岂一旦崛起而能哉？集首东皋子二诗，虽斑驳不完，而思致风骨既可想见，此其源流也。少陵之诗，是固天授神助，而发源实自于审言。审言之诗至少陵而工，石屏本之东皋，又祖少陵，虽欲不传，不得而不传。少陵所谓"诗是吾家事"，人传世上名者是也。石屏与游者皆当世鸿儒钜公，精笔墨，极力模写，曾不尽其妙。又假仆辈以为置邮何耶？若吾辈正有托于石屏者也。端平甲午十月既望东平赵以夫书。[12]

三 赵以夫词考论

1. 与当代词人的交往及其词编年

赵以夫一生，与刘克庄交往颇为密切，赵在临终之际，托付身后事于刘克庄，足见二人友谊之深厚。刘克庄《端明无惰赵公哀诗二首》：

> 忆昔并居封驳地，相期叶力共推车。惯看东阁批黄敕，同向南衙沮白麻。高兴竟归安石墅，大疑犹访魏舒家。仅存一鉴今亡矣，想见昕朝亦叹嗟。
>
> 惜身顾影世滔滔，叹息斯人振古豪。中垒老犹献封事，三闾去向作离骚。无金可遗贫如故，加璧难招节更高。有泪数行乌一束，若为飞渡浙江涛。[13]

赵以夫词作中，标明"次刘后村"的作品有《沁园春》"秋入书帷"、《贺新郎》"葵扇秋来贱"。词列于下，从中亦可看出赵以夫为人方面的一些特点：

> ### 沁园春 次刘后村
>
> 秋入书帷，漏箭初长，熏炉未灰。向酒边陶写，韩情杜思，案头料理，汉蠹秦猥。天有高情，世无慧眼，刚道先生是不斋。人都笑，这当行铺席，又不成开。忘怀；物外徘徊。与鸥鹭同盟两莫猜。似琉璃匣里，光涵斗牛，凤凰台上，声挟风雷。宝汞一钱，冰衔三字，浮名浮利安在哉。太平也，要泥今镂玉，除非公来。[14]
>
> ### 贺新郎 次刘后村
>
> 葵扇秋来贱。阿谁知、初回轻暑，又教题遍。不是琵琶知音少，无限如簧巧啭。倩说似、长门休怨。莫把蛾眉与人妒，但疏梅、淡月深深院。临宝鉴，欲妆懒。少时声价倾梁苑。到中年、

也曾落魄，雾收云卷。待入汉庭金马去，洒笔长江衮衮。好留取、才名久远。过眼荣华俱尘土，听关雎、盈耳离骚婉。歌不足，为嗟叹。[15]

刘原作今不存。其他未标明的与刘克庄的次韵、和韵之作，也还有几首。

除了唱和刘克庄的词作外，赵以夫词亦多有与他人唱和之作或步韵之作，曾先后与方兹溪、方时父、张劣嵋、孙花翁、卢野涉、陈微道、梁质夫、周月船、谢主簿、方蒙斋、谢先辈（不知是否与谢主簿为同一人）、黄玉泉、刘随如有过唱和。其中与刘克庄表弟方时父（方遇字时父）唱和较多，并有多首用韵、次韵、和韵之作，分别为《玉烛新》［和方时父，并怀孙季蕃］、《二郎神》［次方时父送春］、《满江红》［荷花归耕堂用方时父韵］、《水调歌》［次方时父癸卯五月四日］、《汉宫春》［次方时父元夕见寄］、《夜飞鹊》［七夕和方时父韵］、《忆旧游慢》［荷花，泛东湖用方时父韵］、《解语花》［东湖赋莲后五日，双苞呈瑞。昌化史君持以见遗，因用时父韵］、《沁园春》［次方时父］ 等九阕。方遇词，《全宋词》未见收录。

赵以夫词，在当时享有一定名气，吴潜、张榘等都有次韵赵以夫的词作，张榘词现存有《孤鸾》［次虚斋先生梅花词韵］、《灯影烛红》［再次虚斋先生梅词韵］、《水龙吟》［次韵虚斋先生雨花宴］。赵以夫《孤鸾·梅》词今存。《烛影摇红》"乍冷还暄"一阕，系伤时叹老之作，其中有"但梅花、相岁看晚"句，但不是咏梅词，张榘词标明为次韵之作，此阕与张词于韵不合，可知赵以夫《烛影摇红》咏梅词今不存。《水龙吟》词，赵以夫《虚斋乐府》收两首，按韵脚，张榘所次韵者应为《水龙吟》［次李起翁中秋］一阕。《孤鸾》词，二人集中皆存，从韵脚看，应是依韵之作，且都为咏梅之作。赵以夫词，《水龙吟》"次李起翁中秋"、《探春慢》"立春"、"四明除夜"分别为姜夔《水龙吟》"夜深客子移舟处"、《探春慢》"衰草除烟"的用韵之作。另外，吴潜作过《沁园春·用赵用父左司韵送郑宗丞》，赵以夫原作为《贺新郎·送郑怡山归故里》。

赵以夫词集中，可编年者有以下词作。《沁园春·自鄞归赋》中有"客问吾年，吾将老矣，今五十三"。赵以夫生于淳熙十六年（1189），词中有"今五十三"之语，则此词作于淳祐元年（1241）。嘉熙二年（1238），赵始除沿海制置副使兼知庆元府、同知枢密院。可以断定，《探春慢》［四明除夜］、《探春慢》［四明次黄玉泉］、《龙山会》［四明重阳泛舟月湖］、《贺新郎》［四明送上官尉归吴］、《桂枝香》［四明鄞江楼九日］、《桂枝香》［四明九日］皆应作于淳祐元年之前。另有一首《芰荷香·端午和黄玉泉韵》，词中有"爱湖光潋滟"及"彩丝金黍，水边还相逢"，词则应作于此后，盖作者在临安再次遇见黄玉泉后作。《薄眉摘遍》［重九登九仙山和张劳崫韵］，词中云"吾生早，九十强半"，这时作者年纪刚过四十五，词题中所提到的九仙山，在中国境内有七处，[16]此处似应指福建德化县西北的九仙山，距赵以夫任职的漳州不远，据刘克庄《虚斋资政赵公神道碑》云："明年冬，史弥远丞相薨，知漳州。"[17]史弥远卒于宋理宗绍定六年（1233），赵知漳州当在此年，赵以夫此时正好四十五岁。《水调歌》［次方时父癸卯五月四日韵］一阕，作于宋理宗癸卯年，即淳祐三年（1243）。

2. 赵以夫词对姜夔词风格及形式方面的继承

赵以夫论词，于慢词情有独钟，极力推崇北宋柳永、周邦彦两家。赵以夫词，以慢词见长，婉转流美，富于灵动之致。虽对前人有所模仿，却能自成机杼，形成自己独特的风格，郑振铎先生即认为：

> 以夫词，小令绝佳者少，慢词则颇多美俊者，盖追步于高、史，而能自拔者，如："欲还又起，似妆点满园春意"（《徵招·雪》），"雪雁将秋，露萤照夜，凉透窗户。星网珠疏，月奁金小，清绝无点暑。"（《永遇乐·七夕和刘随如》）[18]

郑振铎先生对赵以夫词的特点及其源流，与以往观点略有差异。以"赵以夫小令作品绝佳者少"，这可能与赵以夫不太重视小令的创作有关。赵以夫词今收入《全宋词》者，小令 8 首，中调 2 首，长调 60 首，小令与慢词相比，数量上就不占优势，也就不奇怪郑氏对赵以夫令词有这样的评价。郑氏以赵以夫慢词俊美者追步高、史，与赵以夫词宗法姜夔其实并不矛盾，后人多以高、史二人为姜夔嗣响，除前引汪森的论述外，朱彝尊在《黑蝶斋诗馀序》也曾表示：

> 词莫善于姜夔，宗之者张辑、卢祖皋、史达祖、吴文英、蒋捷、王沂孙、张炎、周密、陈允平、张翥、杨基，皆具夔之一体。[19]

晚清周济《宋四家词选》，以周邦彦、辛弃疾、王沂孙、吴文英为宋词四领袖，余人则为四家之附庸，犹张为列唐代诗人为《主客图》之旨意。周氏此说，颇多疏漏之处。如列赵令畤于吴文英门墙，尤不可解。姜夔和赵以夫并列吴文英名下列，亦属不伦不类。但单独而论，列赵以夫于吴文英名下，也未尝不可。前引汪森《词综·序》和朱彝尊都认为南宋吴文英等人作词师法姜夔，而且诸人各得其妙。而更多的词评家则认为风格方面赵以夫绍述姜夔，赵以夫《角招》前有序云："姜白石制角招、徵招二曲，仆赋梅花，以角招歌之。盖古乐府有大小梅花，皆角声也。"[20]可见赵以夫也自觉以姜夔为效法对象。清汪森《词综·序》里就曾说：

> 鄱阳姜夔出，句琢字炼，归于醇雅。于是史达祖、高观国羽翼之，张辑、吴文英师之于前，赵以夫、周密、陈允平、王沂孙、张炎、张翥效之于后。

清田同《西圃词说》"白石以后词家"条持类似的观点：

> 石而后，有史达祖、高观国羽翼之。张辑、吴文英师之于前，赵以夫、蒋捷、周密、陈允衡、王沂孙、张炎、张翥效之于后。譬之于乐，舞箾至于九变，而词之能事毕矣。[21]

至陈廷焯《云韶集》中，则径直云：

用父词，纯师白石，清逸俊快，直入其室矣。[22]

《云韶集》中的观点，代表了陈廷焯早期的词学思想，尔后他的词学观经历了一个从崇尚轻灵淳雅到力求比兴寄托的过程。他早年编选《云韶集》，以朱彝尊《词综》为宗，《骚坛精选录》中更是以"圣中之圣"（《云韶集》卷7）的杜诗来比附朱彝尊词，其心中依傍，不言自明，可见对浙派崇尚骚雅的认可。此时陈氏论词侧重音调，于格律派词人多有拥戴，即使对辛弃疾词的独到之处，也是从格律方面加以肯定的："词有格，稼轩词若无格；词有律，稼轩词若无律，细按之，格律丝毫不紊。"（《云韶集》卷5），但其论词主旨，已经渗透进沉郁寄托的理论范畴。这种观点发展至后期，在《白雨斋词话》中，则更多地吸取了常州派重视兴寄的观点，表现为探究本原，其中的一个重要特征就是对"沉郁顿挫"风格的无限推崇，雅重气格，与《云韶集》最大的不同就是，很少论及词律。对于南北宋词的高下之分，也从前期的尚北宋而偏重调和，看出南北词之不同是因为社会背景的巨大不同造成，盖北宋词多触景抒情，所以珠圆玉润，玲珑四照，能达浑涵之境。南宋词由于时运乖蹇，不复能逞才使气，叙事多寄托，形式上以变出新。与之相应的，是对前期极为心仪的浙派词代表性人物朱彝尊、汪森的有关论述提出质疑并表示了不满。《白雨斋词话·自序》即言："竹垞《词综》，可备观览，未尝为探本之论。"另书中引录汪森《词综·序》谈及有关词人对姜夔的师法，后加评论曰："此论（指汪森的论述）盖阿竹垞之意，而不知词中源流正变也。"[23]都是他词学观念转变的重要标志。陈廷焯推崇姜夔，是因为"白石一家，如闲云野鹤，超然物外"。[24]而对于祖述姜夔的赵以夫，则颇有微词：

> 《虚斋乐府》，较之小山淮海，则嫌平浅，方之美成梅溪，则嫌伉坠，似郁不迁，亦是一病。[25]

所谓失于"平浅"、"伉坠"、"似郁不迁"，还是从词作要有兴寄之意和顿挫之感两方面着眼的。类似的观点也见于对赵以夫《龙山会》

的评论。陈氏观点有其偏颇之处，即以温庭筠、韦庄词而言，词中较少寄托，但陈氏论韦庄词："韦端己词，似直而纡，似达而郁，是为词中胜境。"则似乎以韦庄词多寄托矣。

姜夔用过的 15 个词调中，赵以夫也使用的有 13 个词调，其中除《摸鱼儿》、《水龙吟》、《满江红》三调外，其余十调属姜夔自度曲或自制曲。《角招》、《徵招》，赵以夫词中已有指出。其他自度曲尚有《扬州慢》、《暗香》、《疏影》、《念奴娇》、《永遇乐》、《虞美人》、《水调歌头》、《小重山令》、《汉宫春》为姜夔自制曲。《暗香》、《疏影》、《扬州慢》、《角招》、《徵招》都是姜夔最早所用之词调，为姜夔创调。[26]《小重山令》词，《白石道人歌曲》卷 1 "赠潭州红梅"一阕标明为令，自度曲者为入录《白石道人歌曲别集》的"寒食飞红满帝城"一词。《念奴娇》词，《白石道人歌曲》卷 4 收入"令"两阕，一为"闹红一舸"，一为"谢人惠竹榻"，自制曲为"毁社后"一阕。《水调歌头》，赵以夫词作《水调歌》，二者为同调异名。姜夔《暗香》、《疏影》二词，赵以夫同时代人吴潜也有和作多首，不过赵以夫仅仅采用姜的词调，而吴潜词为和韵之作。赵以夫词，《水龙吟》"次李起翁中秋"、《探春慢》"立春"、"四明除夜"分别为姜夔《水龙吟》"夜深客子移舟处"、《探春慢》"衰草除烟"两词的用韵之作。

赵以夫是否与姜夔有交往，不见于记载，不过根据两人的有关词作，则两人似乎有过交往，姜夔自度曲词《徵招》词：

> 潮回却过西陵浦，扁舟仅容居士。去得几何时，黍离离如此。客途今倦矣。漫赢得，一襟诗思。记忆江南，落帆沙际，此行还是。迤俪。剡中山，重相见，依依故人情味。似怨不来游，拥愁鬟十二。一丘聊复尔。也孤负、幼舆高志。水葓晚，漠漠遥烟，奈未成归计。[27]

赵以夫有《徵招·咏雪》云：

> 玉壶冻裂琅玕折，骎骎逼人衣袂。暖絮张空飞，失前山横

翠。欲低还又起。似妆点、满园春意。记忆当时，剡中情味。一
溪云水。天际。绝行人，高吟处，依稀灞桥邻里。更蓊蓊梅花，
落云阶月地。化工真解事。强句引、老来诗思，楚天暮，驿使不
来，怅曲阑独倚。[28]

赵以夫词，《全宋词》据陶氏涉园影宋本《虚斋乐府》卷下词题作
"徵招"，《绝妙好词笺》卷 3 则作"徵韶"，应作"徵招"，调名来
源如下："（齐景公）招太师曰：'为我作君臣相说之乐。'盖《徵
招》、《角招》是也。"（《孟子·梁惠王下》）又见《宋史》卷 129
《乐志》："政和间，诏以大晟雅乐，施于燕飨。补《徵招》二调，播
之教坊。"《徵招》调系姜夔自度曲。赵以夫词，《虚斋乐府》、《词
谱》卷 24 皆作"欲低还又起"，《绝妙好词笺》作"欲低还起"，校
以姜夔词，《绝妙好词笺》误。赵词中有"记忆当时，剡中情味。一
溪云水"，再联系"剡中山，重相见，依依故人情味"，似乎表明二
人同游过剡中，赵以夫与吴潜有过词作唱和，而姜夔晚年与吴潜交往
颇多，姜夔死后，吴潜还助姜夔的同辈朋友殡葬之，可见友谊之深。
如此而言，则姜夔与赵以夫应有相识订交的机会。在找到可靠证据之
前，二人是否交往暂时存疑。不过论及赵以夫词追步姜夔，绝不是偶
然的，应该说当时的文坛风气所使。

　　姜夔存词有 80 多首，其中咏物之作二三十首，在这二三十首
咏物词中，咏梅词就占了 17 首，是他作品分类中最多的一类。[29]
姜夔之后的高观国、史达祖、周密诸人，都嗜好姜词，很自然也就
以咏物词为擅长了。与高观国等人同时代的赵以夫也不例外，他生
性爱花，赏花咏花成为他的一大癖好。今存《虚斋乐府》68 首词
中，有 24 首是咏花之作，占词作总量的三分之一强。赵以夫词中，
咏梅之作虽然不多，但用的却是姜夔原调。大概也因为其刻意模仿
姜夔词风的原因，赵以夫咏花的词作，时时喜欢堆砌典故、刻意描
画，贴题虽紧，终觉格调不甚高，但同时必须承认，相对于苏、辛
等派词人的词作，因为有了以上特点，也使赵以夫词呈现出明显的
含蓄蕴藉的创作风格。

　　姜夔词，自度曲及自制曲为数不少，赵以夫也有几阕词属自度

曲，且多为宋词中仅见者。《芙蓉月》一阕，词咏芙蓉，并有"残月淡"句，因名。《双瑞莲》，词咏并蒂莲，因"看并蒂新房，骈头芳蕊"句而得名。以上两阕加上《薄媚摘遍》均为赵以夫自度曲，在宋词中为仅见作品。《秋蕊香》"木樨"，有两体：48 字者，始见宋晏殊《珠玉词》，为咏梅词；97 字体始见宋赵以夫《虚斋乐府》，赵作系赋题本意，实为自度曲。赵以夫《龙山会》词，有三阕，吴文英《梦窗词》录"石径幽云冷"一阕，入夷则商。赵以夫"九日无风雨"词，属商调，因词序中有"风流晋宋诸贤，骑台龙山"，故名。吴文英比赵以夫时代略迟，依赵词序，赵以夫词应为先出，若此，则赵词为自度曲。

（作者单位：陕西师范大学国际汉学院）（本文系陕西师范大学 2005 年青年项目两宋宗室词专题研究成果之一）

注　释

［1］　一说赵以夫知漳州时间为端平初，此从宋刘克庄所作《墓志铭》的记载，见《后村先生大全集》卷 143，四部丛刊初编本。

［2］　（清）黄虞稷等：《宋史·艺文志补》，第 263 页。

［3］　（清）顾广圻：《虚斋乐府·跋》，四部丛刊本。

［4］　（清）陶湘：《影刊宋金元明本词》本册 20。

［5］　（宋）陆游：《渭南文集》卷 14，四部丛刊本。

［6］　（宋）强焕：《片玉词·附录一》"序跋"，汲古阁本。

［7］　（宋）王灼：《碧鸡漫志》卷 2 "各家长短句"条，知不足斋丛书本。

［8］　（宋）关注：《题石林词》，《唐宋名贤百家词》本。

［9］　（明）陈子龙：《三子诗馀序》，《陈子龙文集·下·〈安雅堂稿〉卷 2》，华东师范大学出版社，第 54 页。亦收入清沈辰垣等编《历代诗馀》卷 118《词话》"南宋 2"，浙江古籍出版社 1998 年 5 月据蟫隐庐影印康熙四十六年内府刻本缩印，第 524 页。也可参阅清沈雄、江尚质辑《古今词话·词品上·原起门》所引陈大樽（子龙）语，见唐圭璋《词话丛编》，中华书局，第 826 页。

［10］　（明）陈子龙：《王介人诗馀·序》,《陈子龙文集·下·〈安雅堂稿〉》卷2,华东师范大学出版社,第55页。

［11］　同上。

［12］　（宋）赵以夫：《石屏诗集·序》,四部丛刊本。

［13］　傅璇琮等：《全宋诗》卷3057,北京大学出版社1998年版,第36476页。

［14］　唐圭璋编撰,孔凡礼补辑：《全宋词》,中华书局1999年版,第3395页。

［15］　《全宋词》,第3396页。

［16］　魏嵩山：《中国历史地名大辞典》,广东教育出版社1995年版,第15页。

［17］　（宋）刘克庄：《后村先生大全集》卷142,四部丛刊初编本。

［18］　郑振铎：《南宋词人》,第1861页,《小说月报》第22卷11号。

［19］　（清）朱彝尊：《曝书亭集》卷40,四部丛刊初编本。

［20］　《全宋词》,第3392页。

［21］　《词话丛编》,第1454页。类似的观点还有清谢章铤撰《赌棋山庄词话·续编》引"凌廷堪论词"："一派为以清空为主,高、史辅之。前则有梦窗、竹山、西麓、虚斋、蒲江"云云,见《词话丛编》,第3510页。

［22］　（清）陈廷焯：《云韶集》卷5,《词则》本。

［23］　（清）陈廷焯：《白雨斋词话》卷9,人民文学出版社1959年版,第206页。

［24］　《白雨斋词话》卷9,第206页。

［25］　同上。

［26］　姜夔《角招》、《徵招》二调,是否为自度曲,二词序记载略有出入。《角招》序云："……予自度此曲,吟洞箫,商卿辙歌而和之,极有山林缥缈之思。"《徵招》词云："《角招》、《徵招》者,政和间大晟府尝制数十曲。"于此,夏承焘先生有如下解释："案晁次膺闲斋琴趣（六）有并落芙蓉、寿明星、黄河清、舜韶新诸首,即徵调曲。据此,数十曲统于二招,则二招非词调之名可知。白石此二词与醉吟商小品,皆以宫商五音为调名,唐宋词中所罕见也。"见夏承焘《姜白石编年笺校》卷5第73页、卷4第55页,上海古籍出版社1985年版。也可参阅马兴荣等《中国词学大辞典·词调》"角招"条的有关内容,见该书第526页,浙江教育出版社1996年版。

［27］　《全宋词》,第2810页。

［28］　《全宋词》,第3392页。

［29］　此处言及姜夔词的分类，参照夏承焘《姜白石词编年校注》的说法，见书中《论姜白石的词风》中第 3 页的有关论述，上海古籍出版社 1981 年版。

甲骨文偏旁的位置、方向与字义关系试探

［韩国］郑莲实

一　绪论

甲骨文偏旁的位置、方向与字义有密切关系。如"从"、"北"的偏旁位置都是左右型，但是偏旁的方向不同，因而字义也有所不同。"从"表示随从、顺从之意，两个偏旁为同一方向排列；"北"的意思是背叛，两个偏旁向相反方向排列。再如，"从"、"逐"偏旁的位置关系不同，可是其方向相似。"逐"是上下型，两个偏旁的方向相同，表示人追猪的意思。

本文把偏旁的位置关系和方向归纳为几个类型，考察偏旁位置关系和方向的表意性。从中我们可以发现甲骨文位置关系及方向所提供的字义信息，也可以知道在立体的 3 次元世界转换成平面的 2 次元文字的时候位置关系及方向如何变化。

二　偏旁位置关系和方向的分类

本文分析对象为表示行为动作的甲骨文会意字。根据造字本义确定偏旁位置关系和方向的归类。

1. 偏旁的位置关系

现代汉字学关于位置关系的研究不少，这些研究把汉字位置关系分得很仔细。[1]这些分类以现代汉字为对象，不太适于甲骨文。因为甲骨文偏旁大小不一，所以不容易确定其类型。如弹［图］、射［图］、何［图］，其偏旁大小不一，一个大，一个小，因此其位置关系不容易归类。再如及［图］、取［图］，偏旁"又"在右边的下部，而且较小。我们把上面的这些汉字都列入不易归类的字。本文把汉字位置关系分为左右型、不易归类型和上下型。

2. 偏旁的位置关系和方向

即［图］的本意是"一人跪坐于食器之侧进食之形，故训即，食也，一曰就也"。[2]人代表动作的主体，食器代表动作的对象，人在右边，食器在左边，是左右型。但是，分析方向的时候如果只考虑方向的相同、相反或相对，分析的结果则会不太全面。而如果考虑偏旁之间内在的作用，分析的结果就会比较深入。比如"即"的两个偏旁"人"和"食器"，表示"人坐在食器旁边吃"的意思，从这个意思中我们分析出"人对食器加以作用发生动作"。这样，从作用的方向来说，是从右边向左边发生作用。作用的方向可以分为单方和双方，单方就是作用的方向是单方面的；双方就是说作用的方向是双方面的，即两个偏旁互相作用。斗［图］字是"象两人相对徒手搏斗形"，就属于双方的作用。根据位置关系单方再分为从右向左、从左向右、从上向下、从下向上几类。

三　分析

1. 左右型

（1）从右边向左边发生作用。

即［图］既［图］飲［图］監［图］祭［图］析［图］折［图］

剛［剮］刵［剮］戍［戌］伐［戌］刖［刂］鑒［鑒］牧［牧］啓
［启］攸［攸］毆［毆］尋［尋］耤［耤］

以上各字表示动作行为主体的偏旁在右，另一个偏旁在左，两个
偏旁相对着，从右向左发生作用。而即和既这两个字，其位置关系与
偏旁都相同，只是随着方向的不同字义也不同了。

（2）从左边向右边发生作用。

保［保］休［休］契［契］

"保"字"象背负子形"，左边的偏旁人代表动作行为的主体，
"休"也是一样。这两个字如实地反映了人背负别人和人靠树休息的
样子。有些汉字字形有前后之分，比如侧立的"人"有前后之分，
左边为前边，右边为后边。有时候人不分前后，可是上述的这些字当
中分得很清楚。应该说，这些字都考虑了偏旁的方向和偏旁的前后
位置。

"契"的甲骨文字形，从刀的方向来看，这个字描写的是刀从上
向下刻画的情况，本来属于上下型，后来才变成左右型。

下面四个字是两个偏旁都表示动作行为主体的：

鬥［鬥］北［北］競［競］從［從］

它们都属于左右型，可是偏旁的方向不一。鬥的两个偏旁相对，
表示对峙；北的两个偏旁相背，表示相悖；競和從的两个偏旁的方向
虽然相同，可是前者表示争先，后者表示随从。下面两个字和"競、
從"字形相似，但字义不同：

幷［幷］巽［巽］

"幷"与"巽"是左右型，偏旁的方向相同，表示协力、恭顺的
样子。

总而言之，左右型根据偏旁的方向分为单方和双方，单方大多是
表示动作行为主体的偏旁对表示对象的偏旁加以作用，不过也有例外
（如：既）。双方有的表示争先或斗争（如：競，鬥）；有的表示随从
或协力（如：從，幷，巽）；有的表示相悖（如：北，既）。左右型
的偏旁位置主要决定于表示动作行为主体的偏旁的前后方向。按照意
义范畴可以分为接近、离开、竞争、对立、协力和顺从。

2. 不易归类的字

下面是因为偏旁大小的不同而难以判断位置关系的字：

彈 [𝌀] 射 [𝌀] 何 [𝌀] 以 [𝌀] 攴 [𝌀]

上面所举的彈、射、何、以、攴都由两个偏旁构成，可两个偏旁的大小不一，表示动作行为主体的偏旁画得大一些，可以说象形性很强。如今这些字则变成左右型或上下型。下面两字与上述例子字形结构相同，可是其位置关系有所不同：

及 [𝌀] 隻 [𝌀]

这两个字都表示从后边追及或获得人或隹。"及"和"隻"的偏旁"又"比另一个偏旁"人"或"隹"小，位于右下边，从字义来说是后边。后来，"及"变成左右包孕型，"隻"变成上下型。

羞 [𝌀] 取 [𝌀] 秉 [𝌀] 得 [𝌀]

以上这四个字，表示动作行为主体的偏旁在右边，其对象在左边。位置关系和方向与左右型相同，只是右边偏旁比左边小，不能归于左右型。后来"羞"和"得"两个字变成上下型；"秉"变成叠合型；"取"变成左右型。可以说偏旁的大小影响到字形结构的变化。毓 [𝌀] 类似于上述的"保"、"休"，这个字描写人生孩子的情况，孩子在人的右下部，后来才变成左右型。以下几个字表示动作行为主体的偏旁在左上部。

孚 [𝌀] 印 [𝌀] 爲 [𝌀]

"孚"指"获"之意，跟"取"、"得"字义相似，而字形却不相同，"手"不在右上部，而在左边。"印"从上边向下边压下；"爲"往前边牵象，手在左上部，表示前边。从上面的分析可以知道在字形中前边表现为左边和上边。以下几个字表示动作行为主体的偏旁在左下部。

殷 [𝌀]

殷表示用手治疗腹部有疾病的人，所以手在腹部处。在字形上，手在左边的下部，人在右边。我认为这个字本来属于上下型，人在下，手在上，后来变成了左右型，由此人在右，手在左。在甲骨文中躺在床上的人都表现为左右型。参看以下两个字：

疒 [ ] 梦 [ ]

以下几个字，其位置关系、方向和字义相同或相反：

陟 [ ] 降 [ ] 坠 [ ]

陟和降是左右型，表示动作行为主体的偏旁在右边。"止"向上为陟；"止"向下为降。"坠"也是左右型，其字义跟降相似，可是坠落的人在左边，偏旁的位置有所不同。

3. 上下型

（1）从上边向下边发生作用。

罥 [ ] 爯 [ ] 采 [ ]

以上几个字表示工具或手的偏旁向另一个偏旁发生动作。偏旁的位置关系如实地反映动作发生的情况，即：用网打猎；用手举起物；用手采果。这些动作都是从上向下发生的。

以下四个字由三个偏旁构成，其位置关系属于上下型。

妻 [ ] 舂 [ ] 解 [ ] 犂 [ ]

这几个字表示的是：手持笔画画；两手捧杵捣粟；两手解牛角；两手牵牛耕耘。这些动作都是从上边向下边或者从前向后发生的。

（2）从下边向上边发生作用。

承 [ ] 彝 [ ] 夔 [ ] 尊 [ ]

以上几个字都表示两手拿着东西从下边向上边奉或进献东西的意思。

以下两个字都表示追逐的意思：

逐 [ ] 追 [ ]

"逐"从后边追猪；"追"从后边追人，追逐这个动作实际上是从后边向前边发生的动作，字形上前后的位置关系表现为上下型或左右型。

弃 [ ] 这个字表示从家里向外边遗弃孩子，所以本来是内外结构。字形上前后的位置关系表现为上下型或左右型，同样内外的位置关系表现为上下型。下面的"兴"字不是上下型，可其字义与上下型类似。興〔🐾〕这个字是从上边鸟瞰的，表现为四手兴起的样子。

四 结论

根据以上分析可以得出以下结论：

第一，根据表示动作行为主体的偏旁位置可以分析方向，偏旁位置主要取决于以下两个方面：（1）字形描写动作发生的实际情况，偏旁的位置也是这样。（2）人、又、刀这些偏旁是侧视的，所以有前后之区别，字形的左边相当于前边，字形的右边相当于后边。这些偏旁表示动作行为主体的时候前边应该对着另一个偏旁，如卽、旣、飲、監、祭、析、折等字，在保、休中偏旁人在左边。

第二，图画是把 3 次元的世界转换成 2 次元的世界，文字来源于图画，也属于 2 次元。在 3 次元的世界里有前后、左右、上下、内外之分，可在 2 次元只有左右和上下，前后和内外只能转变为左右或上下，比如："从"是一个人从后边随从另一个人，实际上是前后关系，而字形上表现为左右型；"追"和"逐"分别是从后边人追人或猪，实际上是前后关系，而字形上表现为上下型；"弃"是把孩子从家里往外遗弃，实际上是内外关系，而字形上表现为上下型。

本文的分析是初步的，有很多不足之处，还需要更深入的研究。

（作者单位：韩国外国语大学中文系）

注 释

[1] 黄建中、胡培俊的《汉字学通论》（华中师范大学出版社 1990 年版，第 165 页）把汉字的位置关系分为 15 类；张玉金、夏中华的《汉字学概论》（广西教育出版社 2001 年版，第 195 页），把汉字位置关系分为 17 类。前

者是：（1）上下：志肯，（2）上中下：吴著，（3）左右：法杜，（4）左中右：谢狱，（5）独体字：重更，（6）全包围：团困，（7）上三包孕：同向，（8）左三包孕：区匡，（9）下三包孕：凶函，（10）右上包孕：司旬，（11）左上包孕：压尼，（12）左下包孕：远赵，（13）品字：晶森，（14）对称：林炎，（15）特殊：坐乘；后者除前者的 15 类，再加上右下：包孕（斗），把特殊结构分为"穿插（禺）"、"框架（坐）"、"迭合（夷）"，把对称结构合并为左右结构。

[2]　温少峰、袁庭栋：《殷墟卜辞研究：科学技术篇》。

甲骨文会意字的形声化

马晓风

一

甲骨文有多少会意字，做总量统计的人很少。我们以《甲骨文字典》为基本资料，参考《甲骨文诂林》、《甲骨文字集释》及《汉语大字典》诸书，对甲骨文中的会意字进行了相对范围内的穷尽式考析，确定了 260 个会意字。在《甲骨文字典》所确定的 1127 个可识字中，这 260 个会意字，占 23.07% 左右。《甲骨文字典》中标为不可识者有 1576 个，但在这些所谓的构形构意不明的"不可识字"中，有一些在现代汉字中已成为常用字，如 （初）、（僕）、（编）等。这些字在卜辞中往往缺乏语言环境，所以较难确定其意义。然而分析其形义关系，再以后代词义为参考，我们将其确定为会意字。应该说，甲骨文可识字的总量要略大于 1127 字，这样，会意字在甲骨文可识字中所占的百分比应该略小于 23.07%。另据邹晓丽先生的《甲骨文字学述要》中统计，甲骨文中有意音型汉字（实质上即形声字，因为邹先生认为在甲骨文时代，形声字尚未形成系统，故以意音型汉字称之）257 个，占《甲骨文字典》可识字的 22% 左右。[1] 这一数据的统计也是以《甲骨文字典》为基本资料。比较这两组数据，可以看出，在总量和比例上，甲骨文中会意字略多于形声字，但相差并不大。

据统计，甲骨卜辞中全部单字约有 4500 个左右。实际上，这个数量并不是殷商时代文字的总量。许慎编撰《说文解字》,收录了篆文、古文、奇字等共9353个。可以说从殷商至东汉,汉字数量上的增长相对较缓。此后,历代字书中收字急剧攀升。南朝梁代的《玉篇》收字16917个,宋代《广韵》收字26194个,明代《字汇》收字33719个,清代《康熙字典》收字47043个,1990年汇纂成的《汉语大字典》收字更达54678个之多。汉字从殷商时代甲骨文字算起,经历三千多年的发展,在数量上翻了12倍之多。当然,历代字书中收集了大量的死字和冷僻字,常用汉字数量的涨幅并不十分剧烈。

而会意字在汉字急剧增长的过程中,则相对停滞不前。李孝定先生以传统六书观点,对甲骨文中各结构类型的字,作了整体性分析和总量统计。虽然他的具体统计结果并不很准确,但是以他的统计数据为参照,大体上可以看出会意字在汉字发展长河中的消长变化。李孝定先生的统计结果如下:[2]

	殷商甲骨文	汉代小篆	宋代楷书
会意字	32.30%强	12.31%强	3.05%强
形声字	27.24%	81.24%弱	90%弱

对以上数据进行大体分析后,可以知道:首先,会意字在汉字日益增长的总趋势中,数量上略有所增加。据石定果先生《说文会意字研究》一书中统计,《说文》中有会意字634个(这个数据略显保守),在绝对数量上比甲骨文中的会意字有所增加。但是,甲骨文中会意字占总量的23.05%左右,《说文》中的会意字仅占总字数的6.78%,相对比例降幅较大。隶变是古今文字的分水岭,隶变后汉字的发展主要表现在数量的激增和字体的变化上,结构上变化不甚大。会意字在隶变后几乎没有实质性的发展。其次,与会意字陷于停滞发展的状况相比,形声字的发展态势几乎与汉字发展的总态势相当。据统计,在金文中,形声结构的字已占当时汉字总量的三分之二以上了,超过了象形、指事、会意字的总和。[3]至小篆系统,形声字已占

汉字总量的80%以上了，现代汉字中，形声字更是在数量上居于绝对优势地位。

二

　　形声化是汉字发展的总趋势。一般意义上的形声化，是指汉字发展过程中，形声字逐渐占据优势地位，乃至绝对优势地位的趋势。本文所说的会意字的形声化，是指甲骨文中的会意字，发展至小篆系统及以后汉字系统中，部分地变成了形声字。有些学者较早注意到了这种现象，陈炜湛先生就曾指出："小篆中的形声字在甲骨文时代往往是会意字。""会意字演变为形声字，是文字发展过程中的一个规律，了解并掌握这一规律，有助于正确理解和考释甲骨文字。"[4]我们考察了甲骨文会意字变成形声字的缘由和途径，初步总结为以下四类，现分述如下：

　　1. 源字为适应新构形系统，保留原意符之一，增加声符而成形声字。如：

　　珊 甲骨文中或作珊、珊等形，从水从牛、羊或牢。像沉牛、羊等祭祀用的牺牲于水中之形，会"沉没"之意。小篆中以"沈"来表达此义，是从水声的形声字（现代汉字中则以"沉"表达沉没之意，同样为从水声的形声字）。

　　彡 甲骨文中作彡、彡等形，像踞跪或侧立或正面站立之人高竖其耳，以会"听"意。在小篆中，这一意义由从耳门声的"闻"来表达。

　　以上所举沈、闻等字，从甲骨文系统进入小篆系统时，源字为适应新构形系统规范化的要求，形体上必须加以适当地改造和调整，结果仅保留了与意义关系较密切的一个意符，另组配一个声符，从而将源字改为了形声字。因为"沉没"义与"水"相关，"闻"是"耳朵"的功能，这些与意义直接相关的字符被保留了下来。而源字中的"牛"、"羊"、"人"等意符，在形声化的过程中被淘汰了，换之以声符。需要明确的是，声符的选择一般是较随意的，只要与原字的音相同或相近即可。这种形声化的方式，我们总结为：保留源字的意符之一，其余意符是以同音或音近字符代之，重新组构而成的形声字。

2. 源字构形理据淡化，增加示音成分而成形声字。如：

耤　像人手持并脚踏耒耝剌地之形，图画意味很浓，会"耕种"义。后来又在此图形上加注声符"昔"；发展至小篆则简省为从耒昔声的一般形声字了。

寶　甲骨文中或作宀形，像屋内有玉、贝之形，以会"财宝"义。至周金文中，出现了"缶"字符，以之为声符，由此变成了从寶缶声的形声字。

飲　像人俯酒坛之上伸舌饮酒之形。这个字具象性很强，后来人伸舌之形，变为"欠"形，又加"今"为声符，变为了形声字。

以上所举耤、寶、飲等字，在发展进化的过程中，源字的构形理据逐渐淡化，以形表词的功能减弱，因此增加示音成分，以强化字形与所标识词之间的联系。增加声符后，源字仅保留下与意义有关系的一部分，其他部分则被新的构形系统所拒斥而消失了。这种形声化的方式，概括地说，是源字上增加示音成分，与意义无关的或关系不大的义符或形符遭淘汰，由新的声符和遗留下来的义符组构而成形声字。

3. 源字字形发生变化，一个意符被字形相近且具有提示字音的字符代替而成形声字。如：

何　甲骨文的何像人肩荷物形，这是一个形体较特殊的会意字。后来，负荷物品的人形为一般的人旁，所荷之物则由形符改变成了形似的"可"，而"可"恰好与源字的字音相近，遂成为新字的声符，而源字就变成了从人可声的形声字。"何"久借为疑问代词，为分担其词义，后来又借"荷"字以表示负荷之意。

羞　甲骨文的羞像人手持羊形，会"进献"义。在字形的发展变化中，手形变成了形似的"丑"，而"丑"正好与源字的字音相近，遂成为新字的声符，源字就变成了从羊丑声的形声字。顺便提一下，此字形变化中，手形变为丑字，对这种现象，很多人认为是字形的"讹变"。王宁先生认为，表达同一意义的字，在不同构形系统中，形体发生变化，是汉字正常演变的结果。变化了的构形与构意，属于另一个共时层面，存在于新的构形系统中，我们应当把它放到新的构形系统中来衡量。王宁先生称这种现象为"理据重构"，[5]并认为所谓"讹变"之说，是缺乏发展观念的表现。我们认为王宁先生的看法是很精到的。

甲骨文的戝像以戈提人首形。因古人杀敌割敌人的左耳以计功，所以又从戈从耳会意。后来，戈改成从戈的"或"，而"或"恰好与这个字的字音相近，所以"或"成为了新字的声符，源字遂变成了从耳或声的形声字。

以上所举何、羞、职等字，源字在发展中字形发生了变化，源字中的一个义符成了形近的字符，遂破坏了源字的会意性质，但这个字符往往具有提示语音的功能，整个字转而变成了形声字。这种形声化的方式，可以概括为：源字的一个意符变为与之形似的声符，从而变会意字为形声字。

4. 源字在使用中久借为它义，以源字为声符并增加意符而成形声字。如：

像日落于草莽之中，会"日暮"义。但在使用中，"莫"字很早就被借用作否定副词，且久借不归。为彰显本义，又以"莫"为声符，另外增加与本义相关的"日"字为义符，源字遂成为从日莫声的形声字。

像两人相背对之形，以会"背对"之义。在甲骨卜辞中，"北"多被借来表示方向上的"北"，且久借不归。为了区别假借义与本义，后来以"北"为声符，并增加与"背"相关的"月"（肉）为义符，形成了从月（肉）北声的形声字。

甲骨文中，以水流出器皿之形来会"溢"这一意义。但在先秦文献中，"益"被借来用作利益的"益"或表示更加的"益"。为区别词义，遂以"益"为声符，并增加与本义相关的"水"为义符，源字就变成了从水益声的形声字。

"自"为鼻的象形，因为犬的鼻子很灵敏，遂将"自"与

"犬"两个意符相拼合,来会"嗅"义。在先秦典籍中,"臭"常表示气味的意义。为了分担这一字形负担的字义,遂以"臭"为声符,另增"口"为义符,形成了从口臭声的形声字(大概是因为"臭"字中本身已含有像鼻形的"自",所以在形成形声字的时候,只好选择与"嗅"这一意义有些许关系的"口"为义符)。

以上所举的"莫"、"北"、"益"、"臭"等字,在甲骨文构形系统中,是形义密合的会意字。但在实际语用中,往往借用来表示其他意义,本义反而不显或不常用。所以在小篆中,分别出现了"暮"、"背"、"溢"、"嗅"等形声字(这些形声字,在许慎看来,与上面所列的会意字并无直接关系。事实上,这些字的字义恰好对应于上述会意字)。所以,为了彰显本义,或为了分担该字的职务,或为了加强音与义之间的关系,遂以源字为声符,并在源字上加上表意义符"日"、"月(肉)"、"水"、"口"等,整个字就变成了形声字。这种形声字的产生,是这些会意字既要适应语言运用的要求,同时也要适应新的构形系统而调整自身结构的结果。这是甲骨文会意字发展过程中形声化的一个深层原因。

结　语

会意字演变为形声字是汉字发展中的一个规律,了解并掌握这一变化的途径和原因,有助于正确理解和考释甲骨文字。另外,也有助于正确理解和研究汉字个体和整体结构演变的情况。

(作者单位:陕西师范大学国际汉学院)

注　释

[1]　邹晓丽等:《甲骨文字学述要》,岳麓书社1999年版,第12页。

[2]　李孝定:《汉字史话》,台北联经出版事业公司1977年版,第41页。转引自胡奇光:《中国小学史》,上海人民出版社1987年版。

［3］　刘志诚：《文化文字学》，巴蜀书社2003年版，第92页。

［4］　陈炜湛：《甲骨文简论》，上海古籍出版社1987年版，第62页。

［5］　王宁：《汉字构形学讲座》，上海教育出版社2002年版，第96—97页。

唐代汉字规范政策研究

张　喆

　　文字规范化是建设统一的国家政权的基础工程之一，它对于准确传递信息，促进文教事业的发展，保证人际交往的顺利进行，维护民族团结诸方面都有十分重要的作用。因此，我国历史上自周秦以来统一的政权无不重视文字的规范。唐代是中国封建社会文化极盛时期，国家统一，民族团结，综合国力强大，国民充满自尊、自信、自强的精神，物质文明和精神文明居于世界领先地位。这个强大的东方帝国，对传播信息、积累文化、交流思想、体现文明程度的语言文字，理所当然应倾注高度的关注。加之魏晋南北朝时期文字混乱，异体、俗体日渐纷杂，秦汉以来文字基本统一的局面遭到严重破坏，文字规范已经刻不容缓。唐代统治者正是顺应了这一历史潮流，在建国初始、烽烟未尽之时，即倡导文教，将语言文字规范化、标准化列入议事日程。唐代的文字政策主要体现在学校教育及科举选官制度两个方面。

一　学校教育

1. 唐代官学教育体制的设置

　　从李渊建国到唐玄宗开元、天宝年间，唐代官学确立了中央到地方两级教育体制。唐代官学以"六学二馆"为主要教育机构，分别在武德和贞观年间建立，每所学校都有严格的等级及人数限制（见下表）。

唐代地方官学是唐代官学两大组成部分之一，武德元年（618），唐高祖李渊在恢复中央官学的同时，也着手重建地方教育体系，曾三次下诏：武德元年5月，命"上郡学置生六十员，中郡五十员，下郡四十员。上县学并四十员，中县三十员，下县二十员"。当唐一统天下后，武德七年（624）二月，李渊诏令"诸州有明一经以上未仕者，咸以名闻；州县及乡皆置学"。同年初，李渊再次下诏在州县设立学校。开元二十五年（737）五月，唐玄宗下敕："诸州县学生，年二十五以下，八品九品子若庶人生年二十一以下，通一经以上及未通经，精神通悟有文词史学者，每年铨量举选，所习简试，听入四门学，充俊士。"州县学生入四门学，为庶民阶层接受高等教育开拓了一条崭新的道路。但是直到开元末年，唐代的地方教育仍是州县乡三级制，开元二十六年（738）正月，唐玄宗又"令天下州县，里别置学"，自此，唐代地方官学终于形成了州、县、乡、里四级制的完整体系。

	名称	隶属	创建时间	人数	入学资格
六学	国子学	国子监	武德元年（618）	300	文武三品以上子孙
	太学		武德元年（618）	500	文武五品以上子孙
	四门学		武德元年（618）	1300	①五百人以文武五品以上子孙为之 ②八百人以庶人之后俊异者为之
	律学		贞观六年（632）	50	皆以八品以下子孙及庶人之通其学者为之
	书学		贞观二年（628）	30	
	算学		贞观二年（628）	30	
二馆	弘文馆	门下省	武德九年（626）	30	京官文武职事五品以上性爱学书而及有性者为之
	崇文馆	东宫	贞观十三年（639）	20	

2. 唐代官学课程设置

唐代官学遵循的是崇儒尊经的文教政策，各级各类学校的课程设置均以学习儒家经典为主。所学课程分为必修课和选修课。所有中央、地方官学的必修课为《孝经》和《论语》，限一年内修完。选修课的内容为儒家九经，九经又分大中小，大经为《左传》、《礼记》，限三年修完；中经为《毛诗》、《周礼》、《仪礼》，限两年修完；小经为《周易》、《公羊传》、《谷梁传》、《尚书》，限一年半修完。

在汉字规范的大背景下，唐代学校对书写给予特别的重视，专门开设以教授书法为主要目的的专科学校——书学，书学主要是研习书法字体，每日有课程作业，写字、练习纸一幅，剩余时间学习时务策，读《国语》、《说文》、《字林》、《三苍》、《尔雅》，加强书学知识。"以《石经》、《说文》、《字林》为专业，余字书亦习之。《石经》三体（古文、篆、隶）限三年业成，《说文》二年，《字林》一年。"书学内有书学博士二人、学生三十人、典学二人。

中央禁廷下设的弘文馆和崇文馆对书写也相当重视，特敕初唐四大书法家中的虞世南、欧阳询教示楷法。学生是皇亲国戚、高官子弟，定制为三十人，他们入馆读书后，可以依门荫入仕为官，亦可以参加礼部科举考试入仕。据《册府元龟》卷六百四十记载，对弘文、崇文两馆学生的考试，还有这样的规定："所习经业，务须精熟；楷书字体，皆得正样。通七者与出身，不通者罢之。"

此外，在唐代宫禁中，又有专为宫人开设的学校，其名称及所属机构先后有变化。最初称"内文学馆"，隶中书省，以儒学者为学士，掌教宫人。武则天如意元年，改名"习艺馆"，设有内教博士十八人，经学二人，史、子、集缀文三人，楷书二人等。玄宗开元末改内教博士为宫教博士，掌教习宫人书、算众艺，改隶于内侍省，由中官担任。由此可见，即使是宫禁中的宫女，亦注意对其进行文史书写方面的教育。

3. 唐代官学教材的选用

唐代官学教材除算学等专科学校的专业教材外，主要为儒家经典的抄本。唐朝初年，魏晋以来频繁的战乱造成大量经籍亡散，儒家经典经历代传抄，文字讹谬、异体纷杂，不同的儒学派别对经典的解释又各不相同。这种种原因造成儒学教育没有统一的教材，给学校教育带来很大困难，也削弱了经典的权威性。因此制定统一的儒学教材，消除文字及思想意识领域的分歧已经成为唐初政府刻不容缓之举。

贞观初年，唐太宗认为自汉末以来数百年间，经籍去圣久远，文字讹谬，学出多门，议论纷纭，莫衷一是。为了适应政治上大一统的需要，维护儒学的正宗地位，诏令颜师古于秘书省考订五经文字，撰成《五经定本》，作为经学的标准文本，颁行天下，供儒学之士习用，经学教育自此有了统一的教材。"五经"为《周易》、《尚书》、《毛诗》、《礼记》和《左传》，是唐代官学选修课所列九经中最为唐朝统治者重视的五部儒经。

"安史之乱"后，唐代政治经济遭到重挫，文教事业也受到很大影响，"经籍亡散，教无所依，经典不正，取舍莫准"。为振兴教育事业，唐代宗于大历十年（775）六月，诏国子监官员勘校经本，由国子司业张参等人，辨齐鲁之音，考古今文字，详定五经，书于国子监讲论堂东西厢墙壁上，作为儒经教学的凭依。唐文宗太和九年（835），又因国事衰微、教育不振、典籍散乱，命唐玄度校正九经文字，使经籍文字再度归于统一。

经过校订的经书都被书写在国子监讲论堂两侧，公布于众，各级学校通过抄写或拓墨的方式获得经书的统一文本，并以之授予学生，使所有在校的学生都能够学到规范的儒经和文字。

唐代学校教育对汉字规范起到了基础教育的作用，各级学校对书写规范汉字都极其重视，不管是普通学校还是书学这样的专科学校，都将书写作为授课的主要内容。唐朝政府数次校订儒经，给学校提供了统一的教材，为在全社会范围内规范汉字打下了基础。书写规范引起了社会上各阶层人士，特别是士大夫阶层的广泛重视，人们需要使用规范汉字，因此唐代内府的一些学者，从初唐开始就积极推行和从事正字活动，研究确立楷书字体的标准形体和使用规范。

二　科举考试及选官制度

与学校教育相应，唐代的科举考试和选官制度都将书写放在十分重要的地位。科举入仕是隋唐时期选拔官员的重要途径，凡中央及地方各机构的长官大多是由此途径出身的人来充任。所谓科举入仕是指士人经科目举荐，由地方及尚书省两级考试合格后入仕。科举制度始于隋，兴盛于唐。其科目有二十余种，通常所见有秀才、明经、进士三科。此外还有明书、明法、明算等科目，通称为诸科。参加明书科考试，先口试，后笔试《说文》六帖、《字林》四帖，懂得训诂、兼能杂体书法者为及第。考试中对书写的要求一是正确，二是遒丽。除过明书科以外，其他科目对书写的要求也是非常严格的。特别是明经、进士两科，考试内容中均有帖经一项。帖经是帖去经书上下两端的文字，仅留下中间一行少数几个字，要求应试者默写出前后经文的句子。前面讲到唐太宗诏令颜师古于秘书省考定五经文字，撰成《五经定本》，经学教育有了统一读本，在进行帖经考试时也就有了标准答案，凡是与《五经定本》中的字体不合者，必定是不能及第的。

参加地方及尚书省两级考试合格者一律称"进士出身"，但这只是获得做官的资格，并不能立即做官，还须到吏部进行最终一次的选官考试，称为吏部试，也称为"铨选"。吏部试分笔试和面试，笔试"观其书判"，面试"察其身言"。要求书须楷法遒美，判必文理优长，身应体貌丰伟，言要言词辩正。四个方面都须合格，才能脱去布衣，穿上官服，否则就只能待下一次再参加吏部试了。将写一手规范遒美的楷书作为选拔官吏最终的四个标准之一，足以见得唐代统治者对鼓励士人读规范书、写规范字的重视程度。

流外入仕是唐朝选拔官吏的又一种途径，是胥吏、技术人员等普通官吏积一定的年资后经考试迁转进入流官的行列。唐朝的流外官，即不是正途出身不在朝廷正式九品流官范围之内的官员，要想进入流内，像尚书省的令史、书令史，"若能通《仓颉》、《史籀篇》者为上，并入流内为职事"。因为这些流外官，大都要从事抄写工作，书写显得尤其重要，于是就成为选用的重要标准，如《唐六典》所载："凡择流外职有三：一曰书，二曰计，三曰时务。其工书工计者，虽时务非长，亦叙。"可见即使其他条件不够，只要工书，也可以被选用。

在唐代学校教育和科举考试的影响下，社会各阶层人物对书写都极其重视，无论是士庶、僧道，还是妇女、优伶、吏胥、医卜，无不以读书识字，提高文化素质为己任。唐代书法造诣精深，与社会上下讲究书写规范是密不可分的，只有建立在正确规范基础上的文字，才有走上艺术道路的可能性和生命力。所以在科举考试和官吏铨选的过程中，与书写相关的考核科目，书法精美固然重要，但书写正确始终是位于第一的判断标准，就是那些看似与书写无关的科目，只要是需要用笔写下答案的，不写讹字、俗字，也是每个应试者必须遵循的一条法则。

唐代汉字规范能取得显著成就，与统治者的政策引导是分不开的，而这种引导又不是像秦始皇"书同文"一样，采用强硬的手段，从表面上看要宽松得多，以教育、考试和选官的标准出现，似乎并没有强迫人必须写规范字，但追求功名的心理却促使人们积极学习并使用规范汉字。

（作者单位：陕西师范大学国际汉学院）

参考文献

[1]　（后晋）刘昫：《旧唐书》，中华书局 1975 年版。

[2]　（宋）欧阳修：《新唐书》，中华书局 1975 年版。

[3]　（宋）王溥：《唐六典》，中华书局 1991 年版。

[4]　　（宋）王溥：《唐会要》，中华书局 1998 年版。

[5]　　（清）罗振玉：《贞松老人遗稿》（甲级），刻本 1994 年版。

[6]　　刘叶秋：《中国字典史略》，中华书局 1983 年版。

[7]　　胡朴安：《中国文字学史》，中国书店 1983 年版。

[8]　　胡奇光：《中国小学史》，上海人民出版社 1987 年版。

《韩非子》单音节词的同义关系格式研究

赵学清　　［韩国］金玉顺

在古汉语同义词的认定上，学者们曾经提出过不少方法，其中最主要的是利用古代文献的语境和古代训释材料来确定和证明词的同义关系。古汉语同义词在文献及训释材料中具有依存关系，洪成玉先生曾将其归纳为五种情况："一般说，属下列情况之一的，都可以认为是古汉语中的同义词：（一）互训，（二）同训，（三）同义递训，（四）互文，（五）异文。"[1]王宁先生也曾列举过能够证明词有同义关系的材料，其中包括"互用"、"对用"、"连用"、"义训"等。[2]洪成玉先生说的"互文"、"异文"和王宁先生说的"互用"、"对用"、"连用"等都是利用文献语境中同义词的依存关系确定和证明同义词的方法。对于这一方法，宋永培先生做了进一步的阐述，他认为对于上古文献来说，"同一篇中，乃至全书各篇的字词，在意义与用法上是彼此牵连与证明的，就是说，经典文献的原文，已经通过字词的相互关系对每个字词的意义与用法作了准确而显白的注释"。[3]这是对先秦文献经典仔细揣摩和研究后的精心体会。我们利用这些理论穷尽性地研究了《韩非子》中的单音节同义词。在反复诵读和熟悉《韩非子》原文的基础上，仔细观察字词使用和依存的方式，利用语境确定和证明了其中的 280 组单音节同义词。这些同义词在《韩非子》中的显示是有规律的，我们将这些显示格式归纳为六种情况。揭示这些同义关系格式对于确定和证明先秦专书同义词具有一定的示范意义，下面就结合文本介绍这些格式。

一 并列连用

两个单音节实词并列连用，以表达某个共同的义位，它们在这一义位上具有同义关系。两个同义词连用，使意义的表达更为准确，同时这也是汉语词汇复音化的重要途径。如：

1. 空、虚

（1）今天下之府库不盈，囷仓空虚，悉其士民，张军数十百万，其顿首戴羽为将军，断死于前不至千人，皆以言死。（《初见秦》）

"空、虚"在"虚空无物"的义位上构成同义词。它们在句子（1）中是同义连用。同时，它们在《韩非子》中也可以分别使用，单独表示这一义位。如：

（2）叔孙已死，竖牛因不发丧也，徙其府库重宝空之而奔齐。（《内储说上七术》）

（3）薄疑之言"国中饱"，简王喜而府库虚，百姓饿而奸吏富也。（《外储说右下》）

"空"的本义是"孔窍"。《说文·七下·穴部》："空，窍也。"作为形容词是"空无所有"的意思。"虚"本义是"大丘"，《说文·八上·丘部.》："虚，大丘也。崐崘丘谓之崐崘虚。"徐灏《说文解字注笺》："虚为大丘，即所谓四方高中央下者，故引申为虚空之称。"两个词在引申义"虚空无物"上构成同义关系。它们的连用还见于其他先秦文献，如《庄子·徐无鬼》：

"逃虚空者，闻人足音跫然而喜矣。"《荀子·富国》："不知节用裕民则民贫，……而且有空虚穷乏之实矣。"

2. 符、契

（1）符契之所合，赏罚之所生也。（《主道》）

"符、契"共同的义位是"古代用作凭证的符节、字据等"。它们单用的例子如：

（2）言已应，则执其契；事已增，则操其符。（《主道》）

《说文·五上·竹部》："符，信也。汉制以竹，长六寸，分而相合。""契"本义是契刻，由于古代是在木版和竹条上刻划记号来作为契约和借据，所以"契"作名词指刻过的那些用作借据的竹板和木牍。同样是"凭据"义，"符"侧重指传达政令的凭证，而"契"侧重指商业上借贷双方所持有的债务凭证，如《老子》七十九："是以圣人执左契而不责于人。"

3. 号、令

（1）今秦出号令而行赏罚，有功无功相事也。（《初见秦》）

"号、令"连用出现9次，"号"、"令"在《韩非子》中都可单用，如：

（2）乃更令明号而民信之。（《外储说左上》）
（3）晋之故法未息，而韩之新法又生；先君之令未收，而后君之令又下。（《定法》）

两个词的共同义位是"命令"。"号"本义是大声呼叫。古代传达政令、军令要派人大声呼叫，让人周知。《国语·周语》有"乃号令于三军"一语，其中"号"是动词。后来"号"连带而有名词"命令"义。但"号"在这一意义上较少独立运用，而是经常与"令"连用，称"号令"，如"号令已定，守备已具"(《十过》)。或用于固定对句结构，如"发号施令"等。

4. 请、谒

(1) 故财利多者买官以为贵，有左右之交者请谒以成重。(《八奸》)

"请谒"出现5次，共同的义位是为谋私利而进见尊者和上官。它们可以同时单用，如：

(2) 明君之于内也，娱其色而不行其谒，不使私请。(《八奸》)

《说文·三上·言部》："请，谒也。""谒，白也。"所谓"白"，即禀告、禀白，进谒者要在木札上写上自己的姓名身份，并列上自己所要禀白的事情。"请"的宾语常为事，如："故田常上请爵禄而行之群臣。"(《二柄》)当宾语是人时，就有请求对方或延请的意思，如："鲁君请乐正子春"(《说林下》)。"谒"侧重指有所言或有所请而进见，如："传骑从中来谒：'婴疾甚，且死，恐公后之。'"(《外储说左上》)

5. 颜、色

(1) 文王见詈于王门，颜色不变，而武王擒纣于牧野。(《喻老》)

"颜、色"出现2次，它们共同的义位是人的脸色。它们均可单用表示这一义位，如：

    （2）犯颜极谏，臣不如东郭牙，请立以为谏臣。（《外储说左下》）

    （3）公从外来而有不乐之色，何也？（《十过》）

"颜"本指人脸部的一部分，《说文·九上·页部》："颜，眉目之间也。"后可指脸色和表情。《说文·九上·色部》："色，颜气也。""色"是人脸部呈现的气色。它们均可以表示人的脸色与表情。颜与色连用还见于其他先秦文献，如《楚辞·渔父》："行吟泽畔，颜色憔悴。"

6. 漏、泄

    （1）堂谿公曰："为人主而漏泄其群臣之语，譬犹玉卮之无当。"（《外储说右上》）

"漏泄"出现2次，两个词的共同义位是"泄漏"。它们单独使用的例子如：

    （2）今为人之主而漏其群臣之语，是犹无当之玉卮也。（《外储说右上》）

    （3）堂谿公每见而出，昭侯必独卧，惟恐梦言泄于妻妾。（《外储说右上》）

古代训诂材料中，两个词互训。《广雅》："泄，漏也。""漏，泄也。"两个词都表示水淌出。"漏"特指水从底部或旁边的小孔、小缝中滴下或流出，我国古代用来计时的一种仪器叫"漏刻"，即用水的慢慢滴漏表示时间的流逝，"漏"引申为从小孔洞中穿出、透出等。"泄"可指各种方式的流出，引申可指各种事物的发散。在表达"泄漏"的严重程度上，"漏"比"泄"要轻一些。

二　对用

在一个句子中，当两个结构对等的词组表示同一意义时，处在相对应的位置上的词可能构成同义关系。处于对用位置的词，在结构、功能、语义等方面均有一定的相同或相近之处。在这样的语境中使用的同义词主要是避免用词重复，追求修辞效果。

1. 变、易

勿变勿易，与二俱行，行之不已，是谓履理也。(《扬权》)

两个词在"改变"这一义位上有同义关系。《说文·三下·攴部》："变，更也。"义为"变动原有的，换上新的"。"易"本义侧重指双方互换、对等交易，因此而引申出"改变"义。

2. 机、要

恶自治之劳惮，使群臣辐辏之变，因传柄移藉，使杀生之机、夺予之要在大臣，如是者侵。(《三守》)

两个词在"关键、要害"的义位上是同义词。《说文·六上·木部》："机，主发谓之机。"段注："下文云机持经者，机持纬者，则机谓织具也。机之用主于发，故凡主发者皆谓之机，隐括之辞。"[4]"要"是"腰"的本字。《说文·三下·臼部》："要，身中也，象人要自臼之形。"由此引申为事物之关键。

3. 观、察

何谓在旁？曰：优笑侏儒，左右近习，此人主未命而唯

唯，未使而诺诺，先意承旨，观貌察色以先主心者也。（《八奸》）

"观"与"察"处于对用的位置，共同的义位是仔细审视。《说文·八下·见部》："观，谛视也。"《尔雅·释诂》："察，审也。""观"侧重于把握总体的轮廓，客观地大范围地看，"察"偏重于通过非常仔细的观察而弄明白事情的真相。在其他先秦文献中两个词也有对用的例子，如《论语·颜渊》："夫达也者，质直而好义，察言而观色，虑以下人。"

4. 决、定

及狱决罪定，公憱然不悦，形于颜色，臣见又知之。（《外储说左下》）

"决"与"定"是同义词，它们都可以指案件的审定。"决"有判断、决定义，如："治辩之功制于近习，精洁之行决于毁誉，则修智之吏废，则明主之明塞矣。"（《孤愤》）用于法律方面是"判决"，《韩非子》中的"狱决"是被动用法。《说文·七下·宀部》："定，安也。"引申为"确定、决定"，用于法律方面意思是"定罪"。

5. 增、益

今管仲不务尊主明法，而事增宠益爵，是非管仲贪欲富贵，必闇而不知术也。（《难一》）

"增"与"益"对用，有同义关系。"益"本指水满溢出，引申为增加、利益等。"增"本义是累加、重叠，泛指增加。"益"的反义词是"损"，"增"的反义词是"减"。

6. 逢、遇

　　楚不用吴起而削乱，秦行商君而富强。二子之言已当矣，然而吴起支解而商君车裂者，不逢世遇主之患也。（《问田》）

　　逢、遇为同义词，均有"未经约定而碰到一起"的意思。还可以连用，如："逢遇不可必也，患祸不可斥也。"（《问田》）《说文》中两个词互训。从引申义看，两个词偏重不同。"遇"引申有"遇合、遭遇、遭受"等意义，"逢"则有"迎接、迎合"义。另外，先秦多用"遇"表示"仓促遇合、匆匆会面"等意思，而很少用"逢"。如《左传》中"遇"出现了100余次，而"逢"只出现很少几次。《韩非子》中"遇"用了13次，而"逢"只见2次。

三　互用

　　同义词在使用中有时可以置换，即在相同的语言环境里，它们因意义相同可以通用。韵文中常有互用的现象。互用与对用的不同是，对用指一个句子中的同义词使用，而互用则指不同的句子（包括分句）中同义词的使用。这种格式在《韩非子》中比较常见，如：

1. 测、量

　　大不可量，深不可测，同合刑名，审验法式，擅为者诛，国乃无贼。（《主道》）

　　在"测量"的义位上，"测"与"量"构成同义词。《说文·十一上·水部》："测，深所至也。""测"用来计算深浅高下，古代测量水深比测量高度带有更大的概然性，所以表示对那些深奥幽隐事物的测量时多用"测"，如测天、测地等，在人事上，"测"多用于难以预料的情况，或对内心隐秘的猜度上。《说文·八上·重部》："量，称轻重也。""量"引申为抽象测量义使用范围也很广，一切可衡量的事物几乎都可以用"量"。

2. 积、储

城郭不治，仓无积粟，府无储钱，库无甲兵，邑无守具。（《十过》）

在"储备"的义位上，"积"、"储"有同义关系。《说文·七上·禾部》："积，聚也。"段玉裁注："禾与粟皆得称积。""积"是将分散的东西集中起来，"储"则表示把东西收藏起来以备不时之需。

3. 匮、尽

粮食匮，财力尽，士大夫羸病，吾恐不能守矣！（《十过》）

在"匮乏"的义位上，"匮"、"尽"是同义词。《说文·十二下·匚部》："匮，匣也。"按段玉裁说法，"竭尽"为其引申义，《韩非子》中的其他用例如："上有积财，则臣民必匮乏于下。"（《外储说右下》）《说文·五上·皿部》："尽，器中空也。""尽"古字形或说用炊帚涤器之形表示事物用尽，或说为火将烧完而用一木棍搅动火烬之形，均可以表示到了极限和尽头。作为不及物动词表示无剩余，用为及物动词表示全部用光。还可用为副词，"皆、都"之义。

4. 因、循

人主诚明于圣人之术，而不苟于世俗之言，循名实而定是非，因参验而审言辞。（《奸劫弑臣》）

"循、因"在"根据、依照"的义位上具有同义关系。《说文·二下·彳部》:"循,行顺也。"所谓"行顺"指走路有所遵循,按已有的习惯和标志前进,引申为顺从传统做法,因袭旧的习惯。"因"本义是凭借、依靠,引申为沿袭。

四 表述同一事件时不同句子使用的 中心词,可以构成同义关系

1. 职、官

昔者韩昭侯醉而寝,典冠者见君之寒也,故加衣于君之上,觉寝而说,问左右曰:"谁加衣者?"左右对曰:"典冠。"君因兼罪典衣与典冠。其罪典衣,以为失其事也;其罪典冠,以为越其职也。非不恶寒也,以为侵官之害甚于寒。故明主之畜臣,臣不得越官而有功,不得陈言而不当。(《二柄》)

其中"典冠者"的行为超越了其官位与职务。上面一段话中用了"越其职、侵官、越官"等不同说法,其中"职"与"官"是同义词。"职"古代常用义是"职守、职位","官"本义是办事机构和官舍,如《礼记·玉藻》:"凡君召,……在官不俟屦,在外不俟车。"郑玄注:"官,谓朝廷治事处也。"其中"官"与"外"对举,应为处所之义。引申为官职、官吏。

2. 鼓、奏

师旷不得已,援琴而鼓。一奏之,有玄鹤二八,道南方来,集于郎门之垝。再奏之,而列。三奏之,延颈而鸣,舒翼而舞。音中宫商之声,声闻于天。(《十过》)

晋灵公要求听德薄者不可听的"清徵",师旷不愿为其演奏。但不得已而鼓琴,先用"鼓",后面三次用"奏"。"鼓、奏"有同义关系,都是演奏的意思。《诗经》中鼓与奏即有同义关系,如有"奏鼓简简"(《商颂·那》),也有"鼓钟于宫"(《小雅·白华》)。

3. 色、貌

二君以约遣张孟谈,因朝知伯而出,遇智过于辕门之外。智过怪其色,因入见知伯曰:"二君貌将有变。"君曰:"何如?"曰:"其行矜而意高,非他时之节也,君不如先之。"(《十过》)

智过根据"二君"的神情、外貌而判断出,他们有反叛之心,可能会有事变。文中叙述性语言是"色",对知伯直陈的话用"貌"。"色、貌"有同义关系。"貌",《说文·八下·皃部》:"颂仪也。"是外貌与仪表,也可指人的脸色。"色",《说文·九上·色部》:"颜气也。"指人的表情和脸色。"色、貌"在其他文献中还有对用,如《论语·季氏》:"色思温,貌思恭。"

4. 亡、失

绍绩昧醉寐而亡其裘。宋君曰:"醉足以亡裘乎?"对曰:"桀以醉亡天下,而《康诰》曰'毋彝酒'者,彝酒,常酒也。常酒者,天子失天下,匹夫失其身。"(《说林上》)

一处是"亡天下",一处说"失天下"。"亡"和"失"是同义词。"失"是丧失、失去,如《扬权》:"毋专信一人而失其都国焉。"《说文·十二下·亡部》:"亡,逃也。"本义是逃走、出奔,当后面带上宾语时则有"丢失"义。如上面"亡其裘"、"亡天下"中的"亡"都是"丢失"义。

5. 济、涉

今楚未济而击之，害义。请使楚人毕涉成阵，而后鼓士进之。（《外储说左上》）

同样说楚人渡河，前面用"济"，后面用"涉"，两个词有同义关系。《方言》七："过渡谓之涉、济。""济"本义是河流名，指济水，"过河"为其假借义，它一般指依赖舟楫渡河。《说文·十一上·水部》："涉，徒行沥水也。""涉"本指徒步过河，后泛指渡水。

6. 赐、予

《内储说上七术》："韩昭侯使人藏弊裤，侍者曰：'君亦不仁矣，弊裤不以赐左右而藏之。'昭侯曰：'非子之所知也。吾闻明主之爱一颦一笑，颦有为颦，笑有为笑。今夫裤，岂特颦笑哉！裤之与颦笑相去远矣。吾必待有功者，故收藏之未有予也。'"

同样一件事，从侍者口中说是"赐左右"，而昭侯则说"未有予"。"赐、予"具有同义关系。《说文·六下·贝部》："赐，予也。""赐"一般指上予下，而"予"则既可表示上予下，也可以表示平等的赠送、给予。

五 文本叙述中存在一些字词训释，其中训释词和被训释词可能具有同义关系

1. 爱、啬

苟极尽，则费神多；费神多，则盲聋悖狂之祸至，是以啬

之。啬之者，爱其精神，啬其智识也。(《解老》)

韩非在解释"啬"时用了"爱"，在"吝惜"的意思上两个词构成同义词。《说文·十下·心部》："爱，惠也。"仁爱之义。如果把这种感情施之于物，就是对物舍不得用，就是吝啬、吝惜。《老子》有"甚爱必大费"的说法，意思是极端的吝啬必然走向其反面，造成极大的浪费。对于"啬"，《解老》中还说："圣人之用神也静，静则少费，少费之谓啬。"可见"省俭、对物不浪费"是两个词的共同义位。

2. 根、柢

树木有曼根，有直根。根者，书之所谓"柢"也。(《解老》)

用"柢"解释"根"，说明两个词有同义关系。它们共同的义位是树木在地下的部分，即树根。《说文·六上·木部》："柢，木根也。""根，木株也。"细加分别，"柢"指树的主根，"根"为树的旁根。朱骏声《说文通训定声》："蔓根曰根，直根曰柢。"[5]

3. 隐、遁

使小臣有智能而遁桓公，是隐也，宜刑；若无智能而虚骄矜桓公，是诬也，宜戮。小臣之行，非刑则戮。(《难一》)

用一句话来解释"隐"，关键词"遁"与之有同义关系。《说文·十四下·阜部》："隐，蔽也。"徐灏《说文解字注笺》："隐之本义，盖谓隔阜不相见，引申为凡隐蔽之称。"《说文·二下·辵部》："遁，迁也。一曰逃也。"它侧重指逃走行动十分隐蔽，不想被人察觉。

4. 畏、怯

　　守法固，听令审，则谓之"愚"；敬上畏罪，则谓之"怯"。（《诡使》）

　　其中的"畏"与"怯"是同义词。《说文·九上》："畏，恶也。""畏"是害怕某事，一般要带宾语。《韩非子》中有"畏刑罚"、"畏其臣"、"畏强兵"、"畏上"、"畏鬼"、"畏死"等，"畏"含有敬畏的意味。"怯"在《说文》中是"㹤"字的重文，在犬部，云："多畏也。"

六　注意全部篇章中的前后照应

1. 谩、谤

《韩非子》内储说、外储说中的体例是"先经后说"，这样，在叙述同一件事时"经"与"说"使用了不同的语词，这些语词可能具有同义关系。如《内储说上七术》"倒言七"："故阳山谩樛竖，淖齿为秦使，齐人欲为乱，子之以白马，子产离讼者，嗣公过关市。"后面对这里进行解说时，用了不同的词，即："阳山君相卫，闻王之疑己也，乃伪谤樛竖以知之。"

　　前面用"谩"，后用"谤"，这两个词是同义词。《说文·三上·言部》："谩，欺也。"意思是掩盖事实真相，说别人的坏话。《说文·三上·言部》："谤，毁也。"义为毁谤，不顾事实地恶意攻击。

2. 责、望、怨、诮（谯）

　　《外储说左上》"经三"有："挟夫相为则责望，自为则事行。故父子或怨谯，取庸作者进美羹。"

在"说"里解释这段"经"时说：

> 人为婴儿也，父母养之简，子长而怨；子盛壮成人，其供养薄，父母怒而诮之。子、父，至亲也，而或谯或怨者，皆挟相为而不周于为己也。

其中"责、望、怨、诮（谯）"均有同义关系。共同的义位是"责怪、不满"。《说文·六下·贝部》："责，求也。"本义是要求，引申出责备义。"望"和"怨"意义相近，是"不满、怨恨"。诮和谯是一个词的两个不同书写形式，《说文·三上·言部》："谯，娆娆也。""诮，古文谯从肖。"多用于上对下、长对幼的指责、责怪。

3. 拜、谢

《外储说左下》："解狐荐其仇于简主以为相。其仇以为且幸释己也，乃因往拜谢。"其中"拜、谢"连言。在下面的另一段表述中说："一曰：解狐举邢伯柳为上党守，柳往谢之，曰：'子释罪，敢不再拜？'"

叙述性的语言中出现的是"谢"，而从人物口中直接说出的话则用"拜"，表达同一事件使用了同义词。"拜"本义是表示恭敬的礼节，后引申指拜访、拜谢。"谢"义为"感谢"。

4. 焚、燔

《和氏》中说："商君教秦孝公以连什伍，设告坐之过，燔诗书而明法令，塞私门之请而遂公家之劳，禁游宦之民而显耕战之士。"韩非作为法家思想的集大成者，是主张维护"一言"专制的，他赞成"焚书"，这里用了"燔诗书"。在《喻老》中，他阐释老子的思想时，用了一个故事来说明他的观点。《喻老》说："于是王寿因焚其书而舞之，故知者不以言谈教，而慧者不以藏书箧。"

焚和燔是同义词。两个词在古代典籍中有训释关系。《汉书·儒林传》："燔诗书。"颜师古注："燔，焚也。"《韩非子》中的上面一句"燔诗书而明法令"后，王先慎注曰："《困学纪闻》云：'《史记·商君传》不言燔诗书，盖诗书之道废，与李斯之焚无异也。'"[6]

（作者单位：陕西师范大学国际汉学院）

注　释

[1]　洪成玉：《古汉语同义词及其辨析方法》，载《中国语文》1983 年第 6 期。

[2]　王宁等编著：《古代汉语通论》，北京师范大学出版社 1996 年版，第 103 页。

[3]　宋永培：《说文与上古汉语词义研究》，巴蜀书社 2001 年版。

[4]　段玉裁：《说文解字注》，上海古籍出版社 1986 年版。

[5]　朱骏声：《说文通训定声》，武汉古籍书店 1983 年版。

[6]　王先慎：《韩非子集解》，中华书局 1998 年版，第 97 页。

从闽语看汉语音节结构

[中国香港] 侍 建 国

一　闽语的-VGC 结构

1. 闽语中的-VGC，指"韵核＋滑音＋辅音韵尾"结构。以闽东方言为例，福州话里有"咸"［kɛiŋ］、"糠"［kʼouŋ］、"重"（不轻）［tɔyŋ］、"笔"［peiʔ］、"角"［kɔyʔ］等，周宁话里有"六"［lœuk］、"逐"　［tøuʔ］等。福州话没有-n、-m 韵尾，也没有-p、-t、-k 韵尾，所以滑音只出现在-ŋ 和-ʔ 韵尾前。周宁话里，鼻音韵尾有-n、-ŋ，塞音韵尾有-t、-k、-ʔ，滑音出现在带后音特征的-ŋ、-k、-ʔ 前，但不出现在带前音特征的-n、-t 前。[1]属于闽东方言的古田话，韵核元音后的滑音也呈现与周宁话相同的分布。-VGC 中的韵尾 C，具有舌位较后的发音特征，这在闽东方言区具有普遍性。

2. 其他闽语方言，如闽中的沙县，闽北的建瓯、建阳、松溪，也有-VGC 音节，其分布情况与闽东方言相似，只是闽中、闽北没有塞音尾。闽中沙县的-VGC 音节，数量更少，许多闽北方言的-VGC 音节，在沙县都不带鼻音韵尾，而是鼻化元音。

再看位于闽东、闽北、闽中之间的南平市北方话方言岛，它的四周是闽东的福州话和闽北的建瓯话。市区内说"土官话"的人，多数兼通福州话。有趣的是，南平市的土官话里也有-VGC 结构，如"吞、曾、更"的韵母是［eiŋ］。这样的音节，北方话没有。南平市土官话的"春、军、云"等，韵母读［uiŋ］，它不属于-VGC 结构，其音节中的［u］是介音，因为与它们相对的开口呼"品、宾、青"等，韵母为［iŋ］。

闽南方言的厦门话、泉州话、漳州话，-VGC 音节只出现在口语音，且频率低。[2] 广东境内的潮州话，属于闽南话，发现有 9 例-VGC，均为入声字。现摘录如下：

八［poiʔ］	拔［poiʔ］(白)	夹(～板)［koiʔ］(白)
	［puek］(文)	［kiəp］(文)
夹(～袄)［koiʔ］	笠［loiʔ］	狭［oiʔ］(白)
		［hiəp］(文)
节［tsoiʔ］(白)	截［tsoiʔ］	雀［tsʻiauʔ］(白)
［tsak］(文)		［tsʻiakʔ］(文)

以上-VGC 形式仅［iauʔ］一例与它例殊，且明显受官话读音［tɕʼiau］的影响，可以忽略不计。其余 8 例均为［oiʔ］韵母，且均为口语读音。合理的推测是，潮州话里确实有-VGC 结构。广东境内的潮阳话，属闽南话，也有-VGC 结构(本文第三部分将详细讨论)。

3. 从-VGC 在闽语区的分布看，闽东最多，闽北、闽中、闽南次之。汉语其他方言没有发现类似的音节。从滑音 G 出现的环境看，它后面的辅音必须带后音特征，这有发声上的解释。滑音［i］、［u］、［y］带有唇音或颚音特征(［y］兼有这两个特征)，这两个特征的发声部位，都较舌根音-ŋ、-k 或喉音-ʔ 前。对于-VGC 中 GC 的音韵地位，北大中文系编《汉语方音字汇》把它们分别叫作元音韵尾和辅音韵尾，陈章太、李如龙(1991)则叫作"元音韵尾＋鼻音韵尾/塞音韵尾"的"复韵尾"。二者都认为位于韵核和辅音韵尾之间的滑音 G，属于韵尾性质。基于什么理由，未有说明。

二 "韵核折射"模式

1. 中国传统音韵学对音节结构成分的概念，许多学者都接受，只是对介音［i］、［u］、［y］有不同看法。将介音单独分析为一种成分，这样能把官话方言开齐合撮整齐的四呼表现出来，"CMVE"这样的公式就代表这种观点。但这个公式概括不了闽语的-VGC结构。《汉语方音字汇》和《闽语研究》把闽语的-GC统称"韵尾"，可能受了这个观念的影响。

根据雅可布逊区别性特征理论，官话的介音仅有唇音和腭音这两个特征。在内部特征理论架构上，介音又可以表示为音节起首（onset）的附属特征，或者称部位特征。特征架构理论就是这样对待介音的，它虽简化了韵母结构，但繁化了声母系统，忽视了官话音节里，介音与元音性韵尾基本对应这一特点。

注音符号系统以及后来发展出来的《汉语拼音方案》，把介音和元音性韵尾看作复合元音的一部分，显得简单而合理，但缺乏理论的解释。

2. 中国现代音韵学认为，在结构上韵腹是音节的必要成分，介音、韵尾、声母，可有可无。换言之，韵腹必不可少，其他成分则可有可无。这观点类似于"音节代表"理论（Syllabic Representation），或者叫"韵核折射"模式。该理论认为，音节由一个核心成分折射而成，这个核心成分用 N（韵核）表示。尾音（coda）是韵核的附加成分，在 N 的右侧。尾音和韵核组成第一折射层 N'。音节起首在韵核的左侧，它跟 N'组成第二折射层 N"（Levin，1985）。图一以汉语的［p'ian］和英语的［pin］为例，把传统音韵学对音节的结构表示为（1a），把"韵核折射"模式表示为（1b）。

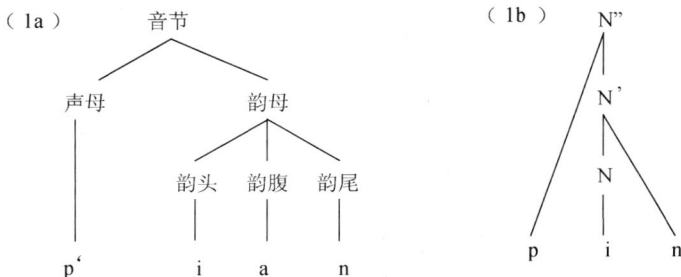

图一　音节结构

（1a）和（1b），二者名称不同，概念也不同。（1a）的树形结构是从上往下解析，即音节先分成声母、韵母两部分。如果没有声母，声母就为零。韵母再分成韵头、韵腹、韵尾三部分，如果没有韵尾，就标零韵尾。零声母、零韵尾的概念，是在分析过程中，发现缺少某一成分，而用"零"指称该成分。韵腹可以直接成为音节这个显著特点，（1a）未能表示。

（1b）的树形结构是从下往上折射，即每个音节都有一个核心 N。这个核心也是音节中响度最大的，它本身就可以成为一个音节，（1b）以直线表示可独立成音节的功能。如果音节有尾音，N 加尾音折射为 N'。这个 N' 也可以成为一个音节。如果音节有起首，N，再加起首折射为 N"。

声调在图一没有标出来，因为它与音素不在同一层面上，声调属于超音段层面。

3. 再分析英语辅音丛。在英语里，除［s］以外，音节起首的辅音丛都符合"响度序列规则"，即核心 N 响度最大；其他成分，越靠近核心 N，其音响度越大。例如 prince［prins］，［i］响度最大，［r］的响度比［p］大。英语音节起首的辅音丛，用两条规则概括：一是符合响度序列的起首扩大规则，即把响度较小的辅音 C 加在起首上，如（2a）所示；一是英语的特有规则，把音素［s］加在起首的左边，如（2b）所示。音节之间的辅音丛较复杂，通常是运用（2a）和（2b）两规则确定了后一音节的起首以后，再把剩下的辅音 C 加在前一个音节的尾音上，不管其响度大小，如（2c）。

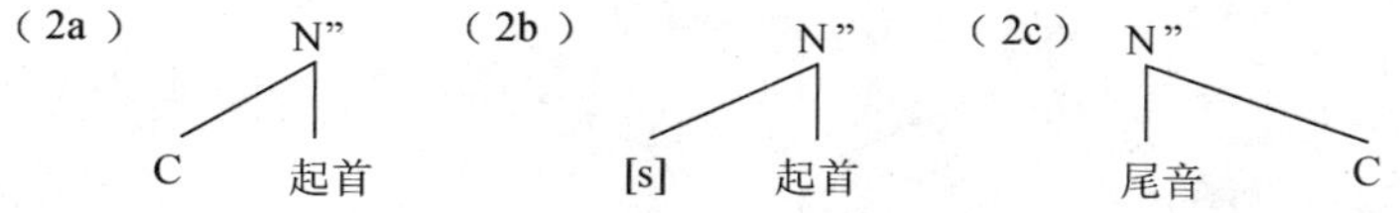

（2a）　　　　　N"　　（2b）　　　　　　N"　　（2c）　　N"

　　　　　C　　　起首　　　　［s］　　起首　　　　尾音　　　C

图二　英语辅音丛

4. 汉语方言少见辅音丛，如果把（1a）的介音看成起首部分，就得比照（2a）；不同之处是把（2a）起首的连接线作右向扩展。但缺乏材料证明汉语起首有这样的结构。同理，如果把闽语的-VGC 中

的 G 看成尾音成分（"复辅音"），就得比照（2c）；不同之处也是尾
音的连接线要作左向扩展。从本文第三节分析潮阳话的象声词重迭式
看，"复韵尾"亦缺乏证明。

三 对汉语音节的再认识

1. 汉语音节核心的前后成分，也符合响度序列的普遍规律。韵
头（本文称滑音）的响度，比任何辅音的响度大，比所有元音的响
度小。所以，滑音前如果没有辅音，滑音就可成为音节起首；滑音前
如果有辅音，滑音则居韵核部分（本文把 CGVGC 中的 GVG 叫作
"韵核部分"），核心 V 是主干，滑音 G 是岔枝。图三把闽语的
CGVGC 音节分析为（3a），把没有辅音起首、也没有辅音尾音的
GVG 分析为（3b）。

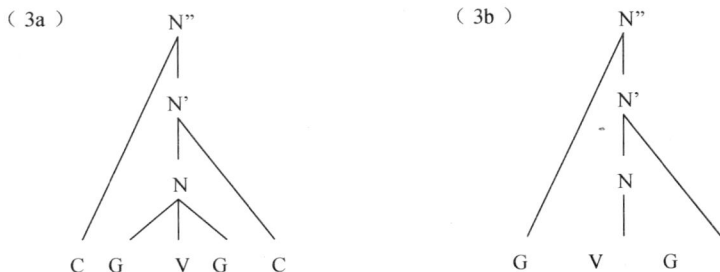

图三 汉语音节"韵核折射"模式

比较（3a）和（1a），虽然可以把（3a）的起首等同（1a）的
声母，但（3a）的韵核部分 N 不等同（1a）的韵腹，它们所包含的
内容不同。（3a）的第一个滑音 G，层次上也不同于（1a）的韵头。
相似之处是，（3a）的核心 V 等于（1a）的韵腹，（3a）的尾音在层
次上等同于（1a）的韵尾。

2. 对于核心 V 前面滑音的音韵地位，本文把它看成韵核部分，
有人则把它看成起首成分。包智明等（1997）根据闽东方言福清话

的韵腹元音松紧变化、闽南方言潮阳话的象声词重迭式和山西太原话的分音词（也叫嵌-1-词）现象，认为核心 V 前的滑音，有的属于起首（如福清话），有的属于韵腹（如潮阳话），有的则分属起首和韵腹（如太原话）。这个观点值得商榷。

（1）关于福清话的元音松紧音变（材料见冯爱珍，1993），事实上，福清话里所有韵腹元音，无论有无滑音，都有松紧音变。所谓韵母的松紧，其实是韵腹元音的松紧。滑音的音韵地位（无论属于起首部分，还是属于韵核部分，或者分析为独立的韵头），并不影响韵腹元音的松紧。所以，把滑音归入韵核部分，认为韵核部分可以有不止一个音素，未尝不可。

（2）再看潮阳话的象声词重迭式（材料来自张盛裕，1979；朱德熙，1982）。朱德熙的观察如下：在重迭式象声词里，中字为本字，前字和后字都由中字推演而来。推演过程为：（1）重复，（2）前字换韵腹 ［i］，（3）后字换声母 ［l］。

包智明等（1997）由以上推演的后两个步骤得到这样的结论：因前字用 ［i］ 替换连同滑音在内的整个韵核部分（可以多至 GVG 三个音素，因为潮阳话有 CGVGC 结构），而后字用 ［l］ 替换不包括滑音在内的音节起首，那么，滑音应该属于韵核部分，不属于起首。

其实，潮阳话的象声词重迭式，可以用自主音段理论的音段扩展解释。起首、尾音、韵核部分，都处于各自的层面。象声词音节的重迭，可分析为不同层面上音素作不同的扩展。图四以潮阳话象声词"ti?-tiau?-liau?"（意思为铁锅烧干时发出的声音）为例，解释音节重叠的生成过程。在"ti?-tiau?-liau?"三个音节里，中间音节为该象声词的本字，前字音节的核心/i/和后字音节的起首/l/，在底层已确定，而前、后音节的其他成分将由本字推演出来，如（4a）。其中□表示底层成分形式不确定，O 代表音节起首，N 代表韵核部分，C 代表尾音，小黑点表示音段成分之间的间隔。（4b）、（4c）、（4d）分别代表起首、韵核部分、尾音的扩展模式。本字的起首 O，只向前字扩展，不向后字扩展，如（4b）。本字的韵核部分 N，只向后字扩展，不向前字扩展，如（4c）。本字的尾音，因前后两字都有空位，所以向前、后两个方向扩展，如（4d）。

（4a）　□·i·□　　t·iau·ʔ　l·□·□
　　　　　　　　　｜｜｜
　　　　　　　　　Ｏ Ｎ Ｃ
　　　　前字　　　本字　　　后字

（4b）　t·i·□　　t·iau·ʔ　l·□·□
　　　　　　　　　　Ｏ Ｎ Ｃ
　　　　前字　　　本字　　　后字

（4c）　t·i·□　　t·iau·ʔ　l·iau·□
　　　　　　　　　Ｏ Ｎ Ｃ
　　　　前字　　　本字　　　后字

（4d）　t·i·ʔ　　t·iau·ʔ　l·iau·ʔ
　　　　　　　　　　Ｏ Ｎ Ｃ
　　　　前字　　　本字　　　后字

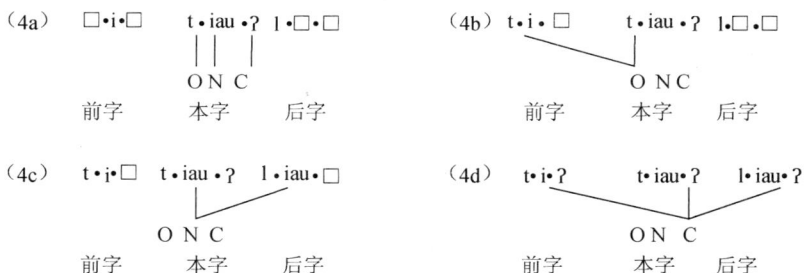

图四　潮阳话象声词 "tiʔ-tiauʔ-liauʔ" 音段扩展

　　（4c）的韵核部分 N 作为一个整体向后扩展，证明（3a）把 GVG 当作一个整体，是合理的。

　　（3）从包智明所引用的太原话材料，[3]确实看到有一定数量的嵌-l-词里，滑音［u］与［i］的表现不一致。包智明等（1997）发现，滑音［i］核心的关系较紧，而滑音［u］核心的关系较松，这个观察是对的。但太原话的材料尚不能证明滑音［u］属于起首。所以，还有一种可能是，在太原话嵌-l-词里，[4]本字为齐齿呼的，音变后大多失掉齐齿特征；本字为合口呼的，音变后保留合口特征。图五以 "ts'uəʔ-luæ"（一量词）和 "p'əʔ-liaʔ"（义 "不同"）为例，用自主音段理论的扩展来解释二者的不同（为集中讨论音素变化，声调不计）。"ts'uəʔ-luæ" 本字的音节形式为［ts'uæ］，"p'əʔ-liaʔ" 本字的音节形式为［piaʔ］，二词后字的声母/1/在底层被确定，而韵母形式未定，如（5a）。先将本字的 N 和 C 同时向后字扩展，如（5b）。再用［ə］ "替换" 二者本字的核心 V，如（5c）。所谓以［ə］替换本字核心，如果核心前有滑音［u］，则［u］不算入核心，如（5c） "量词" 的本字；如果核心前有滑音［i］，则［i］算核心，跟核心一同被替换，如（5c） "不同" 的本字。再用尾音［ʔ］ "替换" 本字的尾音，如（5d）。所谓以尾音［ʔ］替换本字尾音，指如果本字无尾音，则增加尾音，如（5d） "量词" 例；如果本字有尾音［ʔ］，则尾音不变，如（5d） "不同" 例。

量词   "不同"

（5a）   ts' u æ   l □   p' ia?   l □
          | | | |
          O NC   O NC
         本字   后字   本字   后字

（5b）   ts' u æ   l uæ   p' ia?   l ia?
              \ /   \   /
               NC   NC
         本字   后字   本字   后字

（5c）   ts' u æ ——➤ ts' uə   p' ia? ——➤ p' ə?

（5d）   ts' uə? -luæ   p' ə? - lia?
         本字   后字   本字   后字

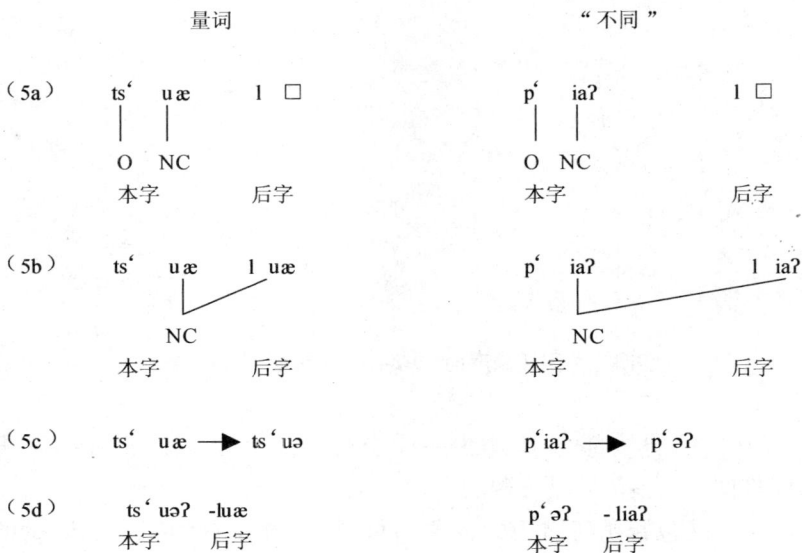

图五　太原话"ts'uə?-luæ"和"pə?-lia?"音段扩展

3. 官话方言里，滑音［i］、［u］核心元音的关系紧密度也有不一致现象。例如，河南开封话有一种［u］化韵，即名词后面加元音［u］，表义上相当于北京话的后缀"子"。例如，"叉"单念［tʂa］，表示"叉子"时念［tʂau］；"刷"单念［ʂua］，表示"刷子"时念［ʂuau］。

开封话共有十二个韵母可以［u］化，它们是［ʅ］、［i］、［a］、［ia］、［ua］、［ɣ］、［uɣ］、［iɛ］、［yɛ］、［ai］、［uai］、［ei］。这些韵母［u］化后，原本的元音也会发生音变。零韵尾韵母的音变与此处讨论无关，有意思的是原本带［i］韵尾的音变，音节的韵头发生两种变化：（1）增加韵头，韵母［ai］变［iau］，[5]如"孩"［xai］变成［xiau］，"麦"［mai］变成［miau］；韵母［ei］变［iou］，如"痱"［fei］变成［fiou］，"妹"［mei］变成［miou］。（2）改变韵头，韵母［uai］变［iau］，如"筷"［kʻuai］变成［kʻiau］（刘冬冰，1997）。原音节带［i］尾的音变可用自主音段理论来解释：当带［i］尾的韵母发生［u］化时，在滑音层面上，原本韵尾的［i］

移至核心元音前面。移动的结果：或者韵母添加韵头［i］，如以上第一种情况；[6]或者［i］取代原来的韵头［u］，如以上第二种情况。

开封话的例子说明，在韵母［u］化过程中，滑音［i］在核心元音后面的位置被新加的韵尾［u］占据后，滑音没有因此而消失，也没有将特征转移到邻近韵核元音上，而是在滑音层面上向前移动，移至核心元音前。从滑音［i］取代滑音［u］这一点，可以说滑音［i］跟核心元音的紧密度大于滑音［u］跟核心元音的紧密度。

然而，在韵尾位置上，官话方言里更多的是尾音［i］跟核心元音的紧密度不如尾音［u］跟核心元音的关系。例如，北京（鲁允中，1995），河南的遂平（丁声树，1989），泌阳（李宇明，1996），山东的德州（曹延杰，1997），寿光（张树铮，1996）。这些地方方言的儿化韵里，原韵母的尾音［i］都失去，而原韵母的尾音［u］都保留在儿化韵里。

四　结语:汉语音节结构与句法 结构的相似性

从"韵核折射"模式看汉语音节结构，发现汉语的音节结构与句法结构，有惊人的相似。朱德熙（1982b）曾说过，印欧语的语法，从词、词组到句子，是一种组合关系，而汉语的词、词组、句子之间，是一种实现关系，汉语的词或词组，可以直接实现为句子。汉语音节中的各成分之间的结构关系，按照"韵核折射"的层次，也可以直接实现音节。汉语音节结构的特点是：以核心元音为中心，以滑音为中心补充成分，以单一成分的起首和单一成分的尾音为音节界线，形成一种独特的对称结构。当结构由中心向两边任意扩大时，扩大的每个阶段，都能够直接实现为音节。

（作者单位：香港教育学院中文系）

注 释

[1] 本文闽语材料，除特别注明外，都来自陈章太、李如龙《闽语研究》和北京大学中文系《汉语方音字汇》。

[2] 厦门话里有一些口语音的-VGC 结构，出现频率很低，缺乏普遍性，详见袁家骅等 1989 年《汉语方言概要》和厦门市地方志编纂委员会办公室 1996 年《厦门方言志》。泉州话情况相似，见林连通 1993 年《泉州市方言志》。

[3] 包智明引用的太原话材料来自赵秉璇发表于《中国语文》1979 年第 6 期的《晋中话嵌 l 词汇释》。徐通锵在《中国语文》1981 年第 6 期撰文，认为赵秉璇把晋中嵌 l 词的范围不适当地扩大了。

[4] 本文所据的太原话语音材料，来自包智明等（1997）。

[5] 当声母为卷舌音时，韵母［ai］的［u］化形式是［au］，不是［iau］。因为卷舌声母不拼齐齿呼韵母。

[6] 开封话共有四个［i］尾韵母，其中韵母［uei］不发生［u］化。笔者的解释是，韵母［uei］经过［u］化变成［ieu］，就与［ei］变［iou］没有分别了。

参考文献

[1] 包智明、侍建国、许德宝：《生成音系学理论及其应用》，中国社会科学出版社 1997 年版。

[2] 曹延杰：《德州方言地名读音》，载《方言》1997 年第 1 期。

[3] 陈章太、李如龙：《闽语研究》，语文出版社 1991 年版。

[4] 丁声树：《河南省遂平方言记略》，载《方言》1989 年第 2 期。

[5] 冯爱珍：《福清方言研究》，社会科学文献出版社 1993 年版。

[6] 李宁明：《泌阳方言的儿化及儿化闪化》，载《方言》1996 年第 4 期。

[7] 刘冬冰：《开封方言记略》，载《方言》1997 年第 4 期。

[8] 鲁允中：《普通话的轻声和儿化》，商务印书馆 1995 年版。

[9] 张盛裕：《潮阳方言的重迭式》，载《中国语文》1979 年第 2 期。

[10] 张树铮：《山东寿光北部方言的儿化》，载《方言》1996 年第 4 期。

[11] 朱德熙：《潮阳话和北京话重迭式象声词的构造》，载《方言》1982 年第 3 期。

[12] 朱德熙：《语法分析和语法体系》，载《中国语文》1982 年第 1 期。

[13]　　Hsueh Feng-sheng（薛凤生）, 1980, Phonemic structure of Pekingese Finals and Their R-Suffixation. Bulletin of the Institute of History and Philology Academia Sinica 51. 3 : 491 – 514.

[14]　　Levin Juliette, 1985, A Metrical Theory of Syllabicity , Ph. D. Dissertation, MIT.

[15]　　Wang Zhijie（王志洁）, 1993, The Geometry of Segmental Features in Beijing Mandarin, Ph. D. Dissertation , University of Delaware.

从粤普词汇差异看地理环境因素的影响

[中国香港] 卢兴翘 刘志平

引　言

方言是地区文化的重要载体，方言词汇最能反映人们对地区事物的认识和与此有关的思维活动。粤语区跟辽阔的北方在气候、地形和物产方面都有明显的差别，反映在词汇上，是各自有成批的词与之相对应。这些词的创造方法和意义引申的方法都很相近，但由于南北地区人们的思维方式不尽相同，反映在语言的表达上也各有特色。

本文所说的粤语实际上是指广州话。文中广州话词的释义主要取自麦耘、谭步云编著的《实用广州话分类词典》。

一　气候与粤普词的关系

北方寒冷的时间长，什么是冰，什么是雪，北方人分得很清楚，但对古时候住在天气又湿又热的粤地的人来说，则不容易想象得到。广东属于亚热带地区，广州人终年不见冰雪，因此对于一些和温度有关的词跟北方人有不同的体会。普通话一些说"冰"的词，粤语大都用"雪"代替。如"雪水"（冰水）、"雪条"（冰棍）、"雪柜"（冰箱）、"雪糕"（冰激凌）、"雪粒"（冰块儿）、"雪厂"（冰厂）、"雪藏"（冰镇）、"雪屐"（冰鞋）、"雪住但先"（先把它冰着）。粤人对"凉、冷、冻"的概念也区分不太清，很多时候，三者所指的温度实际相差不大，其中"冻"尤其用得多。广州话用"冻"来形容的东西，一般相当于普通话的"冷"或"凉"，例如"冻水"（冷水）、"冻房"（冷库）、"冻冰冰"（冷冰冰）、"阴阴冻"（阴冷阴冷的）、"冻滚水"（凉开水）、"水都冻晒"（水都凉了）、"抵得冻"（耐冷）、"摊冻"（放凉了）。

广州夏天非常炎热，气温常高达摄氏30多度，地面经太阳暴晒之后，如果突然淋上水，会造成一种潮湿的暑气，称为"热腥"。人们选居室都喜欢"向南楼"（窗户开向南方的房子），这种房子，冬天不受北风吹袭，夏天又特别凉快，因此有"千金难买向南楼"的说法，如果房子朝西，下午的"西斜热"（夏日夕阳的热辐射）就让人很难受。夏天既湿又热，人们尤其会注意饮食，像"湿热菜"（结球白菜，广州人认为多食此菜会引起湿邪伤胃）、芒果、柿子、柑等性湿热的蔬果都不宜多吃。"湿滞"、"湿热"本指因气候热而湿度大，或饮食不当引起的肠胃不适，其后引申指"不顺利，难应付"，这都是北方人不容易体会的概念，如"呢单认真湿滞"（这件事情真难应付）。为了取得饮食平衡，粤人经常在这个季节饮用"凉茶"（泛指有清热效用的汤水）、"去湿茶"（去湿的汤水）、"二十四味"（二十四种材料煎成的凉茶）等饮料。

广东地区一年内下雨的时间很长，不同月份下的雨也不同，春天下的是"雨粉"（毛毛雨）或"雨毛"（毛毛雨），"雨 yˉst⁵⁵"（微雨），人们多用"雨粉粉"（细雨飘零）、"雨糠糠"（细雨飘零）等来形容这时候的雨。三四月的时候，可能连续几个星期下雨，天气非常潮湿，墙壁、地板都挂上水点，"湿气"（空气中所含水汽）很重，到处都是"落雨丝湿"（因下雨而潮湿）。夏天的雨比较大，有时候遇上台风，在近海边的地方"横风横雨"（风雨横扫），人们连走路都走不稳。当风眼掠过的时候，海上掀起数尺高的巨浪，船只都要躲进"避风塘"（避风港）。广东地区由于雨水多，房子多建有"骑楼"（马路两旁横跨人行道的建筑物，这种建筑可供行人避雨），下雨的时候走在"骑楼底"（上有架空建筑物的人行道），就不用打伞了。粤地的秋天时间很短，天气仍然相当热，加上湿度降低，就有

"十月火归天"（农历十月天气燥热）这个农谚。冬天偶尔也会下雨，一般是冷锋来之前很冷的小雨，粤人称为"落雪水"。

北方地区寒暑变化剧烈，气候特征是干、冷和风大。冬天下雪、结霜、刮风沙，有一批词与之相对应。从降雪量多少可以分为"大雪"、"中雪"和"小雪"；按下雪的时间分为"初雪"、"桃花雪"和"瑞雪"；雪造成的伤害有"雪盲"、"雪崩"、"雪灾"；按下雪的情况有"暴风雪"、"残雪"、"雪暴"、"鹅毛大雪"（也叫"白毛风"）；从地形来分又有"雪野"和"雪原"；跟玩雪有关的词则有"打雪仗"、"滑雪板"、"滑雪衫"。

霜对庄稼和植物的生长会构成威胁，"早霜"、"晚霜"、"终霜"、"无霜期"、"霜期"显示一年中下霜的时间。下霜造成农作物损失，于是有"霜冻"和"霜害"两个词。跟下霜的天气有关的还有"霜天"和"霜晨"。珠江三角洲的冬天偶然也会在山顶的植物上面结一层薄薄的霜，因为难得一见，人们常在破晓时分冒着寒风结伴登山欣赏，个中情趣也是北方人不会有的。

北方一年四季的风都不同，春天刮的是"白毛风"，满天黄沙，昏天昏地，对面三尺都看不清楚人，沙土打在脸上挺疼的，男人骑车要戴上帽子，妇女出门要包上纱巾，连脸都要裹起来。夏天吹的是"穿堂风/过堂风"，这种风最受欢迎，因为非常凉爽。此外，普通话中还有很多关于风的词，例如起风的地方不同，就有"贼风"和"阴风"；风的强弱不同，就有"暴风"、"刚风"、"微风"和"和风"；风形成的地理环境不同，就有"焚风"和"热风"；跟防风、御风有关的词还有"风斗"、"风门"、"风灯"、"风镜"和"风帽"；此外，人们还会留意"风色"和防避"风害"。

不管南北，都有风衣。北方的风衣是用厚布做成的，长度过膝，作用主要是挡风和沙，是名副其实的风衣；广东天气热而多雨，风衣短而薄，料子多不透水，以挡雨和保暖为主。南北天气不同，风衣虽名同，但实异。

在北方，暴风雨来临之前的风明显不同，所谓"山雨欲来风满楼"，这时的风猛、急，接着就是大雨。有一些普通话的熟语很能反映人们对风的体会，例如"大风地里吃炒面——有口难开"、"风里来雨里去"、"风不吹雾不散，话不说，理不明"、"谁种狂风，谁收暴雨"、"只当给风刮跑了"、"岁朝东北风，五谷大熟丰，岁朝西北风，大水害农功"等。

北方的"沙尘天气"也名闻全国。"尘暴/沙暴/沙尘暴"发生的时候，卷起"风沙"，空气混浊，天色昏黄，能见度很低，有时还会造成"沙荒"和"沙灾"。

南北天气不同，洗澡方法也不同。南方天气湿热，用水充足，为了除垢和凉快，人们用水龙头冲身，广州话称为"冲凉"。现在一般家庭都设有"冲凉房"。北方干燥，水很宝贵，旧时整个四合院只有一个水龙头，夏天人们多数只用脸盆盛了水，用毛巾"擦澡"。在没有个人浴室的时代，"澡堂子/澡塘"指普通大众洗澡的地方，人们互相帮忙，将泥搓出来谓之"搓澡"。后来，大多数机关、工厂、单位都有了自己的澡堂子，也还是男部有"池浴"和"淋浴"，女部多数只有淋浴。

二　地形与粤普词的关系

北方山高风大，广州附近则水网密布，一些粤语带"水"的词，在普通话刚好跟"风、山"相对，如"望风——睇水"、"威风——威水"、"通风——通水"、"放风——放水"、"打秋风——抽水"、"侃大山——吹水"、"万事俱备，只欠东风——五行欠水"、"云山雾罩——一头雾水""你情我愿，喝西北风都成——有情饮水饱"。

普通话中关于山的熟语很多，下面是一些例子：

山有百草，人有百性	山不转，石不转磨转
上山看山势，入门看人意	高山不会碰头，活人总会见面
放虎归山，后患无穷	对门火烧山——与我不相干
深山藏虎豹，乱世出英雄	泰山压顶不弯腰
山中自有千年树，世上难逢百岁人	高山滚马桶——臭气远扬
山有山神，庙有庙主	土地老爷住深山，自在没香火

广州话的水族词很有名,"水"除了基本义之外,有多达 10 个普通话没有的用法,由于诸家论著已经谈过不少,本文就不再重复了。

南北地理特点不同,交通工具也不同。广州地处珠江三角洲,附近河道纵横,人们出外常要坐船、坐艇或过桥,粤语中就有一批用桥、船、艇、缆、舵等构成的词和熟语,这些熟语通俗显浅,生动传神,饶有趣味。关于桥、船的例子有:

"桥":招儿/点子	"桥妙":奥妙	"桥段":经典片段
"有桥":有办法	"度桥":想窍门儿	"搭桥":做中间人介绍门路
"过桥抽板":过河拆桥	"食盐多过你食米,行桥多过你行路":经验、见识比你多	
"戏桥": 演出节目说明书;戏剧的内容简介		
"修桥整路冇尸骸":做好事的人,反得不到好报。冇:没有		

"行船":当水手	"电船":旧称汽艇	"火船":旧称轮船	"移船就堪":刻意迁就,好让事成
"驳船":由码头运货至大轮船上的船	"船头惊鬼,船尾惊贼":形容人疑神疑鬼		
"小心驶得成年船":小心就不容易出错	"一竹篙打沉一船人":一棍子通通打死		
"船到桥头自然直":车到山前必有路	"龙船装狗屎":又长又臭		
"一脚踏两船":几种好处都不放过	"有风驶尽":有机会不放过,贬义		
"烂船总有三斤钉":瘦死的骆驼比马大	"缸瓦船打老虎——尽地一煲":孤注一掷		

(广普的近义熟语正好反映南北地理环境的不同)

关于艇的：

"扒艇仔"：划小船	"艇家"：船家；以摆渡等为业的人
"艇屋"：水上人家以船舟为居所	"扒屈头艇"：勾搭尼姑
"苏州过后冇艇搭"：过此山无鸟叫。冇：没有	
"顺风屎艇快夹臭"：做得很快，很马虎，当中错误百出，尤指写文章方面	

关于缆的：

"横水"：接载旅客渡江的小船		
"花尾"：一种由拖轮带的内河客船，船尾漆有花纹，故名。现已少见		
"拖"：旧指靠拖轮带动的无动力内河客船，现在指渡轮		
"车把"：方向盘；船舵	"把"：掌舵	"硬"：遇到困难，没法子做下去
"转"：改变态度和做法	"斩缆"：断绝关系	"拉头缆"：牵头/带头

北方平原多，人们走的是陆路，从前主要用马、驴和骡来运输。这三种动物是北方人的重要财产，由于它们跟人的关系很密切，普通话也有不少关于马、驴、骡的熟语，其中有的反映人们对它们习性的深入了解，有的是从它们身上体验到的道理，有的是借它们表达一种幽默感。下面是部分例子：

关于马的：

马前不磕头，马后去作揖	马槽里伸个驴头——多一张嘴
马屁股打掌——离蹄（题）太远	马尾拴豆腐——提不起来
马看牙板，树看年轮	千金买骏马，无处买青春
马无夜草不肥，人无外财不富	马上不知马下苦
马嚼子戴在牛嘴上——胡勒	老马过河，不看准不下脚

关于驴子的:

驴子拉磨牛耕田——各干各的	毛驴拉磨——原地打转
骑驴担担子——全在驴身上	骑驴看唱本——走着瞧
山沟里的毛驴——走不惯平川地	大家的驴儿大家骑
驴头伸进马奶桶里——张白嘴	毛驴上套驻又买不起马
草骡打滚儿——顶多瞎踢两下子,翻不过去	看不起驴又买不起马

关于骡子的:

骡子卖了个驴价钱	是骡子是马拉出来遛遛
骡马脖子挂铃铛,一步一个响	骡子驮重不驮轻
驴下骡子,母不传丑	母鸡打鸣,骡马上阵
骡马上不了阵	骡子不死,脾气不改
骡子死了,架子不垮	肥了骡子瘦了马

三 物产、禽畜与粤普词的关系

珠江三角洲跟北方的物产很不同。南方人以大米为主食,麦子为副食,北方则刚好相反。粤语中对大米的分类和用大米做成的食品名称很多,米类例如"占米"、"银占"、"肥仔米"、"火搅米"、"煲粥米"(专供煮粥用的米);粉类有"沙河粉"、"濑粉"、"银针粉""金边粉";用米造的食品有"煲仔饭"(连饭带肉菜一起焖的饭)、"猪肠粉"、"马拉糕"、"炒米饼"、"钵仔糕"、"粉果"、"老婆饼"、"糯米糍"、"糯米卷"、"角仔"、"煎堆"、"笑口枣"、"米通"、"猪油糕"等等,还有各式包子和各式糊类甜汤(用各种作料、水和大米面儿煮成,如"芝麻糊"、"花生糊"、"杏仁糊")。粤人常吃大米,也由此提炼出不少跟大米、禾、粥、糊有关的词和语。

"得米"：得手	"倒米"：帮倒忙	"乞米"：讨饭
"米路"：活儿路	"食塞米／食枉米"：骂人白吃饭	"煮重米"：背后说人坏话
"倒米寿星"：老捅娄子或把事情弄糟的人		"唔嗅米气"：不通人情
"银行多过米铺"：香港熟语，夸张银行之多		"唔知米贵"：不懂生活艰难。唔：不
"煲冇米粥"：煮没有米的粥，比喻空谈。冇：没有		"蛀米大虫"：指好食懒作的人
"一样米养百样人"：一娘生九种，种种不同		"米贵兼闰月"：连接碰着倒霉的事
"见屡唔见米白"：用脚踏碓子米，只见屁股动，却捣不出精米来，比喻白费工夫，花费很多力气而不见成效。屡：动；唔：不		
"二叔公割禾——望下截"：希望将来有好收获	"禾秆珍珠"：外表差实质好	
"食夜粥"：练武术。据说练武须于夜间进食补充	"食糊"：麻将和了	
"朝朝一碗粥，饿死医生一屋"：吃粥有益健康	"靠……食糊"：比喻全靠某人成事	

南方天气热，出汗多，人们喜欢喝粥。粥可以代替米做主食。广州话不说"喝粥"，因为广州的粥很稠，而且常加入各种作料一起煮，所以粥要吃（食粥）。粥有咸的，也有甜的，咸的例如有"及第粥"、"艇仔粥"、[1]"腐竹白果粥"、"肉丸粥"、"鱼生粥"、"去湿粥"、"八宝粥"、"柴鱼花生粥"、"鲍鱼粥"、"瑶柱粥"、"鸡粥"等，最常吃的甜粥有"五色豆粥"。基本上喜欢吃的都可以加进粥里，名堂可以很多；不加作料的粥称"白粥"或者"米皇"，专给小儿吃的有"烂头粥"（煮得非常烂而稠的粥）。北方人以麦为主食，品种很丰富，有"白面"、"挂面"、"切面"、"刀削面"、"水饺"、"卷子"、"花卷"、"蒸饺"、"锅贴儿"、"馄饨"、"烙饼"、"锅饼"、

"锅盔"、"烧饼"、"大饼"、"蒸饼"、"馅儿饼"、"麻花"、"油饼"、"薄脆"、"馃子"、"春卷"和各式包子、饺子等等，粥只是在吃包子馒头之类干的东西的时候，代替水来喝的，粥里水多米少，这样的粥宜"喝"，跟粤语要"吃"的粥不同。

北方除了麦子之外，还有谷子、高粱和荞麦。广州话有关于"米"的熟语，普通话也有不少关于麦子、谷子、黍子、高粱、荞麦、面、饺子、馍馍、包子、馒头、大饼的熟语，其中不乏反映人们对收成麦子的重视。

三夏抢麦，时不我待	三秋不如一麦
麦熟一晌，虎口夺粮	春到麦起身，一刻值千金
大寒一场雪，来年好吃麦	麦盖一场被，头枕馒头睡
一季种谷，三季收金	谷子密了秕糠多，娃娃稠了添药锅
不吃高粱本，喝不到老烧酒	三伏天的高粱——节节上升
下不了高粱本，喝不到老烧酒	荞麦皮打浆糊——粘不到一起
荞麦去了皮——棱没棱，仁没仁	打倒的媳妇和倒的面
冬至饺子，夏至面	哑巴吃饺子——嘴里不说，心里有数
过年吃饺子——都是一家人	冷手抓不住热馍馍
别人嚼过的馍不香	做梦吃肉包——不知啥馅儿的
拿你的包子塞你的嘴	包子未动口——不知啥馅的
谁吃馒头不挑大的	走路拾馒头，摔跟头拣票子——尽想好事
又想吃大饼，又不愿累牙	锅不热，饼不靠

说到禽畜，广州话有所谓"三鸟"（鸡、鸭、鹅），它们都是南方人喜欢的副食品。三者之中，鸡是饲养最多的。粤人特别喜欢养鸡，这跟少数民族的生活习惯和风俗有关。苗人居室分上下层，上层住人，下层养猪、鸡等动物。宋代周去非在《岭外代答》一书中就

记载了当时在广右所见的鸡的特有品种，包括长鸣鸡（特征是一鸣十刻）、潮鸡（潮至则啼的）、枕鸡（向晨必啼的）和翻毛鸡（翅膀和尾巴的毛翻向外的）（见书中编号239，240，241，242），当地人还有斗鸡、鸡卜和茅卜的习俗（见编号238，286，287）；[2]宋代至今超过千年，长期以来，粤人与这些少数民族杂居，必然也与鸡朝夕相对，对其神态、习性非常熟悉，拿它来造词，也是很自然的事情。香港商务印书馆2003年出版的《现代汉语词典》（繁体版光盘）中带"鸡"字的词共有86条，笔者搜集到带"鸡"字的广州话词则有138条（双方熟语都不算在内）。虽然普通话不一定把所有北方话中的鸡字词全部收纳，但是北方方言区人口之多，幅员之广，粤方言区是无法相比的；而两地鸡族词的数量有这样明显的差别，足见鸡在粤方言中的构词力特别强。鸡的各个部位，粤语有不同于普通话的名称，如"鸡肾"（鸡的胃）、"鸡关"（鸡冠子）、"鸡子"（公鸡的肾），不同性别、年龄的鸡也有不同的叫法，如"鸡公"（公鸡）、"鸡婆"（老母鸡）、"鸡健"（比小鸡稍大的鸡），菜肴方面又有"鸡红"（凝固的鸡血，食品之一）、"鸡包"（鸡肉做馅的包子）、"脆皮鸡"（烤鸡）等。此外，鸡还有五个普通话没有的用法：

（1）指人：如"学生鸡"（小学生）、"湿水鸡"（指全身湿透的人）、"发瘟鸡"（对人笑骂的称呼）、"藕脚鸡"（老是缠着大人的小孩）。

（2）指暗娼：如"做鸡"（做妓女）、"鸡窦"（妓院）、"鸡头"（控制妓女的人）。

（3）指钱：如"三文鸡"（三块钱）、"三鸡士"（三块钱）。

（4）指食物，一般不用鸡作材料的：如"芋鸡"（芋头丝加米粉做成块，用油炸脆）、"珍珠鸡"（糯米包以猪肉或其作料，外包荷叶蒸熟）。

（5）意义虚化：如"偷鸡"（偷懒）、"捞鸡"（完成；成功；得到好处）、"漏鸡/走鸡"（失去机会；漏掉）。

此外，还有数十个以鸡作比喻造成的词和熟语，如"鸡屎果"（番石榴的别名）、"鸡窦"（鸡窝：头发蓬松凌乱）、"鸡屙尿"（没有或罕见的事情）、"鸡啄唔断"（比喻拉扯不断，滔滔不绝）、

"鸡手鸭脚"（笨手笨脚）、"死鸡撑饭盖"（死不认错）、"大鸡晤食细米"（有本领的人不做效益小的事情）、"无掩鸡笼——自出自入"（不受管束）、"一时唔偷鸡做保长"（偶然不做坏事便貌似正经地管起别人来）等。粤语中最有特色的除了水族词外，要算是鸡族词了。

鸭、鹅虽然不及鸡常吃，但是水边的人不会不熟悉它们。粤语中也有一些带鸭、鹅字的词很有特色，其他水产如鱼、虾、蟹、龟等的词也多有引申义。

例如：

"鸭蹄"：扁平足	"挂腊鸭"：喻作上吊	"老水鸭"：老油条
"鸭食鸭"：生意越来越亏本	"跛脚鸭"：做事不成的人	"竹织鸭"：没心肝的人
"苦瓜煮鸭"：苦不堪言	"做鸭"：做男妓	"水过鸭背"：听过就忘
"鹅翁喉"：像鹅叫的嗓音	"鹅春石"：鹅卵石	"鹅蛋形"：椭圆形

"白天鹅"：啰嗦的人，多指女人。鹅哦同音。哦 NO[21]：低声而絮絮不停地说话。与"黑天鹅"、"嫦娥"对称。白天和晚上都这样的女人被称为"嫦娥"。嫦娥、常哦，哦娥谐音

"生咸鱼"：二百五	"大眼睛金鱼"：谑称大眼睛的人
"咸鱼"：用盐腌制过的鱼，也谑称死人	"失魂鱼"：冒失鬼
"大头虾"：粗心大意的人	"虾仔"：小虾，昵称宝宝
"赖尿虾"：琵琶虾的俗称；戏指爱遗尿的小孩	"水蟹"：瘦小的蟹，也指水平低的人
"软脚蟹"：喻没有气力的人	"扮蟹"：装疯卖傻的人
"肥蟹"：肥缺，美差	"龟婆"：妓院的女老板
"龟公"：公乌龟，妓院的男老板，也指替女人牵线的男子	"龟仔"：骂人的话，龟儿子
"龟蛋"：骂人话，王八蛋	"大鳄"：阴险凶恶之人

南方多蛇，粤人尤爱吃蛇。冬天吃过蛇后，身体特别暖，粤语就有"秋风起，三蛇肥"的说法（三蛇："银环蛇"、"金环蛇"、"过树龙"）。专供吃蛇的食肆有"三蛇羹"、"五蛇羹"，炒蛇丝、蛇片加上各种配料做成的菜式供人选用。卖蛇的专卖店还有用蛇泡酿的药酒出售，又会在客人面前剖开活蛇，取出蛇胆混在酒里供客人当场喝下，据说蛇胆有清肝明目、去脂降压的功效。蛇静止的时间比活动的多，因而粤人视之为懒惰的动物，粤语中就用它来比喻懒惰的人或形容人懒惰，这种用法在普通话中没有。例如：

"大懒蛇"：谑称懒惰的人	"蛇王"：专门捉蛇的人，指极懒的人
"死蛇烂"	"软皮蛇"：二皮脸

蛇又有阴险的形象，也常指不法之徒：

"人蛇"：不合法的移民	"蛇客"：不合法的居住者
"佛口蛇心"：口蜜腹剑	"屈蛇"：非法的首领
"蛇窦"：蛇窝，也指贼的巢穴	"蛇头"：匪帮的首领
"蛇头鼠眼"：形容人的相貌。象征阴险、狡猾	"蛇鼠一窝"：一路货
"两头蛇"：挑拨是非，从中取利的人	"放蛇"：执法机构派卧底进行调查
"蛇有蛇路，鼠有鼠路"：各人自有其解决困难的方法	"引蛇入屋"：引狼入室

在北方，除了马、驴、骡之外，羊也是和生活息息相关的动物。羊是主要的肉食之一，在品种方面有"北山羊"、"山羊"、"绵羊"、"羚羊"、"羱羊"；从用途分有"奶羊"和"菜羊"；阉割了的公羊称"羯羊"，"头羊"是羊群中领头的羊，负责放羊的则有"羊工"和"羊倌"。普通话中也有一些跟羊有关的熟语：

羊群里丢了羊群里找	羊毛搓的绳子，又抽在羊身上
宁救百只羊，不救一只狼	羊群里跑个兔——数它小，数它精
披着羊皮的狼	羊皮贴不到狼身上
羊闯进了虎嘴里——进得来，出不去	羊上狼不上，马跳猴不跳
羊闯狼窝自牺牲	赶着绵羊过火焰山——往死里逼
羊儿落在虎口里	羊羔吃奶——双膝跪地

四 粤普词的文化差异

从上述词中，不难看到广州话和普通话词汇有一个明显的差异。广州话有相当多的词是借用动物来比喻人，这些词绝大部分是贬义的。上面鸡、鸭、鹅、鱼、虾、蟹、龟、蛇都可以用来指称人，除此之外，粤语中猫、狗、猪、鼠、虫、牛、虎、猴子、鹤都有指人的用法。下面是一些例子：

"花面猫"：谑称脸上很脏的小孩	"污糟猫"：谑称很脏的孩子
"病猫"：喻病态慵懒的人	
"烂喊猫"：谑称爱哭的孩子	"跟尾狗"：对人亦步亦趋，做事总是跟着别人的人
"四眼狗"：戴眼镜的人	"猪头"：蠢人
"门口狗"：在家中发横，出门不敢说话的人	"烂猪"：贪睡的人
"猪仔"：被出卖的人	"乖猪"：乖孩子
"曳猪"：淘气的孩子。曳：淘气	"沙滩老鼠"：专门在沙滩偷东西的贼

续表

"死老鼠"：谴称垂头丧气的人	"蛀米大虫"：只会吃饭，不会或不愿意做事的人
"书虫"：谴称爱读书的人	"开荒牛"：辛劳的开创者
"大耳牛"：对有益的训诫老是忘记的人	"无牙老虎"：表面很凶、实际没杀伤力的人
"老虎"：母老虎，喻凶悍的妇人	"马骝精"：非常调皮、好动的孩子
"打斋"：比喻引诱人干坏事	"鹤"：极瘦的人
"用绳马骝"：字面意思指脱了绳套的猴子，比喻调皮难以约束的孩子	

不但如此，少量的蔬菜，甚至死物都可以拿来借喻人，造成的词主要是贬义的。例如：

"倒瓤冬瓜"：喻徒有其表的人。倒瓤：瓜瓤坏掉	"烂蕃茄"：失去贞操的女人
"生水芋头"：煮熟后不面的芋头，喻傻头傻脑的人	"苦瓜干"：愁眉苦脸的人
"花心萝卜"：好色而又感情不专一的男人	"萝卜头"：对日本人不友善的称呼
"废柴"：身体孱弱的人，此以柴喻瘦	"大蕃薯"：愚笨的人
"大葵扇"：媒人，旧戏曲中媒婆总手摇葵扇出场	"香炉墩"：谴称独生子（靠他维持香火之意）
"湿水榄核"：橄榄核儿放不稳，沾了水更滑，喻好动、淘气的孩子	

广州话用借喻手段造出一大批詈词詈语，一方面反映各种禽畜、动物和粤人的生活联系得很紧密，使得它们渗透进语言的面比较广阔；另一方面，也反映昔日粤民对人的尊重程度相当低，怒气一动，受骂的人就仿如猪狗，或甚至是连猪狗都不如的植物和死物。

普通话也有用动物喻人，如"老黄牛"、"顺毛驴"、"哈巴狗"、

"癞皮狗"、"看家狗"、"落水狗"、"走狗"、"夜猫子"、"馋猫"、"过街老鼠"、"乌龟"、"旱鸭子"等，但数量和范围都远远比不上广州话，像马、羊、骡基本上都没有这种用法，借植物和死物来指人相信更少。虽然不少普通话熟语都是通过动物的行为来反映社会人生百态，但人是人，禽兽是禽兽，界线还是划分得相对清楚的，这一点是粤普语反映在语言上的文化差异。另一方面，这也可能跟南北人骂人的方式不同有关。北方人爱充大辈儿，比如说："你这孙子能把你爷爷我怎么样"、"姑奶奶我就不怕你"、"你当我儿子（或孙子）还差不多"等，骂人的人很可能是年纪并不大的人。北方人讲究"辈儿大压死人"，宗族关系中要论资排辈，长幼有序，并不看年龄，可能年纪小的人居然是年长人的长辈，那么依然要被尊重，所以冒充别人的长辈就是占便宜了。这种骂人的方式，粤人就很少用。

五　结语

与生活越紧贴的词，引申义越多；与生活关系越密切的事物，人们对它们的分类就越细密，这原则基本上南北是一致的。但生活中所见的事物不同，通过不同的联想，南北两地造出来的词是各有特色的。这些特色，一方面反映地域的景观不同，也反映人们不同的思维方法。从文化的角度考察，借用大量禽畜、动物来骂人是粤语的一个特色，这些词在别的方言或普通话中，相信不一定能够找到意义相当而同样传神的词与之对应。

（作者单位：香港教育学院中文系）

注　释

[1]　根据白福臻《我和香港六十年》所说，艇仔粥源起于广州荔枝湾，原名杂锦鱼生粥，包括鸡肉、江珧柱、叉烧丝、鱿鱼丝、海蜇丝、火腿丝、榆耳丝、皮蛋丝、鸡蛋白、草鱼皮、生菜丝、姜葱丝、香菜、柠檬叶丝、炸花生、

薄脆等材料。

　　[2]　　茅卜是用鸡来进行的一种占卜。

参考文献

　　[1]　　白福臻：《我和香港六十年》，香港：香港艺术发展局。

　　[2]　　李如龙：《汉语方言的比较研究》，商务印书馆 2001 年版。

　　[3]　　李如龙：《汉语方言学》，高等教育出版社 2001 年版。

　　[4]　　陆镜光、张振江：《香港方言的"水族"词及相关的语词——兼与普通话对比》，载《词汇学理论与实践》，商务印书馆 2001 年版。

　　[5]　　司徒尚纪：《广东文化地理》，广东人民出版社 1993 年版。

　　[6]　　周去非：《岭外代答》，上海远东出版社 1996 年版。

　　[7]　　《现代汉语词典》，商务印书馆 2005 年版。

　　[8]　　《现代汉语词典》（光盘），香港：商务印书馆 2003 年版。

　　[9]　　白宛如：《广州方言词典》，江苏教育出版社 1998 年版。

　　[10]　　麦耘、谭步云：《实用广州话分类词典》，广东人民出版社 1997 年版。

　　[11]　　《汉语谚语歇后语俗语分类大词典》，内蒙古人民出版社 1987 年版。

　　[12]　　《现代汉语分类词典》，汉语大词典出版社 1998 年版。

论给予句合格度的韵律制约

许　端

1. 研究范围

本文专门探讨给予句的合格度问题。

我们把表达给予义的句子简称为给予句。关于给予义的表达，朱德熙先生（1980）曾有过贴切的描述：存在着"与者"（A）和"受者"（B）双方；存在着与者所与亦即受者所受的事物（C）；A 主动地使 C 由 A 转移至 B。那么普通话里哪些句子可以表达给予义呢？归纳起来有四种基本句式：

> （1）S_1：$NP_1 + V + 给 + NP_2 + NP_3$　　　　我送给他一本书
> 　　　S_2：$NP_1 + V + NP_3 + 给 + NP_2$　　　　我送一本书给他
> 　　　S_3：$NP_1 + 给 + NP_2 + V + NP_3$　　　　我给他写一封信
> 　　　S_4：$NP_1 + V + NP_2 + NP_3$　　　　　　我送他一本书

在以上句式中，主语 NP_1 体现"与者"，间接宾语 NP_2 体现"受者"，直接宾语 NP_3 体现"与者所与受者所受"。从句式本身能否表达给予义来看，只有 S_1 和 S_2 是表达给予义的特定句式。也就是说能进入该句式的句子都是给予句。但实证研究的结果表明，S_1 及其变换形式（把字句）的使用频率高达 90%，是给予句的典型句式，而 S_2 的使用率极低（延俊荣，2005）。S_3 和 S_4 则既可以包括给予句又可以容纳非给予句。S_3 里非给予句的例子如：

  （2）我给他理了一次发

    他给我唱了一支歌

    她给小孩洗了几件衣服

由于在该句式中，"给"所表达的意义究竟是给予义还是服务义、代替义，难以区分。为了避免混淆，S_3 不在本文的研究范围之内。

  S_4 里非给予句的例子如：

  （3）那小子抢了她一个包

    汽车溅了我一身泥

    我们叫他王老五

但也有相当一部分动词，如送、递、卖、传、还、分等可以进入该句式。这类动词共同的语义特征就是给予义。在形式上，它们的后面可以紧跟"给"。因此朱德熙先生（1980）曾说："我们可以把 S_4 和 S_1 统一起来看成是同一种句式。具体地说，就是把不带'给'的 S_4 看成是带'给'的 S_1 的紧缩形式。"因而本文也就将这类句式归入 S_1 中一并讨论。并将典型的表达给予义的动词"给"进入 S_1 视为特例，其句式表达为：$NP_1 + 给 + NP_2 + NP_3$。

2. 韵律要求"V+给"整合成一个句法成分

  2.1. 研究给予句时，不少学者注意到了这样的现象：在"$NP_1 + V + 给 + NP_2 + NP_3$"中，"给"总是与前面的动词合成一个整体。语音上连念，停顿也在"V+给"后，"给"还常常读轻音。如果要确定这里"给"的词性的话，它实在不像个实词。说它是动词很难找出形式上的依据，与其说它是弱化了的动词不如说它是介词更加贴切。那作为介词，为什么"给"必须黏着在前面的动词上呢？譬如：

（4）＊卖了给他两斤肉

　　　＊送了给他一本书

（本文用"＊"表示不可接受的句子；用"?"表示介于可接受与不可接受之间的句子）这里的限定条件是："V"和"给"之间不能扩展，动态助词"了"也只能跟在"给"后而非"V"后：

（5）卖给了他两斤肉

　　　送给了他一本书

同时，"给"也切断了 V 与 NP_3 之间低层次上的及物关系。它在一个较高层次上与 V 一起首先与 NP_2 联系起来，而后"V 给＋NP_2"一起再与 NP_3 发生关系。所以能说"送给他"，但不能说"送给一本书"。可以说"送本书"，但我们只能把它理解为不同于进入给予句以后的"送"与"书"之间的语法、语义关系了。可见，"V＋给"在句法平面上相当于一个词的功能。这一点从 S_4 与 S_1 的依存关系上也能得到证实。在 S_4 里，"给"实际上是隐含着的。

对于上述现象，单纯从句法上或语义上分析都无法解释其中的原因。我们从韵律句法理论中找到了答案。

2.2. 冯胜利（1996）提出了汉语的韵律句法理论。根据这一理论，汉语的句法必须受到韵律结构的制约，即汉语作为一种 SVO 型语言，必须遵循"SVO 型语言的普通句重音都要落在句子最末一个韵律范域（domain）内"的规律。这里，普通重音是与焦点重音相对而言的，指句子在一般情况下即不有意强调某个成分时的重音。当一个句子是回答"发生了什么事"这种问题时，句子中的重音就是普通重音。同时，由于汉语句法关系的特殊性，汉语的普通重音规则又有别于其他 SVO 型语言（如英语），依如下形式确定：

（6）

```
            VP
          /    \
        弱      强
         |      |
     [……X      Y]s
```

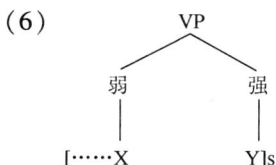

　　如果 S 是一个句子，则"X"跟"Y"必须是以动词为中心的最后一个短语结构中的两个成分。这里重要的是，"X"必须是该句的最后一个主要动词，汉语的最后一个韵律单位的确定在运作上必须：先找到最后的主要动词，再找到该动词的论元成分（Argument），然后由动词跟它支配的成分组成最后一个韵律范域；从左向右把普通重音指派到范域的最后一个成分上。若句末主要动词后的成分为韵律上的"弱读"词汇，或其后没有别的成分，重音就会落在动词上。每个句子都只能有一个普通重音，因此汉语句末的主要动词后不允许有两个非弱读成分。如果违反了汉语句子普通重音的指派规则，句子就会"尾大不掉"而不可接受。

　　2.3. 让我们看一看这条重音指派规则运用到 S_1 句型中会产生什么结果。

　　S_1 句型的句末结构可以简要表示如下：

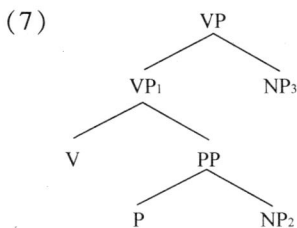

（7）

```
              VP
            /    \
         VP₁      NP₃
         /  \
        V    PP
            /  \
           P    NP₂
```

因为汉语的普通重音是以最后一个动词为中心来构建句尾重音的韵律单位的，所以重音的指派在上面的结构中很难进行。这里 PP 是动词的论元成分，所以跟动词一起组成普通重音的范域。可是在这个范域里，NP_2 不是动词的宾语，不是由动词直接支配的对象。介词在结构上取消了动词把 NP_2 作为自己支配对象的资格，从而也阻止了动词指派给 NP$_2$ 重音的资格。而这是汉语的韵律规则所不能接受的。于是它就要求并决定了 "V + 给" 必须作为一个成分存在。

韵律要求 "V + 给" 整合成一个成分，要达到这一要求，就需要有一个句法操作，这种操作就是在韵律要求下促成的贴附式移位（clitic movement）。移位过程可简略图示如下：

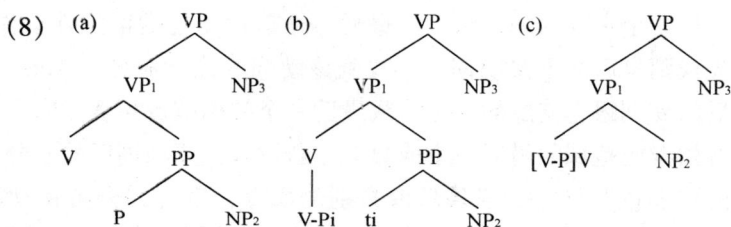

(8)　(a)

```
            VP
          /    \
        VP₁    NP₃
       /   \
      V     PP
          /   \
         P     NP₂
```

(b)

```
            VP
          /    \
        VP₁    NP₃
       /   \
      V     PP
      |    /   \
   V-Pi  ti    NP₂
```

(c)

```
            VP
          /    \
        VP₁    NP₃
       /   \
   [V-P]V   NP₂
```

(8a) 所示为底层结构， (8b) 显示了贴附式移位的过程，t（trace）代表 "给" 移位后留下的语迹，下角的 i 表示 t 与 P 同标（coindex）即所指相同，(8c) 为移位后形成的表层结构。

贴附式移位使得介词 "给" 移向 "V"，合并在 V 的结点（node）之下。这样，底层的 "V + 给" 变成了表层的 [V-P]。这里 [V-P] 是一个独立的语法成分，属动词范畴。于是 NP$_2$ 就能通过这个复杂动词得到它应得的重音，而动态助词 "了" 也只能加在整个 "V 给" 之后而不能加在 "V" 和 "给" 之间了。由此也充分说明了汉语韵律对句末短语的动词性要求。

2.4. 这里值得一提的是 "NP$_1$ + V + NP$_3$ + 给 + NP$_2$" 句式中的 "给"。

在该句式中，由于 "给" 与主要动词是分离的，很容易让人以为它是动词。看成动词就应当是连谓式，但 "给" 与真正连谓式的第二动词相比，后者既可带动态助词，又可以有重叠变化，而 "给" 却不行。因此，将 "给" 归为介词还是比较合理的。由此又引发了下面的问题：如果说前文（7）中的句法不能在汉语的普通韵律结构中实现，那么根据同样的道理，下面的结构也不能为汉语普通重音结构所接受。

（9）

```
              VP
          ╱       ╲
        VP         PP
      ╱    ╲      ╱   ╲
     V     NP   P     NP
```

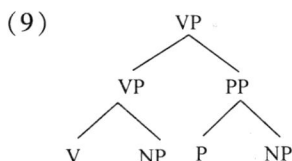

（10）　＊我想买本书给你
　　　　＊我想唱支歌给你

因为这里的 PP 不是句子的焦点成分（不能改变普通重音），P 又不是句子的主要动词（不能指派普通重音），然而它们却占据了句尾普通重音的位置。这样一来，这个介宾词组就等于"取代"了（6）中的［X Y］，也就是"取代"了普通重音的地位，因此这类句子不能为规则所接受。这里有一个办法使它们既能出现在句末，又不取代普通重音，那就是对 PP 进行一种韵律加工：让它们"集体"轻读。经过这种韵律加工以后的句子，读起来就觉得舒服得多了。

（11）　我想买本书给你
　　　　我想唱支歌给你

这里，后置介宾短语要读得非常轻，跟前面的句子形成明显的轻重差异。事实上，它们是以"界外成分"的身份出现在句尾的。"界外成分"指的是出现在重音范围之外的成分。因为它们以轻读形式出现在重音范围之外，普通重音的韵律结构并没有因此而被取代，所以（11）中的句子都是可以接受的。而实证研究的结果表明该句式的使用率很低，这也从另一个角度证明了汉语以动词为中心，重音居后的正确性。

3. 韵律制约着 NP₂、NP₃ 的轻重分布

朱德熙（1982）、陆俭明（1988）、范晓（1986）、李临定

（1984）等都通过句式的转换提出了给予句成立的条件。朱德熙（1982）指出，如果直接宾语指物，具有"排斥单独的名词性词语的倾向"，最占优势的形式是："数量词＋名词"。陆俭明（1988）补充道："如果间接宾语（即与事宾语）是名词……直接宾语不带数量词的话，所形成的双宾结构是黏着的。"如：

> （12）给我酒
>   送他衣料
> （13）？送隔壁奶奶带鱼
>   ？送学校油画

　　从句法结构上看，上述各例均可归为：$NP_1 + V + 给 + NP_2 + NP_3$，但例（13）的合格度却低于例（12）。陆文对此的解释是：例（12）间接宾语（即与事宾语）为人称代词，直接宾语带不带数量词，所形成的双宾结构都是自由的；例（13）间接宾语（即与事宾语）是名词……直接宾语不带数量词的话，所形成的双宾结构是黏着的，不能单独成句。换言之，NP_2、NP_3 制约着句式合格度的高低。但这样的描述只说明了现象却并没有揭示出深层的原因。而仅从句法上或语义上分析，都无法解释上述现象。

　　事实上，NP_2、NP_3 对该句式合格度制约的情况相当复杂。一般的看法是："数·量·名"结构的 NP_3 最占优势。如果将例（12）、（13）中的光杆 NP_3 改换成"数·量·名"结构，则不但例（15）的句子是可接受的，而且例（14）的句子也变得更加顺口。

> （14）给我一杯酒
>   送他一块衣料
> （15）送隔壁奶奶两条带鱼
>   送学校一幅油画

但同时陆俭明（1988）又指出，在"表示'给予'义的双宾结构中，间接宾语为人称代词时，直接宾语可以是不带数量词的名词性成分。

但是，不能是一个领属性偏正结构"。试比较：

（16）送他衣服　　送他皮的衣服　　*送他我的衣服
　　　给你书　　　给你新出的书　　*给你王老师的书
　　　还我钢笔　　还我新的钢笔　　*还我妈妈的钢笔

很明显，给予句中的 NP$_3$ 并不一般地排斥偏正结构，而是只排斥领属性偏正结构。

　　有学者提出，这里的制约因素跟名词的指涉性有关。"从名词的专指、确指、泛指的角度讲，给予句一般情况下要求 NP$_3$ 是一个确指名词。'数量词＋名词'就是典型的确指形式。……给予句一般排斥由泛指的名词充任的 NP$_3$，而且由专指名词充任的 NP$_3$ 亦少见。给予句 NP$_3$ 若是专指名词，句子也往往带有粘附性，也不大能单独成句。"（李炜，1995）如：

（17）我还给他五毛钱
　　　*我还给他这五毛钱

这里只有"五毛钱"跟"这五毛钱"不同，前者是确指的，而后者是专指。如果 NP$_3$ 是"五毛钱"，句子就完全可以接受，NP$_3$ 如果是"这五毛钱"，句子的可接受度低。若在一个更大的句法环境中，由专指名词充当 NP$_3$ 的给予句就显得顺当了。如：我还给他这五毛钱（是想让他知道我并不小气）。而领属性偏正结构的 NP$_3$ 所以不被接受，也是因为"领属性定语具有强烈的指定性"（陈平，1987），因而构成的领属性偏正结构是专指。

　　由此似乎可以得出结论：给予句的可接受与不可接受的条件取决于 NP$_3$ 的确指性。但尽管"NP$_3$ 多确指"是一个事实，却并不能解决确指的 NP$_3$ 之所以合法的根本原因。并且，给予句可接受的条件还不止于 NP$_3$ 的确指性。如前所述，当 NP$_2$ 为人称代词时，NP$_3$ 可以是一个泛指名词，见例（12）、例（16）。而下面各例中，尽管 NP$_3$ 是典型的确指名词，句子仍不可接受。

> （18）* 我卖给一个人两本书
>   * 我找两个人三分钱

对于例（18）中的第二个句子，我究竟找了其中哪个人多少钱？很不明确。所以句子的不可接受性似乎可以在语义层中得到解释，但当我们将这个句子放到特定的语境中时，这种语义的解释也显得相当无力。

> （19）A：现在卖东西的人都不找一毛以下的零钱了。
>   B：谁说的？我昨天就找了两个人三分钱。
>   A：是吗？
>   B：真的！我昨天真的找了两个人三分钱。

这里，如果说话人特别强调句中的某一成分的话（大号字表示重读），句子说起来也顺口得多。这也说明语义含混，不足以造成句法上的问题。

如果说这里起作用的因素既不是语法结构也不是语义结构，也不能尽用 NP$_3$ 的确指性来解释，那么说话人又是根据什么来作出自己的语法判断呢？我们认为，导致上述语法差异的根本原因是句子的韵律结构。借用冯胜利（1997）的例子能很清楚地说明问题：

> （20）我喜欢他老实。

这里动词"喜欢"携带两个论元成分："他"跟"老实"。其中第二个成分"老实"重读。下面再比较：

> （21）a. 我喜欢那个人老实。
>   b. * 我喜欢那个带着帽子的人老实。
>   c. * 我喜欢那个宾夕法尼亚大学语言学系的学生老实。

从（21a）到（21c），各句的基本结构没有任何变化，都是［NP V NP AP］，所不同的只是动词后第一个名词成分逐渐加长（音节增加，结构复杂）。并且随着这一成分的不断加长，句子的可接受性也不断降低。这里我们看到的是：如果动词后有两个成分，其中一个携带重音，那么另一个越轻就越上口，反之，句子就会越来越拗口，以至不能接受。这种事实不仅说明轻重音的分布直接影响到句子的语法，而且告诉我们动词后不允许出现两个重读成分。

我们知道，在语言的词汇系统中，不同类型的词汇在读音上的表现是不同的：有些成分不能接受重音，有些成分则不能轻读。在汉语中，确指名词常重读（无定，代表新信息），泛指名词次之，专指名词一般轻读（有定，代表旧信息），值得注意的是，这里所谓的"轻读"不是"轻音"，而是相对句中的重读而言。轻读与重读是一对相对的概念，是在跟句中重读成分的对比中表现出来的。轻重二者是相辅相成、相互依存的。根据上述轻重词汇的对立共存，给予句可接受的条件并不取决于名词的指涉性，真正起作用的是动词后成分的轻重分布，即句子的韵律结构。那么韵律结构是怎样影响和制约这里的句法结构的呢？我们可以对 "$NP_1 + V + 给 + NP_2 + NP_3$" 的句末结构进行如下分析：

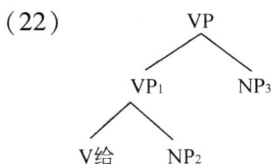

（22）

```
            VP
           /  \
         VP₁   NP₃
        /  \
      V给   NP₂
```

这里 "NP_2"、"NP_3" 都是 "V 给" 的论元成分，所以 "V 给 + NP_2 + NP_3" 是句子的基础结构。根据规则，普通重音要通过动词来指派，由于 NP_2 靠左，所以通过动词指派的重音首先要落在与动词邻接的 NP_2 上。如果 NP_2 非轻读，重音就会定格在 NP_2 上，而不会落到 NP_3 上。可是一旦重音成分的位置确定以后，这个重音成分就立刻承担起 ［……X　Y］s 中 "Y" 的角色，并跟动词一起构成了句子最后一个重音范域，由此它也就担当了句末的角色。这样一来受动词支配的其他论元成分便不能再出现在这个句末重音成分"Y"之后了。NP_2之后的NP_3于是只能被规则删除。可见,为要完整地保留所有的句子成分,条件就是NP_3必须重读,而NP_2则要能轻读。

由此我们再来看NP_2、NP_3的有选择性问题就相当清楚了。由于专指名词一般轻读,泛指名词次之,确指名词读音较重。因此NP_2一般应为以指人名词、代词为核心的专指名词,有排斥泛指或确指名词的倾向。同样是偏正结构,但领属性偏正结构属专指,一般轻读,而"数·量·名"结构是典型的确指,并且在确指名词中读音又较重,因此"数·量·名"结构的NP_3最占优势。领属性偏正短语则因为其"非重读"违背了汉语"重音居后"的原则,而被NP_3所排斥。可见韵律是控制这里句子合格度的关键所在。

再以此来检验前文中各例的合格度问题:例(12)所以合格是因为NP_2为人称代词,一般轻读。而在例(13)中,当NP_2为非人称代词的名词性成分时,由于NP_3是光杆的泛指名词,读音不比NP_2更重,因此不被规则允许,句子不能接受。一旦NP_3改换成"数·量·名"结构,满足了"重音居后"的条件,例(15)中的句子就变得顺口了。再看例(17)、例(18),句子不被接受也是由于韵律问题。NP_3不能是"指示代词+名词"的专指成分,因为它轻读。而NP_2排斥"一个人"、"两个人"这样确指的重读词汇。有必要说明的是为什么例(19)的句子听起来还可以接受。那是因为例(19)已经带上了焦点重音。局部焦点重音跟普通重音是分属两个不同系统的重音形式。带上焦点重音的句子因此不再受普通重音的控制。

4. 余论

从上文的分析来看,汉语的韵律规则的确制约着给予句中"$NP_1 +$ $V +$给$+ NP_2 + NP_3$"句式的运作。不仅"$V +$给"在韵律要求下必须经过贴附式移位而临时整合成词,而且NP_2、NP_3对名词的选择性也受到韵律的制约。如果我们再进一步概括一下,可以作出这样的推断:汉语的韵律规则对除此以外的句法结构也会起一定的制约作用。这里不妨再以韵律对"$NP_1 + V + 给 + NP_2 + NP_3$"句式与把字句的转换的制约作用作为佐证。

在提到把字句的作用时，吕叔湘先生（1955：144）曾指出："把字句式初起的时候也许是并没有特殊用途的一种句法，但是它在近代汉语里应用得如此其广，主要是因为有一些情况需要把宾语挪到动词前面去。"然而是什么情况使宾语一定要提前呢？从"$NP_1 + V + 给 + NP_2 + NP_3$"句式与把字句的转换来看，常常是 NP_3 为非重读时。如：

（23）？送隔壁奶奶带鱼　　　把带鱼送隔壁奶奶
　　　？送学校油画　　　　　把油画送学校
　　　*送他我的衣服　　　　 把我的衣服送他
　　　*还我妈妈的钢笔　　　 把妈妈的钢笔还我

如果将轻读的 NP_3 放在句末，不符合"重音居后"的规则，句子不能接受。反过来，通过把字句将"较轻"的前移，使动词后不至于出现两个弱读成分，句子也就可接受了。很明显，这正是普通重音驱使下所产生的一种系统内部自我调节的运作过程。

通过韵律来分析汉语的句法现象还属于一个新的领域，有待更深入地探索研究，从这一角度出发有可能找到许多问题的答案。

（作者单位：陕西师范大学国际汉学院）

参考文献

[1] 陈平：《释汉语中与名词性成分相关的四组概念》，载《中国语文》1987 年第 2 期。

[2] 董秀芳：《述补带宾句式中的韵律制约》，载《语言研究》1998 年第 1 期。

[3] 范晓：《交接动词构成的句式》，载《语言教学与研究》1986 年第 3 期。

［4］　冯胜利：《汉语的韵律、词法与句法》，北京大学出版社1997年版。

［5］　李临定：《双宾句类型分析》，载《语法探索与研究》（二），语文出版社1984年版。

［6］　李炜：《句子给予义的表达》，载《中山大学学报》1995年第2期。

［7］　陆俭明：《现代汉语中数量词的作用》，载《语法研究和探索》1988年第4期。

［8］　吕叔湘：《汉语语法论文集》，科学出版社1955年版。

［9］　石毓智：《论汉语的结构意义和词汇标记之关系——有定和无定范畴对汉语句法结构的影响》，载《当代语言学》2002年第1期。

［10］　王丹、杨玉芳：《自然语言中焦点与重音关系的研究进展》，载《陕西师范大学学报》2004年第4期。

［11］　延俊荣：《NP$_3$对"NP$_1$＋给＋NP$_2$＋NP$_3$"合格度的制约》，载《语文研究》2004年第2期。

［12］　延俊荣：《"给"与"V给"不对称的实证研究》，载《语言研究》2005年第1期。

［13］　朱德熙：《与动词"给"相关的句法问题》，载《现代汉语语法研究》，商务印书馆1980年版。

［14］　朱德熙：《语法讲义》，商务印书馆1982年版。

汉日语音与句法语义关系综述

[日本] 杨晓安

心理语言学在研究婴儿语言听辨时发现，胎儿的听觉系统在怀孕期最后的三个月开始运作。母亲的子宫壁可以对声音信号起到减弱和低频过滤的作用。传递到子宫里的最佳声音是婴儿母亲的声音，由于母亲的言语所产生的强度比外部环境的任何声音都要大，因此母亲的言语形式，特别是母亲语言的韵律特征，婴儿在胎儿期就已经开始熟悉。这些经验使得婴儿优先注意人类声音中那些音高特征和节奏形式。

任何语言都有自己独特的结构系统，有其特殊的语法结构形式和语义表现特点。这些独特的语法结构形式和语义表现特点最终都必须通过语音形式来呈现，它（它们）与语音形式密切相关，不可分离。一句话，语音是呈示语法结构和语义内容最重要的、无可替代的形式手段。

从理论上说，不同的语法结构或语义内容变化，应该在语音形式上有相应的反映，但事实并非如此。由于大多数语言拥有词形变化、虚词、语序、组合、位置变换等异常丰富的语法手段，因而许多重要的语音手段往往容易被人们所忽视。但是，如果我们仔细观察一下具体的语言交际过程就不难发现，人类交际由于受到时间及场景等诸多因素的限制，交际中常常有大量的词语省略。此时若想准确把握话语的语法结构关系和语义内容，就离不开交际语境、上下文以及语音手段的帮助。

心理语言学在研究言语听辨时，有一个非常有名的肌动模型

（Motor Theory of speech perception）理论，提出这种理论的利博曼（Liberman）和他的同事将言语产生过程和言语感知过程联系起来考虑，提出了一个重要的假设：语言感知是语音性的，和听觉感知不一样。按照这个理论，言语是人类的一种特殊听觉刺激，一旦我们与之接触，我们就会自动转移到言语状态。言语状态的感知是内在的、人类独有的，它使我们把产生一个语音的发音动作和想要说出的音段联系起来。[1]

从声音特性的角度看，人类言语是非常复杂的信号系统。在任何交际过程中都包括有很多种信息，而且不断地随着时间的变化而发生变化。任何语言的口头语大概每分钟 125—180 个词，播音员口播新闻大约在 200—240 个词，而播报天气预报则更快。按照这样的速度计算，人类每秒钟处理音段大约在 25—30 个之间。

一般说来，在语言听辨中切分言语单位对人类来说并不困难，这是因为人类先天拥有一种特殊的语言能力。但是我们不能忽视，语音片段中，单位与单位之间并不存在清清楚楚的界限，相反，许多单位互相联系或互为重叠。那么，人们是怎样从复杂的言语信号中切分出个别声音，并进而与句法、语义相联系，最后达到理解的呢？这个问题始终是语言研究中的一个热门课题。

任何语言都有自己独特的结构系统模式，有自己特殊的呈示语义的形式。这些句法和语义的结构形式最终必须通过语音形式来实现。语音形式本身是非常丰富的，其中音质构成了最主要的区别要素，语言主要依据一个个语音单位在音质上的差异来区别意义和话语内容。但是，如果我们仔细考虑一下就不难发现，音质所担负的功能角色往往止步于词的层次，就是说它主要作用于语素、词的分辨，一旦上升到句法层次，其功能角色就显得非常薄弱了。一般的情况是，句法结构主要通过词形变化、虚词、语序、组合、位置等句法手段来呈现，这些似乎与音质没有太大的关系。

但是，既然语音是语言的物质载体，语言信号以及整个传输内容最终必须通过语音来完成，这就决定了语音与句法结构、语义内容有着无法扯断的密切联系。理论上说，不同的句法语义结构变化应该在语音形式上有相对的反映，但事实并非如此。根据优选原理，当许多手段中有一种处于优位时，它总是被优先选择而其他手段因此而被忽视。因为词形变化、虚词、语序、组合、位置等句法手段已然非常丰富，所以语音手段总是容易被人们忽视。但是，在具体口语交际中因常伴有不自觉的省略，此时，要准确理解句法语义结构关系，就离不开语音手段的帮助。

比如，孤零零地看到一个没有句末语气词、也没有标点符号的文字单句，我们无法判断它属于什么语气，也无法具体解读写这句话的人想要表达的具体意思为何。但是当这个句子出现在口语交际中时，我们依靠交际语境、依靠发话人的语音表现则不难把握它到底是陈述、感叹，还是祈使、发问。我们甚至可以将交际的语境也排除掉，让听音人只听录音句，他们通过对语音片断所呈示的高低、强弱、长短、停顿变化；通过时长的比例关系，可以毫不困难地准确理解句义。同样，歧义结构也是如此。如果我们看到写下来的某一个歧义句，我们是无法确定出唯一语义的，但是，我们从发话人口中听到这个句子时，则全然不同。发话人音高的分配、强弱的调整、时长的比例处理，甚至停顿的位置、时间长度，语速的快慢等都可能给予我们某种暗示，将句义指向诸多意义中的一种。其实，在口语交际中出现的"歧义句"往往句义呈示是"唯一的"，并不会产生理解错位。显然，语音是呈示句法语义结构的一种重要手段。

从语音属性上看，我们可以将停顿和语速看作时长的一部分，因为它们只是从不同角度反映时间关系而已。音高、音强、音长三者似乎在呈示句法语义关系上并不比音质作用小，近些年已经开始引起语言学家的高度重视，也有了不少令人欣喜的研究成果。笔者因为工作的关系，也因为兴趣所致，近几年对汉语和日语的语音与句法语义关系进行了一些比较研究，但是，由于汉日句法结构的庞巨复杂、语义表现的广漫无际，自己的研究说到底也还只是处于散点式的考察阶段，还有大量的比较研究工作留待以后去做。

为了概括说明汉日语音与句法语义结构的关系，本文主要从同异关系、几组重要的语音手段、协同与主次三个方面对汉日语义关系作一简略概述。

一　同异关系

虽然世界上的语言纷繁众多，语言形式五花八门，但其中总蕴含着大量的相同结构特征、相同形式手段。因其"同"，彼此间可以进行翻译转换；因其"同"，比较研究才有了基础平台。但是，对于研究者而言，其兴趣总是更多地投向"异"，因为"异"才是某种语言的标志和特点，是某种语言存在的价值。

"同"和"异"并非泾渭分明、毫无关联。就比较研究而言，"同"是基础，"异"是目的。在实验科学中，有一种研究方法叫"无差别假设法"（null hyopthesis），它是实验科学的核心。这种方法指首先提出一个假设，然后对其进行检验。检验一个假设并非一定要去证实它，因为变量太多，几乎无法证实，那样做既无必要，也无可能。这种研究方法最有效而常用的操作恰恰与证实相反，是证伪，从反面去推翻假设。如果实验结果与假设一致，我们就接受假设。如果结果与假设不一致或相去太远，我们则拒绝假设。

这里有一个问题，提出假设的依据是什么？其实，许多假设源于类同心理。比如，当我们知道了今年高考的状元是南京考生时，我们就会自然产生出一系列假设：南京高中生的普遍成绩全国第一；那位状元所在学校的学生成绩普遍优秀，等等。这些假设的依据是"同"，因为这位状元与他们同处于相同的学习环境、接受了相同的教育和辅导，所以，理当如此。虽然这个假设最终会通过验证而遭到否定，但它却说明，"同"是比较的前提，是"异"的基础。

语言研究就是这样。大到语言之间的宏观比较、方言之间的系统比较，小到某种语言方言的某一领域的比较，共时的也好，历时的也罢，都是在"同"这个平台上进行的。人类拥有共同的心理机制、认知基础；有共同的神经系统和大脑组织；有共同的感觉记忆模式、共同的以知觉和意义为基础的知识表征；还有共同的言语听辨和语法分析机能等等，一句话，"人"这样一个生物"大同"的前提就决定了语言在各个层面进行比较的可行性。

同与异是一种形式的两个相反角度的反映，是一个过程的两个相连的上下层次，它们彼此相关，互为前提。没有"同"则"异"无从产生；失去了"异"也就意味着丧失了"同"。当我们说 A 和 B 存在某种"同"时，其实也说明它们存在着某处"异"，因为百分之百的"同"只存在于个体自身，其比较没有任何意义。我们说，比较的前提是"同"，目的为"异"，这并非说在比较中求"同"毫无价值。但是，"同"与"异"所具有的价值和分量却有质的区别。比如，白喉是由白喉杆菌引起的急性呼吸道传染病，其病症很多，如发烧、扁桃体红肿、咽部疼痛、颈部淋巴肿大有压痛等。这些症状与许多其他疾病相同，因而难于确诊。但是咽喉部局部呈一片或多片灰白色假膜的症状却是白喉的主要标志，它是白喉与其他疾病相区别的特征。如果病人出现了这个病症，医生就可以确诊为白喉。与其他病症比较时，白色假膜属"异"，其他病症为"同"。显然，"异"的价值与分量远比"同"重要，但其重要性并不能否定"同"所具有的价值，因为对这些病症的了解和认识也很重要。

与其他研究一样，汉日语音与句法语义关系的研究也是寻同找异。比如，在对汉语和日语元音时长比较中我们发现，两种语言的清音和浊音均影响其后元音的时长，这是其"同"，但通过实验证实影响的结果相反，日语是清音后长、浊音后短，而汉语为浊音后长、清音后短，这是其"异"。[2]再如，在汉语和日语中均通过改变句末语气词的语音形式来指认或变换信息源所在，这是两种语言的"同"，但为了达到同样的目的，它们却使用了相"异"的手段。汉语通过语气词音域加宽与音强增大的方法，日语却选择改变音高曲线形态的手段，目的相"同"，形式相"异"。[3]再比如，汉日上升调名词独词句都可以表示"○○是～吗？"省略了话题部分的意义，这是"同"；但汉语还可以表示日语不能表示的"～○○呢？"的省略了话语行为部分的意义，这是"异"。[4]

二　几组重要的语音手段

任何语言的语音形式都是操这种语言的民族在久远历史发展过程中逐渐形成的，都有其基本模态形式。在语音要素中，音质总是定型、定性的，因为意义的负载和传达主要靠它来完成，这就容不得它在形式上模棱两可、模糊含混。任何一个音素都有一个相对确定的音值范围，每个人必须对其强制接受。同样，在语流中，非音质要素，如音高、音强、音长等虽不像音质那样有确定的性质，但还是有最基本的韵律形式。其韵律形式既受制于句法、语义的制约，更受制于这个民族语言习惯左右。

改变音高、音强、时长不仅与发话人传达内容的信息重要度有关，也潜存着和句法、语义的内在联系。仔细想一想，对某种语音手段的运用其实存在着自觉与不自觉两种类型。所谓自觉运用，是发话人为了强调某个意思，为了最大限度地将信息准确传达给听话人而对语音手段的选择与使用。而不自觉运用则指这些语音手段本来就是某语言中的语音规则或规律，是某种语言的重要特点。此时从发话人的语流中表现出来的语音特点与发话人的主观愿望毫无关系，它自然呈现出某语言中的语音与句法语义结构的关系。比如，句重音表现为好几种不同类型，其中有强调重音和普通重音。前者是发话人为了凸显某部分语义内容而有意加重强度造成的焦点标示，它是个体性的、临时的重音现象，而后者却是语言系统中一个重要的语音表现形式，它是共有的、恒常的重音现象，研究它更有价值与意义。

人是语言的动物。社会依赖语言而得以形成与延续。无论个体的人还是群体的社会都不能脱离语言而存在。社会关系通过语言得以疏通、文化借助语言创造和传承、情感用不同的语言形式得到准确的表达与宣泄、信息选用语言媒介获得最为快捷与理想的传播等等。虽然在语言交流中还存在着言不尽意的情况，语言也有无力、乏力的时候，但总的说来，任何语言都可以说是一个完形系统。从复杂抽象的思想到具体的传情达意、从严密的逻辑思维到细腻的情感表现，都可以在语言中寻找到理想的表达形式，作为语言的物质形式的语音与意义理当有复杂而细腻的对应形式。从这个意义上说，语音有无限丰富的表现功能。正因如此，在汉日非音质语音要素与句法语义结构关系的比较中，高低、强弱、长短以及停顿的句法语义呈示作用及特点就更显重要。

（1）高与低

高低是就频率而言的，无论在汉语还是日语中，频率高低都是区别句法语义关系结构的一个重要语音手段。它包括两个方面。

其一，频率数值高低。任何语音片段都有与句法语义相一致的基本的基频高低分布。但是当句法语义结构发生变化，或者为了凸显某个结构部分时，频率高低变化就成为一种可供选择的语音手段。通过高低变化，改变原来的频率布局，引起句法语义重心的转移强调，这种语音手段在汉语和日语中都有积极的利用。比如我们通过对汉语和日语无句末语气词疑问句的语音分析，找出了区别是非问和特指问的主要语音手段，此手段就是基频的高低变化。本来汉语和日语一样，疑问词特指问与是非问都通过助词标示，汉语用"呢、吗"区别，日语用"が、か"限定，这时其频率的高低因无区别作用而被人们所重视与注意。但是在没有标志助词的句子中，区别句法结构的角色就转移给了语音手段，而此时频率的变化便担当了这个任务。由于汉日语结构的不同性质，在对频率的利用、表现上有一定的区别。汉语特指问不仅使用疑问词终点基频抬高的语音手段，同时也非常看重疑问词和动词终点 FO 值之间的高低比例关系。日语却不限于终点，起点也行，中点也可，注重整个疑问词的 FO 最高值，疑问词的 FO 最高值越高，听辨为特指问的几率就越高。[5]

其二，基频高低曲线轨迹。我们通过对汉日形容词独词句的实验分析，明白了基频曲线轨迹与语气表现密切相关，四种主要语气的语音区别主要通过频率的高低曲线变化轨迹来实现。陈述与感叹语调在两种语言中均呈下降频率曲线走向，只是汉语感叹的频率起点稍低于陈述，下降曲线坡度没有陈述句大。日语丰富的词形变化可以清楚地将祈使句与陈述语气区别开来，因而无需特别改变，祈使句频率曲线与陈述句几乎没有什么区别。但汉语因为语调是区别的重要手段，它一般通过增减词语的频率、改变曲线轨迹来实现，当然也有强度、时长变化的呼应。在一般疑问句和反问句的语音形式区别上，汉语语调形式呈现渐升式和曲折两种频率轨迹形态，反问句比一般疑问句基频音域宽。而日语只有一个曲折形式，反问句比一般疑问句基频升幅高。[6]

我们还通过比较日语句末语气词"ね"的不同基频曲线轨迹，明白了日语句末语气词通过基频曲线变化是指认不同信息源的重要语音手段。当基频呈上升曲线时，信息源在受话一方，当基频呈下降曲线时，信息源在发话者一方。[7]

（2）强与弱

振幅的强弱在汉语和日语中均有区别句法语义形式的作用，它也是一个重要的语音手段。我们发现，汉语语气词"吧"区别不同信息源的语音手段之一是振幅的强弱变化。根据统计数据，"吧"的振幅相对较强时，信息源一般在听话者一方，发话人是在向听话人发出询问，确认信息内容。而当"吧"的振幅相对较弱时，表明信息源在发话者一方，发话人是在向听话人传输信息内容。[8]

在比较语调语音形式与语义关系中，我们发现，形容词独词句在区别陈述与感叹的语气形态时，汉语和日语都将振幅的强弱作为语音区别手段之一。只是在强弱关系上，汉日语恰好相反。汉语陈述句一般强于感叹句，而日语感叹句普遍比陈述句振幅强。在反问句和一般疑问句方面，汉语反问句通过增加振幅强度来呈示，一般疑问句则相对较弱。但日语在这方面似乎没有什么区别。[9]

另外，汉语和日语均用同样的语音手段，通过 N_2 的强弱变化来显示"N_1 + 的（の）+ N_2"短语结构的语义关系。N_2 语音弱化呈示 N_1 对 N_2 存在着语义限定，不弱化则 N_1 对 N_2 没有语义限定。[10]

（3）长与短

时长可以说是语音中一个非常重要的区别手段。无论汉语还是日语，在区别不同句法语义结构关系时常常通过时间长度的改变造成比例关系的变更，以凸显不同的句法语义内容。比如，汉语中呈上升调的名词独词句在表示一般是非问的语义时，总是时长较长；而表示特指问或劝诱、禁止等语义内容时，其时长大为缩短。这种语义变化在时长对比中呈现得非常清晰。[11]

再如，我们通过对汉日歧义结构的基频、振幅、时长的综合实验分析发现，虽然它们均作用于句法结构的理解，但时长是两种语言共有的主要语音区别手段。句法语义关系不同，则切分点前的时长比例有异，通过改变语料某部分时长比例，可以造成某种预想句法语义关系结构呈示的语料，这在听辨中得到证实。另外，我们通过语音实验证实，汉日语歧义句法语义境界总是处于时长突出的词语之后，时长的延展构成了标示句法语义境界的主要手段。如果句法语义境界发生变化，则必然带来时长关系的相应改变。[12]

（4）连与断

连与断不是声学概念，而是描述性的概念。所谓连是指语音的连续，而断则指停顿。在一个语流片段中运用停顿时长变化的手段来凸显某语义内涵或标示不同的句法结构关系，这是任何语言都有的语音手段，当然汉语和日语也不例外。我们在分析汉日歧义结构语音呈示手段时，通过对从歧义语料中切下来的一部分片段的声学分析以及具体听辨数据证实，汉语和日语在标示歧义结构的不同句法语义境界时均将停顿时间比例变化作为一种重要的语音区别手段。句法语义境界所在之处总是有较长的停顿。特别在歧义结构中，停顿时间的长短与句法切分密切相关。如果某处为句法语义境界线所在，则有较长的停顿，在听感上形成断开感觉；若此处不是句法切分点，则停顿很短，从听感上形成一个连续的整体。[13]

三　协同与主次

（1）相对性

以上四组重要的语音手段都是相对的。任何具有区别句法语义作用的语音高低、强弱、长短都不可能有一个固定不变的标准数值。原因很简单，因为声音是最不稳定的东西。不要说每个人在语音上原本区别就很大，即使是同一个人，在数次发出同一个语流片段时也会因心情、语境、文脉关系等诸多因素的差异而在语音上呈现出高低、强弱、时长的巨大差异。从这个意义上说，试图找到某种句法语义在语音表现上的固定标准数值是不可能的。但是，这并不能否认从事语音高低、强弱、长短比较研究的意义。这样的研究并不看重具体数值的多少，而是将视点投向有关比对项之间表现出来的语音比例关系。比如，240Hz 的 A 或 360Hz 的 A 在数值上的差异虽然很大，我们却不怎么看重它，只要它们与比对项 120Hz 或 180Hz 的 B 构成 2：1的时长比差就有意义，当然它们就反映出了某种语音规律。再比如，仅仅搜集一个点的振幅强度数值是没有意义的，即使是提取了大量强弱不同的振幅数据也近乎于无用功。但是，如果我们找到另外一个可以反映特点变化的比对项，拿这个比对项的强度数据与之比较则性质全然不同，这种比较就有价值，至少可能有价值。此时的比较也不是绝对数值的对比，而是相对强弱的对比。长短也一样，观察讨论的对象是所选项之间的对比关系，而非某一项的绝对数值。

以停顿为例。在考察一个由词语 ABCDE 组成的语流片段时，即使我们从许多发音人的语料中提取出大量 C 和 D 之间停顿的时长数据，也还是没有什么意义。但是，如果我们通过实验证实：当句法语义结构关系为 [［ABC］［DE］] 时，C 后停顿时间比 B 后短，而当句法语义结构关系为 [［AB］［CDE］] 时，B 后停顿时间比 C 后长，这就成了有意义的发现，至于长度数值到底为多少则在其次。

由于作为句法语义结构关系呈示形式的语音高低、强弱、长短都是相对的，我们将它们称为对比高低、对比强弱、对比时长、对比停顿。

（2）协同与主次

任何一个声音标本，无论是音素、音节，还是词语、句子，除了音质以外，都含有频率的高低、振幅的大小、延展的时间等具体数值，三者缺一不可。因此，在呈示某一句法语义结构关系时，必然是各种语音手段共同作用的结果。绝不可能在区别某种句法语义结构关系时只用某一种语音手段，而与其他语音手段无涉。

在任何语言中，语音的高低、强弱、长短都是互为影响的。一般说来，如若改变了三者中的任何一项，势必引起其他部分的相应变化。比如，汉语的"水果"从"3 声 + 3 声"变读为"2 声 + 轻声"

后，不仅频率高低、曲线轨迹变了，振幅、时长也必然同时发生变化。在我们考察疑问词特指问与是非问的语音区别中，实验数据显示，从是非问到特指问的句法结构变化伴随着振幅强弱、时长增减和基频高低同步改变。而在汉日语元音时长比较中也突出表现出时长与频率、振幅的协同变化关系。[14] 再比如，汉语不同声调音节中的元音和处于不同声调音节前的元音时长均不相同，日语高低不同词调中的元音和处于高低不同词调前的元音时长也区别很大，这是时长与频率的协同作用。汉语和日语均表现出被强调音节中的元音长于非强调音节中的相对元音，这又属时长与振幅的协同变化。[15]

但是，强调协同、强调联系，并非说三者不分主次。实际上，在几个语音手段协同作用中，其中之一总是扮演着主要角色，它为主，其他的语音手段为辅。比如，在汉日语疑问词特指问与是非问的语音实验中，通过对汉日两种句型语料的分析，我们发现无论在基频、振幅还是时长上，两种句型均呈现出明显的差异。这时归纳如下；

基频　汉语a. 基频曲线轨迹不同。

b. 特指问疑问词终点部分 F0 值比是非问高，呈上扬曲线，而是非问呈下降曲线。是非问述语动词部分 F0 值高，特指问低。

日语a. 基频曲线轨迹基本相同。

b. 是非问的疑问词和句末述语动词部分均比特指问高。

振幅　汉语a. 强弱比例基本一致。

b. 特指问的述语动词与疑问词强度没有什么区别，但是非问的述语动词明显强于疑问词。

日语a. 强弱差异不大。

b. 两种疑问句中的疑问词与述语动词部分强度没有太大差异，只是特指问的助词比是非问词略弱一点儿。

时长　汉语a. 特指问的疑问词部分长于述语动词部分，而是非问则相反。

b. 动词部分长于疑问词部分。

日语a. 在两种疑问句中述语动词均长于其他部分，但比率有所不同。

    b. 特指问述语动词是疑问词的 1.8 倍，而是非问述语动词是疑问词的 2—3 倍。

以上通过对语料的语音分析，虽然得出了疑问词特指问与是非问之间在频率、振幅、音长三方面均有区别作用，但从我们后来编辑加工的一系列语料的听辨结果看，主要区别还是基频高低，因为基频高低及曲线轨迹没有太大变化而振幅和时长变化显著的语料听辨率相当低，而仅仅改变基频高低和曲线轨迹的语料却与分析结论高度一致。可见频率手段是主，而振幅、时长手段为次；频率变化为因，振幅、时长变化为果。[16]

再如我们通过对汉日语四个歧义句语料进行的语音分析，证明语音的频率、振幅、时长等非音质因素均具有明显的辨义功能。在同样的词语构成、同样语气的歧义句中，根据不同的语义内容，通过频率高低、振幅大小、时间长短的区别变化可以将句义固定为一种，这一点汉日语非常一致。这说明三者是协同作用于分辨不同的句法语义结构关系的。但是，三者主次有别。在区别歧义时，时长比例关系变化构成汉日共同的语音手段，而在基频和振幅两方面，汉日语表现出不同的功能特性。汉语重振幅、轻基频，而日语重基频、轻振幅。汉语歧义句中振幅的强弱变化与句义理解直接相关，而通过改变某部分的基频曲线却几乎不会带来相应的语义理解变化。相反，日语基频曲线的变化与歧义句理解关系紧密，而振幅强度的改变却对语义理解变化不起什么作用。

虽然汉日语均选择两种语音手段来区别语义，但两种语音手段的主次不同。无论汉语还是日语，时长均为主要手段，这一点从编辑加工语料的听辨结果数据中看得非常清楚。[17]

在本论文中我们主要比较了汉语和日语语音与句法语义结构系统的关系，其中涉及基频曲线轨迹变化、振幅强度改变、时长比例关系变化、停顿时间比例等非音质手段所呈现的不同句法语义结构关系。虽然汉语和日语各为一种语言类型的代表，区别相当大，但通过对比分析，我们发现，它们之间的共同点还是非常多的。特别是，在运用语音手段区别不同的句法语义结构上，同远远大于异。我想，这可能反映了人类语言的一致性吧。

（作者单位：日本长崎大学）

注　释

[1]　桂诗春：《新编心理语言学》，上海外语教育出版社 2000 年版，第 246 页。

[2]　参看杨晓安《中国语汇 单母音の长实验》，北海道文教大学研究纪要 NO.29（2005）。

[3]　杨晓安：《中国言语汇比较研究》第 7 章，共同文化社 2006 年版。

[4]　同上书，第 8 章。

[5]　同上书，第 5 章。

[6]　同上书，第 4 章。

[7]　同上书，第 7 章。

[8]　同上。

[9]　参看杨晓安及川佳织《イントネーション形式と意味—日中の形容词 1 语文の比较》，北海道文教大学论集 NO.6（2005）。

[10]　参看杨晓安《中国语"NP$_1$ 的 NP$_2$"の构文、语义の分析》，北海道文教大学论集 NO.5（2004）。

[11]　参看杨晓安及川佳织《イントネーション形式と意味—日中の形容词 1 语文の比较》，北海道文教大学论集 NO.6（2005）。

[12]　参看杨晓安《中国两言语の比较研究》第 10 章，共同文化社 2006 年版。

[13]　同上。

[14]　参看杨晓安《中国语疑问词特指疑问と是非疑问の声音实验》，北海道文教大学研究纪要 NO.28（2004）。

[15]　参看杨晓安《中国两言语の比较研究》第 3 章，共同文化社 2006 年版。

[16]　同上。

[17]　参看杨晓安《中国两言语の比较研究》第 10 章，共同文化社 2006 年版。

参考文献

［1］　冯胜利：《汉语的韵律、词法与句法》，北京大学出版社 1997 年版。

［2］　桂诗春：《实验心理语言学纲要》，湖南教育出版社 1994 年版。

［3］　劲松：《北京话的语气和语调》，载《中国语文》1992 年第 2 期。

［4］　林焘等著：《北京语音实验录》，北京大学出版社 1985 年版。

［5］　陆俭明：《关于现代汉语里的疑问语气词》，载《中国语文》1984 年第 5 期。

［6］　罗常培、王均：《普通语音学纲要》，商务印书馆 1981 年版。

［7］　石锋：《北京话的元音格局》，载《南开语言学刊》2002 年第 1 期。

［8］　吴宗济、林茂灿：《实验语音学概论》，高等教育出版社 1989 年版。

［9］　吴宗济：《吴宗济语言学论文集》，商务印书馆 2004 年版。

［10］　窪田晴夫：《音学声・音韵论》，くろしお出版 1998 年版。

［11］　杉藤美代子：《日本语アクセントの研究》，三醒堂 1982 年版。

［12］　杉藤美代子・犬饲隆・定延利之：《文の构造とプロソディ》，载《文法と音声》，音声文法研究会编，くろしお出版 1997 年。

［13］　松本惠美子：《上升调イントネーションの扩张可能性と多义性》，载《文法と音声Ⅱ》，くろしお出版 1999 年。

［14］　广瀬有纪・笕一彦：《暧昧な节境界决定における潜在的な韵律の役割》，载《文法と音声Ⅱ》，音声文法研究会编，くろしお出版 1999 年。

［15］　东淳一：《日本语の统语构造と韵律》，载《言语》1992 年。

［16］　上野善道：《日本语のアクセント》，杉藤美代子（编），1989 年。

穗港语文教师对情意教育的看法[1]

［中国香港］欧阳汝颖　汤　浩　坚

一　引言

　　内地和香港特区的语文科都在进行课程改革，除培养学生的听说读写能力外，加强品德情意教育也是两地语文科的主要任务。语文是文化的载体，情意教育是文化的传承工具。语文教师对"情意"内涵的理解，也就直接影响到文化的传承。本文通过问卷调查及焦点小组面谈，探讨穗港两地小学语文教师对"情意"的理解，然后结合两地的文化背景及我国传统道德价值观，比较两地教师的不同看法及其原因。在中华文化的主体之下，各地区由于历史及经济发展的不同，往往出现"有同有异"的现象。这些相同的看法可以说是中华文化的核心特色；相异的看法则可以说是地区特色。穗港两地以至中华文化地区的道德价值观和其他文化区域的道德价值观又有没有"同异"呢？这是一个国际性的课题，本文希望能抛砖引玉。

二　研究背景及研究问题

　　内地正就各科义务教育课程标准（实验稿）进行咨询，本文则以语文科的课程标准（实验稿）[2]作为研究对象。这个新课程的基本理念是要全面提高学生的语文素养，重视学生的"品德修养和审美情趣，使他们逐步形成良好的个性和健全的人格，促进德、智、体、美的和谐发展"。课程文件共有十个总目标，其中第一和第二个总目标是：（1）在语文学习过程中，培养爱国主义感情、社会主义道德品质，逐步形成积极的人生态度和正确的价值观，提高文化品位和审美情趣；（2）认识中华文化的丰厚博大，吸收民族文化智慧，关心当代文化生活，尊重多样文化，汲取人类优秀文化的营养。在教学建议方面，咨询文件提出了下列原则：（1）充分发挥师生双方在教学中的主动性和创造性；（2）在教学中努力体现语文的实践性和综合性；（3）重视情感、态度、价值观的正确导向；（4）正确处理基本素养与创新能力的关系；（5）遵循学生的身心发展规律和语文学习规律，选择教学策略。其中的"重视情感、态度、价值观的正确导向"一条，明确地标明了品德情意在语文教学的重要性。

香港特区的情况又如何呢？香港特区课程发展议会在2001年颁布了《学会学习》，为教改明确了方向。文件指出"课程的架构应由以下三个互有关联的部分组成：学习领域、共通能力、价值观和态度"（课程发展议会，2001，19）；强调"中国语文教育主要的任务是要提高学生运用语言的能力……同时感受语言之美，培养语文学习的兴趣，发展高层次思维能力和良好思维素质，得到审美、品德的培育和文化的熏陶，以美化人格，促进全人发展"（课程发展议会，2001，28）。语文教学不只是语用能力，还要兼顾思维和品德情意。课程发展议会在2004年颁布《中国语文课程指引（小一至小六）》，亦明确地指出中国语文教育的其中一个主要任务是要使学生"得到品德的培育和文化的熏陶，以美化人格，促进全人发展"（课程发展议会，2004，4）。至于语文学习和品德情意的关系，课程文件作出了下列两点解说：（1）培养审美情趣，陶冶性情；引发创造力；提高文化素养；培养品德，加强对社群的责任感。（2）培养主动学习和积极的态度，建立正面的价值观；加强对国民身份的认同（课程发展议会，2004，12）。课程文件亦强调品德情意的学习重点可分成"个人"、"亲属、师友"及"团体、国家、世界"三个层面，体现了儒家传统人伦关系由亲及疏、推己及人的观念。在语文科推行品德情意教育时，课程发展议会建议教师须注意下列教学原则：（1）与语文能力的培养结合；（2）与文学学习结合；（3）与文化学习结合；（4）联系其他学习领域或学科学习；（5）学习材料的组织和学习活动灵活多变；（6）重视思辨过程和道德实践；（7）以身作则（课程发展议会，2004，24—25）。

品德情意是文化的主要部分，而文化是语文学习的基础。有关文化的定义，刘述先（1988，64）建议采用 Kroeberk 及 Kluckhohn 的说法，因为这个定义为多数当代社会科学家所接受：

> 文化乃包括各种外显或内隐之行为模式，藉符号之使用而习得或传受，且为构成人类群体之显著成就，包括人工制品之具体表现；文化之基本核心包括传统（即由历史衍生及选择而生的）观念，及其所附随之价值，此后一项尤关紧要；文化体系虽可被认为系人类活动之产物，又可视为限制人类作进一步活动之因素。

郑金洲（1996，1）则认为：

> 文化大抵有广、狭义之分。广义文化指人类后天获得的并为一定社会群体所共有的一切事物，它包括物质、制度及精神层面；狭义文化指人类后天习得的并为一定群体所共有的一切观念和行为，主要限于广义文化的精神层面。在研究教育与文化的关系时，一般都是就后者而言的。

本文所指的文化是指郑金洲所说的狭义文化。在瑞典，教育的其中一个重要目的就是把文化传给下一代（Sharp and Le Metais, 2000）。

中国的精神文化主要是儒家的道德观念。孔子（公元前551—公元前479）主张"道之以政，齐之以刑，民免而无耻；道之以德，齐之以礼，有耻且格"（《论语·为政》，2461下，浙江古籍出版社，1998）。孔子对道德行为的基本规范是"仁"，"仁"的基本精神是忠恕之道，而"仁"的制度化便是"礼"（刘忠和，2003，60—76）。

孟子（公元前 372—公元前 289）认为"善政，不如善教之得民也"（《孟子·尽心上》，2765 中，浙江古籍出版社，1998），而得民心的关键在于"明人伦"（《孟子·滕文公上》，2702 下，浙江古籍出版社，1998）。朱熹（1130—1200）提出"古昔圣贤所以教人为学之意，莫非使之讲明义理，以修其身，然后推以及人"（陈俊民，2000，《朱子文集·白鹿洞书院学规》，3731）。儒家把道德教育放在首位，并且把个人品德教育与社会稳定结合起来。胡弼成及廖梅认为：

> 在他们（儒家）看来，道德教育的作用就是使君臣、父子、兄弟、夫妇、朋友之间各按一定的伦理道德准则和规范约束自己的言行，使人人都不敢违背伦理道德准则和规范，进而使人伦关系与政治关系相结合。（胡弼成及廖梅，2000，4）

教师如何看品德情意教育，对下一代的品格和社会的稳定有深远的影响。因此本文会探讨下列问题：（1）穗港的语文课程都同样重视品德情意教育，但两地的教师是否认同这个思路呢？（2）穗港语文教师对情意教育的理解是否相同呢？（3）在语文科推行品德情意教育的实际情况如何呢？

三　研究工具及结果

本研究以问卷和焦点小组面谈作为研究工具。问卷设计参考了香港特区课程发展议会的《学会学习》及《中国语文课程指引（小一至小六）》、教育部基础教育课程教材发展中心的《语文科义务教育课程标准（实验稿）》、丘进的《中国文化常识普及标准》、林启彦及黄嫣梨的《中国文化导论》及王锦贵主编的《中国文化史简编》。研究小组邀请了三位小学语文教师试做问卷，然后再作修订。研究小组于 2006 年 4 月分别在广州和香港抽样邀请小学教师填写问卷，结果收回广州小学老师 48 份问卷，香港小学老师 31 份问卷。问卷的第一道问题是："在众多的教学内容中，你认为什么是语文科的核心部分？请先写最重要的，如此类推。"有些回答者在同一重要等级中，填写多于一个项目；又有一些回答者填写少于五个项目。整体而言，有关语文能力和语文知识的内容在第一年级至第五级中都曾出现，而且出现频率最高。即是说两地教师都认同语文能力和语文知识是重要的教学内容。有关人文素养、情感和思想品德在第一年级至第四级中都出现，可见两地教师都很重视情意教育。不过，只有一位香港特区教师把情意教育放在第一等级，而大部分香港特区教师将情意教育放到第二等级。这现象反映出一般香港特区教师认为在语文科中，语文能力和语文知识比情意教育重要，而广州教师在这个观点上的态度比较开放。

第二道问题是："你认为下表所列，哪些是情意教育的核心元素（请圈选）？"结果显示两地小学教师基本上都认同问卷所列的 26 项与儒家道德观念有关的情意教育元素：惜己、学礼、谦厚辞让、尽孝、严以律己、宽以待人、内省、诚信、知耻自知、自我节制、旷达坦荡、积极进取、虚心开放、忠心、勤奋坚毅、认真负责、爱家、和睦、五伦、尊师、身教、知恩感戴、仁民爱物、推己及人、爱国、爱民族。这是"大同"，但也有"小异"。香港特区教师对问卷中的 26 项情意教育元素，50% 或以上极同意的只有 7 项：宽以待人（52%）、内省（52%）、诚信（58%）、勤奋坚毅（55%）、认真负责（68%）、身教（55%）、推己及人（52%）；内地教师对问卷中的 26 项情意教育元素，50% 或以上极同意的则有 15 项：学礼（50%）、谦厚辞让（52%）、严以律己（54%）、宽以待人（60%）、诚信（65%）、积极进取（63%）、虚心开放（52%）、认真负责（65%）、爱家（65%）、和睦（56%）、尊师（60%）、知恩感戴（54%）、爱国（69%）、爱民族（65%）。其中共同高于 50% 极同意的项目只有四个：宽以待人（港 52%/穗 60%）、诚信（港 58%/穗 65%）、勤奋坚毅（港 55%/穗 69%）及认真负责（港 68%/穗 65%）。两地教师看法有较大差异的项目（19% 或以上）有：严以律己（广州比香港高 19%）、忠心（广州比香港高 21%）、爱家（广州比香港高 26%）、爱国（广州比香港高 27%）、爱民族（广州比香港高 19%）。

这些现象反映了两地小学教师对情意教育元素的不同看法：（1）广州小学教师对问卷中的项目认同感较高；（2）两地教师都极同意宽以待人（港52%／穗60%）、诚信（港58%／穗65%）、勤奋坚毅（港55%／穗69%）及认真负责（港68%／穗65%），是核心情意教育元素；（3）广州教师较香港特区教师重视严以律己、忠心、爱家、爱国和爱民族等项目。

问卷第三道问题是："你在教学中，曾教授的情意教育核心元素？"问题要求两地教师填写曾教授的情意教育核心元素，大部分教师都以问卷中列出的26个项目作答，但也有教师填写26个项目以外的元素，例如：知恩感戴、守法、爱心、自尊、行善、爱党、惜物。可见，各人心中的情意核心元素都有差异，但却离不开人性的真、善和美。广州教师共有282个回答，比香港特区教师的64个回答多，虽然广州教师的回答问卷比香港特区教师的回答问卷多17份，但广州教师的回答数目却比香港特区教师多出218个。

问卷第四至九题是：（4）你是否同意在语文科中融合情意教育？（5）你是否同意现时的语文科内容已包含情意教育的核心元素？（6）你是否同意学生能通过语文科课程认知情意教育的核心元素？（7）你是否同意学生能通过语文科课程反思传统道德价值观？（8）你是否同意学生能通过语文科课程认同传统道德价值观？（9）你是否同意学生能通过语文科课程实践传统道德价值观？结果是广州教师比香港特区教师更同意在语文科中融合情意教育（极同意比率为71%比55%）。不过在回答你是否同意现时的语文科内容已包含情意教育的核心元素的问题时，广州教师表示极同意的只有38%，而香港特区教师则低至13%。在回答是否同意学生能通过语文科课程认知、反思和认同情意教育的核心元素或传统道德价值时，亦出现近似回答。

广州的焦点小组面谈，共有5位广州小学老师和1位小学校长参加，内容重点有：学校以德育为主要任务，并通过活动作为教育手段；语文科以德育主题组织单元，但仍未有一个体系；教材带动教学；教材以编写为主，选的较少；生活材料、传统典籍、外国翻译文学、儿童文学等教材，有助学生了解世界，特别是人性的真、善、美；对于德育课题，学生常有己见，教师须引导学生建构正确观念；

情感教育也就是情意教育，即是语文科的人文性；德育须从感悟到自学，再到沉浸；家庭教育与品德情意的培养有很大关系；情意教育对教师很重要，小孩会影响成人。研究小组感觉广州小学教师十分支持在语文科推行情意教学，认为情意教学不只可以提高学生的素质，也有助教师和家长提高个人的素质。

香港特区的焦点小组面谈共有 5 位小学老师参加讨论，内容重点有：语文科中的文学学习材料，可以培养学生的真、善、美，也就是"爱"；新语文课程中的文化、文学和品德情意关系密切；旧课程的教科书多说教色彩，多直接灌输，缺乏思考空间；新课程的教科书多文化、文学及儿童文学材料，让师生可以有较多的讨论空间；在传承传统价值观时，教师须采用开放态度，并以道德教育理论分析传统价值观的时代意义；在语文科中，听说读写比品德情意重要；品德情意难于评量；仁、义、礼、忠、诚、恕等儒家传统观念很重要，但自信心和上进心也不可忽视；品德情意教育不宜独立进行，应融入语文课程，以沉浸或渗透模式进行。

四　讨论

1. 两地的教师对品德情意教育的认同感

两地教师都认同语文能力和语文知识是重要的教学内容，但一般香港特区教师认为在语文科中，语文能力和语文知识比情意教育重要，而广州教师在这个观点上的态度比较开放。在 20 世纪 80 年代，香港的语文课程受工具论影响，语文教学特别强调听说读写等语文能力和知识，小学语文课程的文化和文学元素极度贫瘠不足。那时的小学师训课程亦以语文能力和知识为主，缺乏文化及文学学习单元。香港教育学院在 1994 年成立，并在 1999 年推出小学教育学士课程，工具论的影响力才减退。随着香港回归祖国，香港教育学院的小学教育学士课程主修的中文，增加了文学和文化范畴的学分，强调了中华文化及国民身份认同。香港特区的新小学语文课程，亦把品德情意列入学习范畴中，语文科的人文性再次受到重视。广州语文教师对品德情意较认同，因为国家课程在小一至小二设有品德与生活科，而小三至小六则设有品德与社会科，所以有较多教师把品德情意列作语文科的第一级核心内容。

2. 两地教师对情意教育的理解

本研究的其中一个目的是探讨何谓情意教育，根据问卷内容，内地教师称问卷中的情意教育为情感教育。香港特区《中国语文课程指引（小一至小六）》对品德情意范畴的学习目标作出了三个指示：（1）培养道德认知、意识和判断力，从而促进自省，培养道德情操；（2）陶冶性情，培养积极的人生态度；（3）加强对社群的责任感（课程发展议会，2004，23）。至于学习要点，课程发展议会作出了一些建议：在个人层面，须注意自我尊重、自我节制、实事求是、认真负责、勤奋坚毅、专心致志、积极进取、虚心开放、旷达坦荡、美化心灵；在亲属及师友层面，须注意尊重别人、宽大包容、知恩感戴、关怀顾念、谦厚辞让、重视信诺；在团体、国家及世界层面，须注意心系祖国、守法循礼、勇于承担、公正廉洁、和平共享。

课程文件在"个人"层面的主要要求是人格的独立；在"亲属及师友"层面则是自亲及疏，由亲爱家人做起，以至于关心日常生活所接触的其他人；在"团体、国家及世界"层面则再推己及人，及于整个社会群体，发挥民胞物与的精神（课程发展议会，2004，23）。这种安排，很明显是承袭了儒家的传统道德观念。在内地，《全日制义务教育语文课程标准（实验稿）》虽然没有如香港特区的课程文件列出具体学习内容，但根据其目标内容，情意教育应包含爱祖国、公德心、积极向上、勇于面对困难、爱好中国文化、具有审美能力、具有想象力和创造力。两地小学教师基本上都认同问卷所列的26项与儒家道德观念有关的情意教育元素，这是"大同"，但也有"小异"。香港特区教师对问卷中的26项情意教育元素，50%或以上极同意的只有7项，而内地教师对问卷中的26项情意教育元素，50%或以上极同意的则有15项。为什么广州教师对问卷中的项目认同感比香港特区教师的高呢？在焦点小组面谈时，香港特区教师明确地表示教材和公开考试的内容都以听说读写为主，情意教育元素较次要。内地的教材含有品德情意的元素,而课程更设有品德与社会科。因此,内地教师比香港特区教师更认同情意教育元素。广州教师较香港特区教师重视严以律己、忠心、爱家、爱国和爱民族等项目,原因可能是内地一向着重纪律、家庭教育、爱国教育和民族融合教育,而香港特区则比较自由开放,比较重视语文技能和知识。另一个原因可能是内地虽然经历了不少政治运动,但传统儒家道德观念在教师心目中,仍然根深蒂固。香港特区教师刚从英国统治下回归祖国,对传统儒家道德观念的认同感并不如内地教师深,这亦是香港特区要在语文科中加强品德情意教育的原因。

两地教师都有50%以上表示极同意的项目只有四个:宽以待人(港52%/穗60%)、诚信(港58%/穗65%)、勤奋坚毅(港55%/穗69%)及认真负责(港68%/穗65%)。宽以待人及诚信是人与人相处的态度,可以使社会和谐稳定;勤奋坚毅及认真负责则是处事的态度,可以使社会进步。可见致力于社会和谐和进步这两种儒家理想,是两地教师的共同愿望。两地教师看法有较大差异的项目(20%或以上)有三个:忠心(广州比香港高21%)、爱家(广州比香港高26%)、爱国(广州比香港高27%)。回归前的香港特区,是一个以经济挂帅的城市。港英政府长期忽略公民教育,工商界亦以利益为行事的大前提。忠心可能会影响事业发展,不忠心亦不会得到道德谴责。爱国的议题比忠心的议题复杂,港英政府对此更是可以不说便不说。内地一向都比香港特区着重公民教育和爱国教育,广州教师在忠心和爱国两个项目上和香港特区教师的看法有着明显的不同是可以理解的。香港特区的新语文课程,加强了公民教育和爱国教育,相信日后的特区居民,一定会在忠心和爱国两种态度上有所改变。

3. 在语文科推行品德情意教育的实际情况

广州教师表示曾教授的情意教育核心元素,比香港特区教师的回应多,这可能是由于内地设有品德与社会科,并以人文素质作为教育的主要任务,所以语文教师会认为教授品德情意是他们的本分,并在日常教学活动中实践。内地注重的是素质教育,也就是通过情意教育和审美教育，让学生学会做人，最终达到提高全体国民素质的目的。

两地教师都认为现时的语文科内容所包含的情意教育的核心元素并不够，学生亦未必能通过语文课程认知、反思和认同情意教育的核心元素或传统道德价值。这些现象反映出教育政策制定者，在落实新课程时，必须注意理想与现实的距离，因为认同并不表示能够实行。为什么不能落实在语文科推行情意教育呢？研究显示，两地教师均表示情意教育须依赖教材推行，但情意元素往往是道德价值观，口笔的表达并不等于内心的认同，如何通过学习活动和评估活动帮助学生发展人性的真、善和美是一个难题，是师训者和语文政策制定者要注意的课题。香港特区教师遇到的问题更大，教师表示旧课程的教材欠缺情意内容或情意内容太肤浅，没有反思及讨论空间，他们期望2006年新课程的教科书可以改善这种情况。这又反映出他们仍未落实教师是教材发展者的观念，有关部门及师训机构必须正视这个问题。

香港特区在语文科中推行品德情意教育仍在起步阶段，教师知道要做，但往往不知道如何做，学校亦不知道如何配合教师。相信随着课程的发展，香港特区教师会很快把知识转化为能力，落实在语文教学中融入情意教育元素。

五 总结

在现实情况方面，研究发现两地教师都认同语文能力和语文知识是重要的教学内容，而香港特区的课程文件比内地的课程文件更具体地列出了情意教育的学习内容。两地小学教师基本上都认同问卷所列的26项与儒家道德观念有关的情意教育元素，这是"大同"，但也有"小异"：（1）广州小学教师对问卷中的项目认同感较高；（2）广州教师较香港特区教师重视"严以律己"、"忠心"、"爱家"、"爱国"和"爱民族"等项目。香港特区教师明确表示语文科的教材和公开考试的内容都以听说读写为主，相对来说情意元素较次要。内地教师表示他们的教材含有品德情意的元素，课程更设有品德与社会科。可能是由于上述两个原因，内地教师比香港特区教师更认同情意教育元素。广州教师比香港特区教师重视"严以律己"、"忠心"、"爱家人"、"爱国"和"爱民族"等项目，原因可能是内地一向着重纪律、家庭教育、爱国教育和民族融和教育，而香港特区则比较自由开放，较侧重语文技能和知识。两地教师心中的情意核心元素虽有差异，但却离不开爱心和人性的真、善和美。虽然，内地教师已在语文课程中落实推行情意教育，香港特区教师则仍在起步阶段。

在理论建构方面，西方道德认知学派如皮亚杰（J. Piaget）及科尔伯格（L. Kohlberz）的理论亦只是通过描述道德推理时的思维发展来研究道德，并没有探究道德价值观与语文学习的关系（陈会昌，2004，82—117）。华非斯（M. Varghese）、摩根（B. Morgan）、庄仕敦（B. Johnston）及庄臣（K. Johnson）认为，语文教师自我身份（Identity）所属的社会文化和社会政治阶层，对语文教学的影响很大（Varghese，Morgan，Johnston&Johnson，2005），但他们只探讨社会身份理论（Social Identity Theory）、学习环境理论（Situated Learning Theory）及形象版本概念（Image-text Concep）对语文教师的影响，没有研究道德观念与语文学习的关系。我国学术界，如刘忠的《孔子道德教育思想研究》，多集中讨论以"仁"为中心的儒家教育思想，未有详论儒家的语文教育观。欧阳汝颖（2003）曾提出一个以文化为基础，结合思维策略、语用能力及语法和语言能力的"语文基本能力架构"，该架构从宏观角度强调了文化对语文能力发展的重要性，但未深入讨论哲学思想和语文学习的关系。语文科是学校教育的主要科目，因此，如果能够找出语文学习和品德情意的关系，对学生的语文学习和道德发展都会事半功倍，希望专家学者，能从理论层面进一步探讨这个议题，提高学生的学习水平。

最后，"宽以待人"、"诚信"、"勤奋坚毅"及"认真负责"是两地教师极同意的核心问题情意，世界上有没有共同的核心情意教育元素呢？这是值得我们思考的问题。

（作者单位：香港大学教育学院、香港教育学院中文系）

注　释

[1]　本文是香港大学教育学院资助研究项目的部分成果，项目统筹人为香港大学欧阳汝颖，研究员包括香港教育学院汤浩坚、香港教育学院梁慧霞及陈坤德。

[2]　《语文科义务教育课程标准（实验稿)》，见《全日制义务教育语文课程标准》，教育部基础教育课程教材发展中心网页，http：//www，nc-ct. gov. cn/kcbz01. htm，浏览日期 2006 年 5 月 5 日。

参考文献

[1]　陈会昌：《道德发展心理学》，安徽教育出版社 2004 年版。

[2]　陈俊民校编：《朱子文集》，台北：德富文教基金 2000 年初版，全 10 册。

[3]　胡弼成及廖梅：《儒家教育思想的基本特征与当代教育改革》，载《教育与现代化》2000 年第 4 期（总第 57 期)。

[4]　蒋洪元：《儒家教育思想与素质教育》，载《山东省经济管理干部学院学报》2002 年第 2 期。

[5]　刘述先：《教育与文化》，辑于杜祖贻及刘述先编《哲学、文化与教育》，香港中文大学 1988 年版。

[6]　刘忠和：《孔子道德教育思想研究》，高等教育出版社 2003 年版。

[7]　教育部基础教育课程教材发展中心：《语文科义务教育课程标准（实验稿)》，见《全日制义务教育语文课程标准》，教育部基础教育课程教材发展中心网页，http：//www，ncct. gov. cn/kcbz01. htm，浏览日期 2006 年 5 月 5 日。

[8]　浙江古籍出版社：《十三经注疏》，浙江古籍出版社 1998 年版，上及下册。

[9]　林启彦、黄嫣梨：《中国文化导论》，香港教育图书公司 1994 年版。

[10]　欧阳汝颖、汤浩坚及梁慧霞：《母语基本能力对比研究——华语地区》，香港大学 2003 年。

[11]　Caroline Sharp and Joanna Le Métais（2000）. *The Arts*, *Creativity and Cultural Education*：*An International Perspective.* London：Qualifications and Curriculum Authority 2000.

[12]　Varghese, M. , Morgan, B. , Johnston, B. & Johnson, K. （2005）. Theorizing Language Teacher Identity：Three Perspectives and Beyond. *Journal of Language*,

Identity, *and Education*, 4（1），21—44.

［13］　王锦贵主编：《中国文化史简编》，北京大学出版社 2004 年版。

［14］　香港特区课程发展议会：《学会学习》，香港：政府印务局 2001 年。

［15］　香港特区课程发展议会：《中国语文课程指引（小一至小六)》，香港：教育统筹局 2004 年。

［16］　丘进：《中国文化常识普及标准》，香港：世界杰出华人基金会有限公司 2001 年。

［17］　郑金洲：《文化教育：两者关系的探讨》，载《上饶师专学报》1996 年第 1 期。

词在文学作品中的言语义：词义分析的实践

[中国香港] 唐 秀 玲

一 词义和词义分析

人们使用语言为了表达意义，词是语言中最小的意义载体，在语言交际中至为重要，没有词，就没有组句的实体，句法无法运作，我们的思维内容也无法通过语言系统得以呈现。还未完全掌握母语结构的婴儿，仅用电报式婴儿语言，所表达的意思也会被人理解，这是因为词反映稳定的意义，能发挥符号的功能，表达某种程度的语意。例如一个广东婴儿喊着"奶奶"（［$nai^{55}nai^{55}$]），[1]他妈妈一定知道他要表达什么意思。词典上"由乳腺所分泌出来的白色液体，含有水分、蛋白质、乳糖、盐类等营养物质"[2]的解释〔定义）是人们把对各种乳汁的具体认识归纳而成的理性意义，也就是概念意义。这个婴儿和他妈妈虽然未必自觉掌握了"奶"的概念，但实际上他们通过生活经验已建构了对"奶"的认知：［＋白色］、［＋液体］、［＋充饥］。有了这个基础意义，婴儿和妈妈就能顺利沟通。词典上陈列的词义大部分都是这类从许许多多具体的、个别的事物归纳概括出来的理性意义，是人们赖以沟通的基础。由此可见，词义分析是词的研究基点。

现代汉语词汇学吸收了西方语言学的系统化研究方法，把词作为研究的主体，从50年代的词法研究发展至70年代的词义分析，并注意到词义在具体言语活动中的变化。其中语义学的词义分析理论让我们认识到词义并非囫囵的整体，词义是可以分析出更小的成分的。符淮青在

《现代汉语词汇》中提出了词义分析的方法，把词义分析为概念意义和附属意义两大部分，并建立了比较清晰的静态词义分析框架。他认为人们对事物的理性认识会产生概念内容，概念内容就是词的概念义，是狭义的词义，由语音形式所代表。词的概念义可以分析出"对象特征"（事物的本质特征）和"适用对象"（具有对象特征的有关事物）两个成分。人们的形象思维活动和各种心理活动使某些词在头脑中出现所反映对象的形貌，这形成了词的形象色彩。人们观察事物时会产生某种态度或主观评价，这使某些词具有特定的感情色彩。不同的社会交际环境或不同的文体写作会制约人们选用某些词语，不用某些词，这形成了词的语体色彩。形象色彩、感情色彩、语体色彩都是附着概念义而出现的，是词的附属义。下图显示了符淮青的词义分析框架。

概念义		附属义		
对象特征	适用对象	形象色彩	感情色彩	语体色彩

符淮青不把词的附属义排斥在词义之外，使词义分析摆脱了逻辑学的思考范畴，可以系统而全面地反映语言学范畴里词义的组成面貌。例如"冷"、"冷却"、"冰冷"三个近义词，利用下面的词义分析框架可以分解出各个意义所含成分，从中可以清晰看到三个词义之间比较细微的差异。

词	概念义		附属义		
	对象特征	适用对象	形象色彩	感情色彩	语体色彩
冷	①温度 ②低	人、物	有	中	日常语体
冷却	①物体 ②释出热量 ③温度 ④降低	物体	无	中	科学语体
冰冷	①温度 ②很③低（很冷）	人、物	有	中	文艺语体

这三个词的概念义都含"温度"、"低"的对象特征,但"冷却"属于科学语体,对象特征比较精细微观,适用对象明确限于物体,"冰冷"除程度比"冷"深,形象色彩也比较鲜明,多用于文艺语体。[3]人们在日常的言语经验中能感知这三个词的差异,但这种感知往往是印象的、模糊的。词义分析框架可以让我们仔细观察词义的构成成分。

语义学把音位学的区别特征原理运用到词义分析上,产生了义素分析法。义素分析法主要是通过对比义位(词义)之间相同和相异的本质特征以分析出最小的对立成分"义素"。义素分析法能在微观的层次揭示词义中隐藏不彰的意义成分,有助于观察词义之间的关系。例如"看"、"盯"、"瞪"、"瞥"、"瞟"都是眼部动作,从词典上的义位可以知道这些眼部动作的概念内容是不相同的。[4]

> 看:使视线接触人或物。
> 盯:把视线集中在一点上。
> 瞪:睁大眼睛注视,表示不满意。
> 瞥:很快地看一下。
> 瞟:斜着眼睛看。

义素分析法可以更精细地找出多个概念内容间的对立特征,从而显示同一语义场中各个词的分工。例如从下表的分析可以知道"看"是上位词,意义涵盖最广,"盯"、"瞪"、"瞥"、"瞟"都带有某种的动态特点,比"看"多了形象色彩或感情色彩,它们在表达眼部动作这个范畴意义上各有分工。

眼部动作词群义位分析表

词	中心义素		限定义素			
	施动	接触体	视线	眼睛睁大	速度	表情
看	眼	+	−	−	−	−
盯	眼	+	+集中焦点	−	−	−
瞪	眼	+	+集中焦点	+	−	+不满

续表

词	中心义素		限定义素			
	施动	接触体	视线	眼睛睁大	速度	表情
瞥	眼	+	−	−	+快	−
瞟	眼	+	+集中焦点	−	−	+

　　无论是符淮青的词义分析框架还是义素分析法，分析对象大多是进入言语活动前的静态词义。静态词义是人们赖以沟通的基础，但是，词进入特定的交际环境或作品文本之后，词义往往受到言语环境制约而产生变化，听话人或读者总要从语境的脉络中理解动态的词义，这样才能掌握言语的实际意义。

二　词的言语义

　　词典上的词义解释是抽象的概念义，不直接联系现实中的具体对象。当人们在具体的交际场合运用特定的词来指称事物时，那个词才有个别的指称对象，才有特定的内容。真实的言语现象告诉我们，同样一个词在不同语境中所反映的特征是有差异的。例如下面句子中的"人"因语境之不同而有不同的内容。

　　（1）人为万物之灵。
　　（2）我不会原谅你这种忘恩负义的人。
　　（3）现在去北京远了，去龙儿更远了，自家只一个人，只是孤零丁的一个人。（郁达夫《一个人在途上》）

　　句（1）的"人"是通称；句（2）的"人"反映定指对象，并因"忘恩负义"的制约而含临时的贬义；句（3）的"人"是作者自称，含孤独的形象色彩。以索绪尔提出的"语言"和"言语"两个概念来看，[5]这三个"人"都以同一的语言义为基础，并在特定的言语活动中出现了特殊的、个别的言语义。语言义是抽象的、固定的，是人们在脱离实际的交际语境的情况下所认识的意义，词的言语义是临时的、变异的，是听话人或读者依靠特殊的上下文才能理解的具体内容。

　　静态词义研究的精细化加强了词义分析的实践意义。词义分析的实践意义在于突破静态的、封闭的研究取向，进入千变万化的言语现实当中，揭示隐藏在种种言语行为中的义位变化。例如分析"A 就是 A"式中 A 的义位，可以让我们知道 A 产生怎样的言语义，发挥怎样的动态表义效能。

　　　　（1）孩子就是孩子（a），不分好歹是非（b）。
　　　　（2）孩子就是孩子（a），容易受感染（b）。

　　（1）、（2）两句第一分句（a）的意义肯定不是逻辑上的"A ＝ A"。利用义素分析法分析句中的"孩子"，可以知道这个义位在语境中的变化。句（1）和句（2）的主语"孩子"属于［人］的语义场，含限定义素［＋未成年］，而这个限定义素［＋未成年］隐含着第二层次的义素［幼稚：＋身体不成熟＋思想不成熟］。句（1）（a）的谓语"孩子"因为后面第二分句（b）而凸显了［＋思想不成熟］这隐含义素，句（2）（a）的谓语"孩子"因为第二分句（b）的不同意义而凸显了另一个隐含义素［＋身体不成熟］。由此可见，在"A 就是 A"中，句首的"A"取的是语言义，谓语的"A"在语言义的基础上凸显了第二层次的隐含义素，而隐含义素的凸显是受到语境中其他义位所制约。读者要深入理解具体的话语含义，需要在特定的语境制约中抓住词的言语义。

三　动态词义分析揭示言语义的产生：
词在文学作品中的义位变化

　　词是言语作品的构成基础。言语作品中最为特别的是文学作品。文学作品综合了作者的理性和感情活动，是作者对外在世界的观察、内在世界的感受、精神世界的想象的综合反映。因此，文学作品的用词往往以理性认识为基础，以想象把词义复杂化或异化，使词义既有外部世界的反映，也有内部的联系，更有超出客观世界的指涉。词义分析其中一个实践意义就是揭示词在文学作品中的言语义，从微观的层次解释词的言语义怎样构成言语作品的意义和文学效果。[6]

1. 义位的超常搭配产生创新的言语意义

静态义位彼此之间有常态的搭配关系，例如"冰雪"与"冷"搭配，"火"与"热"搭配，"水"与"清澈"搭配，这些义位的搭配有一定的客观现象作基础。然而，在充满想象的文学作品中却常常出现义位的超常搭配。义位的超常搭配会带来言语的创新，增加审美趣味。例如下面一首儿童诗《扇子》：[7]

> 扇子是会传热的
> 爸爸热时我帮他扇凉
> 当他凉时我就热得很

"扇子"含［＋工具＋摇动生风］两个义素，［＋摇动生风］隐藏着［＋传送凉意］这第二层次义素（第二句的"扇凉"也暗中凸显这个隐藏义素），但句中的"扇子"因与"传热"的临时搭配多了与"扇子"本质功能对立的义素［＋传热］（"热"与"凉"对立），出现了与客观事象矛盾的特征，不符合读者的一般认知，于是造成出人意料的效果。

文学作品讲求突破语言规律，制造创新效果，这可以看作一种言语行为艺术。余光中《碧潭》其中几个诗句也利用了义位的超常搭配来制造特殊的审美效果。[8]

> 如果碧潭再玻璃些
> 就可以照我忧伤的侧影
> 如果舴艋舟再舴艋些
> 我的忧伤就灭顶

把原作与下面的常态搭配比较一下，就能欣赏到由词的超常搭配所造成的美感效果。

> 如果碧潭再透明些
> 就可以照我忧伤的侧影
> 如果舴艋舟再小些
> 我的忧伤就灭顶

初读诗句就能感知"玻璃"比"透明"更富于形象，能使人把碧潭联想作透明的镜子（"镜子"含［＋玻璃］的义素），[9]暗中与"照"呼应；"舴艋"比"小"富于古典色彩，与"照镜子"的意象营造出古雅的气质。利用义素分析法可以仔细观察到这些义位在超常搭配中所出现的意义凸显和渗透，以及由此所产生的独特的言语义。"碧潭"是台湾的一个湖，从构成这个专有名词的语素"碧"和"潭"看，"碧潭"属于［水域］语义场，含限定义素［＋深绿］和［＋深池］。"玻璃"是"一种质地坚硬而脆的透明物体"，属于［物体］语义场，含限定义素［＋硬＋脆］和［＋透明］。"碧潭"与"玻璃"搭配，"碧潭"渗入了［＋透明］的特点，而"玻璃"的［＋硬＋脆］特点则受"潭"的［水域：＋深池］所制约而消减了。在两个义位临时组成的"主＋谓"句法结构中，"玻璃"的语法意义也改变了，由指称变为陈述，并在副词状语"再"的修饰和量词补语"些"的补充之下，出现了透明程度越来越加深的动感。"舴艋舟"是小船，属于［船］语义场，含限定义素［＋小］，在"舴艋舟再舴艋些"的结构中，充当谓语的"舴艋"临时改变了语法意义，产生"缩小"的动态，强化了"舴艋舟"有别于其他船只的本质特点——"小"。本来就小的"舴艋舟"再缩小，作者忧伤自然会灭顶。

概括而言，静态环境里的义位固定不变，是言语沟通的本体意义。义位进入言语的动态环境中，会受其他义位所制约，所含的义素有时会发生变化。变化之后的义位就是义位变体。文学作品比其他言语作品出现更多的义位变体，词义分析的实践意义就是描述这些千变万化的言语事实，以理性的方式来解释感性的审美。

2. 义位的聚合运用加强言语的形象意义

文学作品是作者接触外部世界时经过感情和想象作用而产生的言语事实。作品的主题规定了作者的表达内容范围，可以看作特殊的语义场，作品中的词则在这临时的、特殊的语义场内从各有关方面来表述特定的内容。运用语义场的概念可以归纳出作品中的临时聚合义位，利用义素分析方法可以观察到这些聚合义位怎样建构整体的言语意义。例如徐蔚南的《看潮》，主题是"潮水"，文中用了约 16 个动词来描述潮水的动态变化，换句话说，言语作品的临时语义场是"潮水"，而"升、拥、盖、卷、跃、跳、飞、退、挤、滚、荡、涌、冲、窜、退、溜"这些动词在《看潮》这篇言语作品中出现了临时的聚合关系。从下表可以看到这些词在"潮水"语义场内的表述分工。

《看潮》的聚合义位

场　　境			词	义　　位
沙滩	初上潮	俯瞰	升	由低往高移动
			拥	挤着走
			盖	由上而下地遮掩
		平视	卷	一种大的力量把东西撮起或裹住
	高潮阴历十四五日	平视	跃	跳
			飞	腿上用力，使身体突然离开所在的地方
			退	落下
			挤	离地在空中飘浮游动
		远望	滚	向后移动
	石块间		荡	在拥挤的环境中用身体排开人或物
			涌	滚动，翻动（上下或内外交换位置）
			冲	摇动、摆动（使物体来回地动）。很快地朝某一方向直闯，突破障碍
			窜	乱跑，乱逃
			溜	溜行；（往下）滑

以语言运用的常态来看，潮水的动态义位可以由非有生施动

([-有生])的"涨"、"退"、"起"、"伏"来反映。然而,从上表不难看出《看潮》所用动词中有本属[+有生]语义场的如"跳"、"飞"、"窜"等等,这些有生动词与"潮水"搭配,赋予了"潮水"超常的[+有生]本质特征,这是一种异化的用词现象。在《看潮》这言语作品中,[+有生]动词和[-有生]动词的聚合使用,使潮水的动态凸显成有意向有感情的动作行为,于是塑造了潮水[+有生]的形象特质。

动词所反映的动态进展是有方向的,通过义素分析可以看到文中16个聚合义位以不同的方向或方式来描述潮水的涨退。

《看潮》聚合义位分析

场境		词	义素							
			向上	向下	向内 (弧度)	左右 (回来)	无向	突破 障碍	离开 地面	停留 空中
沙滩	初上潮	升	+							
		拥						+		
		盖		+						
		卷			+					
	高潮	跃		+					+	
		跳								
		飞							+	+
		退						-突破		
		挤						+		
		滚	+	+	+内外					
石块间		荡				+				
		涌	+							
		冲								
		窜						+		
		溜		+			+			

作者把在沙滩上看到的潮水动态分作两个阶段来描写："初上潮"和"高潮"。换句话说，在"潮水"语义场下的"沙滩潮水"又可细分为"初上潮"和"高潮"两个子语义场。比较这两个子语义场的动词义位，可以看到"高潮"的"跃"、"跳"、"飞"比"初上潮"的"拥"、"盖"、"卷"多了［＋离开地面］、［＋停留空中］的义素，这两组词语的聚合运用反映出初涨潮水是贴着水平线前进的，而高涨的潮水力量会变大，来势高而猛，离开了地面。

在"高潮"的小语义场中，"跃"、"跳"、"飞"所反映的意义也各有不同。"飞"比"跃"、"跳"多了［＋停留空中］的义素。潮水由"跃"及"跳"的［＋离开地面］变为［＋停留空中］的"飞"，凸显了潮水离地面至一定高度，力量变得强大，甚至可以停留空中。对比"初上潮"的"卷"与"高潮"的"滚"，可见朝四面拉扯（［＋上下＋外交换位置］）的"滚"力量比向内收缩（［＋向内＋撮］）的"卷"要大，来势更强。

除了在沙滩欣赏澎湃潮水，作者认为"看潮水涌在石块间，又有一种情趣"。"石块间的潮水"可以说是与"沙滩的潮水"平行的另一小语义场。石块间的空间比沙滩小，潮水难以聚集成大的力量，作者运用［＋左右来回］的"荡"、［＋无向］的"窜"、［＋力量弱］的"溜"来描写潮水在狭小空间中的"小动作"，与"沙滩潮水"的强力动感相映成趣。

《看潮》用了16个聚合义位来描写潮水的动态，形象变化之多，远远超出常态搭配的"涨"、"退"、"起"、"伏"。从用词的角度分析，可以看到动态义位的聚合运用有助于强化或对比义位群中某些义素，这些义素的临时凸显塑造了言语作品中的潮水形象，呼应作者的总体感觉"潮汐的往回固然是天天一样的，看潮的人却永不觉得单调无味"。

3. 义位中对立义素的聚合突出作品的对立意象与感情

世界事象千差万别，词与词之间所反映的意义有时候会产生形象的对立关系，如"高"与"矮"，"光"与"暗"，"热闹"与"冷清"。人们接触外在世界总会带点主观感觉和评价，这种观感渗透在词义当中，形成词的感情色彩，词的感情色彩也会产生对立关系，如

"好"与"坏","爱"与"恨","慷慨"与"吝啬"。静态的对立义位在脱离语境之下仍保持鲜明的对立关系,例如"天"与"地","水"与"火","哭"与"笑","工作"与"休息","勇敢"与"懦弱","诚实"与"狡诈"。这些对立义位的运用有助于突出对立的意象与感情,但是,在言语作品中的对立义位往往不像静态的对立义位那么显而易见。

黄维梁的《突然,一朵莲花》以第一人称的角度记述挤公交车的一件小事,从中抒发城市人在拥挤的环境中对清新、纯净的向往。作品场境是"炎热日子下拥挤的公交车",作者要营造的是"白衣少女出现前"和"白衣少女出现后"两个对立的环境意象。作品中一些看似没有特定关系的义位,由于上下文的互相作用,产生了临时的对立关系。

《突然,一朵莲花》中的对立义位[10]

语义场	白衣少女出现前的意象		白衣少女出现后的意象	
	词语反映的意象	文中搭配	词语反映的意象	文中搭配
视觉的	·泥沼:烂泥坑。[+烂] ·秽物:污秽的东西。[11][+脏] ·渣滓:物品提出精华后剩下的东西。[-精华] ·污水:脏水。[+脏]	颈项(作者)手帕(作者)	·净土:泛指没有污染的干净地方。[+干净-污染] ·莲花:多年生草本植物,生在浅水之中,地下茎肥大而长,有节,叶子圆形,高出水面,花大,淡红色或白色,有香味。[+香味] ·明丽:明净美丽。[+干净+美丽] ·洁净:干净。[-尘土+美]	旺角/少女所处的空间 白衣长发的少女

续表

语义场	白衣少女出现前的意象		白衣少女出现后的意象	
	词语反映的意象	文中搭配	词语反映的意象	文中搭配
嗅觉的	·臭水:难闻的水。[+难闻] ·异味:不正常的气味。[-正常] ·废气:工厂、飞机、车辆等,因燃烧所排出有害人体的气体。[12]		·薄荷:多年生草本植物,茎有四棱,叶子对生,花淡紫色,茎和叶子有清凉香气,可以入药。[+香气] ·甘香:[13] [+甜+香]	
听觉的	噪音:嘈杂、刺耳。[14] [+声音多+刺耳-舒服]	巴士/车厢/土牢/车厢/一切/车厢	静穆:安静庄严[-声音+宁静+端庄]	
感觉的	·爆炸:物体体积发生急速膨胀,使周围气压发生强烈变化而炸破,发出巨大的声响,这种现象称为[爆炸]。[15] [+危险] ·绝望:断绝希望。[-希望] ·窒息:因外界氧气不足或呼吸系统发生障碍而呼吸困难甚至停止呼吸。[+危险-舒服+忧愁担心] ·瘫痪:由于神经机能发生障碍,身体的一部分完全或不完全地丧失运动能力。[+危险-舒服+忧愁担心]		·清风:凉爽的风。[+清凉+爽快] ·宁谧:安定、平静。[-声音+宁静+平安] ·安详:从容不迫。[+平静] ·希望:心中的想望、期待。[+向往][16] ·无忧:毫无忧虑。[17] [-忧愁担心]	少女及肩的青丝 茵梦湖/少女所处的空间 少女面庞 少女 莲花/少女

上述两组词语不一定属于同一词类,从静态的词义关系来看,部分词语缺乏词义比较的语法基础。若以"视觉"、"听觉"、"嗅觉"、"感觉"等语义范畴来划分词的义类,然后利用义素分析法分解义位,则可分析出这些不同词类的义位是含对立义素的,这些义位在作品中形成临时的语义对立关系,表述了作者两种截然不同的感情。少女出现前,作者用的是含贬义或负面情绪义素的义位,"泥沼"、"秽物"、"臭水"、"噪音"、"窒息"、"瘫痪"等词反映的是〔-美〕的事物或〔-舒服〕的感觉;少女出现后,作者用的是含褒扬或正面情绪义素的义位,如"净土"、"薄荷"、"洁净"、"芳香"、"宁谧"等词反映的都是〔+美〕的事物或〔+舒服〕的感受。这两组词从多个感官范畴来描述两个对立的环境,通过恶劣环境和美好环境的对立塑造了烦嚣混乱和清新脱俗的对立意象,从而暗示作者对都市的态度。作者从始至终都在同一车厢里,客观环境没有改变,仅是白衣长发少女的出现,就逆转了作者的主观感受,大量运用对立义位对这种文学效果的产生起一定作用。

四 总结

词义的分析和研究从词汇学到语义学有了进一步的发展,其中语义场、义素分析等理论促进了传统的静态词义分析转入动态分析的范畴。词义的动态分析让语言分析可以进入真实的言语材料,从微观的角度探求造成言语表达效果的语言因素,同时又能观察到词义变化的各种可能性。文学是言语作品的一种特殊种类,词语运用追求突破常规,这也是制造文学效果的一种手段。动态词义分析有助于揭示词在作品中的言语义,在感性的文学欣赏以外,提供理性的语言学说明,这是动态词义分析的其中一个实践意义。

(作者单位:香港教育学院中文系)

注　释

[１]　粤语"奶"，婴儿语多为迭音的"奶奶"，字调由阳上变为阴平。

[２]　这是《现代汉语词典》"乳汁"的解释，并指出乳汁通称"奶"。"奶"是口语常用的词，"乳汁"是书面语词。

[３]　表中各个词义参考自《现代汉语词典》，商务印书馆2002年版。

[４]　词义参考自《现代汉语词典》，商务印书馆2002年版。

[５]　见索绪尔著：《普通语言学教程》，高名凯译，商务印书馆1982年版，第28—46页。

[６]　贾彦德在《汉语语义学》指出语义不是为语音、语法服务的，它构成话语的含义或言语作品的内容。一席话、一篇文章、一本书或者某一作家全部著作也是语言单位，这些语言单位的意义可以叫做言语作品义。见贾彦德：《汉语语义学》，北京大学出版社1999年版，第29、34页。

[７]　见唐衡：《睡觉的样子》，香港：启思出版社2007年版。

[８]　见余光中：《莲的联想》，台北：大林出版社1969年版。

[９]　根据《现代汉语词典》（2002），"镜子"的意义是："有光滑的平面，能照见形象的器具，古代用铜铸厚圆片磨制，现在用平面玻璃镀银或镀铝做成。"

[１０]　表中义位参考自《现代汉语词典》（2002）和《国语辞典》（网络版），没有注明《国语辞典》（网络版）的，意义解释取自《现代汉语词典》（2002）。

[１１]　《现代汉语词典》（2002）没有收录"秽物"一词，只收"秽"，解作"肮脏"。《国语辞典》（网络版）收录"秽物"一词，解作"污秽的东西"，"污秽"，《国语辞典》（网络版）解作"肮脏的、不干净的"。参见：http：//140.111.34.46/cgi-bin/dict/GetContent.cgi? Database = dict&DocNum = 75826&GraphicWorld = yes&QueryString = 秽物。

[１２]　《现代汉语词典》（2002）"废气"的解释属学术概念："工业生产或动力机械运转中所产生的对本生产过程没有用的气体"，今取《国语辞典》（网络版）的解释，以其接近日常生活的概念。参见：http：//140.111.34.46/cgi-bin/dict/GetContent.cgi? Database = dict&DocNum = 23711&GraphicWorld = yes&QueryString = 废气。

[１３]　《现代汉语词典》（2002）和《国语辞典》（网络版）均无收此词条，只收"甘"：甜的意思。

[１４]　《现代汉语词典》（2002）"噪声"的解释比较接近作品所用的意

义："在一定环境中不应有而有的声音。泛指嘈杂、刺耳的声音。也叫噪音"，今取《国语辞典》（网络版）"噪音"的解释。参见：http：//140. 111. 34. 46/cgi-bin/dict/GetContent. cgi？Database = dict&DocNum = 131318&GraphicWorld = yes&QueryString = 噪音。

　　[15]　参见《国语辞典》（网络版）http：//140. 111. 34. 46/cgi-bin/dict/GetContent. cgi？Database = dict&DocNum = 4568&GraphicWorld = yes&QueryString = 爆炸。

　　[16]　参见《国语辞典》（网络版）http：//140. 111. 34. 46/cgi-bin/dict/GetContent. cgi？Database = dict&DocNum = 95561&GraphicWorld = yes&QueryString = 希望。

　　[17]　《现代汉语词典》（2002）没收此词条，参见《国语辞典》（网络版）http：//140. 111. 34. 46/cgi-bin/dict/GetContent. cgi？Database = dict&DocNum = 152663&GraphicWorld = yes&QueryString = 无忧。

参考文献

　　[1]　符准青：《现代汉语词汇》，北京大学出版社 1985 年版。
　　[2]　符准青：《词义的分析和描写》，语文出版社 1996 年版。
　　[3]　贾彦德：《汉语语义学》，北京大学出版社 1999 年版。
　　[4]　蒋绍愚：《古汉语词汇纲要》，北京大学出版社 1989 年版。
　　[5]　利奇（Leech, G.）：《语义学》，李瑞华等译，上海外语教育出版社 1987 年版。
　　[6]　John Lyons（1977），*Semantics*，London：Cambridge University Press.
　　[7]　索绪尔：《普通语言学教程》，高名凯译，商务印书馆 1982 年版。
　　[8]　冯广艺：《义素变异与文学语言的功能强化》，载《湖北师范学院学报》（哲学社会科学版）第 14 卷，1994 年第 2 期。
　　[9]　贾宝书：《词汇学研究的必然趋势——论动态词汇学》，载《山东大学学报》（社会科学版）1999 年第 2 期。
　　[10]　李健：《义位变异与文学作品人物分析》，载《解放军外语学院学报》第 21 卷，1998 年第 4 期，总第 95 期。
　　[11]　刘桂芳：《义素分析之我见》，载《语文学刊》1995 年第 4 期。
　　[12]　刘桂芳：《义素分析略说》，载《山西师大学报》（社会科学版）第 22 卷，1995 年第 2 期。

［13］　张明鸣：《论义位和义素分析在语义理解中的作用》，载《东北大学学报》（社会科学版）第 3 卷，2003 年第 5 期。

［14］　夏晓丽：《论词汇在语言系统中的地位》，载《牡丹江教育学院学报》2004 年第 4 期。

都市里的村庄

——论吴天明的城市片创作及其与农村片
创作的不平衡现象

王晓凌

2005 年中国电影导演协会首届年度奖将中国影坛第一个终身成就奖授予吴天明。吴天明则当场将 10 万元奖金捐给了山西的"老井村"（电影《老井》的拍摄地）。此事再一次彰显了吴天明的人生和创作与土地和农民的血脉联系。"一见到农村的沟沟梁梁、窑洞土坡，就觉得特别亲切，创作的灵感随时都能迸发出来。"[1]吴天明用因自己的艺术成就获得的奖金回报了给予自己艺术激情与灵感的土地。

吴天明的确是以自己的农村片创作成就独步中国影坛的。假设把吴天明的农村片和城市片放在一架天平的两边，无论数量还是质量，这架天平会立刻大幅度向农村片一面倾斜。他 80 年代创作了三部农村片：《没有航标的河流》（1982）、《人生》（1984）以及《老井》（1987），被称为三部影片跨了三大步，一步迈上一个台阶，它们奠定了吴天明在中国影坛的地位；创作于 90 年代的《变脸》为他赢得了 40 多个国际国内奖项；他的农村题材的电视连续剧《黑脸》作为中国荧屏反腐作品的开山之作，在社会上引起了强烈的反响。可以说除了电视连续剧《黄河人》，他创作的一系列农村题材的作品均取得了不俗的成绩。然而在吴天明的城市片创作中，土地情结的保守性则显现出来，给予他较多负面影响。可以说成也土地，败也土地，是土地情结造成了吴天明创作的失衡现象。

一 城市人的乡土伦理观念

其实，吴天明是以拍城市片开始自己的导演生涯的。处女作《亲缘》讲述一对大陆和台湾的青年男女科学家在远离人间烟火的荒岛上的浪漫故事。影片内涵苍白，人物成了传达控诉分裂局面、呼唤祖国统一这个观念的传声筒。影片的失败让吴天明深受刺激，他多次毫不留情地向自己的这部作品开刀，痛斥影片"虚假"、"胡编乱造"。[2] 他从这部影片汲取了深刻的教训，在全国文化寻根热潮中找准了西部片的创作方向，攀上了创作的高峰。他自此多年未接触城市题材。

然而 17 年后，当吴天明再次拍出了城市片《非常爱情》之后，人们惊讶地发现，这位早已获得了国际声誉的导演，创作水平似乎跌回到了《亲缘》时的起点。影片根据现实生活中的一个真实感人的素材编写：一个女工坚持不懈地照顾植物人丈夫，终于唤回了他的知觉，并将失去了记忆、智力只相当于一个幼童水平的男人重新培养成人，让他重新回归了社会。这是一个并不简单的故事：十多年的人生历程、生与死的考验、心理的冲突、性格的逆转、夫妻间角色的置换……原型故事的"非常"正在于非常事变中人物性格、人物关系、人物心理的复杂巨变。但吴天明要表现的是人性的单纯、美好，他追求的"非常"是一种"不变"——始终如一的爱情。与《亲缘》如出一辙，《非常爱情》把主人公的身份从故事原型的工人置换成一对大学生、知识分子，这已经成了吴天明作品中城市人身份的名片。然而表面化地给人物贴现代的标签，无助于创作者创作观念的更新。女主人公舒心作为现代城市中的知识女性，思想意识、行为方式的传统性比之巧珍（《人生》女主人公）、喜凤（《老井》中角色）等乡村妇女，有过之而无不及。她牺牲青春和事业，十年不懈地照顾失去意识、失去记忆的丈夫。影片没有深入挖掘舒心这一非常行为的心理动因，没有表现在这场人生变故中主人公精神世界的转变和成长过程，而是着力在重重磨难上下功夫。这是一个相当表面化、概念化的、被儒家三从四德文化浸透了的贞节圣女。舒心的十年艰辛与王宝钏十八年寒窑苦熬的封建女性原型有一脉相承之处。舒心从未经历心理的冲突和分裂,她的性格是定型的。来自各方面的压力都被她无私而始终不渝的"非常爱情"挡在了心灵之门外。

新兴的科学、哲学观——"复杂"[3]系统注重事物间的相互关系,微小的、偶然的因素可能引发巨变;事物的发展绝不是线性的,一种因得出一种果,而是存在复杂多样的可能。《非常爱情》却恪守圣土上的单纯,在美好与单纯之间画等号。人物的心理和感情始终不变,情节线性发展,好人必得好报……创作过程成了对复杂、丰富的素材提纯、美化的过程:妻子照顾丈夫还嫌不够崇高,就改成未婚妻;失忆的病人智力剧降,有损男主人公的形象,就让他恢复记忆,恢复他十年前的一切……于是生活回到了原点,二人在他们定情的未名湖畔"重逢",唱着他们年轻时的恋歌……一切都那么完满、那么浪漫,可又是那么幼稚、那么概念。吴天明用简单化的思维模式去套复杂多变的生活,不可避免地给影片安上了传统戏曲的大团圆结局,使其成为一个与时代、与环境脱节的封闭系统,人物则成了观念的符号。

二 乡村——城市片中缺席的在场

吴天明拍摄的唯一一部城市题材电视剧是《都市情感》(2000)。如果说在他 80 年代创作的农村片中,高加林(《人生》的男主人公)、孙旺泉(《老井》的男主人公)们是如此热切地向往城市,那么当十多年后,他的主人公们终于有条件走出土地,置身城市中时,吴天明却和他们一起站到了城市的对立面,对城市表达了明确的否定态度。这种情感的转变有一个较为明晰的过程。拍完《老井》之后,从 1989 年到 1994 年,吴天明出国五年。在美期间,他基本生活在唐人街华人小社区中。语言的隔阂、生活圈子的封闭,使他与美国现代化的主流社会接触有限。他的基本价值观、社会观还停留在那个过去了的时代。与此同时,中国在这五年间却经历了从计划经济向市场经济时代的急速转型期，吴天明没有亲历其中。他与当代中国文化之间产生了一个断裂带。当他带着对过去时代的亲切回忆，越过遥远的地理距离，重新踏上魂牵梦绕的"黄土地"时，迎面而来的却是完全陌生的、浓烈的商业化气息。那时他所感受到的文化震惊远大于当年他从祖国到那个遥远的异国时的震惊程度。深入骨髓的土地情结跟时代潮流发生了激烈的冲突，他陷入了巨大的惶惑、苦闷和失落中。当摄制组中那些过去由他亲手栽培、扶植起来的创作人员向他伸手要报酬还讨价还价时，他无法理解并深受伤害："怎么中国现在比美国还商业化、还没人情味?"[4]在他眼里，过去那个充满政治热情和浓厚文化氛围的社会消失了，当年在革命土地上建立起来的东西遭到了否定，单纯与质朴的圣地精神离现代人越来越遥远。经历过异国他乡的世态炎凉，又感受了巨变后故土上的人情冷暖，命运的大起大落使他饱受创伤。当有机会创作一部表现圈内人生活的作品时，他终于找到了宣泄口。

通过女主人公倪小蒙为之工作的《京华之声》报，吴天明揭露了城市里物欲横流、尔虞我诈的种种丑恶现象，特别对影视、音乐、美术等文化人圈子表示深恶痛绝。此剧展示了这个"大染缸"（剧中对此类行业的通称）如何将从农村或外省小地方来的"纯洁"、"善良"（剧中用语）的青年一个个污染或毁灭掉。都市里也不是没有好人，但这些好人大多不是依据城市里公平竞争这一现代社会法则行事做人，而是靠个人道德的崇高来积德行善。一切矛盾都因一个高尚无私的暴发户的善行得到了化解。总之，在城市里充斥着奸诈的小人，城市的善人们则保持着传统乡土社会的伦理道德观。吴天明始终让人物在道德的善恶对立的两极中摆动，而少有对复杂人性的深刻理解和洞见。

吴天明就这样通过对城市里的人和事的抨击，宣泄着自己对拜金社会和赚钱动物们的憎恶："中国人整个有病! 在商场、酒店这类纯粹物化的世界里，人的价值瞬间跌落得不及一瓶洋酒、一件精品时装。所以呀，你想毁谁，想叫他堕落犯罪，你就教他来逛高级商场，进豪华酒店，绝对灵。"（主人公呆米语）翻阅吴天明这一时期发表的一系列言论，可以看出，他完全是让呆米做自己的代言人，尽情暴露娱乐圈的腐化堕落以及文化人的低级庸俗:"没完没了地要贫嘴,无聊……说的都是买房子、买车、出国,对这些事情津津乐道,眉飞色舞,显摆他们有钱不是?"(呆米语)

另一方面,吴天明又通过人物对乡村的回忆,传达了自己对失去了的传统社会生活的感伤、怀旧之情。主人公呆米的画作,是绿色原野背景上的姐姐形象——在乡村含辛茹苦养大了他的崇高女性。呆米的心理一直处在姐姐的羽翼下,无私关爱着他的城市女孩小蒙怎么也无法取代姐姐在他心中的地位。他的肉体已经脱离了土地这一母体,但精神的脐带从未剪断。这正是吴天明精神世界的真实写照。呆米始终无法融入都市生活中。孤傲的性格、自卑而又自尊的心灵屡受伤害,伤痕累累的他只得逃离城市,远上高原净土。

揭露社会丑恶和歌颂人性美好都无可厚非,问题是,吴天明对都市的批判武器不是一个理性、有序社会的游戏规则,而是传统社会的生活方式的法则。他永远拿乡村作为城市丑恶的对比物,乡村成了这部"都市情感"剧在场的缺席。与城市污浊的现实天空相对的是呆米心中乡村的洁净田野;与现代城市人复杂、肮脏的精神世界完全不同的是乡下人、外省小地方人及其保持了传统精神的城里人的纯朴与善良的心胸。于是对城市的攻击变成了对现代观念的武器的批判。这部关于都市的作品又无可避免地打上了吴天明土色的印记。

三　西方——作为本土的他者在场

《首席执行官》(2002)中意气风发的主人公凌敏不期然让我们联想到《人生》中的高加林。当年高加林看着杂志上的飞机,幻想它一飞冲天的英姿,并在小县城的树林里发出"联合国都想去"的豪言壮语。近二十年过去了,如今这些理想在凌敏身上都变成了现实。影片的第一个镜头就是冲天而起的飞机载着主人公飞向了西方世界的中心——欧洲。可是我们还是强烈地感受到:在吴天明的镜头中,这些走向国际的现代大企业中的主人们,精神世界还是没有脱离土地情结。只不过相对于世界来说,整个本土中国变成了他们心中的

"黄土地"。尽管影片采用了代表国际化的蔚蓝色——"海尔蓝"作为影片的主色调，但创作者要着力歌颂的还是代表泥土的黄色，有该片的主题歌为证：

> 黄河，黄河，泥塑个我，黄皮肤贴着我的中国；
> 长城，长城，魂铸了我，黑眼睛映着我的中国。
> 黄皮肤是一座无字的碑，风骨挺拔成山的巍峨；
> 黑眼睛是两团不灭的火，神采飞扬出天宽海阔。
> 啊，中国！中国！中国人比谁都不逊色，
> 中国是我们每一个。

黄河、长城、泥土、黄皮肤、黑眼睛……都是中华民族典型的象征。这首"主题歌"准确地点出了本片的主题。在当今全球化语境中，吴天明关注的是人对国家、对企业的忠诚，对民族正气的弘扬，国族本位是吴天明所要坚持的根本价值观。从开场到结尾，在海尔所有的重大发展关头，西方总是作为吴天明设立的二元对立结构中的"他者"在场。西方世界一方面是海尔欲征服的对象，是海尔要"与狼共舞"（凌敏语）中的"狼"，同时又作为对海尔认同的权威出现。吴天明带着强烈的民族自豪感展示海尔的辉煌业绩，还要不厌其烦地一次次让外国人自己站出来认同以至赞美海尔。法国 FM 连锁经销公司总裁列欧穆来信："在我从事商品经销的 40 年生涯中，这是第一次给一家供应商写感谢信……海尔的精神令人敬佩……你们是不可战胜的……"当年预言海尔 50 年才能赶上德国的蓝波电气公司总裁如今说："我对海尔的发展估计不足……没想到海尔只用了 14 年就赶上了我们。我不得不承认，我们为欧洲和世界培养了一个可怕的竞争对手。"而美国南卡罗来纳州州长更是毫无保留地说："南卡州需要你们，我们的工人需要你们，我们的经济需要你们！"在这些炫耀中，我们分明能感到一个受过屈辱、带着创伤者的心理脆弱与焦虑。当一个民族、一种文化处于弱势而缺乏充分自信时，来自国际、特别是西方的认同就是一种巨大的诱惑。《首席执行官》的题材使吴天明找到了一个通道：让国际"他者"来评价本土精神，这成为吴天明

"弘扬"国族文化的策略。影片结束在凌敏的激昂演讲中:"我们必须建立起一支强大的民族工业联合舰队,打造出一大批中国的世界名牌,到那时候,看谁还敢对中国说不!"类似的话语我们在早几年的影片中一再听到:1999 年出品的《横空出世》中,李雪健扮演的解放军军官控诉美国帝国主义用现代战争武器欺负和威胁中国后,愤怒地说:"No,去你妈的美国!"同年出品的表现拒绝在丧权辱国的巴黎和约上签字的中国外交家顾维钧的电影《我的1919》,片尾醒目的字幕是:"1919 年 6 月 28 日,中国终于第一次向列强说不!"此类流行语来源于当时出版的《中国可以说不》以及《妖魔化中国》等风靡一时的畅销书。在片中,凌敏不仅敢对外国人说不,他进一步要让外国人不敢对中国说不!吴天明用仰视的镜头、慷慨的台词,让凌敏最后以一个民族英雄的姿态矗立在银幕上。21 世纪世界已进入一个多元的时代。"不同的文化与文明是彼此相关的、相互依存的。"如果还是"以单一国家/民族认同的落伍观念宰制了人生的复杂多样"[5]坚持将中国与西方一分为二,对立起来,就说明创作者还没有从冷战时期的二元对立观中摆脱出来,说明国人的心理还是同 20 世纪初、中期民族积贫积弱的时代一样,缺乏一个成熟民族的从容与自信。

吴天明在影片中设置了几组人物来表达他对国家、对企业忠诚的价值观。海尔年青一代的知识精英代表杨阳引用日本作家村上春树的一句爱情诗表达对海尔的忠诚:"鱼说,你看不见我的泪,因为我在水里;水说:我能感觉到你的泪,因为你在我心里。"杨阳引申说:"海尔是海,我们就是海里的一条小鱼。"她表示"离开海尔到这儿(欧洲)来当二等公民"是"有病"!吴天明也设置了这样一个"有病者":常立夏,一个早年的创业者,后来"背叛"海尔到美国定居。10 多年后他终于在凌敏面前留下了悔恨的泪水:说在美国"再也找不到做主人的感觉了"。他的对照者是一个地道的美国人:戴维·莫里斯,美国海尔公司的经理。他被海尔的精神所感召,拒绝另一美国大公司双倍高薪的引诱,甘心情愿留在海尔,并改变自己一贯的生活方式:如放弃滑雪度假而加班工作等来使自己变成"真正的海尔人"。吴天明设置了这一对人物的反向人生轨迹:一个本族"背叛者"的黯淡退场和外族"投诚者"的光彩上升，彰显了他的忠诚价值观。吴天明就这样将海尔人冲出故土的故事置换成固守故土精神的故事。

萨义德指出："民族一向唯我独尊，一向处于权威的地位，一向要求忠诚与服从……知识分子一直受到忠诚这个问题的困扰和无情的挑战……但忠于团体的生存之战并不能因而使得知识分子失去其批判意识或减低批判意识的必要性。"[6]此种理性思考显然不是吴天明塑造民族工业英雄创作主旨的题中之义。影片只表现了一次中国管理者和美国雇员之间的观念冲突：一位美国工人拒站"6S"大脚印——海尔对犯错员工的一种处罚措施：让犯错者站在特制的大脚印上，检讨自己的过错。美国工人认为这样侮辱人格、侵犯人权。吴天明让凌敏巧妙地将站脚印的人从检讨者变成受表扬者，化解了这场冲突，展示了凌敏的应变能力。显然吴天明在这里只是让凌敏考虑到企业如何适应美国国情，而没有反思中国企业的管理观念和管理模式。中国工人是否就应该站大脚印？他们的人格、人权是否受到了侵犯？

海尔的企业文化、企业精神究竟是什么？在吴天明的影片中明确表现为忠诚及其与之相关的忘我。这一对观念都属于中国典型的传统文化的核心内涵，其特征是不关注个人存在价值，提倡为家族、国族的牺牲精神。李泽厚指出："现代化与传统在文化的各个方面都有尖锐的冲突和不断的交锋……'个人本位主义'与'家庭本位主义'的差异和冲突，恐怕还是其中的要点之一。前者认个体为社会的基础，强调个人权利、公平竞争、契约关系、私有财产、公和私的区分等等；后者认群体为社会基础，强调伦常关系、个人义务、等级秩序、家国一致、公私一体等等。值得注意的是：五四以后的中国现代的'革命传统'倒与固有的这种传统大有一脉相承处，仍然是集体、义务、合作……高于个体、权力、竞争……因之两者的差异和冲突在今天便日趋尖锐。"[7]作为一个始终关注中国当代社会生活的时代之子，吴天明身处从传统社会向现代化社会过渡的潮流之中，这种尖锐的冲突必然深刻地影响着吴天明的创作心理，也必然鲜明地反映在他的作品中。当他真实地描写传统观念和现代社会潮流的冲突，揭示人物在这一冲突中的挣扎与痛苦时，他的作品往往带有强烈的时代气息，有一种悲壮的艺术感染力，如《人生》和《老井》；然而当他站在传统卫道的立场上，用旧的价值观来裁判人物和事物时，他的作品的观念就流于陈旧和肤浅。

尹鸿评价这一类表现民族大义的影片的评语同样适于本片："这些影片在风格上国族情绪往往淹没了历史理性，在人物塑造上集体情感远远大于人格个性，在审美效果上煽情渲染常常超过了灵魂触动。"[8]影片最终成为一部缺少主题深度和生活气息、没有塑造出生动的人物形象的空洞宣传片。

四　城市片创作弱势的成因

从吴天明的自身经历看，他虽生在黄土高原，但 10 岁时即已离开家乡，乡村生活只是其整个人生很短暂的一段。可是吴天明却总是身在城市，心向农村，强调自己只对农村的生活才熟悉、有感受。其实，怀乡恋土可以说是古今中外文人骚客的普遍精神征候。作家余华就多次强调童年的故乡生活对作家创作的关键性影响："决定我今后生活和写作方向的主要因素……应该说是在我童年和少年时已经完成了。接下去我所作的不过是些重温而已，当然是不断重新发现意义上的重温。我现在对给予我成长的故乡有着越来越强烈的感受，不管我写什么故事，里面所有的人物和所有的场景都不由自主地属于故乡。"[9]海德格尔指出："唯有这样的人方可还乡，他早已而且许久以来一直在他乡流浪，备尝漫游的艰辛，现在又归根返本。因为他在异乡异地已经领悟到求索之物的本性，因而还乡时得以有足够丰富的阅历……诗人的天职是还乡，还乡使故土成为亲近本源之处。"[10]值得注意的是，余华在肯定自己的故乡情结时，强调"不断重新发现"的意义；海德格尔特别指出还乡者"在异乡异地已经领悟到求索之物的本性"的重要。鲁迅的《故乡》让我们感受到的是作者对故乡的重新发现以及在异乡异地的求索。他的回乡，是"迁徙的延续，是一次必然的失落，是现代人的无家可归"。"离'我'远去的故乡已不再是家园，异地也永远不可能成为完全的归宿。只有'我'脚下的不断延伸、生长的路才是'我'的处所，才是'我'生存的空间。""我"与"故乡"之间的漫漫长途中展现的是"现代人的挣扎"与求索。[11]鲁迅对自己故乡情结冷静而无情的解剖和解构，体现了一个知识分子的理性精神和自由灵魂。

反观吴天明的故乡、土地情结，却明显带有"隶属"、"愚忠"的意味，其根源在于铸造了这种情结的土地文化。吴天明出生于战争年代的革命圣地上，自小浸润在革命的民间文艺的汪洋大海中吮吸营养。他的创作心理的形成与圣土文化有着剪不断的血缘联系和天然情感。圣土文化的鲜明特征就是崇拜农民、土地而排斥城市及其城市中的知识分子。李泽厚在《中国现代思想史论》这部著作中提出了"启蒙与救亡"的命题，指出在中国现代思想的发展史上"救亡"压倒了"启蒙"的历史趋势："强调与工农兵的一致结合，包括对民间形式以及传统的高度评价，构成了这个'中国化'的有机组成部分。它随着中国革命的胜利日益巩固化、定型化和偶像化。并一直延续下来……中国革命的道路既然是农民为主体的土地革命，一切就得服从于它，并为此服从而付出代价。值得注意的倒是，传统实用理性的文化心理构架使广大知识群安然地接受了和服从了这一代价。"[12] "知识分子以自任'启蒙'和'唤醒'民众的光荣使命开始，却渐渐地觉得在'群众'面前自惭形秽，愧为'启蒙'之师；继而觉得自己不得不跻身于革命的洪流里，跟在后面跑；最终又觉得自己变成必须受群众'再教育'甚至挨批挨斗的角色。"[13]五四命题在其历史性演化中被推向对五四精神的否定。知识分子在人民面前越来越甘心俯首，凝固成一种仰视的姿态，被剥夺或主动放弃了话语权。如果说，大批受过西方文化教育和城市文化熏陶的知识分子，都在中国革命胜利的强大热流中被衷心地纳入了这一主流文化中，那么，作为土地之子的吴天明则生来就深深浸润其中，如鱼得水。吴天明对土地的崇拜和对城市的鄙弃，既来自于出身农民的文化骄傲，也来自于身为被改造了的文化人的文化自卑。土地情结铸造了吴天明巨大与渺小的双重艺术人格：他从大地汲取了强大的创造力；同时他让自己终身匍匐在这片土地上，只有对土地的崇拜之情而缺乏清醒的批判意识。这种情结亦令他对土地之外的事物产生拒斥心理，热爱变为膜拜，专一变成狭隘，造成其创作的片面和不平衡现象，城市片创作不可避免地成为他创作的软肋。

（作者单位：陕西师范大学国际汉学院）

注　释

［1］　罗雪莹：《热血汉子——我认识的吴天明》，载《电影艺术》1986 年第 2 期，第 24 页。

［2］　吴天明：《探寻真实之路——导演〈没有航标的河流〉心得》，载张子良、竹子主编《吴天明作品集》，陕西华岳文艺出版社 1989 年版，第 61 页。

［3］　［美］米歇尔·沃尔德洛普：《复杂》，三联书店 1997 年版，第 5 页。

［4］　笔者 1998 年 12 月采访吴天明录音。

［5］　单德兴：《知识分子论》译者序，三联书店 2002 年版，第 7 页。

［6］　萨义德：《知识分子论》，三联书店 2002 年版，第 38—39 页。

［7］　李泽厚：《再说“西体中用”》，载《世纪新梦》，安徽文艺出版社 1998 年版，第 185 页。

［8］　尹鸿：《〈我的 1919〉：历史虚构与国族想象》，载《尹鸿影视时评》，河南大学出版社 2002 年版，第 24 页。

［9］　余华：《我只要写作，就是回家》，载《我能否相信自己——余华随笔选》，人民日报出版社 1998 年版，第 251 页。

［10］　海德格尔：《人，诗意地安居》，广西师范大学出版社 2002 年版，第 68 页。

［11］　唐小兵：《现代精神与内在家园》，载《英雄与凡人的时代——解读 20 世纪》，上海文艺出版社 2001 年版，第 50—69 页。

［12］　李泽厚：《论中国现代三次学术论战》，载《中国现代思想史论》，东方出版社 1987 年版，第 86 页。

［13］　陈建华：《革命的现代性》，上海古籍出版社 2000 年版，第 259—260 页。

关于现代爱情诗的几点思考

王 建 仓

中国号称"诗国"。但我认为，过去或许是罢，就刚刚过去的 20 世纪情况来看，似乎不配。如果说新文学以来的小说可比作山岭，散文似平原，话剧如丘陵的话，那么诗歌就是沙漠，总量也还可观，但论质论实可圈可点的实在太少。我的判断，分量太轻，不足为据，但有他证。学林出版社 2001 年出版"求是丛书"中有骆寒超先生的著作《20 世纪新诗综论》，洋洋洒洒近 52 万言，真可谓学术巨著。如此分量的著作，其作者学术之功力，其拥有资料之丰富翔实和其学术态度之求实谨严，想必不言而喻。骆先生学富五车，视野宏巨，论述周延，多有新解。但骆先生最叫人拍案惊奇，大声叫好的是他快人快语，敢说真话。他竟在"巨著"的篇首"引言"中，开门见山，坦言新诗有"足以致命的过失"，且有足证，"四位有代表性人物的言论"。[1]此四人乃鲁迅、冯雪峰、毛泽东和孙绍振。

此处我不计重复啰嗦之嫌，详述骆先生提到的此四人关于新诗的看法，让更多的人能闻其详。

首当其冲的自是新文学的"祖师爷"鲁迅先生。在新诗新生七岁时就断言"新诗却已奄奄一息了，即有几个人偶然呻吟，也如冬花在严风中颤抖"。[2]到 30 年代中期仍直言"新诗直到现在，还是在交倒楣运"。[3]他在新诗刚开始时就如此悲观。即便是鲁迅一贯太尖刻吧，然于新诗竟也如此深刻准确。"绍兴师爷"的尖锐由此可见一斑。

其次是现代文学史上著名的批评家冯雪峰先生。在 1951 年 2 月写的《我对于新诗的意见》的"意见"认为三十多年来的诗"太不像诗"且"相当多"。[4]冯先生于现代新诗是亲历者和见证人,说此话绝对不像是诅咒,似乎是遗憾,是无奈。

再是毛泽东先生的看法。毛先生很少读新诗(然从其旧诗词的写作看,毛先生对诗绝非外行)。但1958年春,他在成都会议上"侃侃而谈"中提到新诗,说是"现在的新诗不成形,没有人读,我反正不读新诗,除非给一百块大洋"。[5]60年代中期致陈毅信中又说"但用白话写诗,几十年来,迄无成功"。[6]毛先生的理由竟出人意料的是:"太现实了就不能写诗了。"[7]老人家于诗绝对有行家里手的真知灼见!

最后一位是当代诗评家孙绍振先生。孙先生经历了80年代初"朦胧诗"并参与批评,关注过各种"实验诗"如雨后春笋般的茁壮成长。但看到诗的"尊严"越来越成为思情的"尸"和"屎"的时候,1997年孙先生忍无可忍,发表《向艺术的败家子发出警告》,他明告天下"当前中国新诗显然是处在危机之中"。[8]这是世纪末发出的对新诗的警告。新诗的危机论似乎从新诗一产生就开始了,且持续了近一个世纪。

骆先生在引证完上述四人的"旁证"之后,得出结论认为新诗"存在着足以致命的过失"!但又说这种言论似"有点苛求了",然又紧跟表白自己的立场:"但苛求得真好!"实际上,骆先生通过自己研究之后基本上接受上述几位先生的说法,但他又不愿意就这么悲观地接受自己得出的结论,总期望新诗的振兴,所以也说"突破性的成就"与"致命的过失"共存。他给新诗留足了面子![9]

诸多声音汇成一句话,就是:新诗不兴。个中缘由,诗论家们的著作可以车载斗量,言论总量怕要与诗歌本身比肩了。这里我只想斗胆进一言,尽管有林林总总的缘由使得新诗不兴,但我却不无偏激地认为,被别称作"自由诗"的新诗的致命之处恰在于"不自由"。

新诗不是最早叫"自由诗"么,但自由在什么地方?新诗的自由只在形式。20世纪"五四"运动以来(准确讲是白话文运动以来),新诗在形式上的确花样玩尽,极尽自由变化之能事,然而"纵是风情万种",却也难逃厄运,"又欲与何人说";诗一直扮演着沧桑

的思想者的角色，且故作深沉忧郁的理性思考，又作负责任且讲正义
的历史"哲人"状。所以，整体地看20世纪诗坛，哲理/说理诗让
其他一切诗作靠了边。这里的说理诗当然包括那些革命"战叫诗"。
由是导致诗在内容上的不自由。不过公允地讲，新诗"质"的"不
自由"的原因，似乎不能指望诗人们去解放她。这实在是20世纪的
历史任务所规定和选择的。救亡、启蒙、改革、永远的社会转型，诗
就永远地追随着这些重大的历史使命。诗总是在水深火热中遗忘遗失
自我。时代使命就是"诗命"。用骆先生借鲁迅的话概括20世纪新
诗命运就是"运交华盖欲何求"！[10] 我们可以怨天，但不可以尤人。

　　然而，毕竟诗的本质在抒情。诗当然可以论理——写哲理，作为
多元化取向之一种，但它绝不可以喧宾夺主。诗不能弃置"情感"
根本于不顾。而情感当然又很丰富。革命热情，"红色"的鼓舞，战
斗的鼓吹，政治的爱国的历史的情愫都算，也都可以入诗。但诗绝不
应该因这些而拒绝其他的情感，哪怕是较为私人化的，譬如爱情。人
间大爱在真情，爱情也有大爱。实际上从来作为文学母题之一的爱
情，在诗，似永远应居其首。20世纪诗总体上的不兴，其关键缘由
之一是重理轻情，重哲理理性的思辨轻真情爱情的宣泄。这虽是客观
历史所致，但毕竟造成一个结果是：整个20世纪新诗创作中几乎没
有像样的爱情诗。由此回观，觉得现代新诗更其不兴，更单调枯燥
了。这应是现代新诗"致命的过失"之一。所以，本文试图就现代
爱情诗遭遇时代的"遗弃"作浅显的分析，愿能"窥一斑而见全
豹"，以期对现代诗的处境和突围有所窥探。

　　就我所能接触到的资料信息看：

　　（1）到目前为止，还不见有"现代爱情诗选集"之类的诗集专
集出版（90年代以来，倒是有寥寥几本个人集子，但也不堪卒读）。

　　（2）在各种新诗选集或个人专集中，爱情诗入选太少，当然本
身数量就少，能达到入选条件的就更少。

　　（3）写爱情诗的诗人少得可怜，刻意为之的就更是凤毛麟角。

　　（4）专论现代爱情诗的评论文章很难发现。即使有很少的论家
涉及此话题，也只泛泛而谈，信笔游走几下，然后扬长而去。如此以
至让人悲哀地想，这是新诗的悲哀，还是新诗诗人的悲哀，抑或是诗

的抒写对象（中国人）的悲哀?! 难道中国人没有爱情?!

新诗"拒绝"爱情，为什么? 诗之于爱情，与爱情之于诗一样，绝非可有可无。下面本文主要分两部分论述两个问题：其一是爱情被新诗"拒绝"或是"遗弃"的历史原因；其二是不多的爱情诗的大致状况。

先说新诗中爱情诗写得少且不成功的缘由。

第一，从宏观的社会历史角度看，启蒙救亡的"巨天霸"话语让其他一切思想文化的声音都边缘化，只能在夹缝中求生，犹如石缝中挣扎开放的花朵，伸展不开。爱情诗尤其如此。人们不会忘记当年汪静之因《蕙的风》爱情诗独树一帜于五四文坛，受到好评重视的同时，"且引发了一场争论"。[11]争论的焦点竟然是"道德"问题。以至鲁迅先生不得不站出来说："（《蕙》）情感自然流露，天真而清新，是天籁。然而颇幼稚……"[12]周作人也说："照这样看来，静之的情诗即使艺术的价值不一样（如胡序里所评说），但是可以相信没有不道德的嫌疑。"[13]如此一来，中国人传统上绷得最紧且最敏感的一根神经弦"道德"才放松了对诗的叫嚣。试想，在一个还在讨论作爱情诗是否道德的年代里，你能指望诗人有多少恋爱的激情在诗中流泄! 五四激进年代尚且如此，其后，又能有何期望! 何况经历了1928年以来的革命文学的洗礼，至1942年毛泽东《在延安文艺座谈会上的讲话》的"整肃"教育，革命时代救亡责任大过一切，无产阶级诗歌成为唯一"喜闻乐见"的诗歌样式时，其他非革命但"高尚"的诗歌尚且为生存而挣扎，那连纯洁高尚都被怀疑的爱情诗就只能绝亡。其时写情诗已不再是"道德"问题，而是个政治觉悟问题! 如此看来，此诗不下地狱，谁下地狱?! （到新时期80年代以来情诗有些许回应再生，但也不怎么灿烂，20世纪中国诗人没那么几个专一于"爱情"的!）

第二，就文学本身发展的情况来看，爱情诗受制于诗歌本体内主流思潮的拿捏，发展机会不多。五四时，本来爱情诗应该能有所成就，但众所周知，传统的道德观千年积重，改良与重建，绝非一时之功。更何况观念的东西要改变本身就更需假以时日。但五四太短，短暂得使爱情诗像经历了长长的噩梦，梦醒之后，刚刚惺忪地张开了睡眼，眨了几眨（像新月社之诗人，湖畔诗人，象征派诗人等及部分其他诗人的不多的爱情诗作）就又闭目昏睡而去。革命战争、政治斗争的狂风暴雨完全淹没了存留在少数诗人心头的几丝浪漫花絮。30年代的中国诗歌会，40年代的七月诗派的诗，几乎不知爱情为何物！倒是现代派诗中及其后的九叶诗人中有不多的几篇情诗。她们就像是被压抑太久的情诗的泡沫浮出水面，但也才刚呼吸了几口新鲜气息，便很快又被新的浪潮淹没了……可以说从1928年后到80年代初，长达半世纪之久，"爱情"竟被热情似火、如癫似狂的诗人们淡忘掉，且忘得那么彻底干净！然而忘得那么不该！不过还是那句话，这不是诗人健忘，而是不自由的他们迫于现实而失去"爱情"的梦想。诗人们情怀已完全被血与火锻炼成革命的钢铁战士了。少数自由主义者，也"不自由"，限于国难民祸，谁还有心力去做那爱的狂想。诗歌本身发展上对爱情诗的拒斥和遗弃只是社会政治原因的一个特殊的折射，说到底是时代拒绝"爱情"。

第三，从诗人角度看，诗人主体情感本身被净化简化得捉襟见肘，爱情诗断了生命之源。除了五四时代，其余时期诗人们几乎失去了主体情感的支配和选择，除了服从责任，别无选择。诗人几乎个个都成为历史的思考者，成为时代的号角，成为政治革命的红色鼓手，成为理性、责任的化身；既事实上确实缺少个人私情的深刻体验，但也是主观上无暇甚至耻于或不敢把些微的儿女私情在那个时代公开示众。所以即使诗人诗中虽也不乏"爱"呀"情"呀的字眼，但全另有所指，跟真纯之"爱情"无关。朱自清就曾指出"中国缺少情诗，有的只是'忆内'、'寄内'式曲喻隐指之作，坦率的告白恋爱者绝少，为爱情而歌咏爱情的更是没有"。[14]当然朱先生此言所指主要是传统古典诗歌情况，其实就新诗来说，甚至就整个20世纪的现代情诗而言，也是恰如其分。而朱先生这一论断还给我们提出一个论证就是，在写诗观念上，中国传统文化中的道德伦理观，文人的时代责任感，舍身成仁的精神，都深深的扎进了诗人的骨子里，五四以来的诗人们也是完全自愿地义无反顾地承袭了先人的衣钵。而这一观念正与20世纪前半叶的社会历史主潮及对诗人的精神要求契合。理念诗、政治革命诗又怎能不红火！

我们既不能否认中国诗歌传统其实是以"关关雎鸠"开始的，且有《古诗十九首》的情诗典范，有"孔雀东南飞"的殉情壮举，也有柳咏、李清照的"执手相看泪眼"和"人比黄花瘦"的绝世风情，更有《红楼梦》"葬花吟"的千古绝唱，令人柔肠寸断……但是我们更应相信，主流中国传统文化，更着重于"天下兴亡匹夫有责"，更欣赏救亡图存舍生取义的道义，更愿坚持"文以载道"的历史重托。这有错吗？传统于我们有魅力，有重力，但也有压力和阻力。五四以来，我们对于传统不正在运行着虽然迂回曲折但总在进展的重新估价吗？对于爱情诗在中国文学园地中生存的文化生态环境，也应该在这个正确估价之下去认识，我们不能也不愿偏激地把情诗的不兴全归罪于或传统或时代或诗人的其中之一。

第四，重理轻情，用孙绍振先生的话说叫"理念化"。[15] 这导致理大于情，情附于理；根本上有悖于诗的特质。有宋以来的古诗且重视"理趣"，遂成一种影响至巨至远的诗的思维方式，每到时代动荡，纷纭战争之际，诗的说理说教，鼓吹煽动这一功能就尤其被扩张。到现代新诗依然如此，火光热电，太阳大地皆成诗的基本原型意象，所能产生的也只能是光明、希望、正义、责任的思考。总之，由宋元诗到现代诗的思维方式，长期以来，就有一个情感理智化的传统模式。不多的中国情诗读来也总缺少那原汁原味的浓情真意，像"一步一回头地瞟我意中人"[16] 这样朴素但读之让人为之颤动的情诗太少太少。我们不能说说理诗就没人情味，纯粹没有感情的诗不存在，但这些诗中的情感全为说理而来，理是诗的题旨，情只是个润滑剂。至于爱情诗，几乎难登诗之殿堂，若有，也只是说理的意象工具，如《炉中煤》式的，《雨巷》式的，《给……》式的……这正迎合了传统的情感理智化思维方式，迎合了时代的主旋律，回应着社会的责任。非常时期，本无可厚非。但可悲在于诗因此失去自我，消解了自身。但有人认为那还是一种诗。还是诗！谁说不是呢？历史可能常常就是这样的悖论：事情本身是可悲的，但也让人觉得可悲的有道理有逻辑；本身是不幸的，但也不幸得有了某种历史必然性。于是人们都苟同。然而中国现代诗的确不兴。于爱情诗，简直是不公！关于什么是诗，似乎至今还没法去争议，但关于什么样的诗成为诗的王国中的主体，这一点历史总有结论。到那时，再看 20 世纪的新诗的价值，恐怕说什么都不过。对于爱情诗的缺少和乏彩，恐怕再多的反省也都应该。

现在爱情诗不是没有，是较之正常的历史常态而言，显得不正常的少和差。即使不多的爱情诗也存在两个问题。其一情感表现过于私人化，感情包容独特而有限，难以引起共鸣。这一点以徐志摩、李金发等诗人最为明显。其二是主动有意识写纯情诗的观念太淡薄，诗人中即使作情诗的，也不专心致志，多是初入诗坛时，因年轻"为赋新词强作愁"，又恰值花季、多情善感，于情爱朦胧有感，才涂抹几篇肤浅的情诗。一旦稍长，稍稍多了些社会现实的认识，诗人的感觉便很快为更重要的责任求生等理念占领，爱情被现实的炮火早已轰炸得粉身碎骨。

当然，在整体的衰草连天、枯索萎靡的 20 世纪诗歌园地中，爱情诗虽乏善可陈，倒也毕竟开了几颗小小的如梦如幻般的花朵，今采撷赏鉴如下：

一 五四诗坛几个重要的爱情诗人

整个 20 世纪不多的爱情诗较多较集中地产生于新文学初期（后有 80 年代的回归期，兹不赘述）。首先是第一个"尝试"新诗成为新诗开山的胡适先生的《应该》一首，就不乏恋意情趣，但毕竟只是尝试，这种意趣仍不免为拗口的文字冲淡了。康白情的《窗外》写相思满腹的男子，将"月"和"相思"人格化，透着爱意，亲切感人，但失之细弱。这些虽为"小制"，但毕竟在白话新诗刚刚降临之初，却也让爱情诗露出了生息的端倪。

1925 年初春，郭沫若《瓶》出版，这是本单纯恋歌集，它记录了一次不成功的恋爱经历。43 首诗可当成一个整体看，以记录追求过程中的恋爱心理见长。

徐志摩是现代新诗上最早有意识并主动大胆直抒私情的第一人。他说"恋爱是人类的生机"。[17]我理解，如果说成"恋爱也是诗的生机",在徐志摩而言,也能接受吧。"恋爱是生命的中心与精华:恋爱的成功是生命的成功,恋爱的失败,是生命的失败,这是不容疑议的。"[18]他如此看重生命中的爱情,在诗中也必有所见。如此刻意作爱情诗,在现代文学史上,他是屈指可数的几个人之一。虽然现实中,诗人的婚恋,浪漫而不幸(先有与前妻张幼仪的婚变,再有追求林徽因的失败,最后才有与陆小曼的狂热,然而英年早逝)。但却为现代诗坛幸运地留下了《志摩的诗》、《翡冷翠的一夜》。这两本诗集中,爱情诗占有相当比重。但这些诗过于沉溺于个人情爱的独特感受,读来略嫌浓腻。较好的诗篇有《他怕他说出口》、《偶然》、《丁当——清新》、《客中》等,"用整齐的清爽的诗句,来写出那微妙的灵魂的秘密"。[19]

朱自清说过:"但真正专心致志做情诗的,是'湖畔'的四个年轻人。"[20]朱自清谈及《蕙的风》时,还说:"所咏歌的又只是质直、单纯的恋爱。而非缠绵、委曲的恋爱。这才是孩子们洁白的心声,坦率的少年的气度!而表现法底简单明了,少宏深、幽渺之致,也正显出作者底本色。"[21]汪静之自己在《蕙的风·自序》中说:"我极真诚的把'自我'溶化在我底诗时,我所要发泄的都从心底涌出……我是为的'不得不'而做诗,我若不写出来,我就闷得慌……我要把灵魂的牢狱毁去!"[22]这些说法,都很好地说明了湖畔诗人作情诗的专心和用功,也因此写出了现代文学史上最动人的不多的爱情诗篇。如《我俩》、《过伊家门外》、《伊底眼》(以上是汪静之诗作);《麦垅上》、《偷寄》(应修人诗作);《问美丽的姑娘》、《隐痛》、《夜歌组诗》(潘谟华诗作)等等,都写得深挚凄清。

李金发《微雨》写爱情、生死与梦幻。他说:"欧洲文学几乎女性美为中坚,……没有女性崇拜的人,其诗必做不好……就诗道来说,我敢说,大概可以为哲理诗、爱情诗与革命诗。但我结果还是愿永久做爱情诗。"[23]就《微雨》来说,爱情诗也有 20 多首,出色的如《温柔》、《远方》、《无题》、《她》、《忆韩英》等。正如孙玉石先生在《中国现代诗歌艺术》中说的"他的爱情诗除了有一部分是卿卿我我的浅薄庸俗之作外,另有不少的作品具有向封建传统舆论挑战的意义。这种大胆的'公开的谈心'给他的一些健康的爱情诗带来

了明快泼辣的色彩".[24]

五四时还有新月的刘梦苇是个写情诗的里手，如《最后的坚决》。殷夫《孩儿塔》中有为数不少的爱情诗，如《宣词》、《星儿》等。胡也频也有些爱情诗，他自己说"那完全是我为了米司丁玲的，完全是热情的流露".[25]如《温柔》、《离情》、《自白》、《给爱》、《凝想》等诗，在激荡、炽烈、纯真中闪现些寂寥与悲凉！

二　三四十年代写过爱情诗的诗人

1. 后期新月的几位诗人：陈梦家、方玮德、林徽因

梦家诗作中情诗较多，多角度地描述反映诗人和那时青年学生对于爱情渴望、追求及热恋的欢愉与失恋的痛苦，如《迟疑》、《雨》、《相信》、《有一天》、《那一晚》、《一句话》等。方玮德情诗写得相当出色，有《海上的声音》、《函子》、《风景》、《微羽》、《一年》、《怨》等等。林徽因女士主要是以个人情绪的起伏和波澜为主题，探索着生活和爱的哲理，如《笑》、《别丢掉》、《忆》、《情感》、《仍然》、《你是人间的四月天》等。

2. 现代派诗人涉足情诗的

戴望舒在《望舒草》中有《款步》、《村姑》、《我的恋人》、《百合子》、《梦都子》等诗体，"他最拿手的还是描写年青女子，不仅写出了他们的复杂的心理状态，而且也揭示了他们丰富的思想感情".[26]徐迟写男女恋情诗也多，《隧道隧道隧道》、《春天的村子》等即是。南星《古像辞》集中有《守墓人》、《寄远》、《有赠》写忠贞之情，但偏于哀伤。冯至应该是贯穿整个现代文学的写情诗的诗人。在《昨日之歌》、《北游及其他》中有许多吟唱情爱的诗，有短制有长篇。前者如《蛇》、《我是一条小河》、《在郊原》、《默》、《迟迟》等，后者如《吹箫人的故事》、《帷幔》、《蚕马》等，都体现出了鲁迅对其高度的评价，即认为他是"中国最为杰出的抒情诗人",[27]同时也表现出了艺术的节制，形成幽婉的独特风格。

本文较为集中的综述现代爱情诗的写作，然而透过爱情诗的失败

似乎为我们整体观照新诗提供一管之见和一叶知秋的片面见识；爱情诗尚且如此，遑论其他现代诗。当代诗之死和荒芜，或许从这里能找到一些根由。

（作者单位：陕西师范大学文学院）

注　释

［1］　参考骆寒超《20 世纪新诗综论·引言》，学林出版社 2001 年版。

［2］　鲁迅：《集外集拾遗·诗歌之敌》，载《鲁迅全集·七》，人民文学出版社 2005 年版，第 245 页。

［3］　《鲁迅致窦隐夫函》（1934 年 11 月 1 日），载《鲁迅全集》第 12 卷，人民文学出版社 1981 年版，第 556 页。

［4］　冯雪峰：《我对于新诗的意见》，载杨匡汉、刘福春主编《中国现代诗论》（下编），花城出版社 1986 年版。

［5］　1958 年 3 月 22 日，在中共中央酝酿“大跃进”的成都会议上，毛泽东发出号召要求大家搜集和创作新民歌时就新诗的发展谈到一些意见。参见洪子诚《中国当代文学史》第 190 页注释［1］。

［6］　参见毛泽东：《给陈毅的信》，载《毛泽东书信选集》，人民出版社 1983 年版。

［7］　同注释［5］。

［8］　孙绍振：《向艺术的败家子发出警告》，见《诗刊》1997 年第 8 期。

［9］　此处引用均参见骆寒超《20 世纪新诗综论·引言》，学林出版社 2001 年版。

［10］　同上。

［11］　朱光灿：《中国现代诗歌史》，山东大学出版社 1997 年版，第 362—363 页。

［12］　鲁迅：《给汪静之的信》，载《鲁迅全集·十一》，人民文学出版社 2005 年版，第 203 页。

［13］　周作人：《情诗》，转引自《雨中的人生》，湖南文艺出版社 1991 年版，第 333 页。

［14］　转引自徐荣街《二十世纪中国诗歌论》，山东教育出版社 2000 年版，第 178 页。

［15］　孙绍振：《后新潮诗的反思》，载《诗刊》1998 年第 1 期。

［16］　汪静之：《过伊家门外》，载《蕙的风》，漓江出版社 1992 年版。

［17］　徐志摩：《月夜听琴》，见陈子善编《学生阅读经典 徐志摩》，文汇出版社 2001 年版。

［18］　徐志摩：《爱眉小札》，中国友谊出版社 2003 年版。

［19］　陈梦家：《纪念志摩》，见《新月》杂志，第 4 卷第 5 号。

［20］　朱自清：《〈中国新文学大系·诗集〉导言》，良友图书公司 1935 年版。

［21］　转引自朱光灿《中国现代诗歌史》，山东大学出版社 1997 年版，第 97 页。

［22］　汪静之：《蕙的风·序言》，漓江出版社 1992 年版。

［23］　李金发：《女性美》，载《美育杂志》1928 年 1 月创刊号。

［24］　孙玉石：《中国现代诗歌艺术》，人民文学出版社 1990 年版，第 208 页。

［25］　西阳：《忆胡也频与丁玲》，载《文艺战线》1934 年 1 月 8 日。

［26］　孙琴安：《现代诗四十家风格论》，北京大学出版社 1997 年版，第 179 页。

［27］　鲁迅：《〈中国新文学大系·小说〉二集序》，良友图书公司 1935 年版。

论现代散文主体性叙述

冯 鸽

由于现代散文作为与小说、诗歌和戏剧并列的一种独立文类的内涵界定的模糊，使其理论研究和创作显得随意、庞杂。[1]笔者在本文中尝试以现代散文的主体性叙述作为文类的本质特征，来建构现代散文的理论标准、阐释归纳其发展规律，试图把握现代散文[2]如流水般散漫的文体本质。

一

长期以来，对散文的概念界定总是模糊的、宽泛的，即使从广义和狭义来分，有一些约定俗成的认知，但是从理论上比较确切地界定，似乎少有成功。这首先是其文类范围太过宽泛而难以划定。散文取材之广泛，体裁之芜杂，几乎遍布所有文类，包括日记、书信、序跋、札记、演讲稿等应用文中的精美文字，无不可称之为散文，这致使散文的文体外部特征无从把握。就散文的作者和读者来看，更是无序无界，专门从事散文创作的作者少之又少，只读散文的读者几乎不存在。其次，现代散文在发展中与其他文类交杂错综，小说散文化、诗歌散文化等现象频频发生，散文"居于'文类之母'的地位"，"缺乏自己独立文类的特色，而成为残留的文类"，[3]其抒情、叙事、描写等表现手法被其他文类借鉴颇多，但其他文类对散文的反向影响则显得比较低调，影响不那么明显，虽然现代散文在发展中也增强了叙事议论的一些文体功能，但是并没特别突出散文的文体功能，反而使散文的文体功能的确认更加困难。抒情、叙事、描写、刻画、议论、说明等多样复杂的文体功能使散文的文体性质显得宽泛模糊。再次，散文的个体文体美学风格圆滑多样。直露浅显可以是明朗率真，艰涩深奥却是含蓄凝练，散漫无章是潇洒自由，匠心精致也可被看成矫揉造作，这种种品评判断主观性极强，与话语环境关系十分密切。朱自清甚至感慨到"很难说得恰到好处，因为太复杂，凭你怎么说，总难免顾此失彼，不实不尽"。[4]

这样，散文研究茫茫无边，无从下手，也就很难深入下去。文体是一种文本体式，它是由话语按照一定的规律秩序形成的有审美价值的文章形式，是具有审美创造意义的文学性语言存在体。其外层含义指其具体的表现形式，内层含义指其创作主体的个性、精神、才华、感情及其文本所反映的各种文化、时代、民族等意蕴在文本中的集中表现。对散文文体的外部特征无从把握，我们不妨来把握其内部文体因素，寻找其文体本质特征。

先看一下小说，小说的叙述指向是读者，注重故事话语表达的复杂性和环境气氛的渲染，使读者从虚构现实中获得一种对于真实现实的新鲜体认而产生阅读认知。而散文，其叙述指向则是作者自身，是对自我心灵的活动历程的记录。散文的成功依赖的是作家主体心灵的自由和精神世界的丰富。例如同样是写景，在小说中，是叙述气氛的一种烘托，是为了增加故事情节的真实生动性，作用于读者；而散文中的景物描写是作者的情绪外化，读者通过语言外壳感触到的是作者灵魂的真实颤动。在这种叙述指向中，小说的作者和叙述者之间有着不同的叙述视角和叙述声音，第三人称叙事和第一人称叙事都是作者为了超越自我主体之外，把握丰富广阔现实世界的一种虚构叙事的努力，要表达的是一种能够反映生活真实存在的典型性的客观世界，叙述对象是生活本体。因此，作者和读者之间隔着一层虚构现实的话语面具，读者在文本中得到的是对客观世界本质的认知和体悟。而散文的读者、叙述者和作者的关系较之小说要直接得多，大多数情况下作者和叙述者是合而为一的，即使叙述者与作者在文本中是分离的形式，但其内在主旨也是作者自我生命体验的真实表现。散文叙述的一切都是主体个人自己的生命历程和实践感悟，呈现给读者的不是作者身外的客观宇宙，而是其自身的内在精神世界。因此，在散文中的虚构，[5]比如情感的夸张、现实的粉饰、生活经历的伪造等都会引起读者的反感。

当然，最为主体化的文体应该是诗歌。诗歌除了从语言节奏韵律等外部特征上与散文有极大的区别，从自我主体的表现上看也是很不相同。诗歌中的真实自我是隐蔽含蓄的，深藏在一系列情感符号和隐喻系统组成的精美的语言外壳之内，散文则较为清晰、明白、通透，如果说诗歌是一种脱离世俗化的纯自我的精神晶体展示，那么散文则是日常生活化的朴素本我的表现，从这个意义上看，诗歌的语言外壳比散文的要厚实许多，读者对于作者的自我表现在散文中比在诗歌中把握起来更为容易。

因此，我们可以说现代散文文体的本质属性就是主体性叙述。自我表达的无界定性造就了散文文体的多样性和多重性。尽管一千个读者就有一千个哈姆雷特，但那终究还是哈姆雷特，散文中的这个"哈姆雷特"就是文本中的作者自我。也正因为如此，散文文本的开放度是有限的，对于小说、戏剧或诗歌中的内容，读者可以进行大范围的甚至无限度的解读，而对散文则要受到作者权威的极大制约，因为散文是作者自我语言化的财产，别人对此的体认必然是基于作者的创作本意来进行的，否则，就会出现过度诠释或误读，譬如，鲁迅的《从百草园到三味书屋》，记叙的是鲁迅少年时代的生活学习情况，表现的是孩子们在百草园的快乐和在三味书屋的读书生活，结合散文集《朝花夕拾》中的其他篇目和作者创作的时代、心态等因素来看，作者重点是在追忆往昔的温暖回忆，从美好明朗的事物中感受慰藉。而以往我们解读出的对封建教育体制的尖锐批判等理解就显得十分偏颇生硬了。

二

另外，现代散文文体的形成、发展和成熟，除了新闻出版印刷业的发展需求和社会时代客观性需求等原因外，与创作者的个体自我心理需求也有着密切联系。任何文体都是由社会、读者及作者等多重因素共同作用而生发出来的。五四时期，文学家们受西方文学分类和文体概念 essay 的影响，逐步由"文学散文"、"纯散文"、"美文"、"小品文"、"絮语散文"等概念中获得了一种白话散文的概念，把"散文"从古代传统中与韵文相对的无韵之文的大概念中分离出来，建立了与小说、诗歌、戏剧并列的一种文体概念，并且吸取了西方随笔的多种美学因素，融会了创作者自身的传统古典情愫，以大量成功的创作促使这种文体迅速成熟。

为什么会有这种文体的引进、创制和继承呢？为什么"散文小品的成功，几乎在小说、戏曲和诗歌之上"？[6]五四时期的新文学家们自命为民众的启蒙者，他们以文学为改良社会的重要手段，履行一种政治使命，提倡科学与民主，试图用西方现代文明的价值体系来建设中国。现代小说这种文体就是滥觞于早年梁启超所倡立的"政治小说"，成为知识分子表达思想文化启蒙意识的一种话语方式，直接指向阅读领域，是在与旧式小说鸳鸯蝴蝶派等的抗争中一步一步走出来的。这是一种时代话语的叙述文体，它注重的是主体之外的广阔丰富的社会群体实践，甚至有意回避排斥自我的存在，进行客观叙述。但是同时，作为个体的人，每个文学家都存在着对自我认知的困惑，尤其是在中国现代充满了矛盾和困惑的那个阶段，"知识分子传统的自我限制性与知识分子企图履行的救国救民的使命存在着深刻的内在矛盾和危机"。[7]他们所需要的心理调适和私人生活的情趣享受使他们诉诸短小随意、不那么严肃的散文文体。需要调剂的心理需求导致了几乎每一位文学家都有散文文字的书写，或幽默，或平淡，寻求自己的文字花园。其创作数量之多，个性之突出，风格之丰富，促使了这种文体的繁荣和成熟。

比如，"论语派"们在散文创作中强调的幽默随意，本质上是对社会上的虚伪冷漠、不合理的种种现象的消极反抗；亲切自然和直抒胸臆等文体美学风格也是各种自傲、自嘲、自怜、自讽等自我的体认的美学表象。可以说，文学家们用散文揭示了一种反主流的"以文娱人"的文学观，把传统正宗散文"文以载道"、"代圣贤立言"的古文变为个人抒情言志的现代文体。同时也表现出一种文体意识的觉醒。文体意识的觉醒正是作家文学审美意识的觉醒，是主体对于个体生命的重视和感悟，是对独特自我的强烈的肯定。散文的文体意识和美学追求是对主流文学的一种消解，是与当时的革命氛围、时代精神相左的一种背离，表达出散文叙述的主体性的倔强存在。

五四时期，诗歌正忙着表现文学革命的具有破坏力的狂飙突进的时代精神，小说沉浸在以自由婚恋为标志的追求个性解放的感伤痛苦中，文本的内容如此沉重和拥塞，致使文学家们无暇过多地关注自身文体的形式。只有散文，在一开始的理论探讨中，就注意到了文本自身的审美艺术性。早在 1917 年，刘半农就在《我之文学改良观》中提出了"文学散文"的概念，与非文学文字加以区别；1921 年周作人发表的《美文》就非常具体地指出："外国文学里有一种所谓论文，其中大约可以分作两类，一批评的，是学术性的；二记叙的，是艺术性的，又称作美文，这里边又可以分为叙事与抒情，但也很多二者夹杂的。"非常鲜明地表达出对于散文文体的审美特性的确定。之后，关于散文的理论探讨日渐丰富，从散文的概念、源流、流派到散文的美质、形式、笔调、语言等均有论及，到 30 年代中期形成一个创作和理论研究的高峰。这种状况鲜明地反映出在 1917—1927 年共名状态下开始发展的自我文体到 1927—1937 年无名状态下摆脱时代主题的束缚得到了大发展，[8] 个性藉散文这种主体性叙述文体获得了充分展现，验证了周作人所论："小品文是文学发达的极致，他的兴盛必在网纲解纽的时代。"[9] 从客观的发展上看，散文文体兴盛于个性发展空间较大的无名状态下，也说明了散文文体的本质是个人主体化的叙述。

因此，现代散文理论中把"个人的发现"作为极为重要的特性加以关注，也就不是很突兀的了。郁达夫在《中国新文学大系·散文二集》导言中说，"现代散文之最大特征，是每一个作家的每一篇散文里所表现的个性，比从前的任何散文都来得强"。林语堂也在《人间世》发刊词中提倡"以自我为中心，以闲适为格调"，周作人甚至认为"文学是情绪作品，而著者所能最迫切的感到者只有自己的情绪，那么文学以个人自己为本位，正是当然的事"。[10] 这种对自我的关注，是文学家在融入时代大潮时的一种自我拯救，是小我的挣扎，因而才有在二三十年代散文的审美化、世俗化、闲适化，游离在时代精神之外却又那么执著顽强地存在着。可以说，现代散文文体的发展是文学家主体性叙述的一种努力的实绩。

三

文体外部表现出来的种种语调风格正是个人内在的精神追求的具化反映。现代散文创作的丰富性正是作者们的个性的突出表现。周作人的平和冲淡，朱自清的清丽典雅，徐志摩的飘逸恣肆，丰子恺的风趣亲切，钱锺书的犀利睿智，梁实秋的从容练达等等，引发出现代散文的多种审美趋势。无论是何种风格，何种表现方式，或抒情或写景或议论或叙事，都是独特的自我心语的述说。

现代散文中极盛的一支流派就是闲适派，其代表作家是周作人，他们主要写在叙事描写中抒情的美文，融记事、记人、记物、谈史、话掌故等多种述说方式于一体，围绕一个中心点，随意谈开，在不经意间流露出对人生的感悟，把一事一人一物全当作抒情言志的契机，在文辞中表现复杂的情绪和深刻的哲思。从容自在，亲切自然，这种悠闲的话语姿势是人们在回归自我本色之时的最为放松的一种心态表现。仿佛与友人"围炉"而坐，漫步树荫下，卸下种种矫饰和伪装，展现自我真实的生命状态。这是一种不公开的小范围的闲聊，是享受生活情趣的表达，个人化色彩极浓，因而我们从这些作家的散文小品中感受到的是中国传统文人的士大夫式的精神特征，尽管这种浸润着传统农业文化的古典审美情绪的作家明知道在复杂的现代社会中更应该表现对传统的叛逆，但还是在散文中保留了更多的自我空间，表达没有社会责任角色的纯粹个人化的本我。

与闲谈式的散文小品不同的是另一种抒情散文，文字精美，充满了诗情画意，比如朱自清、徐志摩、冰心等作家的美文，无论是写景还是记人，无不以种种巧妙的手法或直接或间接地表达自己的浓浓情思，朱自清的《背影》、《儿女》等写的是人伦亲情，徐志摩的《自剖》、《想飞》等表达的是对人生的热爱。30 年代的这类抒情散文更为成熟,譬如何其芳的《画梦录》,用古典文学中的各种意象,黄昏、雨声、少女、老人、古屋等引发对自我的生命感悟,对艺术的理解和追求;李广田的《画廊集》、《银狐集》也多次使用秋雨、黄昏等意象,赋予其美学意义,表达自我的复杂独特的生命认知,抒发自我情绪。意象是在一定社会文化背景下经过不断刺激而形成的某种个人化的主观情感的外化,是情绪泼出的水花,像朱自清文中的荷塘,冰心文中的海,徐志摩文中的康桥等等,都是作者心灵寄托的意象,由此,作者通过自我抒情和叙事写景来对自我内心世界进行思考,形成了独特的话语方式,甚至被称为"独语体"。它不像闲话式的散文,与友人亲切交谈,拟定小范围的谈话对象,而是漠视读者的存在,自言自语,进行自我反省和宣泄,用抒情的语言营建出一个自足的独立的象征语境,具有比闲谈式叙述更为深入的主体私密性。

还有一种作家不以传统抒情方式来表达自我的心灵的感悟,而是运用多种手法来议论世事人情,评判生活现象,仿佛一个老者絮絮叨叨,类似女人闺房里的私房话,也类似于智者对众生的指点提醒,这类叙述方式也是一种诉说,但对听者没有特别限定,只要耳朵罢了,不像闲谈的话语方式要求听者为自我生活中的知己好友,互相懂得,是平等的对话关系;也不像自我抒情,不在乎有没有人听,而是面对生活、人生用半议论半抒情的方式来进行倾诉,希望给别人以影响,求得共鸣,更为随意、简单,也更为生活化、世俗化,不那么高雅认真。譬如王了一、张爱玲、苏青等的散文,谈的多是生活琐事和现实层面的内容。

可见,现代散文文体的内在特质关注的是个人自我的私密生活,是个体性的话语方式所产生的一种语言艺术文体。这使中国散文这种文类摆脱了古典散文史传性大叙事的传统,获得了现代性品质,从而确立了现代散文的文类地位。

每一种文体的产生都是顺应时代社会的需求而出现的。30 年代之后,中国社会的民族矛盾的激化,迫使个人将小我融会到国家民族的大我洪流之中,文学自身的发展在一定程度上出现了断裂,散文也开始走出自我。当散文把关注自我的目光逐渐扩展到整个社会、整个时代时，散文就渐渐失去了其私密性，分化出杂文文体，用以进行社会批判。当抒情不再有足够的主体精神空间时，散文的抒情功能渐渐削弱，而单纯性的叙事功能就开始加强，当时代要求出现一种对社会现实进行及时、详细、真实报道的文体时，注重其新闻性的报告文学这种文体就出现了。在杂文和报告文学中，散文的主体叙述性被稀释了。

随着时代和社会的发展，新时期文学有了较宽广的发展空间，散文的本质属性开始回归。面对社会的平和发展，杂文失去了批判的锋芒，其文学功能开始回归到个人主体性叙述中，反映个人面对世界的评判，成为私语式和闲谈式的散文，谈社会，谈历史，谈情趣，谈文化，谈人性，谈感情等等；同时，现代社会资讯的迅速发展，致使报告文学的创作或趋向于故事化叙事，或倾向于具有强烈主体性印记的叙事散文的记叙，而失去了其新闻性。总之，在特定年代产生的散文的次文类：杂文和报告文学都面临着创作萧条停滞的困境。笔者认为，这种文体的异变终将会回归到散文的本体中即主体性，从而渐渐消亡。

正因为现代散文这种叙述的主体性淡化，新中国建立之后的十七年时期的散文创作在一元化的意识形态控制之下，而显得单调、空洞、浮泛、粗糙。即使是在 1959—1961 年所谓的"中国当代散文发展的黄金时代""获得了空前丰收"[11] 的创作中，也没有留下多少艺术精品。这种创作的失败，一方面是因为作家们对主流话语的遵从和对真实现实的逃避和粉饰，另一方面源于他们放弃了对主体性叙述的追求而只着重于技巧层面的操作。这种散文的代表就是秦牧、杨朔和刘白羽三大家。散文风格是作者主体精神的外化，当失去了主体精神时，散文文本就成了空洞的僵化的"散文新八股"。[12] 而我们对于巴金先生的《随想录》的重视，也是基于这个文本恢复了散文叙述的主体性，实践了讲真话抒真情的基本写作原则。

80 年代以后，文学环境越来越宽松自由，个人拥有相对开阔的表达空间，于是散文改变了在共名状态下形成的"杨朔模式"等单调僵化的表达，呈现出多元化的发展，无论是在叙述方式上、题材把握上还是语言风格上无不表现出一种现代的文体姿态，张扬自由，无拘无束，显示出创作主体精神的自由奔放。但是，随着大众传媒的发展，散文日益大众化，出现了消费性散文，这种散文轻浮、虚假，消解了散文对主体性的探索，值得警惕。比如，在学者散文的兴起中，有不少作者借学者之名，创作了很多缺少鲜明的主体性个性和艺术性类似科学小品的小论文，这无疑对散文的文学性是一种稀释消解。

依据散文叙述的主体性，我们可以对现代散文发展中的多种现象加以解读，还可以从话语对象为散文的分类提供一个新的思考角度，散文可以分成三类：自我散文、友人散文、公众散文。社会功利性强的散文，自我掩饰度也就较高，比如报告文学、杂文等，属于公众散文。自我化程度高的散文也就是最为纯粹的自我表达，比如鲁迅的《野草》，属于自我散文。由此我们也可以解读众多作家的散文表述，比如周作人的"文抄体"，并非是一种学识的卖弄和无聊之举，而是用别人的文字曲折表达自我的一种选择，其指向是自我心灵的外化。笔者希望从散文的主体性叙述角度，为散文研究提供新的思考角度，从而深入探讨散文理论的发展。

（作者单位：陕西师范大学文学院　西北大学国际文化交流学院）

注　释

[1]　参看陈剑晖《断裂中的痛苦与困惑——20世纪散文理论批评评述》，载《华南师范大学学报》（社科版）2004年第1期。

[2]　这里使用的"散文"概念是我们长期形成的与小说、诗歌、戏剧并列的文学类别，以下文中使用的引文中的"小品文"、"随笔"也是指现代散文，是在早期散文文类意识尚未明确时期经常使用的散文概念。

[3]　郑明娳：《现代散文类型论》，台北大学出版社1987年版，第22页。

[4]　朱自清：《什么是"散文"》，《百花散文书系》，百花文艺出版社1992年版。

[5]　这里的"虚构"指创作原则，不是创作技巧。

[6]　鲁迅：《小品文的危机》，载佘树森《现代作家谈散文》，百花文艺出版社1986年版。

[7]　陈思和：《中国新文学整体观》，上海文艺出版社1987年版，第

21 页。

[8] 陈思和在其著作《中国新文学整体观》第三章中提出了"无名"和"共名"的概念，"当时代含有重大而统一的主题时，知识分子思考问题和探索问题的材料都来自时代的主题，个人的独立性被掩盖在时代主题之下"，此为共名时代；"当时代进入比较稳定、开放、多元的社会时期，人们的精神生活日益丰富，那种重大而统一的时代主题往往拢不住民族的精神走向，于是价值多元、共生共存的状态就会出现"。此为无名时代。

[9] 周作人：《中国新文学大系·散文一集》导言，载佘树森《现代作家谈散文》，百花文艺出版社 1986 年版。

[10] 周作人：《自己的园地·七·文艺的统一》，人民文学出版社 1988 年版。

[11] 邓星雨：《中国当代散文史》，山东文艺出版社 1995 年版，第 96 页。

[12] 黄浩：《当代中国散文：从中兴走向末路》，载《文艺评论》1988 年第 1 期。

参考文献

[1] 陈思和：《中国新文学整体观》，上海文艺出版社 1987 年版。

[2] 周作人：《自己的园地》，人民文学出版社 1988 年版。

[3] 袁勇麟：《当代汉语散文流变论》，上海三联书店 2002 年版。

[4] 俞元桂：《中国现代散文史》，山东文艺出版社 1997 年版。

[5] 俞大翔：《用生命拥抱文化》，人民文学出版社 2002 年版。

[6] 林呐、徐柏容、郑法清：《百花散文书系》，百花文艺出版社 1992 年版。

[7] 张华：《中国现代杂文史》，西北大学出版社 1987 年版。

杏林子散文风格浅谈

［中国香港］陈柳芬

　　一个出色的作家，一定具有鲜明的个人文学风格。台湾作家杏林子，作为一个文坛少有的充满爱心和具有坚强意志的残疾人女作家，其作品的独特风格，可说是与她的独特经历有着密不可分的关系。杏林子作品的种类以散文为主，其中也有小品文和诗歌。本文通过她的一些散文作品，去分析她所表达出来的那种一贯性的、独特的言语格调。

一　风格即人

　　什么是文学风格？风格是作家的艺术个性和文体完全成熟的标志，是作家创作个性在作品中显现出来的基本特征。歌德说：风格，这是艺术所能企及的最高境界，艺术可以是人类最崇高的境界，应"给予风格这个词以最高的地位"。雨果也认为，风格是优秀作家的标记。

　　在中国古代文论中一直流行着"文如其人"、"文品即人品"的观点，从魏晋的曹丕到晚清的王国维，继而再到现代作家鲁迅、老舍、孙犁等人，都如此理解文学风格。18世纪法国学者布封提出："风格即人"，黑格尔、马克思也持相同的看法。

　　一个作家的文学风格的形成，其中的过程是相当复杂而多变的。读者通常是对作者的作品产生主观感受或一种总体印象，可以用一些简短的形容词去概括："实"、"丽"、"清淡"、"热烈"、"刚劲"、"疏通圆美"、"简实方正"……文学风格应是作家创作个性的反映，所以，杏林子的创作风格就是她个性的反映。

杏林子的文字以亲和力取胜，她的人生境界，非常人所能及。本人第一次接触她的文章时刚上中学，就被她的境界所感动，对她的事迹深感敬佩。她所表达出来的是无所不在的趣味，对人及对社会无微不至的关怀和热爱。这种境界清新的趣味，真挚的关怀，真情的流露，正是她独特的人格闪现出来的光芒。

二 杏林子独特的人生经历与她的散文题材

杏林子是个乐观、坚强的病人。她的散文题材大都是围绕着她的人生经历去写的。她的好朋友张晓风曾这样形容杏林子：

一个健康的病人。

一个甜蜜的受苦者。

一个快乐的忧世人。

一个富有的穷光蛋。

一个小学学历，却练达睿智的人。

她是一个既平凡又极不平凡的作家。她愿意与读者分享生命的点滴、生命的感悟。在她的散文作品中随处可见自勉、励人的题材。她认为人生的苦难，是对人的一种磨炼；而快乐的人生，要我们仔细去发现、去品味。

鲁迅在《小品文的危机》中说：生存的小品文，必须是匕首，是投枪，能和读者一同杀出一条生存的血路的东西；但自然它也能给人愉快和休息，然而这不是小摆设，更不是抚慰和麻痹，它给人的愉快和休养，是劳作和战斗之前的准备。杏林子的散文正是能与读者共同杀出一条活路，同时又给读者提供一个欢愉的积极的休养空间。

以下试以《另一种爱情》的《名病人》一文为例，看她自嘲的人生艺术，在灾难中似乎也有乐趣。她风趣幽默的人生态度，在《名病人》一文中可见一斑：

　　也许是病得太久了，别人一提到我的名字，就会联想到我的病，仿佛我是个天生的病人。其实我一向足不出户，安心在家生病，绝少在外招摇。有天，有一位朋友在饭馆里无意听到两人聊天，其中一人大概身体不好，正在诉苦，只听见另一个讥诮地说：瞧你这点毛病算甚么，比起那个刘侠来差远了！朋友当成趣闻。我这才发现，敢情我已成了"名病人"了？

　　正因为她独特的生命经历，她与生命抗争的过程，使她写下了大量的励志小品散文。

三　杏林子散文爱的主题

　　杏林子的文章充满了信、望、爱的主题。她特地为自己取了一个很有意义的笔名"杏林子"，一则纪念她的故乡陕西扶风县杏林镇，二则感谢罹病生涯中曾关照、医治她的医生。

　　她的好朋友三毛曾对人说：很难从她的外表看出她的年龄，她看似一个永远在"恋爱"中的女人。她爱父母、爱兄弟姊妹、爱朋友、爱残障孩子、爱山水自然，爱天地之间种种可爱与触人心怀的事事物物；当然，她也爱自己。因为有爱在心，所以，她永远年轻、美丽而快乐。杏林子向来都认为一切皆因有爱。她的父母家人及亲友很爱护她，还有她对基督教信仰爱的坚持和实践，给她生存的信心、盼望和爱的力量。她常常心怀感恩，以致在下笔时很自然就流露出这种感激之情。

　　她自己曾说过这样的一段话："我会乐观坚强地活下去，和所有身体残障、在逆境中奋战不懈的战友，携手并肩、向环境对抗，在人生的战场上，打一场漂亮的胜仗。"她以一个长年卧病在床，全身只有十分之一关节可以活动的病人，竟能一直保持乐观奋斗的精神，进而以她满怀的爱心去鼓舞人，这就是她无私付出爱的实际行动。

　　从以下几段文字中，可以感受作者心中永恒的爱的主题：

　　我爱，无非是尽心；尽心，无非是让自己安心。

　　因为爱里没有私欲，爱便可以坦然，可以无惧，可以扩展至无限爱，只有在完全没有条件的情况下，才拥有绝对的自由。

　　（《杏林小语》）

　　爱是一种令人愉悦、满足的情绪。如果不是，那就是你爱还不够完全。

　　如果你爱令你不安、恐惧或羞耻，那是因为里面有了别的杂质，掩盖了爱的本性。

　　（《杏林小语》）

　　人生只要有爱、有信心，有盼望，再大的苦难也承受得起。

　　（《杏林小记》）

　　你知道吗？世上没有一种药比大夫脸上的微笑，和口中一句安慰鼓励的话语，能带给病人信心和生之希望的！……

　　（《杏林小记》）

四　杏林子散文中的哲理和诗意

　　在她的作品中，到处充满光明的希望、温馨的关爱和幽默诙谐的词句。她对生活观察敏锐，笔触细腻感人，常常由一件小事物牵引出一篇道理，给人很多启发；她发乎挚情，娓娓道来，感人至深。试以《杏林小记》的《不能说再见的地方》中的一段为例：

　　　　对于一个过于功利的人，生命的生死无常可以冷却他对功名利禄的热衷；灰心沮丧的人，可以从那些至死都不肯妥协的人身上，体会生命的庄严和可贵；逐渐冷漠刚硬的现代人心，也会因这点点滴滴的人情味而变得温柔可亲。

《杏林小记》篇幅虽不长，每篇文章不过五六百字，上千字的不多。名为"小记"，说的却都是人生的大哲理，往往能引发读者对人生的再思。读者通过她的文字，可从另一角度来看待事物、认识生命，受到感染、熏陶和教育，还可以在阅读时得到一种美的享受，一种精神上的交流和鼓舞。

以下摘录《杏林小语》中的几段话，感受作者的人生哲理和诗意的表达。

> 爱里没有忍耐，爱便肤浅。
> 爱里没有宽容，爱便狭窄。
> 爱里没有尊重，爱便专制。
> 爱里没有信赖，爱便短促。
> 爱里没有了解，爱便痛苦。
> 爱里没有交流，爱便死亡。
> (《爱》)

她对"爱"作了一种新的诠释，充分流露出她对"爱"的深切感悟。

> 有一颗同情心是极其珍贵的。
> 但是千万不要滥施同情，以免变成优越感的炫耀。
> 同样的，关怀亦是一种美德，但切记你的立场。适度表示你的感情，而不是干扰，更不是干涉。
> 如果对方无意接受，那么就把这份心意埋在心里，化为默默的祝福吧！
> (《适度》)

由此可知，杏林子对身边所有的人都怀着祝福，处处表现她对别人的尊重，这也就是她平日待人接物的原则。

如果你能忍受挫败，如果你不怕生活中一些琐碎的干扰；如果你有勇气去担当一些较大的责任，你就得到一个满意的人生。

如果有一件事令你感到有意义，那么就不要犹豫，积极地去做，并且充分利用你的所有，这样，就享受一个完全快乐的结果。

（《快乐人生》）

杏林子以她乐观的人生信念去勉励身边的人，写出她对人生的种种情怀，道出她对生命的热爱和珍惜。

五　杏林子散文浅白轻快的语言

杏林子是个整天笑口常开的人，她不会板起脸来向你说大道理，但人生的大道理就在里面。循着一篇又一篇的小记，你就会发现生命的大道理，进而认识生命、尊重生命、肯定生命。

在她的散文作品中使用的是浅白的语言，让读者感受她可亲的表达方式；她的文笔是那么的朴实无华，这也正好反映她朴实平淡的性格。她以平平实实的生命，唱出了平平实实的生命之歌。要说，文如其人，她便是一个很好的例子。

以下是《杏林小记》中的几段话，从中可见作者的浅白轻快的语言表达。

你看到天空的黑云汇集，当头压下；你看到狂风卷起，飞沙走石，一刹那天昏地暗、雷电交集，你免不了会惊惶恐惧，预知有一场暴风雨即将来临。

及至暴雨雷霆般的落下，你的心反而放松，最坏的时刻已经来了，还有什么可怕的吗？

更何况，你知道它总会停的。

（《暴风雨》）

这文章的篇幅简短，用语浅白。"还有什么可怕的吗？"一句反问，让读者细心思量，很具启发性。"你知道它总会停的"，提醒读者不必杞人忧天，人生路上的暴风雨不会把人打垮的，借此表达出积极的人生观。

福楼拜说："一部写得好的作品从来不会使人感到厌倦。风格就是生命，这是思想本身的血液。"杏林子的作品从来不会让人感到厌烦，而是总让人有一种看完再看，若有所思之感。

杏林子虽然已走完她精彩的人生之路，然而她却留下了她丰富的爱心在世上。我们从她的作品中去回忆、去感叹、去品味她的人生，同时也给我们提供了一块心灵的净土，让我们安静下来，想一想自己的人生目标是什么？生活意义又是什么？

她细腻的文笔，一字一句，一情一境打动人心，让读者不但触及，甚至体验她胸怀里所包藏的广大世界。每一篇文章，如一面面镜子，从不同的角度映照出杏林子丰富、充实的心灵，呈现了一个基督徒充满爱的灿烂的人生。老舍曾说：言语是奇怪的东西。拿差别来说，几乎每一个人都有些特殊词汇。只有某人才用某几个字，用法完全是他自己的；除非你明白这整个的人，你决不能了解这几个字。

要了解杏林子的文学风格，就要先了解她这个人。要了解她这个人，便要用心灵去细读她的作品。她的作品，就是写她的人生。她的人生，就是用淳厚的爱来谱写一首又一首生命的歌，弹奏出来的生命之歌，展示了人类的生与死、苦与乐、期待与失落、笑中带泪、泪中带笑的真实经历……默默地鼓励生命旅途中的失落者，安慰疾病痛苦中的无助者。

（作者单位：香港理工大学）

参考文献

［1］ 顾祖钊：《文学原理新释》，人民文学出版社 2001 年版。

［2］ 程祥徽、邓骏捷、张剑桦：《语言风格学的方法论》，三联书店（香港）有限公司 2002 年版。

［3］ 杏林子：《杏林小记》，台湾：九歌出版社 1994 年版。

［4］　杏林子：《另一种爱情》，台湾：九歌出版社1994年版。

［5］　杏林子：《我们》，香港：文豪出版社1993年版。

［6］　杏林子：《生之颂》，台湾：星光出版社1992年版。

［7］　杏林子：《杏林子作品精选》，香港：宣道出版社1989年版。

［8］　杏林子：《种种情怀》，香港：宣道出版社1989年版。

［9］　杏林子：《凯歌集》，台湾：中国信徒布道会1988年版。

［10］　杏林子：《杏林小语》，香港：宣道出版社1987年版。

［11］　杏林子：《重入红尘》，台湾：九歌出版社1985年版。